自主创新丛书
Indigenous Innovation Series

The Sources of
Economic Growth

经济增长_的源泉

RICHARD R.NELSON

[美] 理查德·R. 纳尔逊 著

汤光华 张建琦 黄静波 译
舒 元 吴培冠 翁显雄 校

东方出版中心

图书在版编目（CIP）数据

经济增长的源泉 /（美）理查德·R. 纳尔逊著；汤
光华, 张建琦, 黄静波译. －上海：东方出版中心,
2022.1
　　ISBN 978-7-5473-1895-9

　　Ⅰ.①经… Ⅱ.①理… ②汤… ③张… ④黄… Ⅲ.
①经济增长－研究 Ⅳ.①F061.2

中国版本图书馆CIP数据核字（2021）第204839号

上海市版权局著作权合同登记：图字09-2021-0512号

THE SOURCES OF ECONOMIC GROWTH
by Richard R. Nelson
Copyright © 1996 by the President and Fellows of Harvard College
Published by arrangement with Harvard University Press
through Bardon-Chinese Media Agency
Simplified Chinese translation copyright © 2021
by Oriental Publishing Co., Ltd.
ALL RIGHTS RESERVED

经济增长的源泉

著　　者　[美]理查德·R. 纳尔逊
译　　者　汤光华　张建琦　黄静波
校　　者　舒　元　吴培冠　翁显雄
丛书策划　刘　忠
本书策划　唐丽芳　潘灵剑
责任编辑　戴浴宇
装帧设计　李在白

出版发行　东方出版中心
地　　址　上海市仙霞路345号
邮政编码　200336
电　　话　021-62417400
印刷者　山东韵杰文化科技有限公司

开　　本　890mm×1240mm　1/32
印　　张　16.25
字　　数　316千字
版　　次　2022年1月第1版
印　　次　2022年1月第1次印刷
定　　价　95.00元

自主创新丛书
编辑委员会

执行编委（以姓氏笔画为序）：

王彦敏　　中国科技体制改革研究会理事，新场学院创始人

刘　畅　　钛禾智库创始人

孙　喜　　首都经济贸易大学工商管理学院企业管理系副主任，副教授

陈　光　　中国科学学与科技政策研究会秘书长

李晓梅　　天津大学管理与经济学部副教授

李　瑞　　清华大学公共管理学院助理研究员

金　珺　　浙江大学管理学院副教授

封凯栋　　北京大学政府管理学院副教授

眭纪刚　　中国科学院科技战略咨询研究院创新发展政策所副所长，研究员

戴亦欣　　清华大学公共管理学院政治与公共政策所副所长，副教授

出版者的话

党的十八大明确提出："科技创新是提高社会生产力和综合国力的战略支撑，必须摆在国家发展全局的核心位置。"进入新发展阶段，面对中华民族伟大复兴战略全局和世界百年未有之大变局，面对日趋复杂激烈的"贸易战"和"技术战"，如何突破"卡脖子"技术，实现科技自立自强，已成为事关我国生存和发展的关键问题。

党的十九届五中全会通过的《中共中央关于制定国民经济和社会发展第十四个五年规划和二○三五年远景目标的建议》进一步提出，"坚持创新在现代化建设全局中的核心地位，把科技自立自强作为国家发展的战略支撑"。

策划出版这套"自主创新丛书"，旨在为我国科技的自立自强和创新型国家建设提供强有力的智力支持和精神动力。丛书包括政策研究、理论研究、创新实务、创新普及四个系列，通过系统介绍经典和前沿的理论、方法、工具和优秀案例，为政府创新政策制定者和实施者、大学工程技术及科技与经济管理专业师生、科研院所研究人员、企业管理者和研发人员，以及广大读者提供权威的指南和实务参考。

我们认为，在经济全球化的背景下，我国的自主创新必须也必然是开放合作条件下的自主创新。丛书将在系统推出国内创新成果的同时，积极引进出版国际上经典和前沿的创新著作。

随着中国进入现代化建设新阶段，我国经济已进入高质量发展时期。改革开放四十多年的实践产生了一批具有中国特色的优秀创新管理理论成果,中国特色的创新制度体系和理论体系正逐步形成并在全球产生日益重要的影响。同时,越来越多的优秀创新型企业以其卓越的产品和服务向世界展示中国的崭新形象。认真而系统地组织和筛选优秀理论成果和实践案例,向世界讲好中国的创新故事,是我们的责任。

我们邀请了中国科学院科技战略咨询研究院研究员顾淑林,中国科学技术发展战略研究院院长、研究员胡志坚,浙江大学社会科学学部主任、教授吴晓波等国内从事创新政策、创新理论研究的知名学者以及优秀青年学者、企业家,组成了丛书编辑委员会,进行丛书的选题论证策划和学术把关,以期能够确保丛书的出版水平,保证高质量地满足读者的需要。

作为中国出版的“国家队”——中国出版集团的一员,我们将竭尽所能高质量地做好丛书的编辑和出版工作。

丛书将分辑出版。第一辑包括《牛津创新手册》《剑桥创造力手册》《创新的先知:熊彼特传》《研发组织管理:用好天才团队》《用户创新:提升公司的创新绩效》等精品力作。

期待丛书的出版能为我国的现代化建设和新时期高质量发展,为我国科技自立自强和创新型国家建设,起到助推的作用,竭尽一份绵薄之力。

东方出版中心

2021 年 3 月

"自主创新丛书"第二辑导读

眭纪刚　　封凯栋

在科技创新日新月异和国际竞争日益激烈的今天,我国仍有很多关键核心技术受制于人,直接影响到国际竞争力的提升。因此,我国亟需提升自主创新能力,实现科技自立自强。纵观发达国家的发展历程,无不重视发展理论对发展政策的指导作用;毋庸讳言,当今的创新理论首先是以发达国家的创新实践为基础建立起来的,我国的创新理论发展相对滞后。"创新驱动高质量发展战略"的实施,为我国创新发展理论的构建提供了机遇,这也是时代赋予中国学者的历史责任。构建中国的创新发展理论,既要立足于中国国情,又要借鉴世界范围内已有的思想,这是理论发展的基本方式。因此,学习和研究创新领域的经典理论,对于构建中国特色的创新理论具有重要意义。自 20 世纪 90 年代以来,我国陆续引入一些创新领域的经典著作,但是因为不同出版社的零散出版,而且时间久远,很多经典书目早已脱销,使得今天的年轻学者无缘一睹这些著作的精彩内容。很多学者只能人云亦云地间接引用,不仅无法吸收前辈学者的思想精髓,造成对理论和概念的理解偏差,也不利于培养"读经典、看原著"的严谨学风。

"自主创新丛书"的出版可谓恰逢其时。丛书第一辑出版以来,受到学界和社会的广泛关注和好评。为进一步对中国创新发展提供理论与政策启示,此次出版的丛书第二辑包括创新领域的四本经典著作:《产业创新经济学》《经济增长的源泉》《创新的源泉》《赢在创新:日本计算机与通信业成长之路》。这四本著作均为产业和国家层面的创新研究,都非常重视理论建构,并与当时的创新发展实践紧密结合。这些著作的英文原版出版或修订于 20 世纪八九十年代,当时人们已经普遍意识到创新的重要性,但对一些重要问题仍缺乏清晰认识,包括创新发生发展的机制、创新的主体构成、创新依赖的制度体系、基础科研与创新的关系,以及创新对企业和市场竞争的影响等等。这些著作正是因为很好地回答了这些问题,从而成为创新研究的里程碑。虽然距离初次出版已经过去了大约 30 年时间,世界科技经济、国际格局已经发生了一系列重大变化,但是这些经典著作经过岁月的沉淀和检验,反而闪耀出更加耀眼的思想光芒。

在当前的时代背景下,再次出版这些经典著作的中文版仍然具有重要的学术价值和政策启示。从 20 世纪 90 年代的"新经济"范式,到目前的"数字转型""智能时代",虽然新技术层出不穷,令人眼花缭乱,但是仅凭这些现象不能成为忽视经典的理由。各种现象背后所蕴含的创新规律并没有发生根本性改变,如不同知识的性质、创新的不同来源、产业之间创新的差异性、后发国家追赶的经验和教训、政府在创新发展中的作用等,并不会因为"革命"而割断同以前的联系。对于正在实施"创新驱动高质量发展战略"的中国而言,要实现科技自立自强、加快发展方式转变,依然需要关注这些经典著作所讨论的问题。因此,本丛书编委会经过精心选择,在第二辑推出这四本经典著作以飨读者。

1.《产业创新经济学》

克里斯·弗里曼(Chris Freeman,1921—2010)是全球科技创新政策研究重镇——英国萨塞克斯大学科技政策研究中心(SPRU)的创始人,也是现代创新经济学的奠基人之一。他与理查德·纳尔逊(Richard Nelson)、内森·罗森伯格(Nathan Rosenberg)等学者继承熊彼特的思想,开创了新熊彼特学派。在熊彼特的思想沉寂了几十年之后,他们一起恢复了熊彼特的研究传统,并将创新研究推向新的阶段,成为新时期创新研究的开创者。弗里曼在创新测度、技术长波、国家创新系统、科技创新政策等领域均有开创性贡献。在弗里曼看来,经济学家最不能忽视的就是创新,因为创新是经济进步的基本条件,也是企业和国家塑造竞争力的关键因素。但是在很长时间内,技术和创新并不是经济学家关注的对象。因为科学技术的发展极具动态性,很难用新古典经济学的方法来描述。在传统经济学看来,创新不过是一个"残差"和"黑箱"。为了提高理论的解释力,弗里曼毕生在寻找一种改进经济学的方法,他的目标是打开黑箱,审视技术创新过程。弗里曼提供了新古典经济学的替代方案——"演化理论"的雏形,大力倡导历史研究方法,而且始终把技术和制度变革置于研究的中心。他强调在研究创新时采取演化观点非常重要,因为创新不仅仅是数量的增加,更是由于变革引发质的变化。

第二次世界大战结束后,西方主要国家经历了一轮高速增长,但是无法用传统的资本和劳动力要素来解释,学者们的注意力开始转向被主流理论长期忽视的技术因素。正是在此背景下,《产业创新经济学》(*The Economics of Industrial Innovation* ,曾译为《工业创新经济学》)应运而生,并成为现代创新经济学的开山之作,在本学科领域有着独特的历史地位。本书自 1974 年首次出版以来,广受创新领域的专家学者好评,并被很多大学选做教材。虽然世界科技、经济环境快速变化,但是本书的基础地位仍然不可动摇。不仅因为本书的理论具有奠基性,而且作者也根据时代变化,不断修改和增加新的内容。1997 年的第三版增加了国家创新系统、技术和经济增长、创新和国际贸易、后发国家的追赶等(当时)最新的研究成果,并对一些章节重新改写,反映了弗里曼教授严谨的治学态度。《产业创新经济学》对科学、技术、创新、企业、产业、国家、全球、增长、发展、社会、环境、政策等众多领域进行了广泛深入的探讨。这些研究内容既是对熊彼特广义创新的回归,也是对熊彼特的超越。在本书中,弗里曼对技术变革的分析从英国工业革命开始,直到 20 世纪七八十年代的信息技术革命,对历次经济长波中的重大技术变化过程进行了详细分析,这些内容占据了全书近一半的内容,这同熊彼特把历史带回经济学的观点是一致的。但弗里曼不是"技术决定论者",他认为技术创新与组织制度创新紧密联系在一起,对经济长波中的组织制度、创新体系和政策变革也做了深入研究,指出研发的专业化是 20 世纪产业创新中最重要的社会变化之一,强调创新体系的特征对一国技术创新的绩效有至关重要的影响作用,政府对科技创新活动的资助不仅仅是弥补市场失灵,而且与国家的竞争力密切相关。

《产业创新经济学》的出版,标志着弗里曼开创了一整套研究技术创新的新传统。弗里曼的观点不仅为 SPRU 的研究人员继续采用,更为世界各地的其他学者学习和扩散,极大地推动了创新研究的发展。我国学者深受弗里曼学术思想的影响,很多人(包括笔者在内)的创新研究是从阅读这本书开始的。丛书本辑出版之际,正值弗里曼教授百年诞辰,我们以此表达中国学者和学界对弗里曼的敬意。

2.《经济增长的源泉》

对于所有真正有志于成为一名熊彼特主义者(Schumpeterian)的研究者来说,理查德·纳尔逊的作品都是他们应当要翻越的高山。而《经济增长的源泉》(*The Sources of Economic Growth*)作为纳尔逊整个职业生涯中最重要的一本论文集,更应当在其必读书目之列。理查德·纳尔逊是新熊彼特主义传统的开创者之一,更是这一领域的集大成者。作为当代演化经济学的重要奠基人[尤其鉴于他与 Sidney G. Winter(悉尼·G.温特)1982 年合著《经济变迁的演化理论》(*An Evolutionary Theory of Economic Change*)一书的卓越贡献],他不仅仅是一位经济学家,同时他在哥伦比亚大学还兼任政治学、国际关系、商学、法学和心理学等多个院系的教授。此外,他的贡献不仅仅止于学术研究,从 20 世纪 50 年代开始,纳尔逊就深入参与了美国乃至国际社会关于科技政策、发展政策和创新政策的讨论。对政策实践的深度参与又令他对创新活动的本质有了更深刻的认识,这种认识反过来又体现在他推动国家创新体系、产业创新体系等范式的创立与发展的贡献中。

《经济增长的源泉》一书收集了纳尔逊自 20 世纪 60 年代到 90 年代中期的 10 篇重要的期刊文章,围绕四个主题展开论述:长期经济增长的制度基础和学术分析范式,熊彼特式创新竞争的基本机制,科学与创新、技术进步之间的关系,以及国际视野下美国及其他各国技术竞争优势的演变。这十篇文章是如此重要,以至于本书可以为广泛的读者,包括从刚入门的学子到专业的学者,提供充足的养分。

如果我们以本书作为参照系,那么当今大量自认为研究创新、研发活动和技术进步的学者其实并不是熊彼特主义者。他们往往根据已知或给定的资源结构来分析创新,事实上正是纳尔逊在本书所批评的"新古典主义创新经济学者",其行为实质是将创新和创新竞争纳入均衡分析;"创新"被理解为新古典主义中类似价格或产出的边际意义上的概念。而正如纳尔逊在此书中反复展现的,真正的熊彼特主义分析的核心,在于从企业到产业、国家等各层面主体所采取的主动行动,而这些行动持续改变了原有的竞争条件、塑造着新的市场和产业环境。这些主动行动在各章中体现为精英科研团队的意志、企业的战略行动、产业和国家的制度构建。而因为不同的企业、产业和国家在战略意志、政治决断、社会文化上的差异及路径依赖,不同主体的能力构建自然就在各个层面上体现出多样性,而这又为持续的演化、竞争和技术创新提供了条件。简言之,纳尔逊强调我们不应把企业和产业简化为一个生产函数,否则我们就无法理解经济增长真正的动力源泉;同时我们也不应该把技术和知识的生产简化为一个"研发函数",否则我们就无法领会创新竞争的真正内涵,也无法解释创新竞争所带来的多样化结果;同样,我们需要深入分析制度创建和转变的过程,否则我们就无法理解政策本身的逻辑,无法有效掌握它们实际运作的机制。

当然,我们对"新古典主义创新经济学者"的批评,并不意味着我们强调狭义的熊彼特学说。创新研究并不是一成不变的。事实上,虽然熊彼特被当代创新经济学者(包括不自觉的"新古典主义创新经济学者们")奉为创新研究的鼻祖,但他在自己的著作中很少直接对创新活动进行具体描述。熊彼特直接论述的是生产和组织技术的变迁对经济社会深刻的重塑和推动作用,即创造性毁灭。作为新熊彼特主义的奠基人,纳尔逊更深入且具体地分析了技术和创新过程、企业和组织过程、制度和社会过程。两人在分析描述的对象以及论述风格上有着巨大的差异,但纳尔逊所有作品中的分析与论述,都反复且持久地回应着熊彼特关于创造与破坏、竞争与协同、分化和追赶的主题。正是这些主题为我们提供了关于经济社会发展前进的认识,而不仅仅是对静态系统边际竞争与变化的理解。

这为理查德·纳尔逊的作品尤其是本书带来了巨大的生命力。距离本书首次出版至今已近30年,而熊彼特的著作《资本主义、社会主义与民主》《经济发展理论》也已经分别出版将近80年、110年了,对这些主题背后基本逻辑的追溯并没有因为时间的流逝而褪色。这些基本逻辑依然是我们理解创新竞争,理解经济体制演进,以及理解国际经贸关系和时代变革的重要线索。这些问题是如此基本且重大,使得任何当代人企图以"新"和"旧"来评论这些作品都是渺小且不自量的。事实上,产生这些错觉的学者都应当再次(或首次)仔细阅读本书;这个群体人数庞大,更提升和强化了此书再版的意义。

3.《创新的源泉》

埃里克·冯·希普尔(Eric von Hippel)在 1988 年的著作《创新的源泉》(*The Sources of Innovation*),是一本在创新研究的学术史上的重要作品。冯·希普尔是麻省理工学院斯隆管理学院的教授,他一直致力于研究分布式创新(distributed innovation),并发展了一系列在创新研究,尤其是商学类型的创新中人们耳熟能详的概念和名词。《创新的源泉》(注:英文标题中"源泉"一词为复数)这本书,以及冯·希普尔一直通过多部作品反复强调的"分布式创新"观点,即创新在本质上是在具有职能关系的参与者之间分布的,对于当时人们对创新过程和创新系统的认识与理解,以及"国家创新体系"范式的形成,都有着不容忽视的价值。

《创新的源泉》一书的价值应当放回到特定的历史时期来看待。在 20 世纪七八十年代,研究创新的学者对创新的基本动力到底是"科技推动"还是"需求拉动"展开了声势浩大的争论。到 80 年代上半期,创新研究的主要学者,如内森·罗森伯格,乔瓦尼·多西(Giovanni Dosi)和金·克拉克(Kim Clark)等人已经各自形成了各有特点、有较强的说服力的解释。而在回答前述问题时,这些探索则直接将在复杂且动态的技术和信息背景下的"生产者—用户"关系推到了创新研究的前台。

在这一背景下,欧洲学者如本特-雅克·伦德瓦尔(Bengt-Ake Lundvall)等意识到创新本质上是构造在广泛的"生产者—用户"互动的机制上的。这种互动机制传递的信号远不止是价格和数量,而是与需求、问题和期望等相关的复杂技术性信息。冯·希普尔这本《创新的源泉》同样将视角瞄准了具有职能关系的产业参与者之间互动机制的重要性和普遍性。他的实证研究揭示了大量创新事实上是由领先用户率先做出的:在多个产业中,生产者从用户处获取了关键的技术信息甚至产品原型,随后再将它们产业化。同样在其他产业中,创新有可能首先是由供应商首先做出的,或者来自竞争对手。而决定了这些不同参与者对创新的参与的,则是它们对创新优势和创新租金的追逐与分享,即熊彼特所强调的"创造性毁灭"。这些发现都对人们此前认为创新主要由制造商完成的观点形成了冲击。

埃里克·冯·希普尔的学说,后来被人们总结为"用户创新""民主化创新""自由创新"等诸多概念名词。但这本1988年著作的另一个重要贡献是与同时代其他学者的作品一起,成为"国家创新体系"理论的基础。因为既然创新并不仅仅是由生产商独立完成,而是分布于不同的参与者之中,那么在不同的经济体中这些参与者的互动机制是怎么样的,制度在形塑或限制这些互动机制中起到怎么样的作用,就成为影响创新活动的重要因素。由此,对国家制度和政策手段的研究,就成为人们开展创新研究的重要对象,也是人们用以辨析不同经济体长期发展绩效差异的重要工具。同时,既然创新是由一系列相关参与者共同完成的,那么在市场经济体制下,政策工具的根本目标就不应是直接作用于个别参与者,而应当是帮助不同的成员克服集体行动的困境,孵育出有利于创新活动的互动机制来。这样的启示对于今天的中国,尤其是在建设"内循环"过程中的中国创新政策,依然有着重要的参考价值。

4.《赢在创新:日本计算机与通信业成长之路》

《赢在创新:日本计算机与通信业成长之路》(*Japan's Computer and Communications Industry*)的作者是英国著名创新学者、爱丁堡大学教授马丁·弗朗斯曼(Martin Fransman)。弗朗斯曼长期研究 ICT 产业的创新,并因《新型信息通讯技术生态系统:对欧洲的启示》(*The New ICT Ecosystem: Implications for Europe*, 2007)一书获得 2008 年国际熊彼特学会颁发的熊彼特奖。20 世纪七八十年代,日本抓住信息技术革命的机遇,相关产业迅速崛起,到 20 世纪 90 年代,世界十大半导体制造商有六家是日本企业。因此,日本的快速发展吸引了很多学者的目光,其中也包括马丁·弗朗斯曼。但是与其他学者不同的是,弗朗斯曼为了更深入地探究日本企业和产业的演化过程,对日本企业的发展演变历史采取了实体、实景和实时的研究,因此具有重大的里程碑式意义。更加值得中国学者学习的地方在于,弗朗斯曼为撰写此书进行了长期准备,访谈的人员超过 600 人次,前后历时八年之久。由于掌握了大量详实资料,有充分的论据支撑观点,所以本书能在"日本威胁论"和"日本崩溃论"两种观点之间给出自己的独立判断。

本书是第一本对日本信息通讯产业的演化历史进行全面分析的

著作,系统研究了日本信息通讯技术、组织形式、产业、政府政策和制度的演变过程。本书既有电信交换机、计算机和软件等产业的演化,也有一些代表性公司的创新发展案例,还有和西方同行企业以及日本其他产业的横向对比,可谓是全景式覆盖研究。作者介绍了日本主要 IT 公司演化的历程和企业演化理论,观察了日本通产省在信息通讯技术发展中的角色变化。因此,弗朗斯曼的研究比查默斯·约翰逊(Chalmers Johnson)的"发展型国家"(Developmental State)更进了一步。在主流经济理论占据主导地位的时代,本书"让那些致力于依赖历史证据寻找技术经济路径的制度经济学家和创新经济学家们欢欣鼓舞"。尽管本书是研究现代技术的演变,但是弗朗斯曼在本书中也回应了亚当·斯密、马歇尔和熊彼特等前辈的理论关切,不仅体现了一位学者的严谨态度,也为我们勾画了学科发展的历史脉络和规律。

当前,信息通讯技术成为国际竞争的焦点,本书对中国相关技术和产业发展极具启示意义。弗朗斯曼认为,产业的发展动力不只是技术创新,而是技术、组织、产业和政府等多个要素的协同演化。日本信息技术产业的发展动力除了技术创新外,"受控竞争"这种组织形态对于产业发展也起到关键作用,这与美国垂直整合的组织形态不同。日本信息技术产业的发展历程说明,不同国家的产业发展受到历史条件的制约,而存在各自的路径依赖,并没有放之四海而皆准的所谓最优解。在研究政府在后发国家追赶中的作用时,我们通常会以日本通产省为例。不可否认,通产省在日本二战后初期的追赶中发挥了重要作用,但是弗朗斯曼发现日本信息技术产业既有自己独特的优势,又有根本性的不足,特别是某些优势只是潜在优势,不一定能转化为国际竞争力。因此本书也直言不讳地指出,在 20 世纪 90 年代的信息通讯产业发展过程中,通产省的一些做法也有失败之处,例如因为误判了世界计算机行业的发展前景和行业变化,导致日本在技术路线上误入歧途,从此失去挑战美国的机会和能力。因此,本书对于中国如何处理创新发展中的政府与市场关系,也具有重要启示。

目 录

导　言

　　本书由若干篇论文组成。它们涉及三个方面的内容：经济增长；对经济增长起关键推动作用的技术进步；决定技术进步，并作为经济增长过程的重要组成部分且随技术进步而不断改变的社会组织制度。将这三者结合起来，就形成了一个关于经济增长的理论。它在一些重要方面区别于自20世纪50年代以来一直在经济学界占统治地位的新古典增长理论。由此而形成的理论与一般经济史学家，以及技术、工商、社会组织制度方面的历史学家所描述的经济增长有着很好的一致性。

　　就强调技术进步对经济增长的首要作用这一点而言，本书所论述的理论与一些在过去几年里发展起来的"新的"新古典增长理论有着相同之处。两者都认为旧的新古典增长理论对技术进步的处理充其量是笨拙的。这一认识成为发展新的新古典增长理论以及本书论述的理论的推动力量。这一理论区别于近年来发展起来的新的新古典增长理论的地方，在于它试图包含我认定的那些对技术进步及相关活动和组织制度变化做出历史解释的核心因素。这种做法隐含着我的一个观点，即认为新的新古典增长理论至今还没有达到与经验事实相一致的程度,要达到一致,就必须将本书所论述的一些要素引入到新的新古典理论中去。

无论是旧的还是新的新古典增长理论,它们与经济史学家描述的经济增长都存在着差异,这一点新古典经济学者和历史学者都是再清楚不过的。这种差异不能视为是由于构建规范理论需要采用的表述形式与描述历史事实时所采用的表述形式不同所造成的固有的、自然的差异。实际上,在自然科学中,如果"理论"与"观察值"出现差异,则表明,要么是理论出了问题,要么是观察值出了问题,要么是两者都出了问题。新古典增长理论所阐述的经济增长与历史记述的经济增长之间的差异,我认为问题出在理论方面。此外,还需要明确的是,历史上有关经济增长的理论流派纷呈,形式多样,并不只有标准的增长模型。

虽然历史上建立的大多数理论都是隐含着的,但本书中对于经济增长的论述则明显是理论性的。它们集中在几个确定的变量或机制上,而省略了其他因素,以此来探讨因果联系。同时,与目前大多数新古典增长模型相比,本书中的论文更加贴近各种详尽的经验材料,且用文字加以表述,而不是用数学形式。

经济学家们已经形成了一个相当普遍的看法,那就是传统的新古典理论在解释经济增长方面已被证明是一个不恰当的工具。作为一种改进,发展起新的新古典增长理论,同时还有其他一些开拓性的研究,其中有些研究很适应本书提出的理论观点。在本书的增长理论中,就强调了那些对复杂动态系统所进行的开拓性理论研究所具有的几个突出的特点。一个特点是路径依赖。复杂系统现在的状况会深刻地影响着该系统今后一段时期,乃至很长时期的运行。换句话说,历史的作用至关重要。经济史学家历来都确信这一点,现在那些规范型的理论家们也开始认识到,史学家的这种看法可能是很有道理的。从本书的论述中可以看到,在经济增长的过程中存在着很强的路径依赖。

许多有关复杂动态系统的最新理论模型所具有的另一个特点,是认为变量之间可能存在明显的相互作用。读者可以发现,本书中的每篇文章都在与新古典增长理论的癖好展开或明或暗的争论。新古典增长理论的一个癖好就是"增长核算",即将对经济增长的贡献"分解"到各个不同的因素中去,论功行赏,有多少归功于技术进步,有多少归功于资本密集程度的增加,又有多少归功于教育水平的提高——这几个因素通常被认为是最重要的增长源泉。根据本书的观点,这种"分解"的做法是毫无意义的。一方面,新技术使单位工人人均生产性资本占有量得到增加,致使资本密集程度大幅度提高,这是现代经济增长的标志。倘若以前没有新技术的发展,资本密集程度的提高是没有价值的。另一方面,假若没有一项项具体的投资促使新技术发挥其作用,新技术之花也就不可能结出经济之果。此外,从19世纪下半叶以来,推动新技术获得长足发展的工作主要依靠那些受过大学教育的工程师和应用型科学家。技术进步已经依赖于人力资本的开发与提高。但是,如果教育没有为经济做出重大的贡献,我们现在就不会看到教育会获得如此巨大的成就。

用体育比赛做一类比。增长核算就如同要把一个篮球队或足球队的成绩分解到全队每一个球员身上，而不考虑任何一个球员成绩的取得常常可能是其他球员努力的结果。甚至连球员间的某一具体动作是有助于或有损于全队的成绩，在很大程度上取决于其他球员的配合这一事实也不予考虑。

也许本书提出的增长理论比新的新古典增长理论更甚一步。它从众多因素中选出一种特定的因素作为推动经济增长的关键力量，那就是技术进步。这一观点与前面讲的观点——各种导致经济增长的因素相互关联，需要综合考虑——并不矛盾。其依据在于，技术进步不仅对经济增长起着重要的推动作用，而且对导致新增实物投资和人力资本投资这两项增长的必需伴随品，起着关键的催化作用。在这一景象的背后是一套组织制度，它们构成了现代资本主义制度，维持并引导着经济增长各主要阶段的正常运行。关于这个问题，我将待会儿再谈。

我曾注意到，一些新的新古典增长模型已经体现出了这样的思想，即技术进步在经济增长中居于中心地位。然而，这些模型至今还没有认识到这样一个事实，即技术进步应当被理解成是一个演化的过程。在这一过程中，各种新技术方案不断地产生。它们除了要进行相互之间的优劣竞争之外，还要接受现实的检验，并与先前的技术进行比较，从而决定哪些新技术获胜，哪些新技术败北。技术进步的这一演化观点不同于旧的新古典增长理论，也不同于迄今为止的新的新古典增长理论。它们都假定技术进步和经济增长都是动态均衡的过程，除非是由于随机事件，否则这一过程的运动轨迹可以也能够被当事人所预知。有几个新的新古典增长模型虽然也考虑了技术进步存在着不确定性，但没有哪一个模型认识到，在一个发生持续的技术进步的社会里，经济从总体上来看是处于连续的不均衡状态之中。虽然在现行技术条件下，可能有力量随时使经济系统向均衡方向移动，但技术进步和其他突发事件不断地使得那些均衡势力遭到破坏，从而使经济增长呈现出分析家们所观察到的规则与秩序。这种秩序也许类似于现代科学在描述动态系统时所强调的"自发秩序"，而不是在传统意义上被解释为一般动态均衡的秩序。

本书认为，经济组织的成长演变是为了孕育和促进技术进步和其他活动，是为了刺激与经济增长相关的投资，这一观点也与当前经济学中的标准认识有着相当大的差异。常规的经济理论把追求利润的企业放在首要地位，它们互相竞争，在供求平衡的市场中从事交易，从而决定均衡价格和产量。其他经济组织，如政府组织和管理机构，则几乎都被视为事后诸葛亮，其作用是对"市场失灵"做出反应。像大学、科学技术学会以及行业协会这类实体组织，至少在常规的经济理论中是不予考虑的。相比之下，这些组织在历史描述中都有记载。

与上述观点不同的是，本书将技术进步和经济增长看成是一套复杂组织系统运行作用的结果。这些组织有的追求利润，有的虽是私营但不以赢利为目的，有的是政府组织。即使是那些追求利润的私营企业，也有一些是将自己的技术、其他物品以及业主权利拿出来向他人公开，与他人共享。在这一组织系统中，"非市场"组织并不是因为要对付"市场失灵"才出现，市场组织也不是用来解决"公共部门失灵"的工具。更确切地说，现行的一套组织制度，不论是私人的还是公共的、竞争的还是合作的，都是经过一系列复杂的、涉及个体和群体行为的过程加以逐渐演化而成的。组织制度的演变如同技术的进步，也应当看成是一个演化的过程。

由此可见，现代资本主义是一个非常复杂的系统。尽管现在几个主要的资本主义国家存在着这样或那样的相同之处，但它们也存在着一些较大的差异。许多西方经济学家在为那些以前实行社会主义，现在正在努力构建可行的资本主义制度的国家提供咨询时，不负责任地忽略了现代资本主义制度的复杂性。虽然这些国家现在开始意识到，现代资本主义有着比私有化和市场多得多的内涵，但我们还是要真诚地希望，这些国家不至于因为对现代资本主义复杂性的认识滞后（部分是因为很少有人告诉他们）而严重地阻碍今后改革的进程。

我起初计划在本书中采用更多的数学方法来阐明我所论述的这一理论。在我看来，这一理论在经济学中是介于文字表述和数学表述之间的统一体。但限于篇幅，加之本书的编辑给我列举了只要理论清晰不用数学便可的种种好处，故将那些数学方法舍弃了。

经济学家必须认识到，直到最近（以经济学历史为度量尺度）经济理论的标准表述方式是文字方式。亚当·斯密、大卫·李嘉图、阿尔弗雷德·马歇尔、弗兰克·奈特、约瑟夫·熊彼特、约翰·梅纳德·凯恩斯,这几位在经济理论的历史中占统治地位的人物,都是用文字而不是数学作为他们主要的理论工具。只是近来,"理论"这一词语才被理解成用数学形式表述的理论观点。

现在,在经济学界中存在着一种习惯性的认识,认为只有那些用数学表达出来的才算"理论",并且要在理论推导与经验探讨和描述之间画一条泾渭分明的界线。我不赞成这种看法,认为这是可悲的,也是误导人的。我坚信西德尼·温特和我倡导的观点,即认为"解释"型理论推导和"规范"型理论推导两者都是构建经济理论的重要方法。一个好的理论创新会将这两者结合起来。

我所说的解释型的理论推导,指的是经济学家通过密切观察经济生活中的细微变化,从而对正在发生的事情做出描述,提出解释。虽然这种理论推导没有规范的理论推导那样抽象,但由此对真实发生的事情所做出的描述其本身就是一种理论化的形式,尽管它相当接近经验主义的题材。规范型理论推导更加抽象,更加远离经验议题,它能提炼、修正及引导解释型理论推导。最近这些年来,大多数规范的理论推导都是采用数学形式,早先则主要是文字形式。但如果规范理论在建立过程中忽视或脱离解释理论所做出的描述及解释,则无论它是用数学表述还是用文字表述,都是有问题的。这样的规范型理论研究就成了顾影自怜,与所要研究的论题相距甚远。

在此我认为,在过去的经济学著作中做出规范的增长理论和解释型的理论分析这两种区分已是相当不幸的了。大多数规范的增长理论在建立时已经开始意识到,经济增长及相关变量指标数据的作用。然而，在那些经验型的研究者对经济增长所做出的探讨中，只有一小部分是用"数字"形式描述的。换句话说，在经济学家关于增长的经验性认知中，只有相当小的部分可以用反映增长的国内生产总值、全国劳动及资本投入、产业投入与产出、各种价格指数、贸易额等定量数据加以解释。虽然说使增长理论符合定量数据是重要的，但仅有这一点还不足以对理论做出充分的检验。另外，我想要说的是，大多数从事规范增长理论研究的经济学家对定性的历史资料给予的关注实在是太少了。

我认为在过去的 25 年里，规范型理论推导与解释型理论推导两者的脱节已经给本书所论及的经济分析领域造成了很坏的影响。那些规范的增长理论，从理论上探讨现代资本主义制度的规律，没有对那些研究经验事实的经济学家所给出的更加贴近现实的描述与解释予以足够的重视。而从事详细的经验分析工作的一类研究，虽然在研究过程中展示一个个的因果关系，但做出的解释与由规范增长理论假设所导出的结论，两者之间经常存在明显的差异。对于这种差异，这类研究还常常是视而不见。回想起来，可以说，我在过去的这段时期内所做的主要工作使我强烈感受到上述两种理论的割裂状态，并试图努力将两者结合得更紧密些。愿本书成为连接两者的桥梁。

第一部分

PART I 经济增长与技术
进步透视

自从现代经济学作为一门学科范畴诞生以来,经济增长常常是学者们探讨的中心论题,然而这一论题时冷时热。亚当·斯密的《国富论》一书大部分内容都是有关经济增长的。卡尔·马克思在很大程度上可以说是一位研究增长的理论家。虽然艾尔弗雷德·马歇尔构建的规范理论探讨的是"静态"经济学,但他在著作中讨论的大部分内容是关于长期经济发展的模式。

但在 20 世纪初的几十年里,对长期经济增长的研究热情减退了。毫无疑问,其原因之一是由马歇尔作出重大贡献所发展出来的规范理论关注的是市场均衡,关注的是那些隐藏在需求和供给曲线背后的因素,以及这些因素如何共同决定可观察到的产出、投入和价格的结构。另外,第一次世界大战之后出现的一次次经济困境,尤其是大萧条,也驱使经济学家转移注意力去分析短期经济现象,比如国际收支失衡、通货膨胀以及失业。

第二次世界大战之后,对长期经济增长的研究复兴起来。原因之一是有了新的国民产出统计资料。这些资料首先在美国得以收集,后来在其他发达工业国家得以收集。这些资料使得经济学家首次能够测算出一国范围的经济增长。能够获得这些资料在很大程度上归功于西蒙·库茨涅茨所从事的理论与经验研究。在没有这样的系列资料之前,研究增长的经济学家不得不依靠有关煤炭产量、钢厂人均产量等零碎资料。现在他们有了全面的产出资料及其随时间变化的数据。利用这些新资料,经济学家们开始以定量方法分析那些在他们那个时代所见到的劳均产出和人均收入的巨大增长,对这些现象在过去很长时期内只有定性的理解。在 20 世纪 50 年代初,利用这些资料进行的经验研究清楚地表明,"全要素生产率的增长"在所测算的人均产出增长中占有绝大份额,技术进步被认为是促进全要素生产率增长的主要力量。

大多数这类经验性研究都是在缺乏精确的理论框架下进行的。20 世纪 50 年代后期,新古典增长理论系统地提出来了。在某种意义上说,它只是从理论上说明经验性分析得到的种种计算结果,在其他方面并没有为这一经验研究增添多少新的内容。总之,这一时期有关增长源泉的研究可谓汗牛充栋,数量可观。那时的研究结果基本上经受住了时间的检验。然而,我在本书导言中曾指出,我认为那样的分析至少在三个方面是存在问题的:其一是这种分析存在着"分解增长源泉"的癖好,而实际上有充足的论据证明,增长因素之间有着很强的互补性。其二是这种分析倾向于把经济增长看成是一个移动的、但又连续的均衡过程,而非常有说服力的证据表明,经济增长是一连续的非均衡过程。其三是现代资本主义组织制度的复杂性大多被掩盖了。

利用后见之明的优势,我们现在能够得知,20 世纪五六十年代是美国经济不同寻常的快速增长时期,同一时期,欧洲各国及日本的经济甚至以更快的速度增长。这一时期的快速增长自然使人们关心起这样一个问题:是什么使得生产率和收入得以迅速提高?到了 20 世纪 70 年代初,美国及其他高收入国家的经济增长率下降得相当明显。这一变化使得经济学家转而要回答增长率何以降低这一问题。

经济增长率的下降以及经济学家对这一下降所作的基本上不成功的
种种解释,使得那些分析经济增长的方法所具有的缺陷浮出水面。

下面两篇论文为本书的展开提供了一个自然的起点。第一章阐
述前面概述过的经济增长研究史,并对那些基本的流行理论提出比
较详细的批评。此外,本章还概要地提出了另一种经济增长理论,这
一理论将在后面各章中逐步展开,其核心就是技术变革的演化学说。
第二章将展示该理论的实质内容。

一、生产率增长及其差异研究：
死胡同与新出路[*]

　　的确没有任何理由再去温习一番主流经济学中关于生产率增长源泉的研究，本文也不会那样做。真正需要做的是令人信服地解释最近生产率的下降，使人们能够认清其基本原因，明白这些原因是持久的还是暂时的，知道为此需做出怎样的政策选择。不过，本文将不讨论生产率的下降，虽然本文的写作受到对这一问题研究缺乏结论的激发。本文事先认定，经济学家对不同时间、不同国家生产率增长所做的大多数研究，其依据的理论模型是肤浅的，在一定程度上甚至对人们认识下面几个问题起了误导作用。这些问题有：决定企业生产率水平高低的因素是什么；决定企业间生产率差异的因素又是什么；新技术的产生、筛选、扩散过程怎样；宏观经济条件和经济组织制度对生产率增长的影响如何。本章第二节到第四节将探讨这些论题，考察非正统和正统理论对这些问题的看法。第五节将回顾近年来人们在发展生产率增长演化模型方面所做出的种种努力。不过，

---

*　本文最初发表在《经济文献杂志》（*Journal of Economic Literature*）（1981 年 9 月），第 1029—1064 页。

首先在第一节,我将简要地介绍理论界生产率研究的现状。我认为,当前主流理论在这方面存在着明显的缺陷。尽管有些经验性研究与主流理论相当接近,但有大量的研究,其遵循的思路在一些重要方面却是偏离主流理论原则的。

(一) 当代理论界在有关生产率增长及相关现象的研究中表现出的割裂现象

先回顾一下这方面研究的历史进程是恰当的。虽然今天人们使用的概念工具相当的新颖,但经济家对生产率的关注却由来已久。亚当·斯密在《国富论》第一章主要谈论的内容,按今天的说法,那就是技术进步和生产率的增长。约翰·斯图亚特·穆勒同卡尔·马克思一样,也是研究增长的理论家。艾尔弗雷德·马歇尔更是对长期经济变化充满了兴趣。如同新古典增长理论一样,古典增长理论将企业视为利润追求者,将各产业视为具有竞争性的,但其含义要比当代正统价格理论中的含义灵活得多。虽然古典增长理论采用文字叙述的方式,这种分析方式或许算不上正规,但它将增长看成是一个演化的过程。它认为一个国家的组织制度能对这一过程起到促进或阻碍作用,能使演化得以成功地进行或使演化偏离方向。

值得指出的是,在战后初期,以生产率增长经验性分析为基础的微观经济学似乎更接近于比较早期的理论传统,而不是比较近期的理论传统。摩西·阿布拉莫维茨（Moses Abramovitz）在 1952 年的一篇回顾性文章中，强调当时通行的经验研究与古典思想之间的联系，并指出当时也没有近年来这么多的理论发展。不过，尽管缺乏现代理论框架去分析生产率增长，但雅各布·施莫克勒（Jacob Schmookler，1952）、西奥多·舒尔茨（Theodore Schultz，1953）、所罗门·法布里坎特（Solomon Fabricant，1954）、约翰·肯德里克（John Kendrick，1956）、阿布拉莫维茨（1956）这些学者的论文在预示稍后的新古典理论框架下研究出来的中心结论——美国实际取得的产出增长要比投入增加所能合理贡献的产出增长高出许多——方面是相当突出的。技术进步、劳动力构成的变化、人力资本的投资、资源从低生产率领域向高生产率领域的转移和再配置、规模经济，这些都被认为是解释因素。但那时无人试图将各因素的贡献加以分解。人们认识到了它们之间可能有着很强的相互作用。在这些研究中，要素价格被用来对不同的投入进行加权，以便得出总投入增长的测算值。然而，缺乏足够的正当理由把这种做法看成是一种沿某一生产函数移动的方法；作者们也没有假定经济增长所遵循的路径是一种动态竞争均衡。施莫克勒和阿布拉莫维茨分别参照约瑟夫·熊彼特（Joseph Schumpeter）和库兹涅茨的观点，两人都强调经济增长是一个非均衡的过程。

此外，有趣的是，战后初期有关经济增长的理论探讨都没有使用微观经济理论的语言和概念，但涉及由罗伊·哈罗德（Roy Harrod）和埃夫西·多马（Evsey Domar）扩展了的凯恩斯学派理论，其所采用的模型既没有利润最大化的假定,也没有竞争均衡的假定,甚至还没有充分就业的假定。实际上,设计这些模型是为了探讨总需求和充分就业下的产出得以同样速率增长的条件。如果有了这些假定,那么所要求的条件将是极其严格的。

1. 新古典理论的形式与内容

罗伯特·索洛(Robert Solow)1956年的一篇理论性文章,主要是针对哈罗德-多马模型对充分就业增长的悲观看法而发的。索洛指出,这一模型最鲜明的特性主要是因为有了参数固定不变这一假定。如果要素参数不是固定的,资本-劳动比率就能得到调整。在此条件下,不管储蓄(投资)率如何,对劳动的需求和劳动的供给都能够以同样速率增长。他接着提出了后来被称为新古典的经济增长模型[特雷弗·斯旺(Trevor Swan)在1956年发表了一篇类似的、影响或许较小一些的分析文章]。在这一模型中,索洛承认存在着技术进步改变生产函数的可能性。索洛在1957年发表的一篇经验性分析文章中,展示了怎样将增长归功于不同的因素及怎样测算技术进步的方法,这些方法与他的理论构架相一致。在这里,我想评介他的基本思想,以唤起人们对其中某些特点的关注,现在的人们对这些特点是那么地熟悉,以至于极少有人对它们加以反思。

企业是关键性的生产主体,它根据生产函数将投入转化为产出。生产函数,即在一定数量的投入下所能获得的最大产出,受到技术知识状况的决定。技术知识被假定是公共的，或者说，这一点至少是隐含在产业或国民经济生产函数模型之中。企业在一定的产品需求和要素供给条件下，在各自的生产函数上选择一点以实现利润最大化。通常假定这些市场是完全竞争的，这样企业将价格视为一个参数。假定要素价格出现调整以及不存在凯恩斯困境，模型则与充分就业相一致，通常假定这一条件成立。随着时间的推移，产出随着投入增加而增长，企业会沿着它们的生产函数移动，并且随着技术的进步，也会出现这种情形。假若部分企业的生产函数、利润最大值和要素价格出现了差异，则相对于任何投入的产出弹性等于该要素在总要素收益中的份额，至少在投入发生微小增加时是如此。由于沿着生产函数发生的投入增长而导致的比例性产出增长等于比重加权的各种投入增长之和。如果有残差，那它就是对生产函数移动的测量，或称技术进步。

显然，这里有着很强的假设。对企业和市场的看法都是非常典型化的——很少有不尽职的管理，基本不存在劳方与管理方之间的冲突，也没有什么市场垄断竞争。技术进步，尽管被承认是增长的核心特点，但只是以一种简单的方式加以处理，并且忽略了熊彼特主义者认为技术进步（通过企业创新）和竞争均衡不可能共存的观点。简单地假定充分就业，而模型中又没有包含特殊机制来保证这一条件的实现。各增长因素的作用方式被认为是独立的，其作用可以加总。尽管这样处理部分地反映了对细小变化进行数学分析的要求，但在增长核算中却将这种做法用来分析在相当长时期内各因素增长的作用。组织制度环境也是非常简单，工会、银行体系、学校和规章制度在制度结构中都不予特别考虑。

任何理论构架的目的都是为了提供一个特别的视点和解释，现实无疑比任何理论都要丰富得多。经济学界中的经验型学者承认理论是抽象的，并试图考虑被主流理论忽略了的重要因素。此外，起初构建的简单理论能够在未来岁月中加以拓展、深化和修正，以对付各种异常现象。一个内容广泛的理论结构，其成效必须以这一理论为研究所能提供的动能，以及通过理论研究所获得知识的力量来进行判断。很显然，按照这一标准，新古典理论形式肯定可以被判断为富有成效。它为许许多多的经济学家在一个相当长的时期内所进行的研究工作带来了活力，指明了方向，并取得了高度的一致性。这些研究极大地加深了我们对引起生产率增长要素的认识。

但是，尽管明智的学者们从实用的角度看待规范理论框架，这些框架仍然是既突出又限制、既蒙蔽又启示着经验研究工作。流行的规范理论深刻地影响着那些被忽略了的经验资料，影响着人们如何解释已有的经验数据。当从事实证的学者们考虑的现象超出了理论涵盖的范围时，分析就倾向于就事论事了。

我确信，在新古典理论指导下进行的研究已经进入到收益急剧递减的阶段，有许多重要的问题仍然没有得到妥善的解决。并且相当可观的一部分对生产率增长的研究，尽管起初也许是立意要对简单的新古典模型加以拓展和深化，但后来发现了一些新古典理论没有恰当地处理、甚至否定的经济现象和关系。我的目的不是要事无巨细地去评价所有这些研究,这样的评价已经够多的了。但为了提出我的观点,仍然需要评析其中某些研究文献,其内容归纳到以下两个小标题里。第一小标题中所包括的研究乍看起来似乎紧紧地追随着新古典理论。第二小标题中的研究在某些重要方面已明显地脱离了新古典道路。

(1)增长理论与增长核算 从 20 世纪 50 年代中期以来,相当多的研究都是在新古典理论的精心指引下进行的。有些研究是理论方面的探讨。它们构造出各种不同形式的生产函数。这些模型假定技术进步必定是内含于新资本之中的。技术进步对这些理论来说是内生的,它与增加的研究与开发(R&D)方面的资本存量相联系。在有些模型中,假定技术进步通过要素价格的变动起着节约劳动和资本的作用。这其中的许多模型都在索洛(1970)、汉斯·宾斯万格和弗农·拉坦(Hans Binswanger and Vernon Ruttan, 1978)的文献中做出过评价。

这类研究大多数是经验性的,并且受到隐含在新古典模型中的增长核算方法的指引。丹尼森(Edward Denison, 1962,1967,1974)、肯德里克(Kendrick, 1961,1973)、格里利切斯(Zvi Griliches, 1960)、乔根森和格里利切斯(Dale W. Jorgenson and Griliches, 1967)为这方面的早期研究做出了特别重要的贡献。其研究的一项重要内容就是如何减少残差大小。虽然索洛将残差解释为技术进步,这赋予了残差特殊的经济意义。但在大多数经济学家看来,这一残差的分析意义比起那部分可由要素沿生产函数的移动加以解释的增长的分析意义要弱得多。经济学家们确实有理由让自己相信,能够以生产函数的移动加以解释的生产率的任何变动,在事实上也的确是这样处理的。劳动投入被分解并且对劳动者的教育程度、性别、年龄这些成分予以关注。资本投入被分解成机器和结构,对资本的"年份(vintage)"也加以考虑。有些学者试图考虑自然资源的投入。近年来,能源也已成为一种独立的投入要素。要想对这方面的早期工作有一个较全面的了解,请参见 M.I.内丁里(M. I. Nadiri, 1970)、F. H.哈恩和 R.C.O.马修斯(F.H. Hahn and R.C.O. Matthews, 1967)等著作。丹尼森(Denison, 1979)和肯德里克、格罗斯曼(Kendrick and E. Grossman, 1980)对近期进程做出了或许有失全面的评价,并对当代发展趋势做出了分析。

有几位学者在进行经验分析时将消除价格因素影响后的 R&D支出引入到"超越"生产函数之中,试图测算出 R&D 支出对生产率增长的贡献。参见埃德温·曼斯菲尔德(Edwin Mansfield, 1968,第 3章)、格里利切斯(Griliches, 1980)、内丁里(Nadiri, 1980)。这些方法保留了作为新古典增长理论组成部分的技术进步的潜在重要性,但割断或弱化了技术进步与残差之间的联系。

近年来,在生产函数拟合和增长核算的方法论研究中,一个重要的进展是揭示出隐含在利润最大化、成本最小化的企业理论中的两元关系。企业解决追求利润最大化的方法是根据产量和要素价格函数来同时决定产出和投入、成本和利润。两元理论提出方法,通过估计,比如估计要素需求曲线或成本函数的形态和移动方向间接确定生产函数形态和移动方向。这些方法允许在估计生产关系时更多地使用价格数据。乔根森和他的同事（请特别参见 Christensen 和 Jorgenson，1971）在发展这些方法方面成就显著，做出了杰出的成绩。

以上简要介绍的这些研究在坚持新古典经济增长基本模型方面存在着相当大的差异。乔根森和他的同事以及格里利切斯的研究与新古典理论范畴保持着相当紧密的联系。然而，肯德里克，尤其是丹尼森的增长核算研究则清楚地显示出偏离基本模型的地方。一些敏锐的经验型学者常常在研究中添加一些正规理论模型中没有过的变量，而且还经常地以一种非常灵活的方式解释背景理论。丹尼森在研究中就明确地考虑到了资源配置中的无效率问题，也考虑到了那些阻碍采用和推广最适合实用技术的制度因素。丹尼森在近期研究生产率增长下滑时，将譬如控制程度、犯罪成本等变量也考虑进去了。然而，需要特别指出的是，在增长核算研究中采用的各种相对正规的理论观点都是根据新古典模型推导出来的。那些在新古典模型中未加考虑的变量只是被简单地以一种特定方式加进去。但变量只有在理论框架的因果关联中才有意义，不管研究理论框架是正式的还是非正式的。如果这些变量或过程很重要，我们则需要修改对增长过程的认识。以下我们评价一些比增长核算更宽泛的研究，从中可以看到对增长问题有必要进行一番再认识，这些研究也给我们指出了一些令人感兴趣的研究方向。

（2）关于生产率增长的兼容性研究　新古典理论中有关企业的观点既生硬又简单。尽管许多经济学家仍然在使用这一基本的企业理论,但另外一些学者则在考虑企业差异和对企业本质做出更复杂的理解的情形下,研究与企业生产率和生产率增长相关联的各种因素。这些所考察的因素变量,包括制定决策的风格、管理者的背景情况、劳动管理关系的特性等(参见 Charls Perrow,1979)。还有一些学者把注意力集中于同产业中企业之间生产率的差异。对此,拉斯洛·罗斯达斯(László Rostas,1948)做出了早期经典性研究,而理查德·凯夫斯(Richard Caves,1980)对美国与英国之间生产率差异做出了最新的研究。虽然这一研究并没有明确地表明任何强有力的相互关系,但它提供的证据表明,新古典变量没有解释企业之间在生产率及相关变量方面出现的所有差异。

在有些学者将 R&D 纳入新古典生产函数的同时,另一些学者(他们有时是以不同面目出现的同一批人)则正以更务实的态度探讨着技术进步的微观经济原理。埃德温·曼斯菲尔德(Edwin Mansfield)和他的同事(1968,1971,1977)在这方面的研究成果尤为突出。其中有两个关键性的发现在此应该加以强调。一是在开创或评价新技术的工作过程中存在着大量的不确定性;二是企业在开创和采用的技术方面存在着相当大的差异,尤其是企业所在的产业属于技术进步快速的产业更是如此。这一事实部分地是不确定性作用的结果,部分是由于许多技术知识具有所有权所造成的。更一般地说来,包含在新古典模型简单形式中的假定——技术知识是公共品,经济增长是一个均衡的过程——似乎与资本主义经济中引致新技术的机制不相一致。

另有一些学者又重新审视起资源从低生产率部门向高生产率部门流动所进行的重新配置（参见 Kindleberger，1964；Kuznets，1966；Cornwall，1977）。这一流动在较早期的经济学著作中得到过强调，但在新古典宏观经济理论中变得不那么重要了。新古典理论构造出各种各样的多部门模型，在增长核算的框架内用各种技巧估计资源流动对增长的贡献（Denison，1962 及以后的文集）。但资源的再配置无疑反映并影响着不同部门之间要素收益的差异。尽管可以很容易地将新古典模型加以扩展以包括许多的部门，但模型的基本原理仍然还是受到连续均衡的约束，而不是当前流行的非均衡状态驱动的资源再配置。

新古典模型还受到相对持续的充分就业的限制。的确，相对的充分就业和相当稳定的宏观经济是 20 世纪 50 年代后期和 60 年代高速增长时期的标志。安古斯·麦迪逊（Angus Maddison，1967）和安德鲁·斯科菲尔德（Andrew Schonfield，1965）跟其他学者一样把生产率快速增长的很大一部分归功于持续的充分就业，他们对出现这种与大萧条时期形成鲜明对比的经济状态的条件进行了研究，认为部分功劳归于政府采用了凯恩斯主义政策。许多学者已经注意到，1973 年以后伴随着生产率的下降，出现了较高的平均失业率和通货膨胀率。政府终止了原来的经济政策，开始采取新的经济政策。不同的经济学家对经济现象有不同的观点。但麦迪逊（1980）和詹姆斯·托宾（James Tobin，1980）的论证似乎让人无法怀疑，不恰当的政策至少应对宏观经济的不稳定和增长率下降负一部分责任。

　　另有一些学者将研究集中到社会、政治和经济组织制度方面。这其中,阿布拉莫维茨(Abramovitz,1979)强调指出,在第二次世界大战之后,国际货物贸易、资本流动和技术转移的发展都比以前快得多。不少学者对比不同国家的教育体系指出,与德国和美国相比,英国在工程师的培养上长期存在着缺陷(Pavitt,1980)。美国、加拿大、英国的工人罢工活动明显地比德国、瑞士和日本多。在70年代,当生产率增长开始下降时,学者们开始注意研究组织制度结构变化的影响,把它们作为一种可能的原因。对管理环境要求的上升是其中一种可能(Denison,1979;MacAvoy,1979;Kendrick and Grossman,1980)。还有学者集中研究了福利国家的制度(Bacon and Eltis,1976;Lindbeck,1974)。

　　人们也许会认为,这些形态不一的分析与新古典增长核算方法没有什么不一致的地方,它们只是试图对增长核算加以拓广和深化。但所提出的问题、考虑的变量、探讨的关系却区别于标准的新古典模型所涉及的内容。至少,它们从多少有些不同的角度提出了分析方面的问题。但也有可能是规范的新古典理论不仅仅过于简单化,而且还掩盖了生产率增长的核心特点。如果真是这样,那么考虑那些有着显著区别的理论分析方法也许是值得的。

2. 局限与张力

　　笔者在此考察这些解释生产率及其增长的兼容性方法,甚至激进新奇方法，其主要理由是认为正统框架下的理论研究没有对某些问题给予充分的解答，并且所给出的那些结论又引发了一些需要进一步研究的问题。这种情形对于人们已经有过探讨的以下三类基本独立的问题中任何一个都是如此。这三个问题是：是什么因素决定着某一特定国家的增长率及其随时间的变化？用什么来解释国与国之间生产率水平的高低和变动程度上的差异？为什么有些产业比其他产业在生产率的增长上快得多？

第一个问题也许是人们最为关心的。值得注意的是，尽管人们千方百计地想使"残差"等于零，但我们看到它仍然很大（参见Denison，1960，1974）。尽管人们想方设法赋予残差以实质意义，解释为"技术进步"或"知识进步"，但这种解释远不具有说服力。人人都知道，残差是一个多种要素的大杂烩，但这些要素很难分解出来。如果说这个"测量我们无知的指标"还不十分神秘兮兮的话，那可以肯定它还没有获得清楚的认识。

那些试图探讨国与国之间生产率水平和生产率增长方面差异的研究，如果要说与上一问题有什么不同的话，那就是这些研究甚至更加不具有结论性。资本-劳动比率、受教育程度方面的差异也许可以部分地解释宏观生产率水平上的差异，但"残差"在国与国之间的分析中起着很大的作用。在这方面，丹尼森的研究具有代表性。在第二次世界大战之后，国与国之间生产率增长率的差异与国家之间 R&D 支出上的差异两者并不相关。然而，它们与另外两个变量——各自初始的生产率水平（或与美国生产率水平的差距)及各自实物资本存量的增长率——有着很强的关联性。有着这样的一般规律,开始时生产率水平低下的国家,其差距得到缩小;具有高投资率的国家,其缩小差距的速度更快(参见 John Stein and Allen Lee, 1977; Abramovitz, 1979)。但也存在一些令人困惑的例外。各国初始生产率水平具有明显差异,这本身就不是新古典增长理论能够给予很好解释的。虽然在第二次世界大战期间不同的经历可以部分解释 20 世纪 50 年代美国在生产率上所取得的优势,但麦迪逊的资料(1979)表明,美国到 1913 年就已经取得了生产率的领导地位,这是为什么? 英国的生产率增长自第一次世界大战以来一直比其他国家低,这又是为什么?

对产业间生产率增长差异的研究集中在一个宏观模型所忽视了的现象——产业间的生产率在事实上存在着很明显的差异。在产业分析中,R&D 支出是一个重要的解释变量(参见 Richard Nelson and Sidney Winter, 1977)。总体上来看,R&D 支出高的产业是那些被测定"技术进步"有着快速增长的产业,或者是为这些产业提供投入品与资本设备的产业,或者是这两个特征都具有的产业。但为什么有些产业 R&D 密集程度比另外一些产业高出许多,这如何解释呢?

如上所述,那些不受新古典理论框框束缚的学者提出了若干观点,它们或多或少地丰富了新古典理论,并在一些重要方面背离了新古典假设。在本章余下的部分里,笔者将更深入地回顾和考察在上面略为提到过的、非正统理论所涉及的三个不同但有联系的主题。

主题之一是影响单个企业生产率水平的变量的本质,以及造成企业间生产率差异的原因。如同人们设想的那样，大量的研究文献并不把企业简单地看成是在可广泛获取技术知识和已知要素价格的范围内选择投入品和技术管理的利润追求"选择者"。相反地，它们把企业看成是一个"社会体系"，这一体系对其成员的激励作用有高有低，程度不一。这一体系影响着管理决策的执行方式，影响着如何识别和评价可供选择的方案。几项有关企业间生产率差异的研究表明，与社会体系相关联的变量和新古典变量一样重要。另外，这些研究表明，不同企业所采用的技术有着明显的差异，这些差异按新古典理论得不到解释。这些论题将在本章第二节中探讨。

主题之二是技术进步的特性。标准理论将技术进步要么看成是内生的已知数——与要素价格相关的、由企业开发利用的一系列可公开获取的新机会；要么看成是在预期收益的引导下通过投资 R&D 获得的知识积累的结果。在论述 R&D 与生产率增长关系时，大都忽视了不确定性和专利权提供的特别激励作用。然而，有关技术进步的微观经济学研究则强调指出，旨在发明和开发新技术的科研工作深受不确定性的影响，且还与发明所引发出来的产权有着很大的关系。并且，知识的开发利用与学习本身存在着相互作用。除了企业这一使用者之外，政府、大学和许多其他机构在技术进步中都发挥着作用。本章将在第三节对这方面的研究文献加以讨论。

主题之三是增长核算中各主要增长因素之间存在着怎样的相互关系，影响这些主要增长因素的变量有哪些。很明显，这些增长因素有着很强的相互作用。资本积累和教育都推动着技术进步。同时，实物投资的收益和增加教育的收益有赖于技术进步。这表明,在对增长进行深入分析时,我们不仅应该分别地考虑那些影响主要增长因素的力量,而且还要考虑那些经济环境、政治和社会制度中的更为一般的特点,它们支持着劳动、资本和技术进步这三项增长因素,推动着经济的增长。因此,这就要求我们考虑经济环境与组织制度在国与国之间的差异和在短时间内的变化。本章将在第四节对这方面做出尝试性的探讨。

非正统理论研究中强调的特点,有几个能很容易归并到扩展了的新古典理论之中,其他特点则很难同化。虽然非正统观点比新古典观点更加复杂,并且在一些基本看法上存在着区别,但遵循其自身的简化和抽象条件。由于创新涉及很大的随机性,且在搜寻和筛选新技术过程中要花费一定时间,从这方面来看,生产率增长的演化模型可能比新古典模型更加适用。本文最后将概述近年来在演化模型构造方面进行的各种尝试。

(二) 企业层次上生产率的决定因素

经济学家没有对决定单个企业生产率的因素做过多少实证研究,对企业之间不同生产率的关注转而主要集中在国与国之间产业平均生产率的差异上。忽视个体研究的做法,部分是因为经济学家一般只是对产业层次以上的总体资料表现出研究兴趣。某种程度上这也反映了这样一个事实，即按照新古典理论观点，很少有什么令人感兴趣的实证问题需要通过研究特定企业，或考虑在相似市场条件下单个企业之间的差异才能加以探讨和解决。

在新古典理论看来，企业在某一时点上的生产率由可获得的技术和市场条件（主要是要素价格）简单地决定。然而，也许有理由抛开包含在新古典分析中的几个强假定。第一，大多数企业都是复杂的组织。如果承认这一事实，那么简单的新古典生产率理论具有的某些缺陷就显现出来了。第二，新古典分析中隐含着的假定认为，技术知识是公共品，可以免费获得，免费利用。这一假定即使作为一个简单的初步近似也是值得怀疑的。事实上，技术知识是公共品的假定会妨碍对新技术的生产、保护和扩散过程进行有效分析的。在这一节，我将首先考察研究文献中有关企业组织与生产率之间关系的论述，然后转到企业之间生产率差异方面的分析。

1. 作为一个组织的企业

新古典企业理论包含两个强假定，第一个是假定"技术知识"是决定企业获得多少投入-产出效率的基本因素。第二个是假定企业从各种明确界定的行为方案中作出的管理"选择"决定企业的活动。在这样的假定下，企业隐含着的形象就如同一台机器，其人员是这台机器中的零件，零件的行为通过管理层的决定加以控制，而决策由直接命令加以贯彻，或许还有一个紧密的科层结构加以调节。这些假定作为初步近似情况也许是可用的,但也可能不可用。

首先我们得认识到,大多数企业由许多人组成,通常有一个管理班子,这个班子区别于从事实际生产活动的那群人。这就要求我们注意到被新古典生产理论忽视了的复杂性,其中之一就是需要建立起协调行为的机制。由于劳动分工,必须使各种工作相互协调统一,能够恰当地紧密配合,这需要信息流通网络,使得整个工作得以有条不紊地开展。即使所有员工都与最高管理层有着共同的目标,组织中的协调问题仍然存在。但通常地,企业雇员并不会自动地具有与管理者相同的目标,因而这就需要激励和监督。在探讨有关组织与生产率关系的文献中,激励和监督成为两项主题。这方面的研究主要不是经济学家做出来的。

詹姆斯·马奇和赫伯特·西蒙(James March and Herbert Simon,1958)把被他们称为"古典"组织理论的发展划分成两条主线。第一条起源于F. W.泰勒(F. W. Taylor, 1911)的研究,所关心的是生产中有形活动,其标志就是"科学管理"的兴起。科学管理的基本含义指的是对特定工作进行安排,使物料在各工段间有序流动,等等。第二条来源于L. H.古利克和L.厄威克(L.H. Gulick and L. Urwick,1937)以及马克斯·韦伯(Max Weber, 1947)的研究,集中于研究组织结构中存在的问题——比如,是将广泛使用的某些服务项目集中在某个服务部门,还是分散到几个不同的使用部门。这两条主线都直接地与协调有关(虽然采用不同的方式),并且也与激励有关。比如,泰勒在著作中列出了激励报酬计划,韦伯讨论了职业阶梯的好处。但两者都将组织描述成一个由人为构成元素的机器，将管理问题视为是设计机器以使它良好运转。

蕴含在标准企业理论中的组织观点与上述相类似，人的因素被划归为"劳动"，但对人的协调与监控方面的考虑则不见了。在一些比较复杂的模型中可能承认生产中的组织因素，承认协调和控制过程中涉及资源，另外"生产"过程中也涉及资源。协调与控制的"技术"状态甚至可能作为模型中的一个变量，如同生产技术状态一样。但在这样的约束条件下，管理仍然被看成一种"选择"做什么的行为。这一特点符合马斯切克-雷德勒（Jacob Marschak-Roy Radner，1972）的团队理论思想，与近期有关代理方面的研究结论也相一致（参见Steven Ross，1973）。

但在研究组织理论的当代学者中，现在只有极少数人对组织行为的看法与古典组织理论家相同。50 年前进行的著名的霍桑（Hawthorne）工作实验（Roethlisberger and Dickson，1939）使组织理论家改变了观点，抛弃了过去将组织视同为一架能够由最高层管理者设计并严格控制的"机器"的观念。组织理论家们清楚地认识到，一个组织是一个社会体系，它可能会抵抗管理指令，或对指令不予反应。乔治·霍曼斯（Geoge Homans，1950）和查尔斯·佩罗（Charles Perrow，1979）等学者对组织行为的这种观点做过综述。

从严格意义上来说，技术只是在一个宽范围内界定人们应从事的工作。但人们在工作中的努力程度、注意力集中情况以及相互合作状况，则有着相当大的变化区间。精心制作出来的"工作设计"能够缩小这一区间的范围,但不能消除它。同样地,管理不可能有效地、极为详细地为人们"选择"做什么工作,只能大致地控制他们的工作和如何使工作做好。人们实际从事的工作中只有一小部分可以严密地加以监控。

既然技术和管理的具体指令和原则都会留下一个可能相当宽的灵活区域,那么就要由起作用的社会体系来制定规范并加以实施,以抵消那些来自与规范不一致的管理所引起的压力与命令。对于下层管理者,比如工头,他们的职责就是监督、训导手下员工好好干活,所以他们至少是部分地被同化到社会体系之中。在社会体系里,一些做事方式和表现水平会被确定下来并坚持下去,这一点和古典组织理论的看法相一致。与古典组织理论看法相反的是,这些做事方法和表现水平同时受社会结构以及管理指令和压力的影响,这两种影响的力度一样大。另一方面,这些程序和规范也可能会受工人情绪和态度的影响,受组织风气的影响则更为明显,与组织风气有很大的关系。在影响生产效率方面,工人们对他们的工作、同事、管理层和所在组织的印象感觉如何,可能比命令他们工作的某个特定方式,比正式的组织结构,甚至比经济激励都更为重要。

自然地,在此观点下,泰勒、古利克及其追随者强调的那些变量,相比而言,似乎就不怎么有意义,也不成为什么管理工具了。而那些接受"社会体系"新观点的研究人士从不同角度观察问题,得出了许多不同于传统的研究成果。

切斯特·巴纳德(Chester Barnard, 1938)和后来的西蒙(1957)

强调指出，最高管理层能够详细地控制或参与的事务数量是有限的。他们并且探讨了在约束条件更加严格的情况下，管理所能发挥的职能。他们认为管理职能有三大项：制定企业长期发展战略，以此为下级部门的决策提供指导；确立社会联系网络和激励计划，从而使下级决策者按企业利益行事；处理偶发事件和那些常规不能处理或不能授权解决的问题。

其他学者探讨了决策风格和程序，这方面克里斯托弗·阿吉里斯（Christopher Argyris, 1962）作出了重要贡献。这方面学者探讨的关键问题是，在决策参与模式下或科层统治下（即决策由最高层做出，下层几乎不参与），能否得到更好的信息，能否做出更好的决策，能否使工作更有效地得到开展。

其他研究涉及工人士气和对组织的忠诚。有一组学者注意到这样的事实，即工作之外的因素会影响到工人的工作态度，会给工作带来麻烦。管理者若忽视了工作之外的因素，会导致关系疏远。也有学者研究各种形式的抱怨过程，以了解它们如何影响工作态度，以及这种态度反过来如何影响工人的出勤率、罢工率以及生产率。另有学者研究工作安排影响工人满意度和兴趣的方式。理查德·哈克曼和格雷格·奥尔德姆（Richard Hackman and Greg Oldham, 1980）对这些方面的研究做出了一个很好的综述。

组织理论研究所探讨的这几方面问题还有待于进一步研究。可是它们说明了一个道理：当企业被认为是一个具有社会体系的组织时，人们的视野变开阔了，认识到企业所涉及的论题是很广泛的。这种社会体系影响着"技术"的实际运行方式,影响到"管理决策"转化为实际行动的方式。

假若研究企业人际关系和社会组织的学者能够识别并证明管理控制下的变量与工人工作业绩之间存在着清晰的稳定关系,那样就会给人们产生很深的印象,并取得丰厚的回报。但我阅读了过去 50 年关于这方面的研究成果,得到的印象是,极少有这种稳定的关系,这一印象与其他学者撰写的几篇综述文章的观点相一致。请见哈克曼和奥尔德姆(Hackman and Oldham, 1980)及维克托·弗鲁曼(Victor Vroom, 1976)的批评性评论文章。我认为,这些研究在对企业组织的机械模型提出质疑方面是有说服力的。但人们至今也未能识别和测算出那些关键性的组织变量及其影响。

在一些实验中,当工人们更多地参与决策时,可提高生产率,而在另外一些实验中则会降低生产率,还有一些实验则显示对生产率的变化没有影响。在一些实验中,"工作丰富"会使工人感到更满意,使生产产量得到更大的提高。而在另外一些实验中,能提高工人的满意程度,但不能提高生产率。还有一些实验满意程度降低了,但生产产量并没有降低。这些在标准的经济学模型中被省略了的变量,也许应该通过引入随机因素加以简单地处理。或者也有这种可能,两者之间有稳定的关系,但这种关系比起初做实验的人们所期望的关系复杂得多。比如,工人参与决策的意愿可能取决于所要讨论的问题在多大程度上属于科技方面的问题,将工人收入、工人知识面与参与意愿的关系做一对比会发现,参与意愿与工人收入没有特别的关系（Gouldner，1954）。如果工作丰富并不带来工作强度的增加，工人会优先选择工作丰富。否则，就不会做出这种选择（R. B. Goldmann，1975）。

在某种条件下，对这些因素的考虑可能比另一些条件下更具局限性。某些技术可能要求对工作过程实施相当严格的控制，比如，化学工艺流程技术包含在设备当中，在很大程度上控制着物料的流动。相比之下，在许多机械操作中，技术在一定程度上是受工人控制的（Woodward，1965）。有些市场环境相当宽松，允许工作中的散漫；而在有些环境下竞争激烈，迫使管理者和劳动者严守规则（Lupton，1963）。组织理论家们现在开始认识到这些复杂性了。无论如何，至今仍忽视这些与生产率相关问题的经济学家，再也不能抱怨说这方面的知识进展缓慢了。

近年来，不少经济学家已经开始在设计企业模型时将员工看成是有个性的人，而不是自动运转的机器。很明显，理查德·西尔特和詹姆斯·马奇（Richard Cyert and James March，1963）的行为理论就符合这种模式。奥利弗·威廉姆森（Oliver Williamson）的分析也是如此。威廉姆森（1970）揭示了在生产多种产品的企业里，组织状态怎样影响着中层管理者的决策。他在研究中显示，多部门组织结构比过去单一的结构更有利于决策（或许还有利于生产率的提高）。更近一些（1975 年），威廉姆森关注于在什么将由企业"内部"完成和什么要通过市场安排来实现这两方面的决策对企业利润率（生产率？）的影响。哈维·莱本斯坦（Harvey Leibenstein，1966，1976，1979）的研究是从这种假定出发的,即认为人不会自动地拼命工作,也不会自动地为正在从事的工作煞费苦心(这两方面的含义在泰勒时代就被认识到了)。他特别关注竞争的作用和企业面对的压力,从而使那种他所称的"X-无效率"得到控制。

彼得·多林格和迈克尔·皮奥里(Peter Doeringer and Michael Piore, 1971)及近年来理查德·弗里曼和詹姆斯·梅多夫(Richard Freeman and James Medoff, 1979)在研究中对通过内部劳动力市场构建企业内部社会活动的方式给予了关注,并注意到工会(与管理层一道)在界定内部劳动力市场和企业内部社会的其他方面所发挥的作用。

最近几年,经济学家、其他学者以及普通读者越来越多地认识到,不同国家的企业在组织形式和决策风格上存在着很大的差异。比如,罗纳德·多尔(Ronald Dore, 1973)对第二次世界大战后日本大型企业结构与英国企业结构进行了对比,注意到两者在雇用政策、任职条件、决策风格和社会特征上存在着明显差异。受日本持续高速增长的鼓舞,美国学者近来转而去考虑美国与日本企业间的差异,其目的似乎是要鼓励美国企业向日本模式靠拢(参见 Vogel, 1979)。

但这些关系很复杂,人们对它们的认识也很不够。值得注意的是,日本企业的生产率在第二次世界大战之前就以很快的速度增长。日本现代企业实行的"终身雇佣制"及有关的文化特性不是在第二次世界大战之前形成的,而是主要在 50 年代发展起来的。也许有必要回忆一下,就在几年前,学者们还在那里高声赞颂美国制度的灵活性,吹嘘科学家和工程师在创建小型企业方面的能耐,赞赏工程师在企业间的流动,并将这些当成是美国在一些产业(如半导体)保持技术领导地位的原因(Charles River Associates, 1980)。

2. 产业内部企业间生产率差异

如上所述,经济学家对于相同产业内部企业间生产率差异的研究基本上集中在国与国之间的差异上,大多数实证研究所用资料都是产业资料。不过,也有一些研究是根据单个企业资料做出来的。有些研究是把不同国家不同企业加以比较,有些是对同一国家中不同企业的差异进行比较。国与国之间的比较显示出生产率的明显差异,这并不奇怪。奇怪的是,同一国家内部相同产业不同企业间生产率存在着明显差异。

对于国与国之间生产率的差异,新古典理论大概会解释成是由于各国要素价格不一样,使要素集约程度在各国有所不同而造成的,也可能认为是资本寿命效应导致的。虽然当地市场条件差异也起一定作用,但一国内部生产率上的差异大概一定可以从资本寿命这一主要方面加以解释。尽管企业之间的比较一般总能显示出这些变量的突出作用,但研究也表明,内部组织上的差异是很重要的,技术知识以及技术获得上的差异也同样重要。

在不同国家企业之间生产率水平差异的研究中,有相当数量的研究是用英国企业低生产率与其他国家企业之间的生产率进行比较。在这方面出现了两次研究高潮:一次是在第二次世界大战刚结束时,其研究集中在英国与美国之间的比较。第二次则是在近年,其研究集中在英国落后的生产率与欧洲其他国家及美国之间的比较。

罗斯达斯(Rostas,1948)的研究可能是第一次研究高潮中最著名的研究。在他写作论文时,理论界对于生产率(和增长)的认识还没有形成那种在20世纪50年代之后占统治地位的理论体系。罗斯达斯对测算出来的生产率差异影响因素的分析,在理论上相对比较松散,但却实用、合理和敏感。他觉察出那些后来开始统治这方面认识的变量因素——资本集约程度(他用马力指标测定)上的差异、所用设备质量和寿命方面的差异。也许是因为在大多数产业中美国工厂都比英国工厂大许多的缘故,罗斯达斯还考虑了可能的规模经济,考虑了利用规模经济的能力与市场规模大小的关系。他也关注了泰勒喜好的那些变量,例如工厂里的工作安排和管理的综合质量。罗斯达斯还列举了一项变量,即劳动者的工作态度和工作熟练程度。这一变量在研究中越来越多地引起人们的重视,并试图用它来解释英国工厂低下的生产率。

普拉坦(C.F. Pratten)的研究在第二次研究高潮中具有代表性。在一项研究中(1976a),他比较了同一国际公司在不同国家生产同类产品的工厂的生产情况,发现不管在什么产业,不同工厂单位工人的产出一般都有着高低次序。美国工厂排在最前,紧挨着的基本上是德国工厂,法国和英国工厂居中,西班牙工厂最后。他要探讨的是英国工厂为什么相对来看表现得比较差。

当请求公司经理解释这种差异时，他们有时会说，他们工厂生产所用的机器比英国工厂的要好（或要新）。但有时他们也会说，英国工厂"冗员过多"，这种现象既存在于较上层的活动，如办公室工作之中，也存在于具体的生产线上。经理们将这一现象出现的原因部分地归咎于起限制作用的工会，部分归咎于工会压力和管理层缺乏有效的对策这两方面综合作用的结果。有几位回答者还提到，英国工人比起美国或德国工人来，更难接受管理者提出的改进意见。

在一项同类研究中（1976b），普拉坦考察了瑞典工厂和情况相似的英国工厂在单位工人产出上的差异。研究也表明两国之间存在一系列差异。在比较了成对工厂的生产情况后发现，瑞典工厂实际上在每一个产业都有着较高的人均产出。普拉坦认为，其原因包括瑞典具有更高的机械化水平、更和谐的劳资关系和技术上更加精细的管理。

琼斯和普瑞斯（D.T. Jones and S.J. Prais, 1978）在研究美国、德国和英国汽车工厂生产率差异时，提出了一系列类似的影响因素，强调了英国工厂中冗员过多。他们还认为，由于机器故障，加上工会对维修人员配备实施限制、消极怠工、罢工，因而造成停工期过多，这也是原因之一。作者还强调，比起联邦德国和美国工厂，英国工厂规模偏小、生产过程偏短，这在成本方面对生产率的提高都是不利的。他们认为英国工厂规模小与前面提到的变量不是没有关系的。在英国，规模越大的工厂，劳方与管理方之间的关系在许多层面上越趋紧张，工人怠工现象更加普遍、更难解决，罢工次数更多等等。琼斯和普瑞斯认为，这些麻烦使英国经理们不愿意建立大的工厂。

前面讨论过的几项研究都提到,英国企业的技术不如美国和瑞典企业的"先进"。这可能有种种原因,其中一种与新古典理论相当一致。假若技术知识是公共产品,并且新资本总是内含着可获得的最好的新技术,那么新开张的工厂就会比老的工厂具有内在的优势。这些都是包含在"新古典"模型中的假定。构造出这类"新古典"模型的学者很多,如索尔特(W.E.G. Salter, 1966)、索洛(Solow)、托宾(Tobin)、冯韦策克尔(C. Von Weizacker)、亚瑞(M. Yaari, 1966)和约翰森(L. Johansen, 1972)。一些比较分析似乎表明,英国企业的机器设备比国外同类企业的陈旧。但技术知识不完全是公有的,有些是专有的,即使不是专有的,获取有关新技术的信息也不是免费的,对它们做出恰当的评估可能要求具有相当的技巧和运气。并且,在很多情况下,企业选择什么技术不是只由管理者偏好决定的。技术选择可能受到只能从国内厂家中购买的法律规定的限制,或者受到其他形式的政府行为影响。通常,技术的改变是劳方与管理方谈判的重要内容。

帕维特(Pavitt, 1980)编写的文集中收录了几项对英国产业进行的案例研究。这些研究表明,英国产业的技术落后与英国机器的服役期长并没有太大的关系,更多的是由于英国管理层的技术训练水平低下,以及许多英国企业缺乏有组织的强有力的R&D。这一结论与早在20多年前卡特和威廉斯(Carter and Williams, 1957)的研究结论相一致。

在研究不同国家企业之间生产率差异的文献中,经常让人感到似乎同一国家的企业有着大致相同的生产率水平。然而，现在有许多的研究显示，一国内部生产率存在着很大的差异。

半个多世纪以来，美国劳动统计局（BLS）一直在零星地从事美国企业生产率差异方面的研究。在20世纪20—30年代，研究的产业从服装业（1939）到汽车轮胎业（1933）、制鞋业（1923）到鼓风炉制造业（1929）。虽然这些产业在具体形态上有些差异，但它们都包括了如下一些相同的地方：产业的总生产过程可以分解出大量细小的子过程，并且可以确定出"最佳作业"，最佳作业随时间的变化而变化，这种变化可以描绘出来，并且利用"最佳作业"可以图示劳动生产率的变化。通常，美国劳动统计局的研究也提供不采用最佳作业的企业的生产率水平资料。资料显示，不管是什么时候两种企业的差异都很大，普通作业与最佳作业企业的生产率差别相当明显。通常，许多企业的生产率水平都不到最佳作业企业的一半。

并不是所有的研究都试图解释这种差异，但也有许多研究这样做了。这里提到的许多变量与在国与国之间的差异研究中提到的变量是相同的——机械化程度的差异、所用设备和技术的寿命、工作安排上的差异。但劳方与管理方关系的差异没有涉及。

作为对比，弗里曼和梅多夫（Freeman and Medoff）及其同事最近（1979）考察了联合工会组织对美国几个产业生产率的影响。联合工会组织这一变量，在变量类型上似乎与经济学家通常处理的变量不一样，对其影响的研究归纳为一个假设，即内部组织对生产率有影响。这些学者将一家企业参不参加联合组织看成是回归方程中的一个变量的标志。在这个回归方程中还包括企业资本-劳动比率以及其他一些常见的变量。从他们对回归方程的解释中看到,在家具产业和水泥制造业中,加入联合工会组织的企业比没有加入的企业具有更高的生产率。但地下烟煤开采业的情形却相反。他们发现,在管理方与劳方有余地达成有利双方的协议,以及工会的存在有利于达成此种协议时,联合工会便会提高生产率。他们也发现消极方面的事例,冲突成了更主要的方面,联合工会只是简单地增强劳方的力量。即使现在给出的这些答案不是特别令人信服,弗里曼和梅多夫提出的问题也是重要的。

在为数不多的明确承认劳动统计局资料所显示出的生产率差异的几项研究中,索尔特(Salter, 1966)的研究是其中的一项,他集中研究若干工厂在不同发展阶段存在着的技术上的差异。拉斯·沃林(Lars Wohlin, 1970)利用索尔特模型分析了瑞典纸浆和造纸业生产率的差异状况和生产率增长变化。由于这两位作者的主要兴趣在整个产业的生产率增长上,而不在产业内部企业间生产率差异上,因而两位作者都没有对用资本寿命差异解释生产率差异的可靠程度做出检验。格里利切斯和维达·林斯达兹(Griliches and Vidar Ringstadt, 1971)试图根据(地区)要素价格差异(他们没有考虑寿命差异)解释挪威企业间生产率的差异,发现大部分生产率的差异不能由此得到解释。

新古典模型当然地忽略了弗里曼和梅多夫考虑的各种组织变量。如上所述,新古典模型还忽略了不同企业在获得的新技术知识及获得知识的途径上所存在的差异，并且对于在决定采用什么技术时经常涉及的复杂的价值观因素和过程也是不予考虑的。虽然美国不同企业在技术获取和选择上存在着差异，可能比国际上不同企业在这方面的差异要小，但仍可能有必要加以重视。据我所知，对新资本所包含的技术比旧资本所包含的技术有着系统性优势做出了唯一直接检验的学者就是格雷戈里和丹尼斯·W.詹姆斯（R.G. Gregory and Denis W. James，1973）。他们发现在澳大利亚产业中，具有新资本的企业其生产率平均来看确实比具有旧资本的企业的生产率高。然而，在具有新资本的企业中，生产率也存在着相当大的差异。

3. 用什么解释生产率差异？

尽管用来反映不同寿命资本品的生产函数其结构形式有了扩展，把那些有意义的、能反映企业间生产率差异的要素囊括到新古典理论范畴内，可以肯定仍有许多工作要做。不同企业的生产率在任何时候都存在差异，这本身就是一个有趣的现象。但有没有什么理由说明，在分析一个产业的生产率随时间推移而增长时，必须承认这种差异呢？我认为答案是肯定的，理由有两点：第一，企业结构和决策风格已是影响生产率的重要变量。这一事实本身就是对那种认为劳动生产率只是由互补性的投入品数量与技术所决定的观点提出了警告。涉及的变量很多，这些变量很有可能真的会影响一般企业的生产率，影响企业间生产率的差异程度。虽然有些新变量可以合理地视为常数,但有些则不宜视为常数。第二,企业差异反映了企业在技术选择上的差异,或是获得某些技术途径上的差异,这一事实或许反映出技术进步过程中的几个重要特点。实际上,既然现在所有学者都认识到了技术进步和生产率增长的核心作用,那么很显然,从概念上恰当地认识技术进步发生的方式以及决定技术进步快慢的因素,就显得很重要。

(1) 组织因素 很清楚,在上述许多研究中,与个体或组织能力差异相关的变量得到了突出的体现。有两个变量经常被引用,一个是劳方与管理方两者之间的关系特性;另一个是管理能力。如果在研究中将考察的范围加以扩展,以便对发达国家的企业与发展中国家的企业进行对比,那么工人的工作能力和工作经验也会成为重要的变量(参见 R. Nelson, P. Schultz, R. Slighton, 1971)。虽然从原则上说,生产函数结构形式可以扩展到包含任何投入要素,只要它们在某个方面彼此相区别,它们就可作为不同的投入要素,但工作能力和组织效能方面的差异似乎和其他差异,比如某类型机械数量的差异相比,有着不同的逻辑意义。它们能很好地用在一定"技能"下投入所完成的工作量来表示,而不可用在这样的技能下投入的不同数量来表示。

尽管在一国内部不同企业之间也存在着劳动者-管理者两者关系的差异,存在着管理能力和工人能力的差异,但这些方面的差异在各国企业之间的对比中显得更为突出。这就引出了一个观点,即在这些差异的背后隐藏着各个国家之间在组织制度和一般社会经济环境方面存在着的相对系统和持久的差异。有研究表明，英国长时期以来，劳方与管理方之间的关系比较紧张，管理方不重视技术培训，这已成为普遍的而不是个别的现象。这种情况确实与英国生产率存在着一致性。对于英国在这两方面存在的问题，都有相应的研究，前一方面的研究可见于凯夫斯（Caves，1980）的文章，后一方面的研究可见于卡特和威廉斯（C.F. Carter and B.R. Williams，1957）及帕维特（Pavitt，1980）的文章。在分析生产率差异时，组织制度及社会经济环境等方面的变量的确需要加以考虑。它们对创新产生影响，从这个角度来看，它们可能对理解生产率的增长快慢很重要。当然，这就提出了一个问题：这些变量特征是怎么得以持续下去的？至少那些强调这些变量作用的学者一直在从事这方面的研究，他们认为，如果这些变量产生的不利影响得到了更充分认识的话，它们可能已经发生变化了。在本章第四节我会回过头来讨论组织制度变迁中的问题。

（2）技术能力　虽然新古典模型确实捕捉到了技术进步过程中的某些特点，但也忽视了其他方面。新古典模型假定，在企业做出新技术决定时，所有企业都面对或知道同样的可选方案。于是，方案选择上的差异映照出要素价格和其他市场条件上的差异。至于许多新技术具有的专有属性，了解以及使用这些新技术所花费的时间和成本，都假定不存在。

隐含在新古典模型中的观点认为，企业间当前生产率水平的分布状况至少部分地是由于技术进步横向发展不平衡的结果，这一点可以接受。这样,当前最好的新技术不会立即地、完全地被所有企业所采纳。但对新古典模型中的假定要做点改变(或放松),承认有些企业目前对当今的新技术不了解,做错了判断,甚至可能在获取它们时遇到阻碍。那样,我们就会认识到,既然技术创新总是有风险或要付出代价(由于涉及 R&D 或其他资源),那么正是仿制的滞后给创新者带来了收益。假若所有企业都得知某个产业的某一企业发明了新技术,并且可以完全地获得这一新技术,那么发明新技术的企业还有什么动力去开发和采用新产品与新工艺呢?

即使没有严格的"具体化"要求,当前横向上的技术差异,包括这种差异的宽度以及预期的持续期,应该被看成是生产率增长过程中的一种基本要素。人们不会期望所有企业都具有相同的生产函数,都受到或未受到寿命效应的影响。有些不能由正统变量加以解释的差异,可以视为随机变量。但有部分差异确实反映出有些企业系统地领先于其竞争对手。一家企业由于内部组织方面的原因,或 R&D支出方面的原因,使其技术水平比其他多数企业都要领先或滞后。这样造成的差异确实不应该看成是随机变量。它是推动增长过程前进的力量。下面让我开始综述那些论述技术进步过程的研究文献。

(三) 技术进步的动力

实际上,所有研究生产率增长的学者都认同技术进步的中心作用。在过去的 20 年里，人们对技术进步过程做出了大量的研究。这些研究工作大多数是在新古典增长理论框架内进行的，但也有一些研究是沿着其他理论思路展开的。那些其他思路的研究揭示出了在正统框架下探讨技术进步问题存在的一些严重困难。

新古典模型过于简化了产业 R&D 支出同技术进步之间的关系，对市场条件与 R&D 开支带来的营利机会这两者之间的联系，新古典模型有一隐含的观点，这一观点包含着内在矛盾。此外，新古典模型过于简化了新技术扩散到整个经济部门的方式，对部门和产业间存在的差异也未予考虑，而这些差异是很重要、很值得研究的。下面，我将依次讨论这几个问题。

1. 新技术的产生

正如在第一节中回顾的那样，新古典模型将技术进步作为不可解释的残差，并由此出发进一步将技术进步看作是积累的 R&D 资本存量作用的结果。于是，企业在 R&D 上的投资被看成是与其他投资一样，都服从于利润最大化的要求。大多数这样的模型都将 R&D 投资所带来的利润机会，直接地与产业面临的市场条件联系起来，特别是与产品需求（价格或数量）和要素价格联系起来。

R&D 与技术进步的这种模型和某些观察结果相一致。在产业横向分析中，各产业及为之提供原材料的产业，在 R&D 支出上的差异和测算出来的技术进步率方面存在的差异相关联，这一点和模型的预测方向相一致。有大量的研究显示,R&D 资金和专利方面的支出与那些似乎可能影响 R&D 营利性的经济变量有紧密关系。施莫克勒(Schmookler, 1966)和其他学者收集了大量的论据,表明产品和服务需求形式的改变会引导投资做出相应的改变。一般来说,利用诱导性创新模型可以大致预测要素投入条件的变化对投资产生的影响(参见 Binswanger and Ruttan, 1978)。

然而,新技术创新过程中有四个方面的问题在这些模型中被忽略或根本没有考虑:一、创新过程存在着明显的不确定性;二、R&D 通常有多个承担者;三、在竞争状况下开展 R&D 时,技术的产权状况极大地影响或扭曲各组织开展 R&D 的积极性;四、对于许多技术,干中学是对 R&D 的重要补充或替代。

一、R&D 的目的在于创造出明显有别于现存的技术,实际上,所有 R&D 个案的研究表明,在研究开发初期阶段存在着相当大的不确定性。有关这方面更为详细的讨论,可见伯顿·克莱因(Burton Klein, 1962)的文章。企业并不清楚获得一个满意的新设计需要花费多少资金和时间,它们不知道最终设计出来的确切样式是怎样,也不知道这些东西运行效果如何。近年来,一些研究者试图对这些不确定性给予量化,采用的方法是:预计出 R&D 项目所需成本和时间,然后对这种预计的准确性给予度量(参见 Mansfield, 1968, 1971, 1977)。但这些研究没有集中到或许是 R&D 中最重要的不确定性上——不能确定在许许多多可能的设计和方案中哪一个将被证明是最好的。在这里使用"不确定性"这一词也许有些不合适。人类在从事创造性工作时，不会完全了解，实际上也不可能完全了解他们所面对的那些可选择的设计和方案。这一系列东西基本上都是模模糊糊的。这是 R&D 和技术进步中的一个基本特征。在试图用模型将生产率增长与过去的 R&D 联系起来，或试图用模型预测 R&D 的配置如何随市场条件的变化而变化时，我们都应该认识到，在产生与筛选研究设想的过程中存在着很大的机遇因素。这种在单个企业中实施单一决策项目时存在着的机遇因素，在有多个 R&D 决策者的情况下具有特别重要的意义。

二、通常，在一个产业中，会有许许多多独立的决策主体从事 R&D 活动，探寻技术进步的机会。这些主体包括正在产业中寻找机会的企业、提供原料和资本设备的其他企业、产品用户、个体发明家、该产业的潜在进入者，有时还有政府实验室和大学。这种多元化的 R&D 系统开发出一组组项目，通常在一组项目中会有一些重复或基本重复的，但其中也存在着相当大的差异。

这种差异对社会很有价值。科学家、工程师、经济学家、政府官员、商人在预测今后最重要的技术发展方向时各执一词，莫衷一是。专家们不是经常地预测错了将来要发生的事情，就是经常地预测错了将来不会发生的事情。所幸的是，有许多不同的专家采用不同的方法进行预测。不过，差异也意味着在研究开发的竞赛中会有成功者和失败者。

三、在一个追求最优化的群体里，群体中的个体有的会成功，有的会失败。可以说，不论是从预期产业利润最大化方面，还是从社会福利方面来看，都没有理由相信群体中每个个体都可能是最优的，或者是有效的。在许多产业，多样化和追求利润的企业间的竞争是联系在一起的。在这种情况下，R&D是营利还是不能营利，在很大程度上受到现存产权制度的影响。有几种不同种类的"市场失灵"与产业结构有关。其中一种情形是，一个产业中许多相互竞争的企业都各自从事R&D，而首先取得发明的企业应获得专利，防止别人直接抄袭（Nelson，1980）。

首先，这里面有一个简单的正外部性问题。专利虽然防止直接的仿造，但不阻止其他企业从专利中得到某些启发做出"类似"的发明，这样创新的收益就会漏走一些。其次，这里面还有一系列问题，其性质类同于有多个独立的开采者开采一座"油田"。如果专利独享的权利强大而宽泛，那么为取得专利而进行的竞赛可能会浪费R&D的投入。假若一家企业获得了专利，就会刺激其他企业开发替代技术，即使这一技术不如最好的技术，但只要它比这些企业现有的技术好或最好的技术受到专利保护，它们就会这样做。这种仿制的威胁会妨碍R&D的开支，而竞赛和封锁则可能会刺激R&D的开支，但从社会角度来看，都是资源的低效配置。

当然，社会资源难以最优化，这多少给政府的R&D政策带来启发，但也给预测模型带来启发。尽管预测模型可能会产生出与某些经验资料相符合的定性关系，但如果这个模型假定由最大化产业的（预期）利润或社会的（预期）价值去确定产业R&D活动，则这个模型基本上是错误的。

四、许多产业，在干中学或用中学是创造、改进和熟悉掌握新技术这一过程中的重要组成部分。在一定程度上，干中学是通过 R&D 学习的替代和补充，这是正统理论忽视某些重要现象的根源。

技术上的干中学通常很难以一种简单明了的"扩散"方式表述清楚。比如，即使在不存在专利权的制度环境里，也有某些"私有"的技术知识。这些只可意会不可言传的知识很重要，企业彼此之间可以相互学习，但这些技术知识的扩散通常涉及个人之间的交流、举例和传授（参见 W.H. Gruber and D.G. Marquis, 1969; G.R. Hall and R.E. Johnson, 1970; David Teece, 1976,1977）。这其中所涉及的成本和时间可能很可观。

显然，干中学（或更一般地说，操作经验）在不同产业和不同技术中的重要性有着很大的差异。相应地，从与众不同、深思熟虑的 R&D 活动中所能学到的知识来看，不同产业和不同技术也有明显不同的范围和界限。在某些产业，深思熟虑的 R&D 很重要，比如医药制造业、飞机制造业和电子业。在这些产业里，R&D 这一特殊的活动与生产活动有着很大的区别，其影响力和重要性是很大的。而在另一些产业，如小提琴制造业、教育业，R&D 所能做的事情似乎很有限，干中学或用中学更能派上用场。值得指出的是，技术进步——无论是按增长理论家的方法测定的技术进步还是由历史学家、技术专家描述的技术进步——在不同的产业其快慢是不一样的。在那些 R&D 得到有效开展的产业里，其技术进步速度就比那些干中学占统治地位的产业里的技术进步速度快得多。这是产业 R&D 支出与产业技术进步两者相关联的理由之一。但这并不意味着更多的 R&D 一定会极大地提高那些现在增长仍然缓慢的产业的生产率。至少,在其中有些产业,R&D 程度很低,其原因是因为 R&D 并不是特别的富有成效。

为什么会有这种现象存在呢?许多学者通过对前后两种技术的比较发现,支撑科学或工程的基础存在着很大的实力差异(罗森博格,Rosenberg,1976)。这也许可以得出一个推论:要使一项项的 R&D 活动(其从业人员需经过特别的培训)比在自身生产过程中进行的简单自然的实验及学习更加富有成效,就需要相当有力的科学或工程基础。这些问题很重要,显然需要对它们做出进一步的探讨。

即使在那些 R&D 已成为技术进步重要源泉的产业,在实践中学习和从 R&D 中学习这两种学习方式通常看来有着很强的相互作用。用以反映随实践不断积累而出现单位生产成本下降趋势的学习曲线,在飞机和半导体制造业中表现出陡峭的形态(参见 Harold Asher,1956; Charles River Associates,1980)。这部分地反映了不断增长的实践经验有利于使劳动协作进行得更顺畅更好,有利于人们对管理认识得更全面更清晰,有利于工作设计和职责安排开展得更合理更有效。但也部分地包括了经验具有的反馈作用,这种反馈导致对产品和生产过程中的某些部分的重新设计。由塞缪尔·霍兰德(Samuel Hollander,1965)对杜邦人造纤维厂进行的生产率增长研究和卡尔·达尔曼(Carl Dahlman,1979)对巴西一家新建钢厂生产率增长的研究,都表明干中学与 R&D 之间有着复杂的联系。埃里克·

冯·希普尔（Eric Von Hippel，1976）和内森·罗森博格（Nathan Rosenberg，1980）都已指出了，产品用户把学习使用产品的心得反馈给研究开发部门对某些产品的演化方面所起的作用。

R&D 本身是一项涉及经验中学习的活动。而且，在许多产业，技术进步的一个显著特点就是不时地出现重大的技术突破，这些技术突破涉及操作原理的重要变革，并且伴随着一系列的改进和多样化。这些连锁性的进步有一种累积效应，其重要性或许等同于起初的技术突破。约翰·伊诺斯（John Enos，1962）描述了石油产业技术进步中存在着的这一现象。罗纳德·米勒和戴维·索尔斯（Ronald Miller and David Sawers，1968）对飞机制造业，德文卓·萨哈尔（Devendra Sahal，1981）对拖拉机及其他机械零件制造业中存在的这一现象进行了研究。

在这些案例中，有意义的是考虑到了累积"知识资本"。知识资本是在特定的技术范畴内建立起来的，当完全崭新的技术不断输入不断壮大，并成为主导技术时，原来的知识资本就变得陈旧过时。但简单的新古典理论并没有对这一过程中涉及的变量和关系给予适当的考虑。

2. 技术的筛选与传播

在最早的新古典模型里，新技术是迅速地扩散到全部资本之中的。在后来的新古典模型里，技术与包含有技术的资本相联系，因而新技术的运用受到投资率的制约。但后一模型和前一模型一样,都忽略了不确定性和某些新技术所具有的专有特性。一旦承认不确定性,就可以将实际工作中的新技术试验看成是 R&D 过程的一次延伸,看成是对幻想家和发明家提出的奇思妙想进行进一步筛选和提炼的又一阶段。然而有些特别的是,几乎所有对新技术筛选和传播的研究,所关心的新技术都是那些最终可用于生产的技术,而忽略了大量的失败和夭折了的技术。

有两类概念明确的传导机制促使可营利的新技术得到推广运用。一类是新技术在企业之间进行扩散,另一类是由于运用先进技术的企业比没有运用的企业获得更快的发展,从而使新技术得到传播。这两种不同传导机制的相对重要性随产业的不同和技术的不同而有区别。

有大量研究文献论述新技术(一般是非专有的)在潜在使用者当中扩散的问题。在经济学家中,格里利切斯(Griliches, 1957)对杂交稻技术传播做出了开拓性研究。曼斯菲尔德(Mansfield, 1968,1971,1977)对新技术在产业中的扩散做出了广泛的研究。其他学科的学者也对扩散问题进行了探讨。继格里利切斯对杂交稻技术扩散做出研究之后,研究乡村问题的社会学家对该技术扩散进行了长期的跟踪研究,这已成为传统(参见 Ryan and Gross, 1943)。社会学家科尔曼、卡茨、门兹尔(Coleman, Katz, Menzel, 1957)是较早对新医术在医生中扩散展开研究的学者。

最近,越来越多的研究已经充分地证实了早期这些研究所得出的中心结论。面对一项新技术，潜在的使用者对它的价值存在着相当大的不确定性。不同的经济学家对于使用者在价值判断上表现出来的复杂性可能持不同的看法。比如格里利切斯（1957）和雷（Ray，1974）。格里利切斯假定农民通常有能力对杂交稻技术的优点做出判断，雷则认为企业所做出的判断经常是相当偶然的或随意的。但很清楚，不同企业（或企业经理们）在各自对各个新技术方案做出评判的速度上，在得出的评判结果上，甚至在他们了解到的备选技术范围上都存在着差异。

随着越来越多的企业采用新技术和经验积累，有关新技术的信息也在不断增加。企业可能在了解了其他企业使用新技术的情况后，才会理智地决定采取这项新技术。有几位学者已经注意到，在这种条件下，"传播"模型（"contagion" model）也许适用于技术扩散（参见上述格里利切斯和曼斯菲尔德的研究）。这样的模型，即使不要求在任何时间投入的新资本包含新技术，也会引导人们想象到我们在上节观察到的那种普通平均作业与最佳作业之间存在着的巨大差距。更不会保证新资本必定内含着最佳的新技术（参见 Gregory and James，1973）。

在大多数技术扩散研究中，新技术的发源地并不是推广运用新技术的产业和部门。杂交稻是由政府实验组织和种子公司而不是由农民开发出来的。曼斯菲尔德的研究认为，新设备由供应商生产，在使用商之间扩散。当产业中某一家企业本身就是创新主体时，这时创新的扩散机制有着明显的不同。在这种情况下，这家创新企业就可能有动力限制其他企业对其创新技术的使用。

在创新企业能够通过战胜竞争对手来提高其能力和扩大市场份额的情况下,这一竞争机制,而不是技术扩散(或与其一道),可能是新技术逐渐替代旧技术的主要途径。实际上,一家企业从事 R&D 的强大动因就是想通过防止开发的新技术落入(至少是暂时地)其他竞争对手的手中,并且扩大其市场份额来提高自身的能力。推广应用这样开发出来的新技术,往往会促进创新企业资本的增长和市场份额的提高。迄今为止,只有少数几项研究明确地对企业创新成功与该企业成长或衰退之间的关系作出探讨。其中一项是由曼斯菲尔德(1968)所做的,他发现创新企业实际上的确比技术落伍的企业发展得更快。阿尔马林·菲利普斯(Almarin Phillips, 1971)研究了民用航空业的创新活动,也发现创新企业的市场份额以更快的速度得到提高。对医药制造业(David Schwartzman, 1976)和半导体制造企业(Charles River Associates, 1980)中竞争状况的研究表明,不同公司的市场份额与它们创新成功与否有着密切的关系。

即使是在那些创新企业能够通过战胜竞争对手极大地扩大其市场份额的产业里,技术扩散对于新技术的传播仍然发挥着作用。首先,创新企业极少能够完全地,至少不能长久地,防止其技术落入竞争对手手中。申请了专利的创新也能被仿造,受保护的生产工艺也能被其他替代品代替。曼斯菲尔德等人(1980)的研究表明,由此引发的成本可能相当大,但不是不可减少的。其次,资本产品和材料供应商通常是重要的新技术创新者,他们的兴趣不是限制这些新技术,而是将新技术迅速推广到产业中潜在用户手中。

技术扩散是以下两类产业新技术传播的主导途径，一类是产业中企业规模相对于整个市场规模来说很小；另一类是由于各种原因，产业中的企业不能迅速地扩大其市场份额。种植业是典型的例子。住宅建筑业和许多服务业是另一些例子。医疗服务业也是如此。许多公共部门的活动具有这方面的特性，如教育、消防和垃圾收集。在这些活动中，参与的企业不是你死我活的竞争对手，没有对分享技术知识的强烈限制。在这种条件下，就建立起了一个技术交换信息网络。报纸杂志公开传播相关信息，专业社团和各种会议发挥着信息传播的重要作用，经理人员之间也相互切磋。

在这些产业或活动里，企业极少有或根本没有动力自主地开展R&D。因而，为促进技术进步，这些产业需要依靠供应商，依靠合作的研究开发机制，或依靠政府资助去从事R&D。比如，虽然医生和非教学医院极少依靠自己力量开展R&D，但医药公司开展这方面的工作。政府主要通过资助医学院来支持开展重大的医学R&D。农民不从事研究，但种子和设备供应商则从事研究，政府资助大学从事农业R&D。

我在前面谈论过，新技术的传播与它的开发好像是两个相互独立的过程，但在许多情况下，它们两者具有很强的相互作用。如上所述，潜在的技术使用者在采纳技术之前要观望一阵，其原因之一是缺乏足够的信息做出判断。随着技术使用者的增多，有关信息不仅反馈给潜在使用者，也反馈给产品开发设计者及竞争对手。在上一节中谈论到的学习现象随着技术的扩散表现出来,通过产品的再设计改进产品性能,生产成本得以降低。有些潜在使用者可能会选择观望,等待出现第二、第三代新技术,然后再纵身投入其中去。随着产品的不断改进,更适合特定层次使用者的技术版本出现了,越来越多的潜在使用者发现它们有利可图而加以采纳(参见 Paul David,1975)。接下来,有着重大差别的、新的设计方案可能会问世,另一个产品周期又开始了。

3. 部门之间的差异

上面的讨论已经指出了经济部门之间结构方面的重要差异,这些差异决定了谁从事 R&D 活动,决定了 R&D 以及干中学两者在各部门中的相对地位与作用,决定了新技术获得广泛应用的传导机制。产生和传播农业新技术的体系就不同于产生和传播医药新技术的体系,航空业的情形就与消防业的情形不一样。对于某些产业,熊彼特竞争模型或许相当地好;对另外一些产业来说,合作会很不错。

如果人们能将某些产业特征与技术快速变革、生产率不断提高联系起来,能将其他产业特征与技术变化缓慢、生产率增长速度低下联系起来,那将很有意思。但这种因果联系看起来并非简单。

发展中的产业都具有一个特征,即 R&D 活动开展得有声有色,这活动可以是由该产业中企业开展的,可以是供应商开展的,或是由政府资助开展的。在技术不断推进,且以寡头竞争为特征的产业里,产业中的企业通常是创新的主要源泉。在技术不断推进，且由若干很小的企业组成的产业里，技术进步依靠其他组织机构的推动。但让人多少有些困惑不解的是，为什么某些寡头产业会积极地从事R&D活动，而另外一些却不是这样？为什么政府会对某些产业提供R&D项目支持，而对其他产业却不是如此？R&D之所以在有些产业里还没有成为稳定的特征，其原因之一可能在于这些产业技术的科学和工程基础薄弱，且R&D不富有成效。另一方面的原因可能是还没有形成支持R&D的政策和组织制度。

相当多的研究文献探讨了产业支持重大的R&D并使之富有成效所需要的产业结构方面的条件（参见Nelson, Peck, Kalachek, 1967；Morten Kamien and Nancy Schwartz, 1975）。这类分析多数涉及熊彼特假定，该假定认为，大体上看来，相对集中的寡头产业比相对分散的产业更能推动技术进步。现在看来很明显，这一假定太简单了，并不是普遍地有效。特别是在新兴产业，或是在现有技术比较先进的产业里，小企业和新进入的企业常常是新技术的重要发祥地（参见John Jewkes, David Sawers, Richard Stillerman, 1969；Charles River Associates, 1980）。在这种情况下，小规模的R&D常常富有成效。新企业能否进入某一产业并获得发展，关键是能否快速地开展创新。一旦技术成熟，经验的作用开始变得更为重要，想要对技术做出更大改进就需要花费更多的资源（参见Dennis Mueller, John Tilton, 1970；William Abernathy, 1978），进入这一产业变得更为困难。庞大的规模成为支持有效的R&D的一个必要条件。

　　但是，即使是产业结构适合于支持开展相关的 R&D 活动，但研究开发也决不会自然而然地取得成功的结果。R&D 过程中的风险，以及关于创新成果合适与否的不确定性，使得企业不可能完全清楚地认识到，究竟是加速推进技术的更新换代，还是仅仅保持与竞争对手同步的技术发展水平对企业获利更为有效。如果产业中的所有企业都做出保守的判断，那么这一产业在 R&D 方面的进展就可能很缓慢。即使在 R&D 具有潜在收益的产业，如果新市场很难进入，或模仿相对容易，那么决定创新的企业也可能会失败。即使在创新有利可图的产业，如果现有企业的市场地位受到特殊保护，创新企业可能要等待很长时间才会清楚地看到该产业的竞争状况发生了变化，看到经济上获利和生存发展所要求的条件发生了改变。这似乎正是英国几个产业的情形，这几个产业中的企业慢慢地才醒悟到或开始认识到，强有力的 R&D 现在已是事关生死存亡的大事（参见 Pavitt，1980）。海斯和阿伯内西（Hayes and Abernathy，1980）认为，70 年代在许多产业，美国式的管理缩短了这些产业的生命周期，侵蚀了 R&D 的创新能力。他们认为，这是领先于德国和日本的美国技术实力遭到削弱的原因之一。这一管理上的错误（如果这算一个错误的话），可能需要花费很长时间才能获得广泛的认识并加以纠正。政府支持的 R&D 项目的功效很难事先做出评价，甚至在积累了大量的经验之后也是如此。对于政府资助的 R&D 项目的政治条件也让人不易理解。虽然历史上有过几次政府的支持促进了基础科学发展的事例（参见 Price，1954），但政府对产业 R&D 的帮助则还没有过一次良好的历史记录。

可见，经济利益决定行为结果的假定，使我们在分析什么因素决定产业的 R&D 支出方面，如同在分析什么因素决定将要做出的创造发明类型方面一样迈进了一步。但仍有许多其他因素影响着 R&D 支出，人们只是对其中的仅有几项因素有了清楚的认识。有一些历史性的偶然因素可能很重要，它们甚至在细致的分析中也不可能降为预先确定的事件。总体来看，经济力量激励和引导着特定技术的进化，类似地，经济竞争决定着私人和公共 R&D 政策和制度的演化。但这里所说的经济力量从短期看不可能给予明确的界定，而且经济力量在经过了一段相当长的时期之后会发生重大的变化。

这表明了一个国家总体经济环境和制度环境的重要性，它从广义上支持或阻碍着创新活动以及生产率增长的其他源泉因素。我现在就转到这一论题上来。

（四）增长源泉的重新考察

增长核算识别出许多不同的增长源泉因素，并将它们各自的贡献分别估算出来。人们已经清楚地认识到，如此解释增长会限制因果关系的深层探讨。深化这种分析方法的途径是，探讨那些决定着各种增长源泉因素——比如投资率——重要性和特征的变量，以及它们随时间的变化和它们在不同国家的变化。

由增长核算方法自然地沿袭下来的理论思路不是深入理解经济增长的唯一思路。很显然,影响增长的各因素有着很强的相互依存性。除了寻找与每一增长源泉因素有密切关系的变量来进一步深化分析之外,也许还可以尝试地辨析广义要素或条件,它们造就着或抑制着起一般激励作用的增长环境。沿着这一思路进行理性探讨,自然会引导人们将宏观经济条件和经济制度看作是决定经济增长的基础因素,引导人们考察制度惯性和制度变迁。

1. 归因问题

(1)加总问题 经济学家喜欢用微分方法分析微小变化的作用,这一本性在集中分析不同生产要素对产出的贡献时表现得尤为明显。但当研究因素变化很大时,采用边际分析可能会将人们引入歧途。

比如,要素价格可以测量要素的微小变化对产出的贡献。然而,增长核算通常涉及一个相当长的时间间隔的变化。事实上,劳动、资本和国内生产总值年增长百分比通常很小,但这不应抹杀掉这样的事实,即:就算我们用短至10年的间隔来看,那些增长百分比也是相当可观的。如果任一点的曲率都相等,那么在10年末,任一因素的边际生产率受到不同要素在这10年内相对增长变化的影响。根据要素价格加权投入指数来分析增长成为一个人所共知的难题。

隐含在索洛分析中的增长核算方法似乎解决了这一难题,它用要素份额来估计产出弹性，而不是用要素价格估计边际产出，并且投入和产出指数采用对数形式。由于在生产函数中，某一要素相对其他要素增长，其边际生产率会下降，即使这样，要素份额不一定下降。在具体的柯布-道格拉斯生产函数中，要素份额等于要素比率。除了柯布-道格拉斯生产函数之外，在其他生产函数里要素份额不等于要素比率，并且如果各要素以不同速率增长，要素份额将会随时间而发生改变。有人已经提出用迪维西亚（Divisia）指数解决可能存在的这一实证问题。在迪维西亚指数里，每一时期都用当时的要素份额作为权数计算一个对数投入指数（参见 M.Richter, 1966）。实际上，这是索洛在 1957 年构建理论时采用过的方法。虽然索洛提出的方法可以识别曲率，但他并未改变曲率的原来含义。如果要素是互补的，那么增长是一种超级累加的结果，即由各投入增长所引起的产出增量大于由各投入要素在其他要素保持在基础水平不变的条件下，各自对产出提高所做贡献的总和。单个要素的增加提高了其他要素的边际贡献。互补作用的重要之处在于，它使得那种试图将增长的贡献分解出来的做法变得没有什么意义。因为那样，就如同把这些要素看成是不具互补性的了（参见 Nelson, 1973）。

　　19 世纪与 20 世纪之交，经济学家也受到了以上相同问题的困扰。当时，一些经济学者尝试将正在出现的要素报酬生产率理论加以扩展，用以探讨在某种"平均"贡献意义上的"恰当份额"。人们能够分析一名工人或一台机器对产出的边际贡献。然而，试图计算所有工人或所有机器对产出的贡献则是没有意义的。打一个比方，假如有一块做工精良的蛋糕,它由许多原料制成,你可以列举出所投入的原料,如面粉、糖、牛奶等,甚至可以分析在其他投入原料不变时,稍为多增加一些或减少一些某种原料可能会对蛋糕口味产生的影响。但要将蛋糕的美味分解到各个投入原料中,却是毫无意义的。

把增长的若干源泉要素看成是制造蛋糕的原料,这或许能够得到某些启发。所有这些源泉要素都是需要的。在大多数生产率增长的分析中,有三项占统治地位的"要素",即技术进步、资本增加和教育水平的提高,它们之间存在着两种明显的相互联系。其一是它们显现出互补性,即任何一个要素的增长会提高其他要素的边际贡献;其二是由于互补,那些导致任何一种要素增长的力量也有可能促进其他要素的增长。

(2)由技术进步推进的增长 在要素间存在很强相互联系的情况下,如果要进行分析,必须集中分析那些涉及的关键过程,努力探明不同要素在这些过程中的作用。我认为,把技术进步看成是核心的推动力量是很有用的。我还认为,资源再配置应该被看成是生产率增长中的一个关键过程,这一过程决定着由新技术开创出来的潜力能以多快的进度得到利用。在某种程度上,资源的再配置简要地反映了产品间在需求收入弹性方面的差异。除此之外,它更多地反映了这样一个事实:技术进步在侵蚀着一些产业、企业和职业活力的同时,也在创造着新的产业、新的企业和新的职业。如果增长的驱动力量来自技术进步以及有关的、重要的资源再配置,那么资本和教育就起着关键的推动作用。

最简单的新古典模型将新的实物资本与其他任何生产要素同样看待，根据齐次线性生产函数，新实物资本相对劳动的增加会提高劳动生产率。在资本新古典模型和本文表述的观点里，新资本的一个更重要的作用是作为新技术的载体。若考虑到要素间的相互作用，加上新资本包含新技术，那么新的投资应该增加 R&D 支出的收益，并刺激 R&D 支出的增加。那些刚好来自 R&D 实验室、包含于新资本之中的技术也会成为许多干中学、用中学的重要对象，这反过来又促使开展更多的 R&D 活动（Rosenberg，1980）。新实物资本的投资也使那些具有先进技术的企业能够挤掉技术落后的企业，扩大它们的市场份额。更一般地，正如阿布拉莫维茨（Abramoviz，1979）强调的那样，进行实物投资或不进行实物投资，这是根本上实现资源从衰退的部门及活动中转移到成长中的部门及活动中的一个重要手段。

在正统理论看来，一个受过较好教育的工人只是比未受过较好教育的工人具有"更多的生产性"。根据本文简要介绍的观点，这种过分简化的认识会将人引入歧途。越来越多的证据表明，高素质的工程师和科学家已经成为开展 R&D 活动不可或缺的因素（参见 Pavitt，1980）。而管理的一项中心任务是对 R&D 的部署做出决策，对采用什么样的新技术做出判断。从本章第二节讨论的各种研究中可以看到，管理者精通技术是做好这些工作的前提条件。有证据（参见 Ryan and Gross，1943；Welch，1970）表明，受过良好教育的农民在接受农业新技术方面有优势；有着良好教育基础和新毕业的医生最早采用新药（Coleman，Katz，Menzel，1957）；受过相应高等教育的工人在企业里操作着新技术设备,这种情况很常见。这些都表明,良好的教育背景有利于更快地理解干中学所需的知识和技能。因为有着宽广基础知识的工人工作灵活,有能力学会许多不同工种的工作,从这个角度来看,教育为工人转移工作提供了便利,有利于工人从旧的工作转移到新的工作,从衰退的产业转移到扩张的产业。另外,从工作流动中所获得的知识和自信,或许能减弱部分劳动者对技术转变的抵制。

正如高比率的资本形成和高素质的劳动力刺激并促进了技术进步一样,技术进步也刺激了高比率的资本形成,激励年轻人获取正规教育。如果技术进步比较缓慢,则它用来补偿资本深化收益递减的作用就会较弱,投资收益或投资收益率或两者同时都会比较低;如果技术进步比较缓慢,企业就会减少与技术对手竞争所需的科研人才和工程师,也会减少对那些用来处理新情况、学习新技能的管理人员和工人的需求。

从这个角度来看,如果人们观察到许多国家的技术进步比较快,但它们的投资率和教育水平却很低,准会大吃一惊。没有人会期待出现许多这样的例子:在一个经济体中资本形成保持高的比率,但却没有新技术的引入,新技术也没有扩散到整个经济领域;也很难发现有这样的社会:进入劳动行列的年轻人维持较高的教育水平,但与此同时,科技水平却没有得到适当的提高。总之,不存在可以严格分离的增长因素,相反,所有的因素是一个整体,都需要综合考虑。

2. 经济环境和经济制度

　　深化增长分析的一种方法是研究那些影响各种直接因素的力量。这些直接因素之间有着很强的相互作用，这启示人们开辟另一条途径，即努力识别经济环境中的某些特征，这些特征对增长起着一般的支持或阻碍作用。近年来，大量有关增长方面的研究可以看成是在遵循这样一条研究路径。

　　的确，近期的研究工作体现出这种倾向，它们试图将生产率增长与宏观经济状况——特别是失业、通货膨胀和经济稳定——联系起来。正如本章第一节叙述的，新古典经济增长理论起源于人们试图找出内含于哈罗德—多马模型中的平衡增长这一悲观结论的根据。人们发现，哈罗德—多马模型的关键假设是认为生产中的系数固定不变。对此加以修正（通过假定各要素投入比率可变，可灵敏地随要素相对价格的变化而变化），这样，从此以后在大多数新古典模型中，就简单地假定增长是均衡的。但在简单的新古典增长模型中没有什么能保证现行的要素价格实际上就是与充分利用国家现有的资本存量和劳动量（或其他投入要素）相一致的价格，没有什么能保证总需求将总是等于商品和服务的潜在总供给。这些条件确定出一种均衡。但至少在我看来，不存在任何有力的论据，更缺乏经验证据表明，宏观经济运行在长时期范围内会自然地、严格地服从于均衡轨迹。麦迪逊（Maddison）及其他学者在分析 20 世纪五六十年代高速增长时表明,巧妙地运用货币与财政政策,可能会实现均衡增长,并且那时也取得了均衡增长。1973 年以后的实践对这一观念提出了疑问。

很显然,当前生产率增长速度下跌,究竟在多大程度上受较高的失业率和通货膨胀率,以及过去大的经济波动的影响,经济学家并没有取得一致的看法。有理论说,低生产率增长本身是引起就业困难和价格上升的原因之一。至少在我看来,人们对长期潜在经济增长与短期宏观经济运行之间联系的认识仍然不是很清楚,更缺乏定量的研究,对关键机制也是如此。其部分原因是因为有着很多不同而又相互联系的机制。按照正统理论的观点,宏观经济环境通过它对投资的影响而对生产率增长产生直接的作用。这样,经济萧条带来生产能力过剩、投资延滞、资本-劳动比率增长减缓,最佳生产技术的引入同样放慢速度。投资的下降不仅仅会降低吸引和运用最佳技术的速度,还可能减缓技术知识的前进步伐。

经济衰退造成的损失是在复苏时期得到补偿,还是永远地丧失,这是一个有待解决的问题。当生产能力的利用率恢复到很高水平时,实物资本是否加速增长到足以补偿低谷时所造成的损失(正如有些模型中隐含的那样)呢? 或者,由于衰退而在新工厂和 R&D 上损失的投资是否永远得不到弥补(在那些投资占 GNP 的比率固定不变的模型里或许隐含着这样的结论)呢?

无论如何,重要的是要弄清楚为什么政府在 20 世纪 70 年代处理宏观经济问题时会遇到比 60 年代多得多的困难。石油价格的急升是部分原因，但为什么社会那么难以接受生活水平的（暂时）下降呢？这种下降在经济学家看来是必要的。为什么许多经济学家提出的各种"收入"政策被证实是不可能执行的呢？低生产率增长，或准确地说，比前期更低的生产率增长是否导致了人们预期的合理恰当的收入增长与经济能够实现的收入增长两者之间出现膨胀性缺口呢？为什么有些国家会比其他国家更容易遇到这些困难？如果经济学家想要理解引起 1973 年之后增长放慢的内在力量，那么，这些问题也许是需要他们回答的最重要的问题，但它们却不是传统的增长理论所强调的问题。

探寻这些问题的答案不可避免地会引导人们思考社会中的冲突根基，思考那些容纳、消除和加剧这些冲突的机制。英国在两个方面表现得很突出，一是劳资关系紧张；二是经济政策断断续续。这是不是偶然的？而瑞典，至少到现在都还没出现英国这方面的问题也是偶然的吗？英国的问题有多少是来自其特殊的联邦制，这种联邦制在多大程度上是根深蒂固的抑或可塑的？

对一个国家的教育体系也可提出同样的问题。有几项研究将英国经济衰落的大部分责任归咎于学校教育。直到最近，英国学校教育体系对工程人员的培养一直不如德国、美国和日本（参见 Austin Albu，1980）。这些研究断定，一个国家教育体系的影响不容易用人力资本概念反映清楚，它更准确地表现在一种氛围上，这种氛围影响着管理风格，进而影响到创新、资本形成以及竞争制度。在一定程度上，教育体系的差异反映了文化和社会结构上的基本差异。至少到最近,高等学校培养的工程师难以在英国产业界找到工作。在美国,政府赠予土地建立起大学教育体系,大学教育体系切实体现了注重实践、教育大众的宗旨,这一点甚至在共和国创立之前就在这片土地上清楚可见了。但是,在 20 世纪 60 年代后期及 70 年代大部分时间里,美国工程专业学生的入学人数明显下降(最近这几年这一数字又在持续上升)。英国现在已经开始增加工程学生人数,改进工程教育体系。这是为什么? 不同的教育投资其收益率存在差异与变化是部分原因,但不是全部原因。投资收益本身反映了体制、态度和政府政策的差异与变化。

人们已经认识到,各种规章制度大量增加,福利水平不断提高,这也严重影响到生产率的增长。虽然有些对这些新情况影响的分析主要集中在其吸纳或分散资源方面,但另一些学者已经认识到,它们的影响在于酝酿出一种氛围,如同微观经济氛围、劳资关系状况以及社会教育体系特征一样。商人们在谈论他们对制度环境的担心时,总是强调与之相关的不确定性,他们害怕不管他们做出什么新的尝试都会遭到禁止。这种担心影响了与 R&D 和实物投资有关的决策。类似地,有观点认为,福利水平提高的最大害处,是一些年轻人不再感到他们应该或必须为生计而努力工作。对此人们一直存在着争论,但迄今为止还没有有说服力的论据支持任何争论方的观点。我在此谈论这些只是想引起人们注意这样一个事实,即这些在正统理论分析中都是不予考虑的。

社会科学家(不包括经济学家)和史学家长期以来一直认为,与上面讨论相类似的变量很重要,他们一直试图解释这些变量及其影响。经济学家按照那种注意理论形式和讲究数量准确的学术传统行事,倾向于认为其他学者对经济增长的研究缺乏学术精确性,经不起数量上的检验。毫无疑问,确实很难对诸如上面谈到的论题做出精确的、数量上的回答,这样做的难度远大于继续在正统理论框架下精雕细刻。然而,仅沿那条熟悉的道路走下去,我们能承担得起由此带来的后果吗?

3. 经济制度的进化

人们有责任对经济制度的持续性以及经济制度变化的机制做出研究。经济学家正联同其他社会科学家从事这方面的研究,这种势头日趋明显。这一研究从两个方面加以展开,一是对私有组织,特别是对企业组织的演化进行研究;二是对公共或社会组织制度结构的演化做出研究。

在那些有关企业演化的研究中,由艾尔弗雷德·B.钱德勒和奥利弗·威廉姆森(Alfred B. Chandler and Oliver Williamson)所做的研究也许最引人注目。钱德勒是一名研究现代公司演化的杰出历史学家。他论证道,在19世纪中期交通和通信革命之前,当时信息交流受到限制,加上对稍远距离机构的控制能力有限,这实际上阻碍了企业在地理上遥远的地方扩张其分支机构,制约了它们的发展(1962,1977)。个别例外的企业在外地开设分支机构,由家族成员经营管理。19世纪的技术革命减少了信息传递和控制方面的障碍。只要企业能够建立起适合的管理组织,企业便可以在其他地方设立分支机构。各分支组织的运行由各层级管理者负责,并将情况报告给总部,这样,由一线和后援为主体的现代组织形式便形成了。钱德勒还对后来的发展做出了描述,随着异地分支机构的增加或生产业务的持续扩张,传统的科层结构中的最高管理层已是不堪重负,于是,分支机构发展成为独立的以利润为中心的公司。

理论家威廉姆森在钱德勒历史研究的基础上,发展出以交易成本为基础的理论,表明那些较新的组织形式与早期结构相比,有着经济上的优势(1970,1975)。威廉姆森的总体理论思路是考察在不同条件下,不同形式的组织在交易成本上具有的优势与劣势,并且假定采取的组织形式是在特定环境下控制交易的最有效的组织形式。在近期研究中,他将这一思路加以扩展,考察更为普通的创新组织(1980)。威廉姆森用这种思路解释一些组织创新,其中包括19世纪后期兴起的批发业和20世纪涌现的连锁店。兰斯·戴维斯和道格拉斯·诺思(Lance Davis and Douglas North, 1971)采用与威廉姆森相类似的方法解释美国土地政策、劳工组织、金融制度的长期演进。

一些对制度变迁的研究或明或暗地假定,经济形态是一种混合经济,政府在其中扮演着一个关键角色,它对私有组织意愿的改变起着推进或阻碍的作用。戴维斯和诺斯描述的组织变迁要求公共部门以及私有部门的共同行动。拉坦(参见 Binswanger and Ruttan, 1978)在研究中描述了政府支持农业教育、研究和技术推广的研究项目是如何随经济条件的变化和农民需求的变化而变化的。

其他学者甚至将研究的视野扩展得更广。许多年以前，约瑟夫·熊彼特(1950)曾预言，资本主义富裕程度的上升会导致对资本主义竞争厌恶程度的上升，这样会出现某种形式的社会主义。但不清楚的是熊彼特是否预测到了现在的福利状况。不过很清楚，设计这一制度是用来保持个人和家庭免遭生活中的风险与压力。最近，曼库·奥尔森(Mancur Olsen, 1976)提出，政治民主的和平演进促进了特殊利益集团的成长，利益集团的政治活动导致议会立法保护集团利益，抑制资源的再分配。熊彼特坚持认为，他所预言的更安全、更稳定的制度将具有相当的能力维持适当快速的技术进步，而奥尔森则提出保护特殊利益会增大经济变革的成本并使经济变革变得困难。

若干年后的事后观察使人们认识到，熊彼特看来是过高估计了可使创新活动"成为惯例"的程度，过高估计了创新与民主选举活动兼容的程度。另一方面，奥尔森的假说不能令人完全信服地解释近年来许多政治方面的发展变化。这些发展已经打破，或极大地降低了各种利益集团多年来为维持自身利益而精心营造的保护层。简单明了的理论生动而有趣，便于人们将注意力集中在某些变量或关系上。但也许到了现在，我们已经从简单明了的理论易与复杂多样的理论发生冲突这一事实中获得足够的经验与启示。有一个故事，说的是一个醉汉在一个夜晚将他的手表遗失在路边。他明知他没有将手表遗失在路灯下，但他却偏偏在路灯下寻找。因为在那儿，起码有灯光照着便于寻找。

（五）构建经济增长的演化模型

从前面三节考察的文献里，人们可以看到这些论述生产率增长的理论观点比新古典理论观点复杂得多。而且，它们不只是更加复杂，而且互相间还有迥然之别。起码在这些异端理论中被认为是基础的那些增长特征就很难、也许根本就不可能纳入以新古典理论为基础构建起来的概念框架之中。

新古典增长理论清楚地表明，它的起源来自新古典企业理论和产业行为理论。这个不必再谈了。人们能够接受那种理论在回答那些传统上与标准价格理论相关的问题——比如，企业对其产品需求增加做出的反应，或企业对某一生产要素价格相对另一要素价格上涨所做的反应——时所做的种种简化假定的价值，尽管在应用中还有对此回答稍有不同的其他一些模型。但人们或许会怀疑由这种理论简单加总以反映生产函数的移动，这样得出的分析框架能在多大程度上解释由技术进步推动的长期经济增长所具有的关键特征。

本章探讨的非正统文献没有采用，或者说怀疑新古典理论的两个规范假设——企业本能地追求（预期）利润最大化；产业和整个国民经济处于（动态）均衡。利润最大化假设存在的问题倒不在于这一假设意味着以利润为动机和用理智的行为来实现利润，而在于它意味着人类有一种超越自身的能力来感悟各种备选行为过程，可以比较人们对未知领域的不同部分加以探讨所得出的结果。在这样的条件下，人类行为是有目的的、明智的，甚至是具有创造性的。但不同的人必然会偏重于不同的选择区域，对什么有价值什么没有价值会做出不同的评价。类似地，如果均衡概念表示的含义，仅仅只是指一种倾向，即在竞争中性能更强的技术，效率更高的组织和营利更多的企业倾向于击败对手，或迫使对手进行改革，那么用这一概念作为工具分析长期经济变化不会有什么特别的困难。然而，正如通常在经济学中所使用的那样，均衡概念并不描述这样的动态过程，它假定经济过程（总）是完全的。这一假设使得分析诸如由要素和企业收益差异导致的技术扩散、熊彼特竞争和资源再配置等现象变得异常困难。

在经济学中将经济增长看成是一个演化的过程由来已久。达尔文把自己的成功归功于马尔萨斯提供的几个关键性的思想，接着，生物演化理论极大地影响了马歇尔。在第二次世界大战之后，有人认为演化理论原理也适用于设计经济模型，这一想法主要还只是出现在学科边缘，偶尔也会出现在主流刊物上。阿门·阿尔钦（Armen Alchian）在 1950 年发表了一篇著名文章就涉及这方面内容。特杰林·库普曼斯（Tjalling Koopmans, 1957）在他的第三篇论文中表现出了用进化论思想建模的兴趣。

近些年来，在构建演化模型方面许多学者发表了不少论著，这些学者有悉尼·温特（Sidney Winter, 1964）、迈克尔·法雷尔（Michael Farrell, 1970）、理查德·戴和西奥多·格罗夫斯（Richard Day and Theodore Groves, 1975）、戴和因德吉特·辛格（Day and Inderjit Singh,

1977)、冈纳·伊莱亚森及其同事（Gunnar Eliasson and colleagues，1977）。伯顿·克莱因（Burton Klein，1977）发表了一篇不太正规但论述范围广泛的论文，该文章遵循了熊彼特的思想精神。

在悉尼·温特和我近期所做的许多研究中，我们提出了一个生产率增长的演化理论（1974，1977，1982）。在我们的模型中，新技术的发明或创造被认为是一件不确定的、有代价的事情。如果 R&D 活动产生出比较好的技术，如果竞争对手不能迅速方便地仿造技术，R&D 有可能给企业带来营利。不同的企业在投下技术进步这一赌注时有着不同的胜负概率，有的企业比别的企业获得更多的回报。长期来看，由于新技术的发明与应用，由于一些企业发明的更好的技术被其他企业模仿，由于营利企业比非营利企业获得更快的发展，生产率会不断提高。在我们的模型里，企业模仿其他企业技术的能力和企业的营利性诱导企业扩张的程度都是模型中的变量。R&D 支出与发现或发明的新技术两者之间的关系也作为模型中的变量。

由这些模型计算的任何时间上不同企业生产率的差异程度与美国劳动统计局显示的结果相一致。这些模型能够得出某些特定新技术的扩散类型，其结果与有关扩散的研究文献所记载的情形相一致。由此计算出来的企业生产率随时间的变化在性质上与观察到的实际资料时间序列相一致。

这些以及其他新近提出的演化模型没有考虑到企业内部组织或个人及社会心理中的复杂问题，也没有以一种比新古典理论复杂多少的方式去看待经济制度或政治过程。它们也没有对经济环境给予恰当的界定。但是,它们对生产率增长做出了解释,并且这一解释与人们对技术变化过程的理解相一致。这至少在理论上算得上是前进了一步。

新古典模型在建模方面已经达到相当高的水平,演化模型在这方面目前还处于初始状态,但过去的所作所为足以表明这种模型的可行性。人们承认,演化模型要比经济学家在研究生产率增长时习惯采用的模型要复杂,但一点儿也不比现有的许多大型宏观经济模型复杂。也许在实际调查分析中,应用这种模型所遇到的最大限制因素来自资料方面。由于模型要将在任何时间上企业间差异和各企业不同的增长率作为生产率增长的重要内容,但却缺乏适合模型使用的资料。现有的资料不能让人们了解到企业在 R&D 支出、发明和模仿绩效、获利性与获得的增长之间存在的许多依存关系。然而,这些关系却是演化模型的核心。即使有了这些合适的资料,毫无疑问也还会遇到一些有关适当的评估技术方面的难题。但我们说过,在探讨生产率增长这一显然很复杂的问题上,现在的演化模型只是从主导理论出发向前迈出的一步。

经济学家面临着种种诱惑,诱使他们在研究生产率增长时放弃尝试,转去发展更复杂的模型和实证研究方法。不过,让我再次提请人们注意,别忘了那个醉汉与手表的故事。

二、作为进步发动机的资本主义制度[*]

（一）熊彼特模型的优缺点

事实上，所有当代对资本主义发动机的研究都是依据熊彼特的《资本主义、社会主义与民主》(1950)一书。处于竞争之中的追求利润的企业是有着鲜明特点的行为主体。企业经营所处的环境条件，一方面由资本主义法律和精神加以界定，它们使企业能够拥有哪怕是一会儿的所有权，拥有企业所创造的新技术；另一方面由公共的科学知识加以界定，知识使企业在从事产业 R&D 活动时具有解决问题的能力。当 R&D 活动创造出有市场前景的产品时，对新产品的所有权使企业获利。这样，假若竞争对手受这种利益的诱导也投资 R&D，那它除了也跟成功企业一样地做之外可能没有什么其他选择，其结果是极大地促进企业重视 R&D 方面的投资，致使涌现出大量的新产品和新工艺流程。剩下的问题便是让市场对不同企业的创新做出事

＊ 本文最初发表在《研究政策》(*Research Policy*)，1990 年，第 193—214 页。

后的选择,并且对企业本身也做出选择。

熊彼特的思想对随后的分析产生了很大的影响,因而有必要注意到,虽然《资本主义、社会主义与民主》一书第七章只有六页纸的篇幅,但却包含了该书的基本思想。① 虽然熊彼特在这本书的其他章节以及在其他著作中都谈论到了技术进步,但总的论述仍然相当粗略。还有一点值得注意,那就是熊彼特的这本书是在50年前写作的。当时学术界对技术变革还很少有深入的探讨,现在则出现了许多这方面的著作。② 因而,现在就有可能根据有关事实来评价熊彼特模型,有可能补充进基本的有价值的结构,有可能根据需要改进或修正模型,通过分析捕捉到熊彼特时代以及现在的基本体系。

从我提出这件事的方式中可以看到,根据现有已知事实,我仍然将熊彼特看作是分析问题的一个有用的起点,我也是这样做的。尤其是,熊彼特坚信技术进步作为一个演化的过程是由他所描述的系统所引起的,我相信这是一个完全正确的基本前提。然而,熊彼特从来没有真正地发展这一观点,而现代学术界则在这方面做出了许多有价值的推进。

而且,近期学术研究揭示了现代资本主义发动机的许多细节,这些细节在熊彼特粗略的描述中连提都没有提到。尤其是,无论是熊

① 有关这方面大量经验文献的综述,参见科恩和列文(Cohen and Levin, 1989)。
② 以下包括了一批重要的研究或是概述大量这方面的文献:多西等人(Dosi et al., 1988)、弗里曼(Freeman, 1982)、罗森博格(Rosenberg, 1985)和曼斯菲尔德(Mansfield, 1968,1971,1981)、格里利切斯(Griliches, 1984)、纳尔逊(Nelson, 1962)、纳尔逊和温特(Nelson and Winter, 1982)。科恩和列文(Cohen and Levin, 1989)概括了探讨技术进步与市场结构两者关系的部分文献。

彼特模型还是近现代同等抽象程度的模型,都没有适当地理解到现代技术和科学之间存在着的复杂的交叉关系,没有理解到科学技术进步中包含着一系列丰富多样的组织制度,这些组织制度甚至在熊彼特写书时就已经存在。当然,熊彼特当时不可能预料到技术的性质在后来所发生的变化,不可能预料到从他那个时代以来制度环境发生的变化。

这两方面的问题需要作深入的分析,在本章第一节剩下的部分里,我将探讨这方面的问题。

1. 作为文化演化过程的技术进步

熊彼特强调指出:"应该掌握的要点是,当我们研究资本主义时,我们是在研究一个演化过程。"这一观点得到了对技术进步发生方式所进行的经验研究的有力支持。技术进步的不断推进无疑要通过各种技术方案的彼此竞争以及与现行技术的竞争,在实际竞争中决定成功者与失败者。许多当代的学者在建立模型时忽视了这一点。在他们看来,技术进步似乎是事先准确计算好了的,用不着竞争就会意见一致地选定成功的技术。纳尔逊和温特(Nelson and Winter, 1982)认为这样的模型不仅过于简单,而且基本上是错误的,他们认为在资本主义制度下技术进步如何发展有赖于上述意义上的演化过程。

演化过程已经显示出相当大的威力,它提高了物种的适应能力,改进了技术的性能,创造出适应力强的生命及行之有效的技术。然而,演化过程内在地存在着浪费现象,这一点对于资本主义经济中的技术进步也不例外。这些浪费包括过多的尝试和过多的遗漏。只要回顾一下过去的历史,人们就会发现在创新中存在着一些多余的尝试,如果能对创造过程加以全面监控,有些多余的创新努力是绝不会得以进行的。另一方面,通过 R&D 协调可能获得的规模经济和范围经济趋于消失,一些可能具有很高社会价值预期的研究开发活动可能无人问津,因为单个企业并不认为那样做会有利可图,没有一家企业会关心整体利益。此外,由于技术在很大程度上是专有的,有些企业想获得最佳的技术,却走上了经营不善甚至倒闭的境地。这样的企业可能是因为受到某种诱惑而决定要重复发明那些已经发明出来的东西,从而遭此厄运。

当然,资本主义经济中技术进步的推进过程与生物进化过程在许多方面有差异,这是显而易见的。仔细考虑,有些显著的差异比实际更明显。技术偶尔会出现“大的跳跃”,这和传统的生物进化论不一致,但却和最近提出的间断均衡概念并不矛盾。而且很清楚,创新活动并不遵循严格的随机过程。确切地说,提高技术的工作有着明确的方向,即沿着创新者所认为的具有技术可行性和潜在利润的方向推进。不过,在此要强调的是,如果人们认识到(有些当代的生物学家就这么认为),在基因选择过程中出现生存突变的可能性要大于出现纯随机性突变的可能性,那么技术演化与生物进化的区别可能就不那么显著了。

我认为,技术进步所遵循的演化过程区别于生物进化过程的最明显特征就在于,由技术进步获得的发现与创造、思想观念以及具有普遍使用价值的工作方法并不严格地依附于发现者或创造者,至少在一定程度上是可以共享的。在很多时候,这种共享是有意识进行的;有些时候,则会尽量努力使发明创造归私人专有。但不管在什么时候,新技术最终会成为公共所有,这意味着技术进步会通过一个"文化的"演化过程得以实现。技术的发明创造提高了整个社会的素质和能力,这是区别生物进化的根本所在。

熊彼特清楚地认识到了这一点。尽管在他的技术进步模型中,企业进行创新活动的诱因和报酬来自对新产品或新工艺的暂时性垄断,但他强调指出,从事物发展的一般观点来看,这种垄断是暂时性的,竞争对手迟早会追上来。熊彼特还认识到了公共科学知识所起的强大作用,认为这一作用会使技术进步变得更为有效。但这绝不是说资本主义制度下的技术进步与巨大的浪费一点也没有联系,我们至少能够通过事后观察发觉,在资本主义制度下技术进步是存在巨大浪费的。

因而,多少有些令人困惑不解的是,资本主义的创新体系为什么会运转得那么好。的确没有什么理论像福利经济学中双胞胎定理那样支持资本主义"不可战胜"的论点。[①] 不过关键的问题是:有什么备选方案? 比较的对象是什么? 许多社会主义国家的学者看到了资本主义制度存在着浪费,建议建立一种中央计划与协调系统,这一系

_____

① 在此,我当然愿意采用许多经济学家喜爱的表述,即在一组非常严格的假定下,由竞争性制度形成的资源配置是"帕累托最优"的,参见阿罗和哈恩(Arrow and Hahn, 1971)。

统将技术看成是公共产品,它应该能够更好地生成和使用新技术。但社会主义经济所遇到的创新方面的种种麻烦表明这种设想是好的,但做起来很难(参见 Hanson and Pavitt, 1987)。而一些资本主义国家试图对一些重要行业,比如民用航空业和核能工业的技术进步做出严格的计划,但这些行业却普遍地不景气,这也进一步论证了上述设想的不现实性(Nelson, 1982)。

技术变化为什么会使中央当局很难,或者也许不可能制定出有效的计划呢?一个重要的因素无疑是不确定性,即在技术易变的领域里用于 R&D 的资源应该配置到哪里去。[①] 通常有许许多多的方法来改进现存的技术,也有几种备选方式来实现其中的任何一种改进。然而究竟应该把这一赌注压在哪里几乎总是不确定的,专家们对这一问题也是看法各异。不仅如此,人们发现,那些高层专业人士进行的旨在评估未来技术发展最佳途径的研究,常常在某些方面严重地偏离事实。由于不确定性,事先想得到意见一致的结论可能是无益的,也是不恰当的,因为在这种情况下,需要考虑到各种各样的可能性。

虽然从原理上讲还有更好地提供创新激励的方法,但资本主义的创新发动机确实建立了一种可行的方法保证创新的动力有着多重来源,并且让创新主体在真正竞争的环境下大胆设想,勇于实践。创新机制在这样一个环境下运行,在这个环境里,有着一个可以广泛获

---

① 虽然许多学者强调了 R&D 中不确定性的重要性,但克莱因(Klein, 1977)特别论证了这一点。也请参见由他负责的在 RAND 进行的一些研究,以及纳尔逊(Nelson, 1962)发表的文章和马斯切克等人(Marschak et al., 1967)构造的模型。

取通用性基础知识的途径，人们可以用这些知识明智地思考创新的可能性；有着跟踪市场信号的强烈动力；有着内在的机制去减少生存无望者的损失。人们不应该把由此做出的各种创新举措都视为一种最佳的创新活动，也不应该假定，决定成功者与失败者的过程在任何有意义的范畴上都是有效的。但促进进步的这一发动机在这么多年里已经产生出明显的成效。

熊彼特究竟对资本主义发动机的力量源泉以及这一发动机的低效率方面的问题理解得有多深，并不是很清楚。他确实认识到了促进创新成功所需要的创造性、动能、甚至锲而不舍的精神，认识到了在开垦新的领域过程中存在着不确定性。但此外，在《资本主义、社会主义与民主》一书的第二部分结尾处，熊彼特预言道，实际竞争在技术进步中的重要性，会随着科学的日益强大和创新活动"降为惯例"而销蚀。我在后面将论证这是一个错误的观点。

对于这一发动机的低效率问题，熊彼特清楚地认识到，由于竞争性创新所导致的变化无常的暂时性垄断，从静态上看与资源配置效率并不相容，但他认为这几乎没什么关系。回想一下他的那句名言："这种竞争（创新）比其他竞争（价格）要有效得多，犹如炮击和徒手攻门的区别，创新就像用炮把门轰开似的。所以这种竞争变得极为重要，以至于不管竞争在通常意义上进行得迅速也好，不怎么迅速也好，创新都变得举足轻重。"他还认识到，在他所描述的制度条件下所进行的创新是存在浪费的，但这一点看来也没有引起他多大的烦恼。

自从熊彼特正式构建出他的模型以来，已有各种其他理论相继问世。毫无疑问,它们提高了人们对以上问题的认识。有几位学者将静态效率与动态能量之间所存在的所谓权衡关系加以模型化。现在我们已有了"专利赛跑"成本模型,并且近期的研究让人们注意到这样一个事实,即进化系统患有的短视症,有时能够将技术演进的路线引导到远离其最佳的路线上去。①

然而,我在此要强调的是,虽然熊彼特模型提供了一个很好的认识起点,但它太粗略了,以至于不能对现代资本主义发动机具有的优缺点做出严格的检测。而更加详尽地观察技术进步的实际演进方式不仅会使人们看到一个更加复杂的图景,而且还会看到一个在一些重要方面有区别的图景。

2. 复杂的资本主义发动机

当人们研究到现代技术,如飞机机身和发动机、电子计算机、半导体、合成材料、医药等技术的诞生和进化时,简单的熊彼特方法所具有的局限性就显现出来了。② 刻板的熊彼特模型未能认识现代技术知识具有的多样化的本性,未能认识到技术与科学两者之间存在

---

① 例如,可参见阿瑟(Arthur, 1984)关于与技术使用人数相关的经济中竞争技术的研究,以及戴维(David, 1985)有关当代打字机键盘问世的论述。
② 对半导体,参见布朗和麦克唐纳(Braun and MacDonald, 1978)、多西(Dosi, 1984)、麦勒伯(Malerba, 1985)以及纳尔逊(Nelson, 1982)文集中的列文(Levin)一文。对计算机,参见纳尔逊(Nelson, 1982)文集中的卡茨和菲利普斯(Katz and Phillips)一文或弗拉姆(Flam, 1988)。对飞机,参见米勒和索尔斯(Miller and Sawers, 1968)和纳尔逊(Nelson, 1982)文集中的莫维瑞和罗森博格(Mowery and Rosenberg)一文,对医药品,参见施瓦茨曼(Schwartzman, 1975)。

的复杂而常常又是微妙的关系,这种关系是其历史发展中的重要组成部分。熊彼特认为,随着科学愈加强盛,R&D 会变得愈加专业化。然而他漏掉了一些关键性的结论。我将要论辩的一个中心论题不是说技术进步已经变得比过去更加惯例化,这是还没有的事,而是说新技术中的通用基础部分在感兴趣的专业人士之中会迅速地成为常识。这一现象是所有技术发展中存在的重要现象。

熊彼特从来没有搞清楚他所认为的科学和技术究竟指的是什么,它们两者关系的性质如何,组织分工又是怎样。然而,很有可能他坚持的是他那个时代以及现在人们对这些问题的常规理解,认为科学是知识的集合,技术是实践的集合。新的科学是由大学研究人员创造出来的,这些研究人员寻找知识而极少关注实践。产业中的科学家运用科学知识去从事那些可提高公司营利水平的研究工作,对于提高通用知识水平则极少关心。但从事技术进步研究的学者现在认识到,事情远比这种情形更为复杂,它们彼此之间的界限比这要模糊得多。

把技术简单地看成是实践的集合并不适当。技术包含实践知识但它也涉及一系列基础性知识。有关事物运行方式方面的认识,有关影响事物状态变量方面的认识,有关重大机会的特性和现行约束因素的认识,以及有关消除这些约束的有效方法的认识都属于技术的范畴。①

①　多西(Dosi, 1982)将这些称为技术范式。

这一来,我们在这种分析上的区别,乍看起来,像是根据传统认识对技术和科学做出区分。实际上,在某些技术领域,比如半导体设计和制造中的技术,有很大一部分知识依赖于像物理和化学这样的基础科学。然而,在几乎所有的技术里,有相当比例的通用性知识来自实际操作,来自亲手参与产品、机器及其零部件的设计,并对实践中遇到的问题加以分析思考及提炼归纳。这方面的认识在任何一门基础学科里都只可能找到有限的内容,每一门基础学科内容可以说基本上都基于其自己的基础,这里所指的科学不是哲学家在谈到"科学"时通常所指的科学的含义。

但许多观察家已经注意到,许多自称为科学的现代研究领域并不符合这一经典模式,比如计算机科学、化学工程、冶金学和病理学,它们基本上都是这一类认识,这表明人们正试图使这类认识更加"科学化"。①

经济学家通常提出这样的理论假定,认为技术是潜在的公共品,也就是说它可以被广泛地运用,比起要花费成本的发明或发现,技术可以很廉价地传授及学会(如果不是真的无成本的话)。其次,一些用实证方法研究技术进步的学者,特别是帕维特(Pavitt, 1987a),强烈地论争,这种理论假定基本上是错误的,因为即使某一产业的技术有可能用于其他地方,那它们也极主要是用于特定厂商,并且代价是很高的。这不是一个小问题,无论是在分析上还是在组织制度上它

① 对工程学科的问世,最近有几种说法,参见诺贝尔(Noble, 1977)和克任茨伯格(Kranzberg, 1986)。

都是重要的。我想要表达的是,这两种观点各对了一半,关键是要看所谈论的是哪方面技术。

如果技术是以通用性知识为主,那么,认为技术是潜在的公共品的观点大致上是合情合理的。通用性知识对许多不同的使用者以及不同的领域都很适用。其实,如果一个人想要有效地提高或改进当前的实际工作,掌握这些知识可以说是必需的。与此相关,处于同一领域的专业人员在工作交往中会积累这方面的知识,这样一般会形成一种系统的方式来描述和交流这些知识。如果企业雇用的年轻的科研人员和工程师掌握这些知识,那对企业是很有好处的。由此看来,在公司与学校教育之间就存在着一个自然的、利益上的协调关系。

此外,通用性知识不仅具有很强的潜在公共品的特性,而且由于应用学科和工程学科是直接地朝着特定领域中的通用性知识方向发展,并促进这些知识的进步与规范,这样,这些通用性知识愈来愈明显地在专业人士之中成为公共产品。工作在电子和材料学科最前沿的工程师和科学家对学科发展的最新动态有着浓厚的职业兴趣。他们清楚地认识到,这些学科中的学术发展本质上是开放的,不论是个人还是组织都有着很强的动机道出这方面的新闻。而由产业实验室创造的新的通用性知识只是向熟悉情况的外人公开,人们对这一点的认识还是很不够的。有一点我将在后面做较为详细的论述,那就是:竞争企业里的科学家和工程师有各种各样的途径打探到对手创造的新技术的通用性内容,即使产品和工艺过程的具体细节可能超出了这些科学家和工程师的知识范围。

至于那些特别的、现存的专门技术是公共的还是私有的,则很难区分清楚。有些实用的专门技术被广泛应用,如果获取途径是公开的话,那就很容易被那些精通此道的人学会。但有些学者,如帕维特(Pavitt, 1987a)和内森·罗森博格(Nathan Rosenberg, 1976, 1985),颇具说服力地指出,大部分流行的产业专门技术对于不使用这一技术的企业来说几乎没什么作用,因为这些企业要使用这些技术需要根据具体的产品和生产过程进行周密的调试。并且,如果一家企业想把在另一家企业行之有效的某些技术移植过来,那么,即使这项技术是公开的,对方也愿意提供帮助,这家企业也需要花费相当大的代价才做得到。在很多情况下,复杂技术的有效实施,既需要根据具体的产品、机器、组织在实践中通过具体的实验活动,通过大量的细致的调整使它们很好地符合技术要求,此外,还要求具有常规性知识并能得到技术"蓝图"和其他有关资料。在这种情况下,进行"技术转移"所花费的财力和时间可能和独立进行 R&D 一样多。[1]

我前面的叙述似乎让人们感觉到,通用性知识和具体的专门技术两者有着明显的区别,但实际上两者的界线是模糊的。界线的形态如何、模糊程度怎样,部分地取决于专利权的确定方式以及专利权的有效性,这方面的问题我后面会谈,但在相当大的程度上通用性和公共性知识的所属范围,依赖于科学和工程学科建立起的超越具体应用的通用知识体系。没有哪一项技术可以完全解释"做什么和为

---

[1] 有关技术扩散的成本有几项比较好的研究,参见蒂斯(Teece, 1977)、曼斯菲尔德(Mansfield, 1981)。

什么做",这就是为什么发现活动本质上具有不确定性的地方。或者,更恰当地说,由于人类倾向于超越已知的科学去探求未知,因而发现活动总是与不确定性联系在一起。另一方面,我认为,由于这些学科的发展,现在从科学的角度理解技术就比过去好得多。

通用性知识和具体应用之间的模糊界线让人们注意到这样一个事实,即产业实验室和大学实验室之间的分工既不是明晰的,也不是一成不变的。大学实验室从事基础学科,如物理、分子生物学的研究,但它们也在应用学科——如冶金、电子工程、畜牧业——的研究中扮演着重要角色,这些学科应该被理解成是一些特地用来研究某些技术通用性问题的学科。在许多学科领域,大学实验室都是开拓新技术的一个重要发源地。如果我们在谈论某些学科,如计算机或新生物技术的发展历史时,不提及播撒技术种子的大学研究人员所发挥的重要作用,那显然是不可能的。

然而,对产业 R&D 所做的研究,几乎都没有足够明确的认识,这包括有些公司本身所从事的应用学科领域的通用性研究和通常公开发表在学术期刊上的普遍性发现。[①] 大部分这方面的研究都是为了解决具体设计或开发工作中所出现的技术性问题。但正如罗森博格(Rosenberg,1988)和科恩及利文索尔(Cohen and Levinthal,1989)所指出的,处于某一领域的基础学科发展迅速,这一领域之中的公司通常会从事这些学科方面的研究,以使自己可以赶上学科发展的步

---

① 参见纳瑞和罗兹克(Narin and Rozek,1988)以及科依利革(Koenig,1983)对在医药公司工作的科学家出版物进行的研究。

伐,有能力及时地从各种途径获取学科的新成果以便开发利用。也就是说,这些公司参与到了推进相关学科发展的共同体之中。

这一观察凸显出存在于现代资本主义发动机之中的、在许多研究中未曾关注的两个方面:一是尽管新的通用性知识具有公共产品的性质,但企业一定会在某个领域投入精力以便获取这方面的动态信息;二是已经参与到某一领域,并紧跟其发展的企业倾向于成为研究共同体中的一名活跃成员。作为共同体的成员,科学家和工程师希望能分享知识。研究性质的共同体通常以科学学会或工程学会作为组织形式,它们举办正式的聚会,会员们前去聆听有关的学术动态。学会也会提供机会讨论研究议题,比如学科的发展方向,谁在做这方面的研究,等等。

而且政府机构是现代体系中的一个重要组成部分。在熊彼特所处时代,政府机构已是比较重要,从那时以来变得愈加重要。第二次世界大战以后,政府已经成为大学研究的主要资助者。在某些领域,政府部门是开发新产品和新工艺的重要角色。在政府部门有强烈技术利益的那些领域,政府可能会尽力与私有部门协作开发有关技术,也可能为私有部门提供资助。

一旦人们看到技术的分化性质,技术与科学两者存在的重叠,看到在科学和技术活动中能涉及并且已经涉及的范围广泛的组织体系,看到政府在这其中起到的重要支持和决定作用,那么就会很清楚地认识到,简单的熊彼特模型漏掉了现代资本主义发动机中很大的一块,并且对其他方面的表述也不清楚。当更详细地考察这一现代发动机时,人们能够看到这一发动机所具有的特性,比起简单的熊彼特模型所确认的特性来,能使发动机更有效率地运转,更有能力驾驭这一发动机。我在此并不是要辩解资本主义发动机在效率的标准定义上看是有效率的,或者说,简单模型所强调的浪费和短视倾向真的就不存在了。准确地说,我的观点是认为,现代资本主义发动机比起简单模型所描述的要复杂得多、有效得多。

(二)支持现代资本主义技术进步 的组织制度

在这一节,我将冒昧地对 20 世纪后期现代资本主义发动机做出分析性描述,其抽象程度要比上一节低得多,并且准备在广泛地考虑了近期学者们对动力体系运行方式所做研究的基础上加以抽象。我基本上只研究美国的情况。虽然我总认为,并将论证,其他主要资本主义国家的制度安排基本上是类似的,但它们之间还是有着一些令人感兴趣的差异。在本章第三节我将对其中的一些差异加以分析。

大多数研究文献都强调资本主义制度中的所有权和竞争,我也准备从这里开始我的论述。将要涉及的是这样两个问题:企业基本上是靠销售产品来赚钱,它为什么要将 R&D 实验室置于主导位置?企业怎样从所开展的 R&D 活动中获得所有权利益?然后,我将考察一项在传统上被忽视或未予重视的制度——促使企业相互学习、合作共事的机制。从这些过程和安排中可以辨别出生物进化过程与文化演化过程的区别。接下来我要讨论的内容是关于大学的作用,我要论证大学的作用比单纯的教书育人这一标准观点更为丰富多彩、复杂多样。我要特别强调的是,应用学科和工程学科所起的通用性技术知识公共仓库的作用,以及大学研究在这些领域的作用。

最后,我将探讨政府提供的各种 R&D 资助项目,这些项目是现代资本主义发动机中极为重要的组成部分。

1. 专有权范围

(1) 产业 R&D 实验室的关键作用 熊彼特把产业 R&D 活动放在一个突出的位置,看成是资本主义发动机的心脏:一群受过大学培养的科学家和工程师有组织地从事着发明创造,使用一些特定的设备进行工作,隶属于某个具体的企业,旨在提高这些企业的产品性能和生产技术。许多学者——比如,克里斯托弗·弗里曼(Christopher Freeman, 1982)、内森·罗森博格(Nathan Rosenberg, 1974)、戴维·莫厄里(David Mowery, 1983)、劳伦斯·赖克(Lawrence Reich, 1985)、戴维·诺贝尔(David Nobel, 1977)、戴维·兰迪斯(David Landis, 1970)——谈论过这一制度结构的兴起,它首先产生在化学及电气产业,然后扩展到更广的领域。

现在,人们对这一组织形式是那么的熟悉,以至于分析家们极少对它加以思考。它的一些方面比较容易为人们所理解,无论是在社会主义制度中还是在资本主义制度中都存在。大学教育在这里面起到关键作用,突出表现在19世纪后期化学和物理学具备了相当的实力,在化学与物理学的基础上成功地发展起新的应用学科和工程学科,这些学科直接面向有助于推进技术应用科学的知识和专门技能。培养学生具有这方面的知识技能是大学的一项主要任务。学生所受的培训使他们与生产一线的工人有区别,他们工作时需要特别的设备,有时还需要他人的合作。企业广泛地运用各种机器设备,采用各种管理方法,其用意就在于发挥这些人的作用,特别是为了 R&D 事业。为了使 R&D 活动免遭各方面的干扰和压力,使其有一个更长期的发展方向,需要 R&D 活动适当超前于现行的工作。①

某些以出售产品或服务(不是 R&D 成果)赚钱的公司也与实验室扯上关系,这一点值得好好地研究。为什么发明主要不是由那些专门从事 R&D 的组织,比如独立的或附属于大学的实验室进行的呢?这些独立或附属于大学的实验室通过与外单位签订合同开展工作或向生产企业出售发明成果。这样的运行机制在一定程度上是有效的,这一事实让人们更加确信上述问题不是空穴来风。

找出其中的原因会揭示出许多资本主义发动机的内情。原因之一是前面强调过的两个要素,即大学在产业进行 R&D 方面的培训实

---

① 实际上,实验室工作如何与基层出现的问题和能力紧密结合起来的问题是 R&D 管理中的一个核心问题,关于杜邦公司这些历史方面的讨论,参见豪恩谢尔和史密斯(Hounshell and Smith, 1988)。

力以及改进独立专用设备的技术工艺方面的能力，都有其局限性。要从事有效的产业 R&D，通常需要对产业技术有所了解，而学校不传授这方面的知识。通常还需要实验室与作为客户的企业之间有着一定紧密的但又没有事先程式化的相互关系，要能为合作方提供互补工作和投资。可见，为了使工作富有成效，产业 R&D 必须与产业活动紧密联系在一起。

在许多情况下，企业想从事的 R&D 是要能紧紧适合自身产品和工艺技术的要求，紧紧适合其超越对手或与对手保持同等技术水平的战略，以及紧密适应在它看来是最紧迫的需要。因而，实验室要有效地开发工作不仅需要了解特定产业方面的知识，还需要了解特定企业方面的知识，并且还需要实验室对客户需求的敏感性。正如前面所强调的，几乎不可能预先确切地知道一项 R&D 项目将会得出怎样的结果，通常需要在研究过程中重新考虑及重新设定研究目标。威廉姆森（Williamson，1975,1985）、蒂斯（Teece，1980）和其他学者令人信服地论证了这样的关系很难通过合同加以控制。实际上，如果生产中流程控制很重要，或者是按照顾客要求定制产品，技术工作可能需要和生产、营销活动紧密联系起来，不可以在组织安排上将它们断然分开，这样的技术工作很少可以通过签订合同承包给他人完成。

在多数情况下，今后最有发展可能的 R&D 项目一般出自正在研究的项目，出自实际工作中碰到的问题。那些正在从事研究工作，已经与产业建立起关联机制的实验室，自然在今后的工作中占有先机。

那些与提供服务的实验室保持长久、紧密关系的企业具有发展优势。

从这些因素中可以看到加强实验室与生产之间联系的必要，这不论是对社会主义经济，还是对资本主义经济都是一样的。

与企业实施某项 R&D 项目相关的大部分信息以及该项目的细节都将被企业视为专有权利，因而项目发起人可能需要设法确保实验室的工作不与竞争对手雷同。下面我们会看到，在许多产业里，一家企业从 R&D 中获取利润的主要途径是开发出领先的技术和产品，这至少要求在项目成熟可以投入生产之前对 R&D 的细节守口如瓶。为了获得收益，企业还必须能够及时地鉴别和调整生产与营销能力，蒂斯（1986）称为互补性资产的东西，需要在竞争对手觉察之前迅速而有力地进入潜在市场。企业开展 R&D，有利于实现这些必需的协调。

当然这并不是说企业从来不利用自己以外的实验室，或者说，独立的实验室从来就没有成为发明的重要源泉。企业可能会选择在某一领域经验丰富的实验室，与之签订合同，让其承担一些相对来看属于日常事务或探索性的研究。如果这项研究极少涉及企业专有信息，那就更是如此。此外，企业自己的实验室可能患有短视症，外面的实验室可能会做出有价值的发明创造。新企业或者是进入新领域的老企业在现有企业变得保守时常常会做出一些有价值的发明。如果正好处于新技术孕育降生之际，而当时在任何产业里又几乎都没有这方面恰当的专门知识，那么独立的或附属于大学的实验室可能会成为相关技术的发源地。当前新的生物技术所处的情况就是一个恰当的例子。然而,这些复杂现象只是拓宽和增强,而不是否定产业研究实验室是现代资本主义发动机的心脏这一观点。

(2)占用机制及其范围 我在上面已经提到过,企业主要依靠自己的实验室从事 R&D,理由之一是因为这样有利于企业占用所带来的收益。在这一节,我将更为一般地谈谈占用的方式。

熊彼特没有明确说明在 R&D 中做出发明的企业究竟是怎么确立和保护产权的。自从熊彼特著作问世以来,经济学家和技术史学家已经认识到了各种各样的途径。他们的研究成果表明,产业不同,起作用的途径也不一样。然而,直到我和我的同事在耶鲁大学做出调查研究以后,人们对这里面的细节才有系统的认识。由于调查表中的内容和从专门调查中得出的广泛结论已经在其他几个地方报告出来(参见 Levin 等人,1987),在此,我只将我们做出的那些与本节主题最为关联的发现进行一个简单的归纳。其中有些内容将是总体描述,但大部分内容是对有关产业间差异的分析。现代资本主义发动机不仅比这种简单的描述更加复杂,而且具有高度的多样性。[1]

为了简化起见,我们将企业占用创新收益的方式划分为三大类——专利制度、保密和与首创开发相关的各种优势。我们请求不同行业的调查对象对这些方式给产品创新和工艺创新所带来的收益,按标准从 1 到 7 打分。

究竟哪一种方式更能为产品创新带来效益,各产业所给的分值

---

[1] 怀亚特等人(Wyatt et al., 1985)的研究虽然比较狭窄地集中于跨国公司,但包括了一些相同的基本内容,并得出了相似的结论。

明显不同，但和强调知识产权的流行观念相反，在大多数产业，创新者利益显然主要来自谁最早占得先机，并利用这种优势开发产品，而不是靠行使专利保护或严格地保密。通常认为技术进步最为显著的产业，如半导体、计算机、电信、飞机机身制造和飞机发动机制造业都包括其中。

以上这些产业大部分都有一个令人感兴趣的特征，这就是，即使专利权不保护新产品，但模仿起来代价高昂。在某些产业，所生产的产品形成一个复杂的系统。在我们的调查中，有些回答者来自生产飞机和完全制导导弹系统——这些产品都属于典型的复杂系统——的企业。这些企业称，即使根本没有专利权的保护，一个有能力的模仿者也要比创新者多花费 3/4 的费用才能搞出类似的东西。生产复杂的系统涉及许多元件和众多精细的环节，其中大多数技艺需要在生产过程中学习，而无法在实验室中学会。即使有模型可供剖析或手头有蓝图参考，但要学会生产这样的产品仍要花费大量的财力和时间。这些产业以及其他诸如半导体制造业还涉及复杂的生产过程，在生产过程中要按照生产设计精心地调试设备，将这些设备安置到位并学会正确操作，这也要费时费钱。靠这一点，创新者就比模仿者赢得许多长期的发展优势。

这类产业中的企业倾向于在不同方面发展特殊的能力，这些特殊的能力很难"转移"给另一家企业，即使转移方积极主动地合作，如母公司想要提高海外子公司的实力会主动地配合，或采用许可证和技术转移合同的方式，也很难转移。另外，在这些领域里，未来技术的产生,通常来自创造和使用当今技术的实践活动。[①] 因而,如果企业现在在某一不起眼的特殊的技术领域获得优势,这一优势有可能使企业今后在这一领域或相邻领域具备领先地位。用这种方式而不是依靠持续地控制某一具体孤立的发明获利,正是公司通过重大的首创技术进步获得长久利益的原因。但为了获得这些收益就不能停留在功劳簿上。

尽管我想强调,在现代资本主义制度下专利权在保证创新者获取回报方面所发挥的作用比通常人们所认为的要小得多,但确有一些产业,对它们来说专利保护对创新激励的作用很重要,甚至有可能是关键性的。我们的调查显示出这样两组产业。一组产业其产品主要成分是化学物质:医药制造品、工业有机化学品、塑料制品、合成纤维、玻璃制品。另一组产业其生产的产品或许可称之为设备:空气和气体压缩机、科学仪器、电动手持工具,等等。[②] 在这两组里,产品成分比较清楚,容易界定。这些条件看起来有助于制定可实施的专利权。它们和刚刚在前面讨论的复杂系统形成对照,在这里,有能力的企业会比较简易地仿制出新产品。因此,如果没有专利权的保护,创新者从发明中获得的收益就会少得可怜。

至于从工艺创新中获得收益的方式,调查发现,在一些令人感兴趣的方面区别于产品创新获得收益的方式。几乎所有产业都认为,

---

① 这些技术是温特和我称之为累进的技术。关于累进技术的好的研究,参见萨哈尔(Sahal, 1981)、伊诺斯(Enos, 1962)和吉尔菲兰(Gilfillan, 1935)。

② 我们关于哪些专利权重要的结果与谢勒等人(Scherer et al., 1959)、曼斯菲尔德等人(Mansfield et al., 1981)及怀亚特等人(Wyatt et al., 1985)的结果相似。

首创者优势和专利保护这两种方式,对工艺创新的保护都不如对产品创新的保护那样有效。然而,大多数产业认为保密更为有效。专利权不那么有效而保密比较有效,这可能是一个硬币的正反两面。生产工艺比产品更容易隐藏,不易被竞争者发觉;而另一方面,竞争者模仿新产品比模仿新的生产工艺更容易被发现和确认。

首创者优势在保证从工艺创新中得到收益方面具有的低效性可能反映出,通过降低成本以便明显地提高市场份额这一作用一般要比极大地改进产品设计以扩大市场份额的作用要慢。如果市场份额在短期内对成本和价格的变化不能做出相对灵敏的反应,这就表明工艺创新的动因必定与现行的企业规模有关。

这一推测与事实相一致。大量的产业 R&D 都是为了开发新产品或改进产品。有些产品 R&D 活动很密集的产业是高度集中的产业,比如飞机制造业;有些则不是,比如科学仪器制造业。然而,在对产品 R&D 投入巨大的所有产业里,调查表中列出的获利方式至少有一种被认为是高度有效的。相比之下,几乎没有几个产业在工艺 R&D 上投入很多。投入了的几个产业,其中的企业规模一般都很大,该产业属高度集中的产业。

当然,一个企业在工艺 R&D 中投入很少,这一事实绝不意味着企业根本不关心工艺创新。在许多产业,大量的这类工作是由上游企业、原料和设备供应商来完成的。参加耶鲁大学调查的回答者在报告中说,上游企业是新技术的重要来源,尤其是在集中度不是很高的产业,情形更是如此。

这一发现与埃里克·冯·希普尔（Eric von Hippel，1982，1988）提出的一个观点相一致，他认为，发明活动的源地至少在一定程度上取决于在什么地方最有能力获取最大回报。当某一产业相当分散时，如果这一产业中的某家企业实行工艺创新，假定市场份额相对工艺创新反应迟钝，则工艺创新的运用范围有可能相当有限。但如果工艺创新发生在上游企业生产的新材料与新设备上，则工艺创新会给整个产业带来影响。这里应该指出的是，激励上游企业开发工艺创新会给整个经济带来真实的效率所得。在资本主义制度下，大多数工艺创新是由设备和材料供应商开展的，对运用设备和材料的企业来说，工艺技术更具有公共品的性质。

当然，这不是绝对的。在许多产业，企业会对生产工艺和设备做出改进，其上游供应商也是如此。正如前面所论证的，这一相对平衡似乎与上游产业的集中程度有着密切关系，似乎也与设备使用者对专门化程度的要求多少有着密切关系。因而，冯·希普尔（1988）指出，对设备做出重大发明和设计的使用者，会比产业中其他更多地依靠供应商从事发明与设计的使用者提出更加严格的要求。

以上分析与基思·帕维特和他的同事（Keith Pavitt and his colleagues，1984）发展起来的关于技术进步的部门类型"分类学"有着很好的一致性。尤其是在帕维特定义的"供应商支配型"产业里，企业规模小，并且在设备需求方面没有明显的特殊要求，且依赖上游供应商开发新设备。相比之下，在帕维特定义的"规模密集型"产业里，企业规模大，相当多的 R&D 都由自己完成，它们也有可能从专门的设备供应商那里采购新设备。

2. 技术的获取、分享以及企业间的合作

企业的 R&D 以及创新,最初会给企业带来专有能力,但一般不能完全或永久地拥有这种能力,其他企业迟早会打探出其中的奥秘。当然原始创新发明者通常会强烈地抵制竞争对手刺探情报,但有时创新者会主动地散布有关信息。①

(1) 专有技术是怎样成为公共技术的　产业 R&D 实验室有两方面的职责,一是要面向所服务的企业;二是要面向外部世界,探测外界动向,寻找发展机会,避免外界对自己的威胁。正如韦斯利·科恩和丹尼尔·利文索尔(Wesley Cohen and Daniel Levinthal, 1989)所强调的,探测是一个主动的过程,需要消耗资源。

对于企业意义重大的技术开发可来自各种不同地方。下游产业的技术变革能改变企业所面对的需求性质,而上游产业开发出的新设备和原料则可深刻地影响企业能够生产什么和生产成本如何的问题。顾客和供应商通常会帮助企业与相关的发展保持同步,但如果企业只是被动地接受这类信息,那它就不可能恰当地评价信息的意义,不能迅速有效地做出反应。在许多企业的 R&D 活动中,重要的

---

①　这里讨论的主题与常被称为创新"扩散"的内容相似。不过,这方面有影响的著作通常没有对上游企业的创新在用户之间的扩散与企业对竞争对手创新的模仿加以区分。在此集中讨论的是技术在竞争对手间的扩散。

内容就是主动探测上下游产业的技术动向。

当然，一家企业必须与其竞争对手的发展现状保持同步。虽然新的通用性知识能够被那些熟知所在领域，并跟踪该领域技术发展的人们所掌握，但想要在一个变化迅速的领域不落伍，则通常需要亲手参与其中的研究。掌握他人创造出的新产品或工艺技术的细节可能要花费大量的时间和费用，即使是对一家有着这方面丰富技术经验的公司也是如此。

在那项耶鲁大学做出的调查里，其中有一项问题是请求企业回答：哪些方式能更有效地获取竞争对手开发新产品和新工艺方面的信息？这些方式包括：开展独立的 R&D 或反求工程（reverse engineering）；试图从创新企业的雇员中获取信息或有可能雇用他们；专利披露；各种出版物以及公开的技术会议。与我们在其他调查中的做法一样，我们分别对产品创新和工艺创新进行调查。下面我集中讨论产品创新方面的调查结果。

需要强调的是，探测企业外的技术发展通常是一件主动且有代价的事情。在大多数产业，被认为最有效率的探测方式是进行独立的 R&D（有可能在研究开发过程中留意竞争对手留下的线索）或开展反求工程。给予这两种方式低分的产业，几乎无一例外地都是极少自己开展 R&D 的产业，因而没有能力利用这两种方式。相反地，现实中所有 R&D 活动密集的产业，都会把其中一种或两种方式列为了解（有可能是掌握一些相关信息）竞争对手创新情况的非常有效的方式。很明显，在这些产业，富有生命力的企业积极主动地开展 R&D

活动,这有助于从技术上将这两种方式结合起来,也有助于推动前沿技术的发展。

那些在调查报告中将反求工程列为有效方式的产业也倾向于表示,它们常常从创新企业的科学家和工程师的谈话中获取有关信息。有些产业还表示它们经常把竞争对手的科学家和工程师挖过来。显然,在美国的许多产业里,专业人士之间的信息交换,以及研究开发人员在企业间的流动作为一种机制,使通用性知识具有公共性质。

取得专利需要披露信息,许多产业的回答者说,他们从披露的信息中学到很多东西。将专利信息的披露列为有效方式的产业,基本上是那些将专利视为保护产品创新的有效方式的产业——制药、工业有机化学、合成纤维以及一些生产各种设备的产业。显然,在这类产业中,在获取许可证之前仔细查阅各项专利,但有些产业则不这样做。

许多产业都认为出版物和公开的技术会议是获取信息的有效来源。认为这两项是最有效信息来源的产业一般是两类:一类是与健康或农业加工相关的产业,在这两个领域都建有稠密的信息传播服务网,它主要由政府支持;另一类是那些有着强大工程学会的产业,金属、金属加工业以及电子业都是很好的例子。

由此可以清楚地看到,在大多数产业,企业不可能阻止信息流向竞争者。前面说过,熊彼特对此是很清楚的。也许更为令人惊奇的是,似乎在许多情况下,企业并不试图阻止信息交换,并且有些时候还会鼓励雇员发表著作,交流学术观点,主动地支持信息交换。这是为什么呢?

首先,真正要界定权利需要披露信息,这是专利制度的意图之一。专利法在有效地保护创新的同时,也在展示创新。有些产业获得收益的重要途径是主动地利用领先优势,对于这些产业中的企业会有一种强烈的动机要通过广告、公开的会议、各种各样的方式加之申请专利来界定权力。它们需要吸引客户,要做到这点,它们就必须把它们创新的物品告诉客户,这同时也就意味着让竞争者得到消息。

权利界定以及相关信息披露不仅是确立法定财产权、吸引客户所要求的,也是取悦股东、吸引新资本所需要的。让供应商知道自己的新技术常常也很重要,因为这样,供应商可能会调整它们的设计,进行 R&D,提供更好的服务。

这对于提高企业在科学研究领域里的声望也很合算。企业具有从事一流工作的声望,那会提高企业在人才方面的竞争力,争取到崭露头角的科学家和工程师,雇用到经验丰富的科研人员,并留住这些人才。更为重要的是,这会使企业或企业中的重要科技人员参与到相关的圈子中去。在医药行业,公司里的科学家对科学研究做出了重大的贡献。在 IBM 公司、贝尔实验室、通用电气公司工作的科学家和工程师已经以他们的研究赢得了几项诺贝尔奖。一些企业的公司经理清楚地认识到,鼓励本公司的科学家和工程师成为相关领域中的杰出人才,是增强公司实力保持领先优势的一项重要投资。

另一个需要理解的重要问题是,某些信息的泄露并不会严重地损害公司的实际所有权。对于能够申请专利并且专利可以得到有效执行的新产品,比如药品,如果获得了专利,那么,公开那些通用性信息不会损害公司利益。如果企业在当前产品生产及产品营销方面具有明显的领先优势,并且有能力利用这种优势,那么,将 R&D 中获得的明确的通用性信息免费公开,不会妨碍企业从产品创新中获得丰厚的回报。

最后,技术共享会给整个产业的效率带来收益。人人共享,人人受益。当然,共享可提高集体福利,这一事实并不意味着单个企业具备参与共享的激励机制。但即使缺乏互惠互利,前面讨论过的因素也会为企业自愿参与某些信息的共享提供一些激励。不过,要共享那些与所有权利益关系重大的信息一般需要做一些交换。

(2)技术出售、交易及共享　特许他人有偿使用专利是这里面最简单的一种机制。令人惊奇的是,人们对许可的类型与特征知之甚少,尽管这几年已有几项不错的研究(参见 Caves et al., 1983)。有限的证据表明,大多数专利许可涉及的双方为一家企业与其附属机构或分支机构。在大多数证据及其案例里,获得专利许可的工厂与专利所有方不在同一国家,并且通常附有条款对专利特许方的市场范围做出限制。

证据还表明,一般情况下,企业不愿意让那些直接的竞争者名正言顺地获得许可,当其他条件相同时,企业宁愿将专利输出国外或在国外建厂也不准许本市场范围内另一家企业获得专利许可。从使用者中收取的专利许可费只是技术价值的很小一部分。对此,凯夫斯及其同事提出了几方面的理由,其中有两点很重要。一是在很多情况下,专利使用方会选择做出类似的发明或冒着被起诉的危险直接侵权;二是专利所有方在做出许可决策时,通常都事先做出了判断,知道专利许可方的市场不会轻易地受到出口品或自己子公司业务的影响。

这并不是说没有出现过企业许可其直接的市场竞争者使用其专利的情形。不过,这种情形似乎出现在这样的产业里:专利许可方从事独立的 R&D,不管情况怎样,专利权收益主要来自领先优势,并且技术许可对双方来说存在显性或隐性的互惠互利。①

我基本上拿不出具体数据支持这一观点,但我猜想竞争企业间的专利许可即使存在,那基本上也只是技术交易与共享中的冰山一角,它们之间的绝大多数技术交易与共享并不涉及技术许可。在许多产业,对不公开地从事专利许可似乎有一种笼统的隐性约定,但也不强求,虽然经验表明它们可能会这样做。企业显然认识到,如果它们默默地共同分享技术知识,而不是各自为政,孤芳自赏,如果它们都不想卷入昂贵的诉讼之中,那么它们整体都会受益。这里有一个搭便车的问题。我注意到这些产业和那些通过专利许可建立起明确互惠关系的产业一样,基本上都属于这样的产业:以领先优势这一主要机制确保创新收益,并且每家企业对重大的 R&D 都要求取得专利以保持竞争,即使其他企业并不实施其专利权。一家公司的专利

---

① 在飞机设计与制造,汽车与无线电中出现的众所周知的大量专利反映了所有这些因素。此外,先前拥有专利的企业诉诸法律,这很明显会伤害所有或大部分的参与企业。

业务责任主要是保护自己,防止其他公司利用相似技术进行可能的控诉,以及提出反诉讼威胁。正如最近发生在半导体产业中的一场官司所展示的那样,不实施专利权的协议,可能是由那些被认为其技术得到了回报的企业所决定的。

　　埃里克·冯·希普尔(1988)研究了几个普遍明确地采取"技术交换"的产业。当一家企业面临技术难题时,这家企业的工程师可能会约见他所认识的另一家企业的工程师,后者通常会提供帮助。我在前面说过,在许多产业里,与创新企业的雇员进行交谈是获取它们创新信息的一个重要来源。冯·希普尔论证道,当甲工程师为乙工程师提供了帮助,他们之间就建立起一种义务关系,因而在甲工程师需要帮助,且乙工程师手头又有对方需要的信息时,乙工程师会毫不犹豫地提供信息。冯·希普尔观察到,当交换的信息对于提供信息的企业的主要专有权并不至关重要时,这种信息交换方式一般最为流行,否则,披露出这种信息有可能会使企业极大地丧失领先竞争对手的优势。但在这种约束限定的范围内自愿地交换信息,这会起到降低专有权制度成本的作用。①

　　在专门的技术学会会议上自愿披露信息这件事,很有仔细研究的必要,但这方面的研究成果少得可怜。在我的印象中有三方面的因素在起作用。第一,上游与下游企业之间存在沟通,不管愿意还是

---

　　① 艾伦(T. Allen, 1966,1970)描述了工程师间形成的联系网络。另参见艾伦(R. Allen, 1983)有关钢铁制造业中竞争企业能通过公开渠道接触新技术发展现象的研究。

不愿意,这都会让竞争对手知道消息。耶鲁大学的调查资料显示,上游供应商对产业的技术进步做出了很大的贡献,技术学会组织也称得上是一个重要的贡献者。第二,参与者会共享通用性研究成果,这一方面会提高个人和公司的声望,另一方面有利于保持与相关群体的联系。第三,技术学会会议为冯·希普尔描述的那种交换建立联系的纽带。但迄今为止,这方面的研究还很少。

(3)企业间的 R&D 合作　企业靠购买、交易和分享获得技术信息。在有限的程度上企业还要开展 R&D 合作。在几个从概念上看起来独立的领域里,企业间的 R&D 合作似乎相当普遍。

其中之一是企业与其供应商或顾客之间进行的 R&D 合作。前面我提到过,在许多产业里上游企业在工艺创新中的作用。通常这种作用会表现在标准化设备或材料上,但在很多时候,新设备需要根据用户的特殊要求定做。在这种情况下,下游和上游企业可能各自拥有不同的与新工艺设备的设计相关的技能和实力,这些技能和实力需要结合起来使设计工作得以有效地开展。①

公司与上游企业,通常是设备供应商之间,开展合作性 R&D 是很普遍的。显然,这种安排存在泄漏专有知识的问题。尤其是,处于下游的企业可能没有能力控制上游合作者与自己的竞争对手打交道的方式。要使这种垂直的安排富有成效需要一些条件。这些条件可

_____

① 弗里曼(Freeman,1982)对化学设备设计商与化学公司之间的关系做出了很好的分析。关于设计中长期垂直合作的讨论,参见多西等人文集(Dosi et al.,1988)中的伦德沃(Lundvall)一文。

能包括：下游企业要求的产品需要采用相当特殊的生产工艺；或者是双方之间的伙伴关系是建立在长期的近乎排他的基础之上；或者下游企业承认,目前使用的这种工艺技术,将不会成为一项加速产业内各企业分化的竞争性因素。

上下游企业能相互影响的情况很多,比如,两个及以上的公司生产具有很强互补性的产品,或它们有着不同的但却明显互补的技术或其他能力,或这两种情形皆有。所以,飞机机身制造商会与电子和发动机制造商合作进行新飞机的设计与开发。计算机和半导体制造商会经常在一起工作。在产品设计方面有实力的半导体生产商,可能会与另一家工艺技术比自己强的公司共享信息并合作互助。一家科技人才济济而生产营销经验平平的高新生物技术企业可能和一家虽经营多年、但自身科研开发能力有限且又身处一个新企业不断崛起的市场氛围里的医药公司联手开发一个或一组项目。[①]

在上述的最后一种合作情形里,合作双方从事的业务在广义上属于同样的业务领域。如果当事双方并不存在激烈的、直接的竞争关系,比如生产的产品服务于多少有些差异的顾客,这样的安排一般操作起来更容易些。正如前面所提到过的,从事同样业务的企业彼此之间交换技术信息或开展技术许可,这种传统由来已久,但这样的行为是在有着很不相同的地区市场中进行的。

不过,即使企业双方是一对竞争冤家,它们也可能会争取达成协

---

① 有许多有关合资企业的近期研究,参见莫维瑞(Mowery, 1988)和哈里根(Harrigan, 1987)。

议,共同开展某些研究。这样的研究成果很难保持专有,或者它们可以将某些目标当成共同的目标。有时会存在牵涉全行业范围内的问题,比如没有合适的检验原材料的程序。解决这些问题对于一个具体的企业来说也许很少能得到长久的利益,但会给整个产业带来明显的效益。有许多例子表明,一个产业能从发明或采纳某种共同标准中集体受益,制定或推广这些标准会有好处。例如,诱使那些提供投入品或产品的产业提高效率,加强竞争,这些投入品或产品从属于同一系统,比如灯泡和灯具,或电视机和电视台发射的信号。顾客可能会高度重视一家公司的产品能与另一家公司的产品共用,像现在的微型计算机那样。正如这些实例所表明的,不同公司在应不应该制定标准,或应该制定什么标准的问题上,可能存在着尖锐的冲突。比如,一家居支配地位的公司如 IBM,会反对其他公司生产兼容产品。但在很多情况下,存在着足够的共享利益,促使各方走在一起共同制定标准。详细讨论请见贝森和萨洛纳(Besen and Saloner, 1988)。

最近这些年来,产业界对建立共同资助通用性研究的机制表现出了越来越大的兴趣,尽管这部分地可以看成是有一点机械模仿日本的做法。这种做法被人们视为是日本多年成功的经验之道,但这也是人们更细致地思考了我前面已经强调过的若干观点的结果。应用学科和工程技术学科已经变得更为强大,没有跟上这些学科发展步伐的公司比不上跟上这些学科发展步伐的公司。跟上步伐的最佳途径是参与到研究当中去。另一方面,在通用性研究中获得的知识具有公共产品财产权的性质,通过企业分摊研究费用可做出更多的研究。

1984 年美国的反垄断法修正案明确地鼓励公司之间建立这样的协定。有几个自我发展起来的这类组织已经形成,比如,迄今为止最知名的微电子与计算机技术公司(参见 Peck, 1986),最近又出现了一家 Sema 技术公司。不过,直到现在为止,大多数最近设立的产业导向型通用研究中心都与大学有着联系。

3. 大学的作用

大学是现代资本主义发动机中的一个重要组成部分,它被认为是公共科学技术知识的存贮器。大学在教学中利用存贮器里的知识,又将研究得到的新知识添加进去。

在美国,大学科学与技术知识同以科学为基础的产业一道成长。几乎就在化学家开始在产业中发挥重要作用的同时,化学作为一门学科在学术领域得到承认。当电气设备产业开始在美国生长发育时,电气科学研究与教学也在大学兴起。在这两个例子里,大学为产业发展输送着所需的技术人才以及许多有关产品和工艺创新的思想。[1]

有观点认为,大学研究和科学家与产业之间存在着一定的距离,前者只是为后者输送人才,提供公开发表的论文。与此观点相反的是,在许多领域,大学研究和产业研究之间的联系一直很紧密。大学中的科学家和工程师为产业提供咨询不是一件新鲜的事。产业中的

---

[1]　对化学和电子行业中大学和产业研究的相互关系有许多很好的研究,其中包括:罗森博格(Rosenberg, 1985)、诺贝尔(Nobel, 1977)和撒克里(Thackray, 1982)。

科学家很久以来一直在大学中发挥着作用,在大学工程学科中担当顾问,荣任大学董事。比如在麻省理工学院,产业科学家参与人才培养及从事与产业相关的研究。

大学能对技术变革发挥重要的作用,之所以这样是因为两方面迥然不同的原因:一是大学为将要投身产业的年轻科技人员提供训练;二是大学所做出的研究。为使产业方面的研究富有成效,年轻科技人员需要了解基本原理和研究技巧,大学传授这些原理和技巧。尽管从事研究对年轻人来说几乎永远是一种有益的锻炼,但做出来的研究可能与产业有直接关系,也可能与产业没有直接关系。

情况是变化的而不是静止的。大学研究在半导体产业出现的早期对技术的发展起重要的作用。但是随着时光的推移,产业 R&D 越来越明显地从大学研究中分离出来。等一会儿我会论证,当前大学生物科学和计算机科学为产业提供了很重要的新思想和新技术。计算机科学是一门崭新的学科,而生物科学正在经历一场复兴运动。另一方面,与复杂的产品系统或生产工艺相关的技术,比如飞机、飞机发动机、电信和半导体生产,它们所涉及的技术很多在大学校园里是不研究的,大学对这些技术基本上只知其梗概,不知其细节。

在我们的调查中,我和我的同事请求回答者对各种基础应用学科与他们业务中涉及的技术变革之间的关联性进行评分,分值从 1 分到 7 分。我们还请求他们按照同样的尺度对大学研究工作与其业务的技术变革之间的关联性评分。我假定在第一个问题中,某学科的得分越高则标志着大学教育在这一学科越重要,在第二个问题中得分越高则标志着大学研究人员研究的针对性越强。

对第一个问题,每一个学科至少在几个产业里得分在6分及6分以上。正如事先所预料的,有些学科只对少数几个产业重要。不过,4个包括范围很广的学科——化学、材料科学、计算机科学和冶金学——在超过30个产业中(总共130个产业)得分都在6分或6分以上。

一个产业与某学科高度关联,并不意味着这一产业与大学在这一学科中的研究也一定会是高度关联。尽管有75个产业认为它们与化学的关联性评分在5分或5分以上,但只有19个产业认为它们与大学在化学方面研究的关联性评分在5分及5分以上。有24个产业与物理的关联性评分在5分或5分以上,但只有4个产业与大学物理研究的关联性获得这么高的评分。这并不意味着大学物理研究长期以来对产业技术进步不重要,不过,它的作用可能是广泛的和间接的,通过应用学科和工程技术学科体现出来,又通过这些学科对产业R&D产生最终的影响。

在所调查的关于大学在哪些学科的研究与产业有着广泛的关联性的问题方面,判断的标准是,大学在这一学科上的研究被许多产业认定其关联性评分在5分或5分以上。从学科大类来看,当属应用学科。计算机科学和材料科学名列前茅,均有25个产业其评分在5分及5分以上,接下来的是冶金学和化学,分别有21、19个产业给予了如此高的分值,工程技术学科方面的大学研究也在许多产业中获得了高分。偏重以上学科的产业期待大学提供新知识、新技术以及人员培训。

生物学以及应用生物学科(医学和农学)现在看起来有些特别。虽然这些学科只与很小范围内的产业相关联,但那些给予这些学科5分或5分以上的产业几乎无一例外地也给这些学科的大学研究评出了5分或5分以上的高分。所以在现在,那些技术发展依赖于基础应用性生物科学的产业似乎在科学研究和人员培训上与大学有着紧密的联系。

看来,大学研究可通过两种不同的方式促进产业技术进步。有的时候,大学研究提供的是首创的"发明"或试验性的设计蓝本,产业随后对它们加以开发和商品化,这通常发生在工程技术学科之中。在许多时候,工程技术学科方面的研究直接涉及制造和检验新设计的机器。但在大多数学科里,大学研究所提供的并不是试验性的发明,而是在以后能被产业用于各种不同目的的知识和专门技术。比如大学对癌症的研究可能会为医药公司寻找开发项目提供线索,但它本身并不产生出有待完善的新药品配方。① 当然存在着混合的情形,材料科学方面的研究既为人们如何发现或发明超导材料增进了知识,同时一些研究机构现在也在寻找超导材料。

当大学研究正为某一产业的技术进步提供养料的时候,处于这一产业之中的企业,自然要寻找那些正在从事这方面研究的大学学

---

① 基本区别在于,产业R&D工作者是否利用大学研究的发现和技术解决遇到的问题,或者大学研究出来的成果是否直接激起特定的产业R&D活动去利用这些成果。我们的结论是前者是常见的,后者则不常见,这一结论与吉本斯和约翰斯顿(Gibbons and Johnston, 1974)的结论很一致。

者以及实验室,并与之建立密切的联系。传统上,学术界对这种产学联系一直持有相当开放的态度。然而,产学联系倾向于限定在农业试验站、工程技术学院以及医学院,一般不包括大学文科学科和理科学科。

近年来,一些新型的制度安排如雨后春笋般涌现,其主要形式是单个企业或若干企业资助大学试验室开展研究,并且获得某种优先的机会了解研究或发明成果。这并不奇怪,因为从事这些活动的大多数是有着大型企业的产业,并且这些产业高度重视大学研究在改变事关它们利益的技术方面的作用。这类产业主要有医药业、农业化学制品业和电子业。这些新型的制度所要求的大学学科,一般是那些被认为其学科研究与这类产业的技术进步高度关联的学科,即某些生物学科和计算机学科。

联邦政府和州政府一直都在积极地鼓励这种制度安排,国家自然科学基金会一直在支持工程研究中心,这一中心把大学研究与产业联系起来,为它们铺路搭桥。大量新的州立计划也在担当此任。在这些安排中不但有公司的资助,通常还有公共团体的资助。

我猜想,这些旨在进一步加强产业与通用性产品研究之间的关系的种种新型的制度安排将在美国获得比自我封闭的产业合作更长久的生命力。这里面同样存在搭便车问题和技术转移问题。这限制了产业资助的规模,但仍有其他团体有兴趣使这些计划持续下去。其中之一就是大学自身,这些制度安排正成为大学在这些学科开展研究和教学的组成部分。另一个感兴趣的团体是联邦政府和州政府,促进技术进步已经日益成为公共部门资助大学研究的一个明确的指导原则。

4. 政府对 R&D 的资助

政府制定的 R&D 资助项目已是资本主义发动机的重要组成部分,第二次世界大战以来尤其如此。各政府部门为了不同的目的、采用不同的方式资助 R&D。虽然任何想要对这些项目做出分类的举动都要冒过于简化的风险,然而,我发现,区分出三种不同的项目对于分析问题是有帮助的。[①]

第一种项目的指导性目标是为了提高某些学科的知识。资助部门可能会认为提高这方面的知识对增强自身的业务能力很重要,或对所辖区域的发展很重要。但这一项目的时间跨度很长,且项目与紧迫的实际目标没有紧密的联系。在第二种项目里,有关的政府部门有着明确的业务职责,需要更新有关的设备或提高设备性能,其R&D 会紧紧围绕着满足这些需要而展开。第三种项目的目的是为了满足产业或其他委托者相对短期的需求。

当然,这三种项目应该被理解为是三种理想的类型和模式。实际上许多政府部门实行的项目跨越两种甚至三种类型,但我认为,在这里将它们看成是不同类型对分析问题有帮助。

---

① 这一节广泛利用了纳尔逊(Nelson, 1982)的研究成果。

让我们回到大学研究上来。自从第二次世界大战以来,美国政府一直是资助大学研究的主要财源。许多人把国家自然科学基金会看成是规范的资助大学研究的代理机构,它的使命和计划项目比较好地代表了上面列出的第一种项目类型。但早在国家自然科学基金会诞生之前,政府部门就开始资助大学研究了。《1887 年孵化法令》规定联邦政府对农业研究提供资助,而这方面的研究大部分由大学承担。显然,这一项目掺和了上面的第一种和第三种项目。

当前,尽管人们在印象中普遍地认为国家自然科学基金会是政府对美国大学研究提供资助的主要渠道,但总额比它大得多的资助来自那些有着特殊应用使命的政府部门。这些部门为了提高相关的科学知识水平而寻找合作伙伴。比如,国家卫生研究院为大学生物医学研究提供重要资助,国防部是大学在材料科学和计算机科学方面研究的主要资助者,原子能委员会和它的继承者能源部的资助领域是高能物理和核工程,如此等等。我在前面提到过,这些得到资助的大学研究项目变得越来越重要,注定会对产业产生特别深远的影响。

当然,政府对基础性及通用性研究的资助规模,比不上对成果关联性 R&D 的资助规模。对于后者,政府部门资助它完成自己意欲完成的任务,交付特殊设备,或解决它关心的特殊问题。尽管迄今为止,国防部是在成果关联型 R&D 上花钱最多的部门,但在需要不同于现有市场的或比市场上性能更好的设备时,许多其他部门也投入了一些。比如,国家普查局、邮政局、退伍军人管理局偶尔也对研制适合自己需要的设备进行投入。

虽然任务导向性的政府部门实施的基础性通用性研究资助项目,与政府部门实施的成果关联型 R&D 项目有些重叠,但从几个方面可以区分出来。其中之一是目的的宽泛程度,另一点是控制项目的方式。在研究资助项目里,来自政府以外以及政府之中的科学家与工程师,一般会在确定广泛的研究方向和决定分配方案上发挥着重要作用。尽管政府和产业实验室也可能涉足其中,但通常大学是这方面研究的核心力量。在成果关联型项目里,由政府部门中设立的办事机构做出决策,密切监督项目执行情况。这一工作通常由产业和政府实验室承担。

在过去的 25 年里,涌现出大量的国防方面的成果关联型 R&D 项目。当代观察家们对此是那样地熟悉,以至于很少认识到,这种现象(如政府广泛地资助大学研究)其实可以追溯到第二次世界大战时期。二战前,很少有政府资助的 R&D 专门用于军事装备的设计。大部分军事方面的设计工作是由公司自己提供经费,作为将来政府可能购买的投资。五角大楼早期实行的是让公司进行 R&D 投资的政策,后来改为由政府提供经费,支持对军事装备系统和零部件进行R&D,待它们制成后政府就采购这些系统和零部件。这种政策的转变有几方面的理由。理由之一只是由于在战争期间军需部门就是以这种方式和公司打交道的,这种做法自然而然地沿袭下来。理由之二是军需部门想对其所需要的军事系统进行的 R&D 实施更严格的控制,这主要是因为军需部门的要求变得越来越高。这样,在第二次世界大战之后的时期里,无论是在军事 R&D 方面,广泛的研究资助方面,还是在特别开发与采购方面,它们都对许多重要的民用产品——包括现代半导体、电子计算机和喷气式飞机中的技术展开研究。有着不同见解的观察家对此议论纷纷。他们仍在争论着,国防部的 R&D 对于美国在 20 世纪 60 年代和 70 年代在民用品上取得技术霸权是不是起到了关键性作用。不过,这显然不是国防部的主要目的。

由此便引发出我列出的第三类项目——特意为提高产业实力和竞争力而进行的 R&D 资助。这是当前讨论适合的政府 R&D 资助政策最为集中之处。尽管有些知情者在那里叽叽喳喳地说美国从来没有、也绝不应该执行这样的"产业政策",但很显然,美国确实执行过这样的政策,将来还会继续这样做。

我在前面提到过,对农业研究的资助已有 100 多年的历史。虽然多数研究工作由大学承担,但资助的目的明显是为了帮助农民,在有些时候是为了帮助农产品加工业,而且大多数研究是为了解决具体的实际问题。

很多时候,政府部门,尤其是军事部门从资助中获得的好处被人们作为证据,以赞成实行因商业化方式帮助产业发展的政策。比如成立美国无线电公司(RCA),明确敦促美国政府采取措施,确保美国有一个强大的本国无线电产业,人们认为,这是事关国家安全的大事。通过政府组建的国家航空咨询委员会(NACA)帮助美国飞机制造业参与国际竞争,以保证这一产业获得发展的机会。最近在组建 Serna 技术公司时,论证其必要性的论据就在于:一个商业上富有竞争力的半导体产业对国家安全必不可少。美国对民用核能的资助项目也是出自国家安全的考虑,并想利用由此而产生出来的溢出效应。

政府资助所起的作用不是单一的。最近采取的旨在进一步推进这方面工作的政策,包括有组建 Serna 技术公司,以及成立一批前面谈到的以大学为基础,以产业为导向的研究中心。不过,也许在当前的政策讨论中,最令人感兴趣的方面是有人建议政府应承担职责,去协调大学和产业对譬如超导体和高精度电视这种新兴产品的研究与开发工作。对这一设想应如何理解?

(三) 走向 R&D 的社会化?
演化中的政府作用

现代资本主义发动机总是处在再设计与再建造的过程之中。在本章开头,我介绍了熊彼特对美国发动机在大约 1942 年时的特征所做的分析。在他写书的时候,本章第二节描述的当代几个重要的机制都还不存在。强大的、得到公共资助的大学研究体系,以及大量涉及军事方面的 R&D 项目只是在第二次世界大战之后才成为发动机的组成部分。甚至熊彼特强调的那部分体系——设有大型附属实验室的大型公司——在当时还是一个新鲜事物,远不及二战后那么普及。

熊彼特清楚地认识到资本主义发动机总是在进行再设计,并且他对这种再设计的最终走向有着明显的个人预见。

尽管大多数研究技术进步的学者都很看重《资本主义、社会主义与民主》一书第七章寥寥几页篇幅,但实际上这本书的中心观点是认为他所描写的资本主义制度迟早会过渡到社会主义制度。他提出了许多的理由。其中有一点理由他认为特别重要,那就是,在不存在资本主义方式固有的浪费的情况下,取得重大的技术进步正日益变得可能:"创新本身已降为例行事务了。技术进步愈来愈成为一群训练有素的专家们的业务,他们制造出所需要的一切东西,并使之按照可预测的方法进行工作。早期商业冒险的浪漫气息正在急剧地湮灭,因为可以精确计算的东西已愈来愈多,而在过去,只有在天才的闪光下才能摹想它们。"①因而,支撑资本主义大厦的基石正受到侵蚀。

这一说法有多正确?我们真的观察到了资本主义发动机正在被一种有着根本区别的设计所取代吗?

我在本论文中自始至终都在论证,现代资本主义发动机是一个比熊彼特在他著名的理论中提出的观点复杂得多的机制。实际上,它是一个社会化程度相当高的体系。

我已经强调过应用学科和工程技术学科的兴起、通用性技术知识的普及、R&D及其相关活动的职业化,这些都是推动技术知识社会化的重要力量,在一定程度上也是促进 R&D 社会化的重要力量。而熊彼特所强调的,很明显是在经济利益方面。

的确,政府在资本主义制度中的作用自熊彼特著书时起已得到

① 关于熊彼特时而混乱的观点的讨论,参见兰洛伊斯(Langlois, 1987),更为偏激的看法,参见维布伦(Veblen, 1921)。

扩展,不但美国如此,其他主要资本主义国家也是如此。每一国家的政府都已经承担起资助大学研究和很大一部分高等学科和工程技术教育的责任。在美国及其他一些国家里,那些依靠某些科学技术的进步才能成功地履行自己使命的政府部门,已投入大量的物力和财力推进相关科学技术的发展。无论什么组织,为了生存,需要与国家在战略领域中的活动保持一定的协调。

不过,如果社会化指的是在一个广泛的活动范围内实行项目明确、协调一致的行为,那么社会化程度仍然比较有限。的确,在某些行业看起来已经明显地加强了 R&D 合作,这部分是由于政府政策支持的结果,部分是由于企业自愿的结果。但在美国及其他国家,庞大的用于民用产业的 R&D 都是由指望从中获利的企业提供资金的。处于这一领域中的企业,彼此之间尽管在有些问题上的合作不断增加,但竞争仍是普遍规则。

日本在这方面是怎么做的? 许多分析家强调日本的 R&D 体系具有不同于美国和欧洲的特点: 通产省在帮助产业制定适当的宏观发展方向方面发挥着作用;公共和私有部门在行动上互相协调;公司与其元件及设备供应商,偶尔还与竞争对手在竞争前研究(precompetitive research)上保持密切的联系。富有说服力的例证可用来说明且已经说明,日本的这些特点给日本的 R&D 体系带来了效能。[①]

然而,我想强调的是,日本体系在设计上与美国的体系没有根本

---

① 作为一种特别具有洞察力的分析,参见弗里曼(Freeman, 1987)。

的区别,确切地说日本模式有所不同,可能更有效,但和美国模式处在同一大类之中。现在的日本体系有一些特色,其中一点是合作开展竞争前研究。正如竞争前研究这一词所隐含的意思那样,研究出来的结果至少很难立即或直接地实行专有。随着通用性知识越来越强大,这种竞争前研究对产业变得日益重要,它直接促进产业的发展。日本人以其特殊的方式实现了这一点。但正如我在前面论述的,美国公司也正在采取类似的做法,不过其运作机制有所不同,主要是通过与大学联合的方式。在这方面,不同国家有着差异并且正在经历变革,但这些差异和变革似乎谈不上彻底的体系再造。

许多观察家已经注意到了由通产省精心构造出的机制。在这一机制的作用下,日本的技术专家集合在一起,共同分享知识,共同探讨未来技术走向,尝试着采取协调行动。但我在前面已经提到过,分享和协调的机制不是日本独有的,最近美国和欧洲采取的政策也包含有强化这些机制的内容。再说一遍,差异与变革可能只是程度上的,而不是性质上的。

日本也同其他国家一样,数量巨大的产业 R&D 继续由非公共部门承担,公司之间的竞争很激烈。如果公司感到通产省的行为侵犯了它们的专有权,那么通产省进行的指导与协调工作就会遭到抵制。

熊彼特曾预言:随着科学的不断发展壮大,技术创新会变得可以预测、变成例行事务。这一预言已被证明是一错误的预言。自熊彼特所处时代以来,人们在技术创新可预测这一信念的指引下,预测了大量的规模庞大、意义深远的 R&D 项目,差不多都以失败而告终。

在美国军事采购中突出存在着研究成本超支和设备性能远离目标要求的问题,这些问题虽然已被人们用许多诸如管理不力、合同方的贪婪及用人不当、或许还带有腐败性质的任人唯亲等原因加以解释。但很明显,在大多数时候,国防部和合同方都极大地低估了双方同意承担的这一重大的任务可能存在的不确定性和困难。由于不存在真正的竞争或没有挑选的余地,所以减少损失的压力不足。美国在核反应堆项目上,在超音速运输机研究中,以及现在在太空飞船研制中遇到的问题与麻烦,其实都是类似的问题。欧洲在大规模实施防御计划项目时也遇到同样的问题。虽然通产省试图对产业活动做出指导和协调,但一般集中在竞争前 R&D 上,对新产品开发则一直没有实施严格的计划。在美国,尽管有关的讨论一直特别激烈,但要求政府协调超导体和高精度电视研制的建议看起来集中在事前竞争研究上。实际上,要有关公司容忍政府协调公司之间的产品设计工作,那是极不可能的。

但另一方面,旧式的、杂乱的产品和工艺创新过程——让许多不同的主体利用自己的经济实力,依靠事后评估信息,各显神通,各自押注,用这种方式来决定什么方向是正确的发展方向——之中仍有不少地方有利于创新过程的开展,这里面要对各种技术做出事先的判断,其中也需要一定的协调。适宜的旧式的创新过程激励开展广泛的探索,避免有时候因探索范围太窄而产生错误。并且这种创新过程还可以防止特权机构技术上的傲慢自负带来的影响。

让我回到本文开头。熊彼特的简捷思路对理解资本主义发动机及其运行仍是一个很好的切入点。这一发动机比熊彼特描述的要复杂得多,并且这些年来它甚至变得愈加复杂。多年来,我们已经摸索出许多办法来提高原始发动机的性能,使它能量更足,浪费更少,工作效率更高,并且已经学会至少在宏观方面驾驭它。我们共同分享知识,在某些情况下保持行动协调。公共部门的资助和政府的领导一直使通用性知识更容易为大众所掌握,并在适当的时候引导和激励这一体系。

日本在过去的 15 年里发展起来的结构正是在沿着这些方向向前迈进的具体步伐。然而,这些新的要素没有改变发动机的根本性质,它们的作用更多地可以看成是在降低一些发动机的阻力,减少一些低效率,提高其效率,它们并没有极大地降低多样性、竞争和事后选择所产生的作用。资本主义制度下的技术进步仍然需要理解成为一个演化的过程。

并且,资本主义发动机本身性质的变化也是如此。现在,新的各种各样的组织、新的工作方式、新的组织间交往形式正出现在美国和其他国家。如同技术一样,许多不同的参与者也在发生变化,但总体规划与协调方式没有什么变化。像技术进步一样,组织制度的变迁很大程度上是一个文化进化过程。企业之间彼此观察对方,想从别人的经验中得到某些启发。当技术进步在一个国家比另一个国家呈现出更好的发展势头时,后者会效法前者的某些做法,开辟出许多新的发展途径。多年来,美国是这个世界的样板;现在很明显,日本是样板。

　　但由于技术创新所具有的特性，意欲促进技术进步的新举措必须要理解成为一个变数，也许会成功，也许会失败。有些举措可能将会生根发芽，并且将长成参天大树，有些将没有这么幸运，只是昙花一现。这一发动机是开放的，可以根据实际情况进行修补，这是设计上最伟大的优点之一。

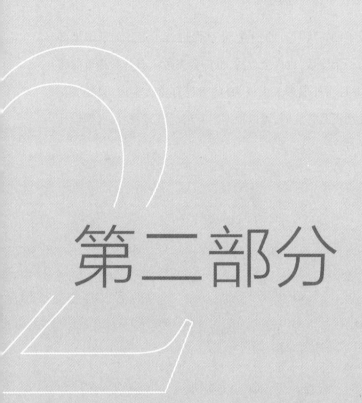

第二部分

熊彼特竞争

我在第二章谈论过,当代经济学家在构建技术进步理论时,大多数会以熊彼特为起点展开论述,或至少,学者们说是如此。我注意到,实际上,在熊彼特论述的问题中只有很小一部分谈论到技术进步,并且所谈论到的内容也很不完整。但是,一些经济学家在直接阅读熊彼特著作,或者通过其他学者的著作间接了解熊彼特思想时,曲解了熊彼特的基本观点。本书第三章要对这些问题做出探讨。

经济学家倾向于认为,熊彼特在《资本主义、社会主义与民主》一书中提出的理论与他在《经济发展理论》一书中提出的理论有着很大区别。后者强调的是企业家,前者强调的则是有着大型附属研究与开发实验室的公司。《经济发展理论》的写作时间刚好在进入 20 世纪后不久,当时熊彼特住在维也纳。《资本主义、社会主义与民主》写于大约 30 年之后,那时熊彼特住在美国。各具特点的创新主体在不同时间不同地点存在着明显的差异。

然而,尽管起关键作用的创新主体确实有差别,但在这两本书里,熊彼特都强调了技术进步中的不确定性,强调了技术进步过程中不同产品、工艺流程、企业,尤其是经营方式之间的竞争所具有的核心作用。总之,虽然熊彼特不太使用技术进步一词,但他论述到,技术进步必定要理解成为一个演化的过程。尽管经济学家在阅读《资本主义、社会主义与民主》一书或阅读有关这一著作的书籍时,会同意熊彼特所持的观点,即认为直到 20 世纪中期,垄断市场中的大型企业一直是技术创新的关键源泉,但他们一般都忽视了熊彼特长期以来对竞争作用的重视。

第二部分

熊彼特竞争

企业之间通过创新开展竞争——熊彼特竞争——是本书第二部分包括的三篇论文所论述的主题。第三章探讨的是熊彼特实际上说了些什么，以及许多经济学家是怎么误解熊彼特的。第四章探讨为什么当代经济分析对企业差异的作用倾向于采取一种轻描淡写的态度，而根据文中提出的理论，企业差异是演化过程中不可缺少的组成部分。第五章进一步探讨知识产权的边界应该有多宽这一问题，在这方面一直存在着争论。

三、熊彼特与当代创新经济学研究*

在过去的 30 年里,许多经济学家投入很大精力研究技术变革,或更广义地说研究创新,研究技术变革的产生源泉及其经济影响。他们得到的经验性发现和提出的理论对经济学家现在如何认识经济增长,对分析和论证产业组织问题产生了重大的影响。并且最近,他们还对逐渐被人们称之为"新贸易理论"学说的崛起做出了重要贡献。在所有这些经济学分支里,以及在那些直接研究技术进步的学者看来,熊彼特都普遍地被看成是一位启蒙者。近期的一些研究甚至称自己为"新熊彼特主义"。

本文论述熊彼特对当代经济学家有关创新的研究和思想所产生的影响。我先提出我自己的观点。由于熊彼特以他特有的方式关注创新,熊彼特很明显为经济学家探讨创新提供了思想源泉和动力。另一方面,尽管经济学在创新方面的研究被广泛认为是起源于熊彼特的思想,或者是对熊彼特思想的检验,但我认为,经济学在这方面的研究,其基础是有问题的,是错误地理解了熊彼特思想,或者说至

　　* 本文最早收入乔治·蒂林·史密斯(George Teeling Smith)编辑的《医学中的创新竞争》(*Innovative Competition in Medicine*)一书中,第 1—12 页。

少是没有正确地区分出熊彼特思想中本质与非本质的东西。尤其是,几乎所有研究创新的经济学家都忽视了,或未予充分重视熊彼特最为一贯坚持和精心构造的创新观点,即创新基本上是一个非均衡的过程,经济学中标准的均衡理论无法解释创新及其经济后果。熊彼特本人同当代大多数经济学家一样,明显地将放弃均衡理论所带来的麻烦掩盖起来了,但他比大多数当代经济学家更为清楚这些麻烦是什么。我的讨论主要根据他的《经济发展理论》(该书 1911 年第一次出版)和《资本主义、社会主义与民主》(该书 1942 年第一次出版)这两本书,但有时也会参考他的《商业周期》(该书 1939 年第一次出版)一书和那本他去世后才出版的书——《经济分析史》(1954 年)。

《经济发展理论》和《资本主义、社会主义与民主》两部著作清楚地展示了熊彼特的观点,认为创新以及经济发展的创新动力是真正重要的经济现象,经济学家应该觉察到这一事实。他的这一提醒在《经济发展理论》一书中还相当地委婉,这可能反映出这样的事实:当时尽管正规理论受到均衡概念的束缚,但经济学家在大量的不怎么正规的分析中已认识到创新。实际上,许多迹象表明,熊彼特当时的著作属于经济思想发展的主流,这一主流从亚当·斯密到马克思,再到马歇尔,他们一直都非常关心经济发展。

然而,也有迹象表明,经济学中的正规理论大约在世纪之交时,其发展方向发生了变化,创新和经济发展已经不处于经济学主流之中。对此,马歇尔有一段名言试图解释其中的原因,尽管他的主要兴

趣在改变,但他的正规分析是静态的:

> 经济学的圣地位于经济生物学之中而不是在经济力学之中。但生物学概念比力学概念复杂得多;因此一本论述经济学基础的书必定会用大量的篇幅阐述与力学类似的原理,并且经常用到的一个词,即均衡,表示的就是一种类似于静止的意思。(Marshall, 1948, p.xiv)

在《经济发展理论》中熊彼特既指明他对一般均衡理论的赞赏,又清楚地表明他的观点,认为这样的理论不能解释创新。

> 但是,静态的分析不仅不能预测传统的行事方式中的非连续性变化的后果,它还既不能说明这种生产性革命的出现,又不能说明伴随它们的现象。它只能在变化发生以后去研究新的均衡位置。(p.62,63)

然而,几乎没有迹象表明,那时熊彼特意识到智力结构实际上可能已经妨碍人们提高构建创新理论的能力,并且智力结构确实会促使人们转到经济学以外的学科去探讨创新。那时已有学者提出了智力结构的概念,像瓦尔拉斯,他明显地对熊彼特用均衡方法分析经济活动的循环流转起到了启示作用。

直到 1942 年熊彼特写作《资本主义、社会主义与民主》一书时,他已发现主流经济分析的主要方向已偏离了发展与创新,而转向了能用均衡概念处理的问题,转向了用均衡概念分析经济活动和现象。对这样的问题,按照熊彼特的观点,均衡理论是完全不适合的。因此,书中著名的第七章一定要理解成嘹亮的、夹带着明显的嘲笑声调的号角声。它提醒人们注意经济学家当时看待竞争、大型企业、市场能量以及实际上所有有关资本主义东西的方法,其赖以建立的基础是静态均衡理论这一完全误导人的理论。让我们重温一下熊彼特对至关重要的竞争所做的著名表述:

> 但在迥然有别于教科书构图的资本主义现实中,有价值的不是这种竞争(通过低价格-成本差额实现的竞争),而是关于新商品、新技术的竞争……这种竞争和其他竞争在效率上的差别,犹如炮击和徒手攻门间的差别。(p.84)

他还说:

> 几乎没有必要指明,我们现在设想的那种竞争不仅在其存在着的时候而且当它不过是一种经常存在着的威胁时也一样在起作用。它在实施攻击之前先训练队伍。企业家总是感觉到他正处在竞争局势之中:即使独处在战场上,四周渺无一人,或者,他虽然不是单独的,可是他所处的地位,使政府的调查专家也不能在他和其他任何同行之间,在同一行业或邻近行业之间

看出有什么有效的竞争,致使专家们断定,这个企业家所说的竞争的忧虑,经过检查之后,全系故意捏造。(p.85)

从这里可以看到,熊彼特对当时(现在仍然明显)在经济学家中存在的以静态均衡概念表述经济问题的倾向抱怨不已,并试图说服经济学家将注意力集中于创新以及通过创新进行的竞争之上。对此,熊彼特还说:

换言之,人们通常设想的问题是,资本主义是怎么管理现存结构的。而有关的问题却是,资本主义是怎么创造和毁灭现存结构的。只要人们还没有认识到这一点,研究者所做的工作就是毫无意义的工作,只要这一点被认识了,他们看到的资本主义实践及其社会后果的景象就会大大地改观。(p.84)

这一席话实际上与他30年前在《经济发展理论》一书中所说的话没有多大的不同。两本书的重要差别在熊彼特对创新源泉的论述上。
在《经济发展理论》一书中,熊彼特关心的是企业家精神与新企业。他说:

首先,新组合(创新)并不一定要由控制被新过程所代替的生产或商业过程的同一批人去执行,虽然这样的情况也可能发生。相反,新组合通常可以说是包含在新的企业中。(p.66)

在《经济发展理论》里,不管是技术创新还是组织创新,熊彼特都对创新的基本思想来自何处表现出难以理解的厌烦。熊彼特不认为"企业家"与创新思想的产生有什么关系。他说:

> 他的职能并不包含去"发现"或"创造"新的可能性。这种可能性总是在那里,由所有各种各样的人们丰富积累起来。它们常常也是大家都知道的,是由科学作家和文学家加以讨论的。在其他场合,关于这种可能性并没有新的什么要讨论的东西,因为它们已经是十分明显的。(p.88)

看来似乎正是这段话构成了熊彼特观点的基础,使熊彼特认为发明与创新两者有着很大的区别。

到了熊彼特写作《资本主义、社会主义与民主》一书时,两者明显的区别消失了。正如熊彼特在上面所说的,"新的可能性"总是在那里,人人都有机会。创新出现在有附属研究与开发实验室的大型企业里,这些实验室发明出新的产品供企业采用。在他写作下面这段话时,他明显地想到了通用电气、杜邦之类的企业。他说:

> 一个现代企业,只要它觉得它花得起,它首先要做的事就是建立一个研究部门,其间每个成员都知道他的面包和黄油取决于他所发明出来的改进方法是否成功。(p.96)

考虑到前一本著作写于 20 世纪来临后不久的奥匈帝国,后一著作写于 20 世纪 30 年代后期的美国,两本书中有关创新源泉的观点存在区别的确不足为怪。

然而,熊彼特在《资本主义、社会主义与民主》一书第七章及其他章节中提出的观点,逐渐被经济学家理解为不是在简单地表述有着附属实验室的大型企业到 20 世纪中叶已经成为技术创新的主要源泉。确切地说,熊彼特论证的,对于创新来说"企业越大越好",这一论点成了经济学中的传统智慧。他提出的,即使在某一领域看起来只有一家企业,这家企业可能也会感到很大的竞争压力,这一观点逐渐被理解成为是在说"垄断力量有益于创新"。在《资本主义、社会主义与民主》一书中的几个地方,熊彼特差不多说出了这层含义。比如在第八章,他写道:

> 可是,实际上垄断者可以利用一群竞争者或是完全无法利用,或是不能那么容易利用的较为优越的方法:因为有一些好处,虽非处于竞争状态的企业所绝对达不到,事实上只有处于垄断状态的企业才能得到的,例如,因为垄断可能会扩大才能高的人的势力范围,缩小低能者的势力范围,或者因为垄断企业享有不依比例的较高的财政上的优越性等。(p.101)

然而,我在前面引用的第七章中的一段话应该足以使人相信,熊彼特心目中根本没有那种后来逐渐被称为"熊彼特假说"的想法。他心目中确实有一种不同于价格理论教科书中模型化的竞争,但他设想的竞争是激烈的。他并不反对使用数字,如用 4 个企业的集中率作为度量一个领域中竞争强度的指标,但他强调指出,根据静态统计资料判断企业是否拥有很强的市场力量,这种做法并不可靠。

不过,偶尔随便读读《资本主义、社会主义与民主》,或随着时间的推移,不直接阅读原著,而是更多地靠阅读其他经济学家的著作来了解"熊彼特假说",这种行为导致一种现象,即经济学家不用花多大精力就可以从经济计量学的角度和理论的角度来探讨这一假设。有些经济学家通过辛勤的论证后发现,熊彼特从来没有说过这一假说。他们还发现,企业规模及市场结构与创新之间的关系比那些学者所检验的关系要复杂得多。无论如何,事实现在很清楚,"熊彼特假说"与大多数数据资料不一致,并且情况的确要比假设复杂很多(这方面的新论述,请见 Cohen and Levin, 1989)。

这种努力是否全是徒劳? 在某些方面是徒劳的,但不应该责备熊彼特。并且在另外一些方面,这种努力已经取得成果,它最终似乎已经引导经济学家(至少是有些经济学家)采用比 20 年前那种简单思维复杂得多的眼光来看待市场结构与创新的关系。

如果没有错的话,"熊彼特假说"这一有关创新的具体观点毫无疑问是最为经常地贴在熊彼特头上的标签,仅次于此的另一个标签可能就是有关"长波"的观点。在此我也想论证持这种看法的经济学家基本上没有看到或忘记了熊彼特最为关心的内容。

《商业周期》是一本篇幅长、内容复杂的书,其主要内容是说经济活动的形式表现了几种不同的周期运动的相互作用,每一种周期运动都与一种不同的经济力量相联系。正是熊彼特对"长波"的探讨吸引了学者随后对这一问题的高度重视。经济活动存在周期长度大约为 50 年的长波,这早在熊彼特研究长波之前就已经有几位经济学家提出来了。熊彼特提出长波理论很大程度上归功于俄国经济学家康德拉季耶夫。《商业周期》一书中很大部分内容是在检验数据资料,论证长波的存在性、持续性和规律性。熊彼特做出有力论证,支持长波的存在,支持长波的持续规律(大约为 56 年)。

由《商业周期》一书引发起来的后续研究,大多数涉及两方面的内容。一是熊彼特的"50 年"长波周期,是否能解释第二次世界大战之后许多国家出现的 25 年期的高速增长和在 1970 年左右出现的衰退。这一周期是否意味着高速增长将会在 20 世纪 90 年代得到恢复。二是更为一般地评价长周期会有"规律"出现的观点。许多经济学家经过仔细研究后认为,尽管在一段较低速增长后确实出现了一段高速增长时期,但这种形式的出现是那么地不规则,以至严格地说使用"周期"一词来描述很不适合。

然而,熊彼特本人有多大把握提出"规律"一说,这并不清楚。他知道他是从数据里观察到规律性的。但在他的总体理论分析中没有什么地方暗示出规律的意思,或者对它的出现做出解释。实际上,他用文字的方式讨论每一次"长波"的历史特点,这种做法就表明,假若没有这些证据支持"规律",熊彼特不会提出这种观点。

在我看来,在熊彼特对"长波"的讨论中真正有趣和引起争论的地方在于他对长波的解释。他的基本解释是,不同的经济时期是以一组不同的技术及相关的产业为特征标志的。一组新的技术和产业的问世会刺激投资,带来经济活动的扩张,从而引导出一个长期的"高涨"阶段。比如,19 世纪初的长期"高涨"与纺织品、钢铁、煤炭和蒸汽发动机的问世有关。开始于 19 世纪中叶的高涨与铁路和钢铁制造业的兴起有关。20 世纪初的兴旺繁荣是由汽车、电力及其相关系统与产品以及现代化学工业推动的。熊彼特提出,每一次这样的长期高涨之所以会最终逐渐消失,都是关键部门的技术进步减缓、投资机会缺乏的结果。因此每一次高涨期后都会出现一个长期的比较低速的增长和衰退。然后,一波新的创新又会引发出下一个长期高涨阶段。

这一观点会引起争论,但与支持规律的例证没有一点关系。它取决于是否有现实的作用力发挥作用,使基础的、产生创新的新兴产业成群地出现,在两次产业群出现之间通常有一段相当长的时期,这样,创新可以看作是导致经济活动在创新之后更加兴旺繁荣的基本原因。当代经济学家对于这种观点是否正确仍然意见不一。可以说,不同经济时期是以出现不同群体的战略技术和产业为标志,这一点是很有见地的,许多经济学家会赞同此观点。如果人们接受了这种观点,那么也会认为,关键性技术必须容易获取,至少在未成形的状态下容易获取,这样才能出现应用技术的开发浪潮。

如果一个人准备接受熊彼特的理论,他一定会争论说,这些技术以及使这些技术成为可能的关键性发明或创新,它们在出现的时间上没有先后之分,只是稍稍领先于高涨的到来时间。不过,在有些时期,人们可能会争论说,关键性发明出现在不同的时间,其中有许多发明出现很久之后才出现利用这些发明的高涨期,即使对它们的开发是同时进行的。对这些发明的开发在发明之时就在同时进行,因为有力量将它们与经济活动联系起来,这些力量几乎与基础技术突破的发生时间没有关系。对于这些问题的是非曲直陪审团也做不出定论,但至少它们是一组有趣的问题(欲做进一步研讨,请见Rosenberg and Frischtak, 1984)。

我现在想集中讨论熊彼特在《经济发展理论》和《资本主义、社会主义与民主》中明确提出的一个观点,这个观点是说,人们不能用均衡概念解释创新或不能对创新加以模型化。在前面我引用过他在《经济发展理论》中说的一段话,这段话清楚而直接地表达了熊彼特在这方面的意思。对于这一问题他还说过:

> 在习惯了的循环流转中,每一个人能迅速地合理地行动,因为他对于他的行为根据确有把握,并受到所有其他人的与这一循环流转相适应的行为的支持,这些人反过来又期望他从事合乎习惯的活动。……[但是]虽然在习惯了的渠道中他自己的能力和经验对于正常的个人来说是够用的,但当他面临着创新时,他就需要指导。虽然他在自己熟悉的循环流转中是顺着潮流游泳,如果他想要改变这种循环流转的渠道,他就是在逆着潮流游泳。(p.80)

现在,虽然熊彼特坚持的通过创新开展的竞争是最重要的竞争的观点,已经逐步在产业组织模型和国际发展趋势中得到体现,但几乎没有例外地,这些模型都假设企业能够"洞悉"竞争对手通过创新而出现的竞争,并且在均衡条件下求解问题。但熊彼特对人类认知能力的观点相当接近于后来由赫伯特·西蒙所提出的"有限理性"的观点,而与现代博弈理论中的精巧理性相距较远。

> 人们必须"记住不可能去彻底调查计划中的企业的一切影响和反影响……在经济生活中,即使在没有得出要做的事情的全部细节时,也必须采取行动"。(p.85)

20 年之后,鲍莫尔非常清楚地阐述了之所以到那时为止,那种假定企业以实现利润最大化的标准企业模型不能处理企业家问题的理由,他提出的观点几乎可以肯定会得到熊彼特的认同。他说:

> 在所有这些最大化模型里,有一台自动机器会选出最佳的人选担任企业家,会使留下来的企业家是最佳的人选。这就表明,为什么我们已经发展起来的一套理论并不能保证能够有效地描述和分析企业家职能。(Baumol, 1968, p.68)

鲍莫尔的这段话最核心的内容是说他认识到,最大化模型实际上意味着人类的决策有某种自动机器的性质,熊彼特也认识到了这点。最大化模型假定环境条件足够简单,人们能够看得清清楚楚,或者说环境条件是那么地为人们所熟悉,以至于旧的习惯不仅满足需要而且还使需要得到最大化。熊彼特正是以这种方式来描述循环流转特征的。为了构造创新决策模型,人们必须引进其他要素。

但假若熊彼特想要建立正规的模型,他可能会提倡建立何种创新以及由创新驱动的经济发展"模型"?我认为下面这句经常引用的话给我们提供了一些线索。

> 应该掌握的要点是,当我们研究资本主义时,我们是在研究一个演化过程。(《资本主义、社会主义与民主》,p.82)

但他这句话的意思是什么,并不确定,但清楚的是他不会赞同现代博弈理论所构建的创新模型。同样清楚的是,他不会设想出简单的生物类比。例如他在《经济发展理论》中论述到:

> 但是,演化思想(来自达尔文)现在之所以在我们的学科中受到怀疑,特别是对历史学家和人类文化学家来说,还有另一个原因。除了对现在围绕着"演化"思想的超科学的神秘主义的谴责之外,又加上了对浅薄涉猎的谴责。对于"演化"一词在其中起作用的一切仓促做出的一般性判断,我们当中许多人都失去了耐性。(p.58)

然而,熊彼特在《资本主义、社会主义与民主》中的确使用了"演化"一词,并且他说到"创新性毁灭",这给我们理解他所指的进化提供了线索,但仅仅是提供线索而已。

杰弗里·霍奇森(Geoffrey Hodgson)在最近一篇论述经济学中演化理论的文稿中提出,虽然最终熊彼特使用了演化一词,但他对真正发展演化理论以取代新古典理论并没有做出实质性的贡献。霍奇森的部分论据是说熊彼特没有清楚地表达出演化思想,部分论据是说直到最后,熊彼特依然受到瓦尔拉斯思想和一般均衡理论的强烈吸引,把它们当作是经济学中基本的正规概念体系。

然而,悉尼·温特和我认为我们在熊彼特著作中看到的不只是几个暗示和隐喻。正如我已经指出的那样,在《经济发展理论》和《资本主义、社会主义与民主》中,竞争性创新总是被描述成一项极不确定的活动,一项创新者不可能明确地预测其结果的活动。在这两本书中,熊彼特清楚地指明,创新活动所置身的经济环境是非均衡的,甚至是紊乱的。并且在《资本主义、社会主义与民主》一书里,熊彼特明确地强调了创新的竞争性,既会有成功者,也会有失败者。在我们撰写的《经济变迁的演化理论》(1982)一书中,温特和我试图按照熊彼特的思想建立正规的模型。尽管我们不能肯定熊彼特必定会同意这些模型,但我们相信,这些模型与熊彼特构想的通过创新开展竞争的思想所具有的一致性,远远大于运用现代博弈理论构建的创新模型与熊彼特思想所具有的一致性。

尽管还有其他几位经济学家和我们一样遵循同样的研究思路,

但这样的学者为数很少。实际上,直到最近,起码在经济学家当中一直存在着很强的势力,反对把竞争和经济变革看成是"一个演化的过程",看成是一个可以用熊彼特的语言和我们的模型加以描述的过程。

为什么会这样呢? 我在前面提到过熊彼特极为看重的一个概念,即循环流转的概念。在《经济发展理论》里,他的创新概念是用循环流转加以定义的——创新是循环流转的突然转向。他把商业周期定义为偏离经济(一般)均衡。不仅如此,在谈论循环流转的不同场合,熊彼特似乎都认为总有天然的经济力量将经济系统推向均衡。一定程度上的确是这样,一定程度上当创新力量没有很强大,或很频繁到可以不停地将经济系统置于远离均衡状态时,一个注重探讨均衡构成的理论可能是一个强有力的分析和预测工具。熊彼特是否是因为他相信这一点,或由于美学方面的考虑而受到均衡理论的吸引,对此人们并不清楚。

然而,《资本主义、社会主义与民主》第七章似乎将创新描述成足够常见和强大的力量,以至于"均衡"并不是一个特别相关的概念,即使能够假定,如果创新结束了,经济系统会迅速地达到均衡,情况也是如此。温特和我对这一章内容的理解,以及我们对有些产业如半导体和医药业通过创新所开展的竞争实例的研究都表明,构建创新过程中的竞争经济模型几乎可以不用"均衡分析",倒是不得不直接用到非均衡动力学。

人们应该直接地构建动力学模型,应该把均衡看成是"静止"的一种特例,这种观点代表了一种相当激进的看法,即尽力摆脱由基本的瓦尔拉斯一般均衡思想发展起来的经济建模模式。经济学中的这种标准模式历来将分析的重点集中在均衡构成上,然后考虑这些构成在受到扰动后是否还是"稳定的"。在这一正统的理论框架内工作的经济学家,长期以来一直认为可能存在多重均衡,并且某一种具体的均衡(或几种均衡)可能不是稳定的。但变化的可能性只需要有基本的智力就可以正确地识别,可以把它们抛在一边,除非是有充分的理由才考虑它们。

由于种种原因,大多数学者都没有受到熊彼特的影响,但在过去的几年里,有经济学家开始从另外的角度来分析问题。一旦人们着手构建动态过程的简明模型,就会发现要实现特有的均衡(在静止的意义上)所要求的条件是相当严格的,在任何情形下经济系统只可能在很小一段时间里接近于均衡,并且发现非均衡动态是可以加以分析,也是很有意思的。这样,在经济学家当中出现一股新的研究"演化模型"的热潮。我不知道熊彼特是否会同意这些看法。但我相信他应该会同意,同时他会提醒人们当心潜在的陷阱。

在我看来,熊彼特提出的人们必须把由创新推动的经济发展理解成是一个演化的过程,这一观点的确是正确的。然而,也许看起来熊彼特认为这是当代条件下的事实,而不是基本的东西。比如在《资本主义、社会主义与民主》第三编,熊彼特论述的中心观点是说,随着科学的日益强盛,创新将变得可以用计划加以安排。这一结论对于资本主义将是意义深远的,他认为:

"企业家精神"这种社会职能的重要性早已在丧失之中,而将来它势必还要加速地丧失下去,即使以企业家精神为其主要推动者的这个经济过程本身仍然毫不减退地在继续行进。因为一方面,做一些熟悉的例行事务之外的事情,在现在比过去容易得多了——创新本身已降为例行事务了。技术进步愈来愈成为一群训练有素的专家的业务,他们制造出所需要的一切东西,并使它按照可以预测的方法进行工作。(p.132)

因此,支持资本主义的意识形态注定要消亡,社会主义将会出现。这就直接导致熊彼特对可行的社会主义做出预测:

社会主义行得通吗? 当然行得通。社会主义无疑是行得通的,一旦我们假定:第一,所要求的产业发展阶段已经达到,……但是如果我们接受这些假定,抛弃这些疑虑,那么对于剩下问题的回答是一个清脆的"是"。(p.167)

回想一下《资本主义、社会主义与民主》一书写作的时期,当时全世界资本主义处于深深的危机之中。在那一段时期,苏联的计划体制仍在形成之中,离后来必然出现的经济崩溃还为时尚早。

熊彼特观察到技术变革是通过演化过程加以进行的,这一点熊彼特是对的。他认为,当科学变得日益强盛时,技术变革恰好是将要经过的一个阶段,在这一点上,他错了。

让我回到那个我要回答的基本问题上来,以此来结束这篇论文。熊彼特对创新的经济研究产生了哪些影响?我想他的主要影响就在于激励经济学家认识到,并且我认为已经有越来越多的经济学家认识到,创新是经济活动的核心内容,而不是细枝末节,认识到长期来看最为重要的是经济进步,而不是静态的经济效率。熊彼特在这一方面所产生的影响比其他任何经济学家都要大。但迄今为止他的观点仍然没有被大多数经济学家所接受。

翻开任何一本经济学入门课本,找一找哪一部分内容涉及创新,你会发现极少有这方面的内容。翻阅一本微观经济理论的教科书,查找一下同样的问题,你会发现大多数这类教科书的论述方式让人感觉到,好像熊彼特从来没有存在过似的。翻看一本论述产业组织的教科书,你会发现对创新方面的论述一般都相当有限,并且主要限于描述那些在"熊彼特假说"下做出的研究,限于介绍那些自称为"熊彼特的"模型,而这些,我已经论证过,它们均属子虚乌有。经济学家确实已经对经济增长充满了兴趣,在他们的模型中"技术进步"通常是驱动力量。然而,实际上所有这些模型都假定存在连续的经济均衡。经济学家大体上会继续坚持均衡模型,尽管熊彼特正确地论证了这些模型不能解释创新,不能解释由连续的快速创新所引发的经济变革。不过,正如我已经提到过的,对这一前沿问题现在已有一些新的发展迹象了。

《资本主义、社会主义与民主》一书是熊彼特最后出版的第二部伟大著作,该书不仅论述到经济学而且还涉及经济思想,它对后者颇有微词。他去世后出版的《经济分析史》一书,则以一种比较平和的态度对待历史上有影响的经济理论家,也许这样做是因为他在那本书中主要是回顾那些早期时代中的伟大的经济学家。我猜想,如果他现在来观察当代的经济分析,他一定会非常生气。

四、企业为什么会有差异,这种差异的重要性如何?*

(一) 引　言

本文从一个经济学家的视角探讨企业间差异的原因与意义。经济学家对这一问题的看法与其他人,比如工商管理学者,会有怎样的区别? 我认为,最重要的区别在于经济学家倾向于把企业看成由多元主体参与其中的一场经济运动会的一个个运动员。经济学家的兴趣在于这场运动会及其结果,不在于具体怎么比赛或单个运动员的比赛成绩。也就是说,经济学家感兴趣的是汽车工业如何运行,它在各方面的表现,不在于通用汽车公司或丰田汽车公司各自状况如何,虽然也会考虑到这些具体企业对整个产业产生的影响。在我看来,这种视角与管理学者的视角有着很大的不同,管理学者凭借自身优势探讨单个企业的行为和绩效。

---

　　* 本文最初发表在《战略管理杂志》(*Strategic Management Journal*)(1991 年冬季卷),第 61—74 页。

本文的目的是想从一个经济学家的角度对自主决定的企业差异的经济含义做出明确的论证。我的观点确实受到工商管理学者的研究成果的影响。他们已经令人信服地指明,产业中各企业在行为和绩效方面具有重要差异,并且指出这些差异基本上反映了企业本身做出的不同选择。然而,由于这些学者的兴趣不同于经济学家的兴趣,他们几乎从不注意这样的不同选择所具有的产业或国民经济的含义。因而,尽管管理学文献为我的论证提供了起点,但仍有大量的工作有待于我以及和我志同道合的朋友一起去完成。

应该承认,在试图对自主决定的企业差异的经济含义做出论证时,我和我的同事是在同经济学,尤其是理论经济学中的一种势力很强的流行观点发生交锋,这种观点低估甚至否认这种差异的重要性。经济学并不是说所有企业都是相同的,经济学家承认计算机企业不同于纺织企业,这两个产业也不同,承认德国企业几乎可以肯定不同于中国台湾地区企业。相反地,这种观点认为,这种差异不是企业自主决定的,而是反映了企业运行环境的差异:计算机设计和生产技术以及计算机市场与纺织品的情况有区别;德国的要素价格、要素获取以及产品市场与中国台湾地区的情况有差别,因而,企业是被迫地表现出差异。

忽视自主决定的企业差异的倾向,部分地反映了经济学家的兴趣不在企业层面的行为和绩效上,而在更为广泛的经济总量上,即产业或国民经济绩效上。这也反映了大多数主流经济学家对经济活动的总体看法,对企业在经济活动中的地位与性质所持有的一些颇具影响的理论观点。我的观点是，一个产业内部存在着企业自主决定的差异，这种差异确实有着很重要的意义。这一观点是我的一个更广泛的论点——新古典经济理论有着很大的局限性——的重要组成部分。

在此，让我谈谈我使用"自主决定的"一词所表示和不表示的意思，详细的阐述将在后面展开。我的确想表示的意思，无论从短期还是长期来看，都意味着约束条件的某种松动，这种松动提供了空间，使得在某些重要方面有差异的企业能够在同一经济环境里生存。这一词其实意味着，在某种程度上，这种差异是企业用来指导各种层次的决策的不同战略的结果。另一方面，这一词并不意味着，企业的现状和行动都是在高层决策者的严密控制之下。这一词确实不表示人们对那些会使企业强盛或衰败的原因在任何时候都是理解得很清楚的，甚至企业自己也不是很清楚，虽然可能有明确说明它的观点的。对于这些问题我在后面会做详细的讨论。

本文以下部分是这样安排的。在下面的一节里，我将对两类学者视角上呈现出的非常重要的差别做出评述，一类学者因其所受的教育，倾向于把各种自主决定的企业层次上的变量看得很重要，经济学家则认为，企业差异基本上决定于较为加总的经济力量。接下来，我将集中讨论新古典经济理论的基本理论前提，这些前提不仅引导经济学家得出这种观点，而且还使任何偏离这一理论的举动变得举步维艰。然后，我将探讨演化经济理论，这一理论对经济活动的总体看法提供了一个非常不同的观点，在这一理论里，企业差异处于中心地位。接着探讨的是企业差异对技术演化和经济活动组织形式的作用。最后对全文做出小结。

（二）关于"竞争力"的不同文献

在有些产业中,美国企业在不久前还表现得相当不错,近来却出现衰落,特别是和相应的日本企业比较起来更是如此。这一现象通常称之为"竞争力"的问题,在不同的研究文献里,有着研究视角的明显差异。有些学者的研究集中于美国企业与日本企业之间的差异,而经济学家的研究集中于较为加总的变量,两者之间有着明显的区别。

由麻省理工学院产业生产率研究会（Dertouzos 等人,1989）在1989 年夏天出版的名为《美国制造》的研究报告很好地代表了前一角度的研究,并对这方面的研究给予了总结。尽管研究会的成员对美国企业衰落的原因进行了大量的独立研究,但从报告可以看到,这些多侧面的诊断与早先学者的许多研究结论相当一致。

美国企业受制于旧式的大规模生产方式,而现在,灵活多变的产品制造已经成为一种更加有效的生产方式。类似地,我们在组织上的等级制度模式和习惯于具体狭窄地分派工作的做法,在以前或许还适应要求,现在却成为衰落的原因。研究、产品设计及开发远离产品制造和生产管理。因而,由萌生想法到进行生产,美国公司要比日本公司花费多得多的时间,并且美国的生产成本比日本的高,产品质量不如日本。美国企业患了短视症,只看到国内市场而看不到世界市场,只看到短期而看不到长期。时间尺度上的短视,部分地与美国高昂的资本成本有关,也与经理人员的思维方式有关,与经理人员在商学院所学的分析方法有关。与日本及德国相比,美国的蓝领工人开始工作时从公共教育体系中接受的训练严重不足,再加上公司培训和再培训计划开展薄弱。这些原因加起来使得美国企业在劳动能力方面处于相当不利的境地。在那些通过合作可以带来收益的事情上,美国企业并不怎么愿意相互合作,这部分是由于经理们对合作的观念所造成的,部分是由于政府对合作冷眼旁观或敌视的结果。更为通常地,企业界与政府极少协作,却常有争执。

其他学者对该研究报告的中心论点也许会做出有所不同的归纳,但我相信上述看法公正反映了该报告对企业差异所持的种种观点。这些论据看起来是有说服力的,同时也是存在争议的,它们或许为美国的管理以及为公共政策的制定提供了重要的指导。

然而,对于这项研究得出的结论,可以提出两个重要的问题。其一,人们对于《美国制造》这类研究所断定的因果联系的可信性会提出异议;其二,人们也可能会对那些作为基本原因看待的变量是否真的如此表示怀疑,因为这些变量本身是由更大范围的力量所决定的。

眼下,我只想提出前一问题。认为日本汽车工业企业或半导体工业企业目前的状况是因为日本企业在不同方面都比美国和欧洲企业具有明显更高的绩效,这实际上是存在许多不确定性的。在本文后面,我会集中讨论这一不确定性,以及其中的一些含义。

现在,我想集中于后一问题,因为这一问题让人们明确感受到了如《美国制造》对"竞争力"决定因素所做的分析与经济学家对决定因素所持的标准观点两者之间的明显不同。《美国制造》一书对宏观的或国民经济变量,如汇率、资本成本,或更为一般的公司财务制度、公共教育体系的有效性、政府政策等都做了一些讨论。然而,这并不是讨论的焦点。最为重要的是企业层面上的变量,并且假定这些变量在相当程度上是自主决定的。相比之下,经济学家倾向于将注意力集中在宏观的或经济环境的变量上,不重视或忽略企业自主决定的作用。

在《美国制造》一书出版的同一年,三位经济学家鲍莫尔、布莱克曼和沃尔夫(Baumol, Blackman, and Wolff, 1989)出版了一本著作,解释并诊断美国生产率增长速度衰落的原因,以及主要工业国家生产率和生活水平的趋同。这一名为《生产率和美国的领导地位:长期观点》的书,讨论的重点通常在国民经济层次上,有时在行业或产业层次上。所考虑的变量是国民储蓄和投资率、教育投资额、技术从发明者传导到追随者的过程,等等,几乎只字未提企业层次上的自主决定行为。

每一项研究都描述了大象的一个部分——这种说法是令人感兴趣的,我认为研究方向是正确的。麻省理工学院做出的论证表明,美国企业目前面临的许多困难都是自己造成的,这颇具说服力。同时,经济学家提出,在相当程度上,企业是由更大范围的经济条件所决定的,这种观点也令人信服。迫切需要的是将这两种看法结合起来进行一致的分析。

尽管《美国制造》的作者从未对环境变量做过认真分析,但在以企业层面为起点的分析中加入对企业所处环境的分析似乎并不困难。有两本新出版的书恰好就是这样做的。这两本书清楚地认识到,国民经济或环境变量强烈地影响着企业战略和结构,认识到企业对于这些变量有着很大范围的选择余地。钱德勒(Chandler,1990)的《规模与范围》一书相当深入地描述了美国、英国和德国不同的经济条件、组织制度与文化是如何决定现代制造企业的性质,这些企业是20世纪头十年在不同的国家成长起来的,它们对产业产生着影响,这些国家在这些产业发展有其特有的实力。然而,钱德勒在对环境如何塑造企业并影响企业绩效所做的描述中没有谈到任何决定性变量。

波特(Porter,1990)在《国家的竞争优势》一书中表明了相似的观点,即认为环境影响相当的重要,但企业有着很大的自由区间决定是否利用环境提供的机会,或者是怎样利用机会。实际上,这两位作者都认为,企业在某种程度上是在自己塑造其自身的环境,比如,在美国和德国,企业推动了大量的教育方面的公共投资。

按所受的教育来看,钱德勒是一位历史学家。波特接受的是正规的经济学训练,但他在商学院工作,其研究集中在管理上。应该承认,这两位作者对"企业"的研究导向非常不同于大多数经济学家。实际上很明显,两位作者最关心的是企业,其中心问题是"企业是怎样运行的"以及"是什么使得企业强盛或衰败"。为了寻找这两个问题的答案,他们进入到更广泛的经济机制和组织制度之中。现在清楚地看到,企业绩效与更大范围的经济绩效相关联,但我在前面已经说过,它们两者不是一回事。不论是钱德勒还是波特,都没有对这一国民经济的问题进行一致性的论述,因而,两人的分析都远未到提供答案的地步,经济学家仍然不完全清楚:"企业为什么会有差异以及这种差异的重要性如何?"

(三) 新古典经济理论中的企业

从经济学家的角度回答这一问题,首先需要对什么是经济活动以及什么是好的或坏的经济绩效有一个全面的理解。新古典理论为经济学家认识这些问题提供了当前常用的理论。由于以下几方面的原因,这一理论妨碍了人们将企业差异作为影响经济绩效的一个重要变量来予以关注。

第一是对经济活动的认识。自从大约一个世纪以前构建起一般均衡理论以来,新古典理论关注的焦点基本上集中在给定的偏好和技术条件下经济如何更好地配置资源上。这一观点远不具有普遍性。以经验研究为导向的经济学家已经对诸如技术进步等问题表现出兴趣。最近又出现了一股对经济制度及它们随时间如何以及为什么变化的研究热潮。熊彼特在多年前提出了一个颇具挑战性的一般理论,认为创新应该成为经济分析的核心。但要过高地估计经济学家会继续把在给定的资源、现行技术与制度条件下尽可能满足偏好看成是中心的经济问题,那也是很难的。这方面的观点意味着新古典理论对企业的认识存在着相当大的局限性。

第二,经济学家所拘泥的企业行为理论假定企业面对着给定的、已知的选择集(受到诸如可行技术的约束),并且在选择集内很容易地选择到对给定的目标条件(通常假定获得尽可能多的利润)最有利的行动方案,这部分地反映了新古典理论的一般导向,但与该理论一致的企业决策过程的表述不只是这样一种。因而,"经济问题"基本上是关于弄清个人激励,而不是识别要做的最佳事情,这一点被假定为不成问题的。

上述有关经济问题的看法和企业行为理论没有激发起人们对企业做出深入细致的探讨。不过,经济学将企业视为"黑箱"的传统并不是不可避免的。但至少直到最近,这一传统已经成为标准法则,这一事实需要从理论本身去加以认识。

总的观点是认为,企业的行为由企业面对的条件,以及(可能是)由企业所拥有的某些独特性质(比如说,所处位置或专有技术)所决定。面对不同市场的企业在行为以及业绩上会有差别,但如果市场条件发生了逆转,企业行为也会发生改变。这一理论承认产品的差异性,不同企业生产不同的产品。但在理论文献里,任何企业都能选择到任何适合自己的位置。因此,尽管会有企业差异,但这些差异并不具备任何实质的自主性质。

因而,经济学中的这一理论倾向强烈反对自主决定的企业差异有其重要性的观点。当然,从事经验或政策问题研究的经济学家在客观事实的迫使下,倾向于不受理论框架的约束。比如,在从事产业研究时,经济学家经常会被迫地承认甚至强调企业差异以及差异的重要性。如果不对 IBM 公司的特性给予关注,人们不可能对计算机产业做出及时灵敏的研究。如果不了解丰田和通用汽车公司就不可能理解汽车工业的现代历史。但正如鲍莫尔、布莱克曼和沃尔夫所证实的,大多数经济学所拥有的理论假说使他们忽视企业差异,除非在被迫时才给予承认。

理论经济学近期的一些发展似乎正在使这种状况有所改观。比如,在 1989 年夏天出版《美国制造》以及《生产率和美国的领导地位》的同时,另有一本人们期待已久的《产业组织手册》一书问世。该书有些章节综述了那些确认企业差异的理论研究工作。

在奥多维和萨洛纳(Ordover and Saloner)、吉尔伯特(Gilbert)的论文里明确地探讨了旨在解释企业差异或至少是企业差异的某些后果的理论研究。在这些报告的模型里,通常在一个产业或在某种产品的生产中有一个领头者,它相对于那些可能想要加入的企业来说有某种优势。具有这些优势,或对试图闯入的新企业采取威胁行为,足以使企业持久保持其优势。吉尔伯特用模型更为一般地探讨了企业改变其市场定位所带来的成本。然而,这些章节考察的模型几乎都没有深入细致地考虑企业差异的最初起因。

在由莱因甘努姆(Reinganum)撰写的那章里,作者探讨了技术创新的现代新古典模型，集中讨论了产业 R&D 以及由此可能出现的创新，这的确是造成这种差异的一个重要原因。在她考察的模型里，一家企业由于碰巧进行了一项有价值的 R&D，加上专利保护或随后在学习曲线方面享有的好处，使其技术区别于竞争对手的技术。由于存在初始差异，企业可能面对着不同的激励因素，因而会寻找不同的最有营利可能的行动路径。不过，虽然这些模型，或许对企业拥有不同技术的观察给予了合理的抽象，但对为什么肯定会出现这种不同并没有做出非常深入的解答。这样，人们并不留恋这些模型，至少我是这样的，因为它们对 IBM 公司或丰田公司为什么会与众不同几乎没有给出理论上的解释，没有这种模型并没什么影响。

近期经济学家做了大量的理论研究，这些研究深入到企业内部，了解其结构，这看起来有助于开拓理论视野，更加深入地对企业差异出现的原因做出研究。在《产业组织手册》中，由霍姆斯特罗姆和梯若尔（Holmstrom and Tirole），及威廉姆森（Williamson）撰写的两章报告了这方面研究的进展。这些研究探讨的问题包括：企业做出自己制造还是购买决策的决定因素是什么；企业的边界在哪里；企业是怎么组织的；所有者、经理和工人的相对谈判能力如何，等等。但同样，他们对企业为什么会出现差异的最终解释也是相当肤浅的。虽然没有明说，但隐含着的观点认为，由于某些偶然事件，或某些初始条件使企业做出不同的营利抉择，从而使企业呈现出差异。

在我看来，新古典理论的近期理论发展已经放松了两条理论约束，否则很难甚至不可能将企业差异看得如此重要。经济学家正在摆脱静态的一般均衡理论的束缚,不再把技术看成是一个给定的变量。他们正在试图进入到企业这一黑箱的内部。然而,对于大多数企业来说还没有摆脱第三条框框的束缚,即仍然认为企业可以清楚明了自己的选择集合,并且可以同样清楚明白地做出最佳选择。正因为如此,不管是从技术或是从组织方面来解释企业差异,最终都会回归到初始条件或运气这些可能使选择集合不同的差异上去。假若这些条件都相同,所有企业的行为将没有区别。

正如我前面指出,我的确不想低估环境在约束和决定企业行为中的作用。而且我也不想低估机遇在引发企业间随后出现大的、持续的差异所起的作用。但在我看来,大多数经济学家仍在继续摆弄的这些模型,没有有效地想尽一切办法去理解《美国制造》强调的、说明企业差异的那些因素,或者这些差异的含义。

之所以会如此,我想是这样的:虽然这些研究工作意欲探讨"创新",但现有的模型理解的创新是将以新技术或新企业组织方式为形式的新事物引入到经济体,这样就完全漏掉了创新过程中涉及的许多内容。比如,在莱因甘努姆描述的模型里根本找不到基本的不确定性,也没有观点上的不同,也不存在对可行路径的不同认识,这些问题在任何详细的技术进步研究中一般占有醒目的位置。这些问题即使在模型中有所认识,但分析得很不细致。威廉姆森自己对企业组织决定因素的研究深受钱德勒的影响,在他撰写的那章里,他用了一定的篇幅对钱德勒描述的现代企业的兴起从交易成本的角度进行了解释。但他根本没有清楚地认识到,停顿、尝试与反馈,经常是应

变的而不是深思熟虑的过程,这些都引导出钱德勒所描述的新组织
形式。

总起来看,这些章节对技术和组织"创新"的论述简单地采取给
定的"选择集合"和"对集合最大化"这些标准的新古典理论假设,并
将它们应用于"创新"之中。也就是说,创新是作为基本上等同于任
何其他选择来处理的。在新产品或新的组织设计可以采用之前,可
能就需要支付投资成本,但在新古典理论里,这与其他资本品,如桥
梁和机器,没有两样。创新过程中可能存在很大的风险,这儿所说的
风险是从规范意义上说的,但对风险的处理却是把它作为随机不确
定性,如同微观经济理论中的标准模式一样,人人都知道其正确的概
率分布。这样,创新可能产生出一个新的隐性或显性的公共产品,并
且这引出了"市场失灵"的理论问题,但这方面的投资与在其他方面
的投资,如公共卫生,完全没有区别。

但是,如果有效论述创新(也许还有其他活动)要求放弃这样两
个假设,一是存在清晰明了的选择集合;二是对不同选择结果都有正
确的理解,那将会怎样呢? 如果模型假定晶体管或 M 型组织,总是
作为可能的选择,并为所有相关的当事人所知晓,假定条件变化使得
相关投资变得有利可图时,这些产品或组织就会为选择而存在,并供
人们利用,用这样的模型研究问题真能讲得通吗? 有些行为主体甚
至不知道其他主体正在考虑的可行选择是什么,"行为主体最大化"
的假定能帮助人们分析这种情况吗?

如果人们思考这些问题,就可能会转变态度,采纳一种具有非常

不同视野的理论来分析经济问题,在这个我称其为演化理论里,企业差异起着重要的作用。

(四) 演化理论中的创新与企业

莱因甘努姆综述的技术创新模型表明,对企业理论感兴趣的经济学家正努力摆脱一般均衡理论的指导,一般均衡理论将经济问题看成是在给定的技术条件下有效配置资源的问题。论述组织创新的最新文献也在朝这一方向努力。经济学家感兴趣的似乎主要在如何引入、筛选新的工作方法,包括技术方面、组织方面和治理方面,以及证明新的方法相对于人们使用得很熟悉的技术和组织方式更有效,更值得推广。很多年以前,熊彼特坚持认为,一般均衡理论集中关心的问题,从长期来看,其重要性不及这样一个问题,即资本主义经济是如何发展、扩散和有选择地采纳新的、更好的工作方法的问题。莱因甘努姆综述中的许多作者称自己为"新熊彼特主义者"。

然而,熊彼特描述的动态过程并没有在新的新古典模型中得到体现。正如他所说:"研究资本主义就是在研究一个演化过程。"他清楚地认识到,人们以及组织对于何种创新可能会出现,何种是所希望的,创新会得到怎样的结果,有着迥然不同的观点。在熊彼特所说的"创造性的毁灭过程"中有成功者和失败者,其结果主要不是由事先计算,主要是由事后的实际竞争所决定的。

在 1911 年出版的《经济发展理论》一书中,熊彼特把"企业家"看成是关键的创新主体。他所说的"企业"基本上是为企业家所用的工具,其他决策者必须适应企业创新者做出的变化,要不就遭淘汰。到 1942 年他写作《资本主义、社会主义与民主》时,熊彼特对创新源泉的认识发生了改变,或者更准确地说,对创新主要源泉的认识与早期观点相比已经发生了转变。熊彼特在著作中反映了这一转变。在熊彼特理论中,配备了研究与开发实验室的现代企业成为核心的创新主体。在《产业组织手册》一书里科恩和莱文撰写了一章,在这章里,两位作者综述了一些在熊彼特思想启迪下做出的范围广泛的经验研究,尤其是那些对创新、企业规模和其他特征,以及市场结构之间关系的研究,作者对这些研究表示赞赏。

在我们于 1982 年出版的《经济变迁的演化理论》一书中,温特和我用了相当的篇幅阐述了一种"企业理论",这一理论与熊彼特思想或说与经济过程和经济变迁的演化理论观点相一致,并推进了演化理论。我们在构建理论时,从西蒙(Simon, 1957)、西尔特与马奇(Cyert and March, 1963)、彭罗斯(Penrose, 1959)以及熊彼特那里得到很大的启发。回过头来可以清楚地看到,我们那时的著作对钱德勒的著作,特别是他那本《规模与范围》(1962)的研究还不够深入。

从我们的那本书出版以来,已有了许多理论文章论述企业能力和行为,这些论文吸收了钱德勒和我们早期的一些理论观点,它们极大地丰富了这方面的研究。蒂斯(Teece, 1980, 1982)、鲁梅尔特(Rumelt, 1984)、科恩和利文索尔(Cohen and Levinthal, 1989)、多西、蒂斯和温特（Dosi，Teece，Winter，1989）、普雷哈拉德和哈梅尔（Prahalad and Hamel，1990）、帕维特（Pavitt，1987,1990）、坎特威尔（Cantwell，1989,1990）、科格特（Kogut，1987）、亨德森（Henderson，1990）、伯格尔曼和罗森布卢姆（Burgelman and Rosenbloom，1989）、朗格卢瓦（Langlois，1991）、拉佐尼克（Lazonick，1990），所有这些作者的论文都提出了一个相似的或至少是相容的理论观点，虽然各自的侧重点有所不同。蒂斯、皮萨诺和舒恩（Teece，Pisano，Shuen，1990)在最近一篇论文中对其中许多研究做出了综述，我认为这一综述恰当地表明，它们共同的地方都是集中在企业特有的动态能力上。

这一新出现的企业动态能力理论可以用不同的方式表述。在这里为方便起见，集中于企业三个不同的，但却有着很强关联的特点上，如果人们想要适当地描述企业，必须认识这三个特点：企业的战略、结构及其核心能力。虽然每一特点都有一定的伸缩性，但至少后两者的重大变动涉及相当大的成本。因而，它们界定了企业的一个相对稳定的特性。

在这一企业理论中，战略一词的含义基本上就是商业史学家和管理学家所指的意思，而不是博弈论学者所指的概念。它指的是一组由企业制定的范围广泛的约定，用以界定其目标，并使之合理化，指明企业将如何实现目标。有些内容可能形成文字，有些则可能没有写出来，但体现在企业管理文化之中。许多经济学家总是习惯于认为，企业战略代表了企业为解决利润最大化问题而提出的办法，但在我看来，这似乎是一种误解。首先，战略中的约定既有要服从最高管理和公司的传统,也有经营分析方面的内容,且这两方面的内容通常一样多;第二,企业战略极少决定企业行为的细节问题,通常最多只是勾画出大致轮廓。第三,这也是最为重要的一点,那就是没有理由可以先验地认为,这些约定事实上会是最优的,甚至说不会自我消亡。如果认为竞争和选择会使现存战略具有相对的营利性,那这就应该称之为可证明的定理而不是假设了。

在这一研究文献中,企业结构概念也遵循了钱德勒的思想,即假定战略倾向于以常规方式确定出一个期望的企业结构,而不做出细节上的规定。企业结构包括如何组织和治理企业,如何在实践中做出决策并加以实施,这样,在大的战略指导下,基本上决定了实际开展的工作。如果一个企业的战略是想成为某一技术的领导者,但它却缺乏一定规模的 R&D 工作,或者 R&D 经理对企业的决策很少参与,那很明显,这一企业结构与其战略不协调。不过,高层战略可能不声张其企业 R&D 实验室与大学之间的联系,以及是否建立一个特殊的生物技术小组等问题。

战略的变化可能要求管理以及协调机制发生变化。实际上,后者发生重大变化也会要求前者做出反应。然而,在这一企业理论里,结构做出有效的变化要比战略做出有效变化困难得多。尽管改变正式组织或至少改变组织章程比较容易,将一个组织清仓大甩卖也有可能,但要极大地改变一个企业实际业务工作中制定及执行决策的方式则需要耗费时间,付出成本。或者换句话说,尽管毁掉一个旧结构或取消其作用可能不是那么困难,但要建立一个新结构并使之顺利运行却是一件繁重的任务。因而,战略上的重大变化要求结构做出重大变化,从这个意义上来说,要使所期待的变化见到成效可能需要相当长的时间。

改变结构的理由当然在于改变现状,也可能是增加企业有能力经营得很好的事情。由此引导出核心能力这一概念的讨论。战略和结构引致并决定着机构的能力,但一个机构能够很好从事的工作与其自身生命力有着一定关系。

温特和我认为,运行良好的企业可从一个切实可行的组织例行事务的等级制度方面加以理解,这一等级制度确定了下层组织的能力,规定了协调它们的方式以及上层组织为下层组织选定其应做工作的程序。组织惯例的等级制度概念是我们的核心组织能力概念中的关键性要素。在任何时候,组织中建立的切实可行的例行事务界定了这个组织有能力有信心从事的一系列工作。如果下层组织没有完成各项任务的例行事务,或者虽然有,但缺乏上层组织的切实可行的例行事务去动员他们整体协作,完成特定任务,那么,从事该项工作的能力并不包括在这一组织现有核心能力之内。

我在此讨论的发展中的企业动态能力理论始于一个前提条件,即在这些学者感兴趣的产业里,企业处在熊彼特环境或称演化环境中。以一套既定的生产过程简单地生产一套既定的产品不可能使企业长久生存下去。企业为了获得长期的成功就必须创新。这组学者集中探讨的能力就是创新能力,获得创新经济利益的能力。

在技术创新重要的产业,企业在 R&D 中需要一系列核心能力。

这些能力受到以下因素的规定和约束:R&D 部门中的人员所具有的能力、经验和知识,现有团队的性质和形成新团队的程序,决策过程的特征,R&D 与生产及营销之间的联系,等等。这意味着在任何时候都存在着某种 R&D 项目,某家企业有信心和一定成功的把握完成它,也有大量的其他项目,这家企业没有一点把握完成它,但其他企业可能有能力完成。

R&D 能力可能是所定义的企业动态能力中最重要的能力。不过,在一个运转和谐的企业里,企业的生产、采购、营销和法律组织必须使它们能够支持和增补源于 R&D 的新产品和新工艺流程技术进步。用蒂斯的话来说,企业能力必须包括控制或获取能使企业从创新中获利所需要的互补性资产和活动。在熊彼特竞争环境里,这意味着不断创新的能力,以及促使创新有利可图的能力。

组织能力的概念,以及温特与我提出的有关决定和限制组织能力的因素的理论,并不意味着企业能做的一系列工作总是协调一致的。不过,多西及其同事(1989)论证了在有效运转的企业里存在着某种协调一致,其理由似乎有如下几点。多西他们强调的理由基本上都与在动态环境中的本地化的学习有关,有些理由遵循了温特和我前几年提出的观点,即为了获得控制,需要有一套切实可行的例行事务。企业需要学习并做出几项创新,掌握利用这些创新所需要的技巧,这就要求集中力量或至少是协调行事,而不是随机选项分散精力。此外,有许多技术只要做出一项创新就可以多多少少直接地带动一系列后续创新,因而前期工作中获得的知识和互补经验可为下一阶段的工作打下基础。

但我想,同样重要的是,为了使之有效地运转,企业需要有一个适当连贯的战略,这一战略至少在大的方面,界定和合法规定组织及治理企业的方法,使企业能够看清在一定战略下组织中存在的差距,或表现出的异常现象,并为核心能力赢得资源需求创造条件,而核心能力是一家企业向前发展必须具备的。若缺乏一个适当连贯的可接受的战略,在做出有关资源竞争权利的决策时就缺少法律依据。从上而下的决策若没有支持的基础,就没有办法阻止权利要求者在讨价还价时相互哄抬,除非由上层果断地做出决定。至于为了在下一轮创新竞争中获得有利地位,企业需要保护、加强或添加的能力,战略并不给予具体的指导。

但我想,我只是在重复钱德勒、拉佐尼克、威廉姆森等其他研究现代公司的学者多年来一直在谈论的内容。要想在这样一个要求企业做出创新和变革的世界里获得成功,企业必须拥有一个连贯一致的战略,这一战略能使企业决定什么样的新的冒险行动可为,什么样的不可为。战略需要一个结构,一个在组织和治理意义上的结构,用其为创建及维持有效实施战略所需要的核心能力提供指导和支持。

如果人们在演化理论框架内思考问题,那么假定企业能计算得出一个实际"最佳"的战略则毫无意义。演化理论的一个基本前提是认为这个世界非常复杂,以至于企业不可理解。在这里,理解一词的含义即新古典理论中企业理解这个世界的含义。企业战略有某些特征,企业的相关结构也有某些特征,管理可增强人们的信心,这些将会增大企业发展成功所需能力的概率。也有一些特征似乎是解救企业失败的药方。然而，在这两者之间还有大量的区域，在这一区域内，企业（或其管理）被迫做出决策而又不清楚最终会得出怎样的结果。

可见，企业差异正是在演化理论下人们期待出现的现象。实际上毫无疑问，各企业将会选择有所不同的战略。这些战略又会引导各企业选择不同的结构和不同的核心能力，包括 R&D 能力。无疑，各企业将会寻求有所不同的发展道路。在其他企业的经营情况和市场发展方式一定的情况下，有些企业发展道路将被证明是有利可图的，有些则无利可图。那些遭受整体性损失的企业将不得不改变其战略和结构，发展新的核心能力，或开办更有效率的业务，或者退出竞争。

（五）技 术 演 化

在实际的资本主义经济里，技术进步沿着一个演化过程推进，这完全不同于新古典模型。在这一演化过程中，各种新产品和新生产流程相互竞争，并且主要技术是在实践中发展起来的，不是仅靠事前预测的。有些创新会成功，有些会失败。事后看起来，整个过程有些杂乱和浪费，对技术进步做出更一致的计划似乎很诱人。

然而，对重大的技术进步做出计划和控制已经造成了很大的效率损失和思想误导，这是很明显的。在有些社会，由于这样或那样的原因,否认多元独立方式开展技术进步所具有的优势,这样的社会选择的方式事后几乎无一例外地最终呈现出很大的局限性。而以用多元独立方式开展技术进步是以独立的相互竞争的企业为基础自然而然地发展起来的。由于其他方式还没有发展到可以试图加以比较的程度,因而出现了锁定现象。美国军方自 1960 年以来开展的许多 R&D 就是突出的例子。核能计划也是如此。事实表明,在美国取得快速技术进步并经受了市场或等价检验的所有领域,都有多元竞争主体来开发新技术。

尽管温特和我在正规的模型里将公司 R&D 项目的成果作为随机项生成的,但事实上,在我熟知的产业,那些具体公司的 R&D 工作一般都有着某种连贯性。这种连贯性反映出,一个基本稳定的公司"战略"、核心 R&D 以及其他动态能力,已经具备并发挥其作用。在公司战略和相关能力区别明显的地方,其创新模式也会有着明显的差异。

有一个重要的结论常常在论述技术模仿的文献中被忽略掉了。当一家企业完成一项成功的创新时,竞争对手各自可能在有效模仿或开发兼容品方面具有不同的能力。与许多经济模型描述的相反,要进行有效的技术模仿常常需要模仿企业和创新企业一样,从事许多相同的设计和开发活动,完成类似的生产和其他辅助活动。因而,具有类似战略和核心能力的企业就比具有不同战略和能力的企业在模仿、学习以及制造对方技术方面占据许多有利的位置。

这样,在一定程度上,市场在挑选战略和公司,也在挑选新技术。

这表明,在某些情况下,战略差异可能趋于消失。

有证据支持这一论点。有许多分析家,其中有些遵循经济研究的传统,有些按照商学院研究的传统,他们都认为有一个自然的产业生命周期。当一个产业或一项重要技术还处于新生阶段时,不同的企业会采用大量的各种各样的方法或战略进行技术创新。随着经验的不断积累,某些方法开始明显地优越于其他方法。那些选对了方法的企业经营良好,而那些选错了方法的企业必须掉转方向或退出。大量的研究已经表明,随着产业或技术的成熟,产业中企业数目会明显地下降。并且在有些案例里,出现了一个"主导设计",所有生产同类产品的现有企业都向这一模式靠拢。

一个让人着迷的问题是:在一个相对成熟的产业,当出现了新的并且具有潜在强大优势的技术时,会发生什么现象?有论据显示,关键在于新技术是与现有企业的核心能力相一致,还是要求非常不同种类的能力。塔什曼和安德森(Tushman and Anderson,1986)将这两种发展分别称为"能力强化"和"能力破坏"。在后一种情况下,新企业可能会成为创新者,旧企业通常不能做出有效的反应。塔什曼和安德森注意到,如果旧企业想要在新环境下生存,通常必需变革其管理,有可能还需对战略做出重大的变动。这可能还不够。结构和核心能力比管理和明晰的战略要难以改变得多。

对于工商管理学者来说,真正关心的核心问题是,什么因素能使企业有效地改变方向,成为新环境中的有力竞争者。对于经济学家来说,关心的是医药业的 R&D 利用新生物技术开拓新机遇的问题,至于老医药企业是否利用这一机遇,老企业是否遭到失败,他们都不会在意,只要有新的企业抢得先机就行。

然而,在一个产业中领先的公司经常发生变化,这一事实很有意思。它与上面提到的受集中与制约的核心能力理论相一致。并且在那些对技术进步感兴趣的经济学家看来,这是企业差异之所以有其重要意义的一个关键原因。

(六) 企业组织的演化

对技术进步方式的研究要比对企业组织变迁方式的研究多得多。组织一词的含义,我想也就是钱德勒(1962)所说的战略与结构所表示的意思。企业组织比起企业在某一时刻所使用的具体技术和开展的其他惯例,甚至比企业现有的核心能力,其范围更广泛,其作用更持久,它实际上引导着这些因素的内部演化。很明显,这种广义上的组织变迁以及技术进步已经成为过去一个半世纪所经历的巨大经济进步的一个基本特点。

有些学者显然愿意把组织变迁看成是和技术进步相分离的,并认为两者作为经济进步的源泉同等重要。我倒愿意在此对这种看法提出异议,认为人们需要认识到组织变迁通常是技术进步的附属物,并且也不是推动经济进步的一股独立的力量。

如果我没有理解错的话,这大概是钱德勒的观点。为了使铁路新技术有效地发挥作用,需要发展起远远超出传统的、自我管理的企业所拥有的组织能力。铁路线与职工组织形式,加上雇用经理职位的发展使得铁路,用威廉姆森的话来说,得到有效的"治理"。以后,有望在制造业中实现规模经济和范围经济的新技术要求大型企业在几个不同的产品领域,或市场区域生产经营。M 型的管理结构演化出来,用以有效地治理这种生产经营活动。

长期来看,最为重要的事情在于需要为提高动态创新能力进行组织变迁。赖克(Reich, 1985)、豪恩谢尔与史密斯(Hounshell and Smith, 1988)以及其他学者已经描述了产业研究与开发实验室的组织架构是如何形成的,这一组织形式使企业得以保护部分科研人员免受日常琐事的压力,使他们专注于新产品和新工艺流程的开发。这一组织发展的前提条件是新"技术"的兴起,用这些技术进行新产品和新工艺流程的开发,系统地应用了科学和工程学科的知识和技术。人们能从钱德勒和拉佐尼克的论述中看到现代公司其他方面的起源,这些方面在蒂斯看来,是所需要的互补性资产或能力。

正如我在案例研究材料中读到的那样,设计和学会驾驭一种完全崭新的组织形式涉及大量的不确定性、试验性探索和从纠错中学习,这些也是技术发明和创新具有的特征。虽然环境条件适合于某些新的组织形式,但它们不是可以轻易"选择"出来的。它们像技术一样,以一种只能朦朦胧胧预知的方式加以演化。即使企业有意识地决定要改变组织,企业可能要花费很长时间才能使新的组织顺利地、有效地发挥其作用。

至此我想回到我在论文开头提出的观点。我猜想，有关新组织的不确定性甚至比技术创新涉及的不确定性更加明显，至于组织对有效动态创新能力和创新获利能力的决定作用，尤其具有不确定性。目前，很少有受过检验和证明了的理论（我认为最好是使用那个没多少做作味道的词——知识）能令人信服地预测出组织一项具体活动的最佳形式，或预测出采纳一种不同的组织形式将会得到什么结果。如果说技术进步的"理性选择"观点会误导人的话，那么组织变迁的"理性选择"观点甚至更加具有误导性。

因某种原因采纳的某种具体组织形式，在它起初孕育时没有想到的竞争领域最终赢得优势或丧失优势，这很重要，而且实属正常，也是经常发生的。同样正常也是经常发生的事是，人们对于究竟是企业组织的哪些特征与企业的成败有关存在很大的分歧。

比如，据我的理解，日本大型企业在二战后初期对技术工人采用"终身雇用制"，是试图解决技能短缺和劳工动乱问题。当年，有多少日本经理预测到工人的忠诚所产生的好处，会看到不用担心工人背叛企业造成人力资本投资损失，从而提高企业内部培训能力所带来的益处，这一点现在根本没法搞清楚。我理解，当时日本主要是出于国土面积窄小、存货成本高昂、投入品短缺方面的考虑。现在并不清楚当时有多少人看到了这一制度会促进质量控制。

美国公司在观察日本对手时，常常弄不清楚究竟是什么原因使得日本公司在有些方面比自己强，自己从中究竟能有效地学到什么东西。美国公司将只能通过试尝某些事情，观察所发生的变化，还有就是交上好运碰巧认识到其中的奥秘。

虽然证据非常有限,但有理由相信,作为维持自身实力的一种方式,企业会在另一种环境里复制一个自我,企业具有很强的这种复制能力,相比之下,企业在认识和接受那些赋予对手力量的因素方面,则表现得能力不强。例如,沃马克、琼斯和鲁斯(Womack, Jones and Roos, 1991)以及克拉克和藤本(Clark and Fujimoto, 1991)令人信服地指明,美国汽车制造商在生产率和产品质量上仍然在奋力追赶日本公司。在两者很接近的那些地方,似乎出现了日本公司正成为合作伙伴的情形。这不是偶然观察到的现象。弗洛里达和肯尼(Florida and Kenney, 1991)报告说,日本在美国的汽车组装厂已经能迅速地建立起类似于本国工厂的战略和结构,并且取得类似的成效。

我想要提出的观点是,正是组织上的差异,尤其是造就创新和从创新中获益的能力上的差异,而不是对具体技术控制上的差异,才是形成企业间持久、不易模仿差异的源泉。具体技术要比更广泛的企业动态能力容易理解得多,容易模仿得多。

从一个角度来看,正是技术进步在过去的 200 年里一直是推动经济增长的关键力量,组织变迁处于附属地位。但从另一个角度来看,如果没有能引导和支持 R&D,并使企业能从这些投资中获利的新组织形式的发展,我们就不可能获得技术进步。

至此,我的注意力一直集中在企业组织上。然而,非常清楚,使各国支持现代 R&D 体系并支持这一体系所造就的技术进步的组织变迁远不只是企业组织变迁。大学必须发生变化,新的学科和学会组织必须组建。在许多领域需要有新的法律制度。为了使有些技术得到有效的开发,需要建立重要的、新的公共基础设施。

技术和制度的协同演化是一个很吸引人的课题。钱德勒和其他几位学者,如休斯(Hughes,1983)和弗里曼(Freeman,1989)已开始这方面的探讨。很明显,用来支持特定的不断演化的技术所需的制度,其自身如何演化,各国已经表现出很大的差异。也许,在研究技术和制度共同演化问题时,我们首先需要发展一个严谨的理论,解释国家的可比优势是如何形成的或如何丧失的。但这明显地超出了本文的论述范围。

(七) 小　　结

研究工商管理的学者,尤其是研究战略问题的学者,很重视自主决定的企业差异。经济学家倾向于低估这种差异的重要性,或认为它们是总体经济差异的结果,而不是总体经济差异的原因。学者们观点上的差别,很大程度上是由于基本兴趣的不同——工商管理学者关心的是单个企业的命运,经济学家则对产业或整个国家的总体经济绩效感兴趣。但我已经说过,经济学家对自主决定的企业差异缺乏兴趣还来自一种对经济活动、对企业作用与行为的特定的理论观点。

如果人们不是采用新古典理论而是演化理论来看待周围的经济

活动,那么,企业差异对于认识传统上经济学家重点关心的那些问题有其重要的意义。竞争不仅仅能起到激励和压力的作用,从而使价格保持与最低的合理成本相一致,保持企业低成本运行,并且,远比这更为重要的是,竞争有利于探讨新的、可能更好的工作方法。很久以前,熊彼特就说过,如果从两者对人类经济福利的贡献来衡量,相比于后一作用,前一作用并不重要。

从演化理论的观点来看,企业差异是造就经济进步进程中的一个基本要素。垄断,或有着明显的进入壁垒的严格寡头垄断可以被看成是一个严重的经济问题,这主要不是因为这种结构允许价格与成本之间有一个很大的差距,而是因为这种结构不可能产生出各种新的惯例,以及不可能根据经济进步的需要进行相应的资源配置的调整。同样的道理,人们会对"理性化"生产和创新的观点提出怀疑,尤其是从不确定的角度来认识事物时。

因而,正在由战略经济研究方面的学者发展的有关企业"动态能力"的观点不仅作为管理的指南有其重要作用,而且可以为经济学构建一种严谨的企业理论打下基础。一旦将这一观点置入经济变迁的演化理论之中,就会引导我们思考这样一个问题:"企业为什么会有差异,这种差异的重要性如何?"

五、对技术进步竞争的限制或鼓励：
专利权范围决策的影响 *

（一）引　言

一项专利的权利范围决定了竞争者不怕侵权起诉而大胆生产替代品的能力,从而决定了专利拥有者实际的"垄断力量"。近年来有几位研究者,如麦克费特里奇与拉菲奎赞（McFetridge and Rafiquzzan,1986）、吉尔伯特与夏皮罗（Gilbert and Shapiro, 1990）、克莱姆珀尔（Klemperer, 1990）,已经考虑到影响最优专利范围的经济政策问题,所用的方法是权衡政策对发明的激励和由于垄断造成的损失,这种分析实质上是遵循早些时候经济学中有关最优专利权期限的文献。

这些研究探讨了一个重要的问题。然而,我们想要争辩的是,这些分析只考虑了问题的一部分,他们没有考虑到的部分也许更为重要。

＊　本文作者是罗伯特・默格斯和理查德・R.纳尔逊（Robert Merges and Richard R. Nelson）。最初发表在《经济行为与组织研究》（*Journal of Economic Behavior and Organization*）25（1994）; pp.1－24。

在许多产业和技术里,技术进步是一个连续的、相关的过程。今天的发明不仅仅提供现在生产新的或更好的产品或更有效地生产产品的能力,也是为今后的发明创造提供思路和起点。于是,今天发明专利权的准许范围极大地影响着现在发明者及其可能的竞争者今后从事发明创造的积极性。斯科特切默(Scotchmer, 1991)是少数几位认识到这点的经济学家之一。作为一般规律,如果准许的专利权范围很广,今天的发明者可能由于不担心局外人侵权而从事下一步的发明创造;局外人由于其发明可能会被视为侵权而不敢从事发明活动。相比之下,如果准许的专利权范围很狭窄,局外人就不怎么害怕参与下一轮的发明竞争。

什么是更可取的经济环境? 从事发明的主体是多重的、竞争的,或发明主体受到在实际上能决定和协调发明的一个或几个当事人的控制,在哪种经济环境下,技术变革进行得更有效? 虽然这是一个经验性的问题,但不同的发明理论预先设定了其答案。我们先给出自己的观点,我们信奉的发明与技术进步理论使我们不相信中央控制,并且我们认为经验证据是支持我们的。这促使我们论证,在法律允许的范围内,专利权范围应该保持相当的严格,使一项发明可开创一个较为宽广的未来"前景",这是埃德蒙·基奇(Edmund Kitch, 1977)的用语。

在我们发表在《哥伦比亚法律评论》上的论文《复杂的专利权范围经济学》(1990)里,主要是从经验上提出我们的论点,从许多产业的实际经验中得出我们的结论。在本文里我们想强调观点背后的理论,我们认为这一理论得到了经验证据的支持。这是本文第二节要谈论的内容。然后,我们转去讨论指导专利局和法院确定专利权范围规则的法律原则,讨论尚留下的可以相机处理的空间。这种状况已允许关键性专利权的准许范围有相当大的变动,因而已经出现了许多实例可用来检验允许宽泛或狭窄专利权范围的效果。我们将在第四节探讨这些实例。我们认为这方面的证据足以支持我们的理论观点。第五节对应该制定怎样的专利权范围政策提出我们的看法。

（二）对发明与各种技术进步形态 的理论透视

在这一节,我们要做两件事。第一,我们要讨论有关人类、组织的认知与行为的不同假设会如何引导人们以不同的眼光来认识这样一个问题,即促进技术进步的一个比较好的方式是竞争还是更加集中的控制。这一问题的答案或许不仅明显地取决于行为假设,而且还取决于不同发明之间相互联系的方式。这一节要做的第二件事是探讨各种不同发明的形态。

1. 不同创新理论中的认知假设与行为假设

经济学家设定的关于发明与技术进步的大多数正规模型一般都

采用新古典经济理论中有关人类认知与行为的标准假设。假设行为主体,在这里即为发明者,明了对他们实际适用的所有选择,并对选择这种或那种行动过程的结果有准确的理解。由于认识到存在于发明活动之中的广为人知的不确定性,因而从做出选择到取得结果整个过程可以用概率方法加以描述。发明者或公司研究实验室被假定选择的是使(预期)利润最大化的行为过程。在有些模型里这一过程可能涉及一个相当复杂的连续的战略。

在大多数发明活动模型里,假设有许许多多的发明者相互竞争,或至少这是所考虑的结构之一。在许多其他新古典模型中竞争会导致帕累托最优结果,然而,这些发明活动模型却有着明显的不同,实际上在所有发明的新古典模型里,由竞争主体选定的行为几乎总是达不到社会最优。

这其中包含着各种各样的模型。它们都有着上述的认知与行为假设,其中都含有导致竞争条件下"市场失灵"的因素。通常这与非凸性成本结构,如前期的 R&D 成本有关,这些成本是使技术实际发挥作用所必须支付的。这意味着如果两家企业生产同样的产品(并且分割销售市场),其成本会高于只是一家企业生产这一产品的成本。通常市场失灵与技术知识一旦通过 R&D 生产出来就变成与潜在的公共产品的假设有关,然而发明模型却使技术知识具有了一定程度的专有性。除了具有这些核心特征之外,这些模型可能存在着重要的差异。

比如,有些模型假设完全有效的专利权对创造发明最为重要。

有的模型认为存在着许多不同的潜在发明,发明就像是在公共水塘里钓鱼(参见 Barzel,1968)。太多的发明者参与垂钓使得预期收益趋于零。稠密的钓鱼人(发明者)不仅使所钓的每条鱼(发明)的成本比达到社会最优时的成本高,也使配置到钓鱼(发明)的资源比达到社会最优配置的资源要多。另一些模型不是将潜在的发明假定为一个集合,而是单个个体。这样,竞争性的发明像是赛跑,第一个到达目的地的选手获得奖励(参见 Dasgupta and Stiglitz,1980)。同样,竞争使得投入的资源多于得到发明结果所必需的资源。还有其他模型假定专利保护是不完全的,因而在一定程度上,企业能够免费搭乘竞争对手发明成果的"便车",其结果是使 R&D 投资不足。尽管这些模型有区别,但它们都具有一个特点,即假设存在这种或那种的市场失灵。

一些模型探讨垄断条件下的结论。在垄断条件下,可避免竞争造成的浪费,但用垄断来解决问题通常也不是最优的,因为垄断者有着"限制"供给的动机(除了影响发明积极性,也会影响产出)。在这些模型里,可以对竞争和垄断条件下的发明加以对比。如果竞争造成的扭曲足够的大,如果垄断得到足够的限制,比如有其他企业生产相近的替代品,那么在这种模型里,对发明的垄断控制即使不是最优的,也可能会比竞争对社会更为有利。

至止,本文的讨论还是相当一般性的。如前面所言,这篇论文集中讨论发明活动,发明活动中做出的一项项发明彼此之间有着很强的联系,在这篇论文中我们尤其要关注前后发明之间的联系,因为现在的发明为今后的后续发明开创了前景。

这正是埃德蒙·基奇1977年发表的那篇著名论文的焦点所在。按照已经描述过的模型做出论证，基奇坚持认为，对于有可能会在今后做出重要改进和变动的发明创造，有充足的理由赋予发明者范围广泛的专利权以使他或她在不担心他人侵权的情况下有次序地去开发这一领域。他构想的基本模型类同于钓鱼模型，但与传统不同的是，给予第一个在水塘中发现和钓到鱼的人单独控制今后的钓鱼权。实际上，基奇采用的与钓鱼特别类似的例子是采矿权，采矿权界定了未来开发的"前景"。基奇认为，如果前景掌握在单个当事人手中而不是处于竞争状态，那么未来的开发前景将会更加切合实际，更有效率。基奇明确地承认"垄断问题"，并且毫不怀疑会出现其他当事人生产出相当接近的替代产品的情况。

基奇知道不同的个人或企业可能有着不同的兴趣，可能还有不同的能力。然而，他假定这些区别能够通过签订合约赋予不同当事人探索前景的不同区域而加以调节。在我们看来，斯科特切默（Scotchmer, 1991）会在很大程度上接受这一观点。不过，她比基奇更多地关心划分前景的合约也许存在着很难写成文字、很难执行的可能性。很清楚，斯科特切默也担心，如若局外人开发其发明的能力会受到基础专利拥有者的阻挠，那么开发前景拥有者对基础专利的控制会对局外者履行签订的合同的可能性产生影响。虽然斯科特切默没有提到威廉姆森，但看来她也考虑到类似威廉姆森提出的问题。威廉姆森在1985年提出的理论确实会使人们觉得，在确切知道发明或发现活动将得出什么结果之前,就对可能的发明或创造权利做出许可安排将是很困难的。

威廉姆森的论述以有限理性为假设前提,据此他强调当事人没有能力预测可能发生的所有事情,也没有能力签订一份可以处理所有偶然事件的合约。因而在复杂的场合,特别是在有着不同寻常因素影响的场合,偶然事件几乎肯定会出现,这些事件不可能在合约中得到明确的处理。谁的力量最大将会影响最后的结果。认识到这点,那么,如果合约的可能参与者担心偶然事件会使他们受到伤害,他们就有可能不愿签订合约。

威廉姆森应用这一有限理性假设分析合约安排及其他有关的规制安排。演化理论已将这一有限理性假设应用到发明与技术进步理论之中。

把人类理性看成是有限的,而不是无限的,这引导人们抛弃一些我们前面讨论过的发明模型里的基本假设,引导人们集中探讨常常被这些模型所忽视或不予重视的现象。特别是,在技术进步的演化理论里,假设发明者不能清楚地知道他们实际上能得到的所有选择方案,假设他们只是集中于其中很小一部分。假设发明者对选择这种或那种发明方案所得结果的信心受到程度相等的两方面因素的影响,一方面是发明者个人或组织过去的经验和在经验基础上形成的理论的影响;另一方面受到有关特定新情况的客观信息的影响。

在有些演化模型里,行为主体从经验中学习。如果他们一而再、再而三地面对相同的情况,他们迟早会在模型范围内识别和选择实际上对他们是最佳的选择，并且因而表现出"好像"他们在所有可行的选择集合中获得了最优，在选择方案与模型结论之间得到了可行的规划。但在演化理论里，这是一个关于学习和趋同的定理，而不是某种行为假设（参见 Nelson and Winter，1982，第六章）。

实际上，在一个对行为主体来说陌生的环境里，演化理论不仅会预测行为主体不可能得知哪种选择会使他们在实际中得出最佳的结果，还会预测不同的行为主体会做出不同的事情。他们会以不同的眼光看待机遇，他们会对所看到的机遇做出不同的评判。

探索新领域时，新的"前景"就是这样的问题。如果有许多的探索者，即使会有一些重复性的工作，但总体上看，不同的探索者会做不同的事情。有些会选择到较好的事情（从事发明），有些会选择较差的事情；有些会在竞争中取胜，有些则会败北。这里显然有浪费，如果可以实施最佳配置，那很明显会使社会更有效率。这一结论类似于新古典理论的结论，但所得结果的推理过程是不同的。

演化理论也以不同的眼光看待依靠确立中央集权方式控制前景以避免这些浪费所产生的后果。如果人们消灭竞争，以这种理论看来，人们不仅会消除竞争的激励作用，激发起对社会不利的垄断动机，而且还会出现以一个短视的决策者代替多样化的决策主体的问题。由于这一理由，加上垄断通常会限制探索，那么发明活动在统一控制下受到的限制就会比在多样性的竞争下受到的限制多很多。

因而在演化理论里，涉及的选择集合在统一控制条件下和在竞争条件下是不同的，并且前者条件下的选择范围要小于后者条件下的选择范围。可能与这一观点形成鲜明对照的观点认为,在涉及的选择范围内做出探索会更有条理(类似观点参见 Cohen and Klepper, 1991)。

这种演化理论观点还使人们看到与其他人签订合约的方式来探索各部分开发前景的问题。这种可能性是由有着明显的乐观主义精神的基奇以一种极不乐观的态度提出来的。演化理论强调了与威廉姆森合约分析相关的所有交易成本问题,对其他方面也加以关注。特别是,演化理论会引导人们预期到人与人之间、企业与企业之间以及这儿的专利所有者与潜在的前景探索者之间在以下几方面存在着的明显差异,这些方面包括不同开发前景的成功把握、前景拥有者所获成就的重要性、初始专利权涵盖的法律范围。

2. 各种前景的形态

在本文第四节探讨的技术发展历史中,前景明确的发明起着突出的作用。但在进入实际案例之前,我们还是从发明所开创的各种不同前景的角度更为一般地考察前景明确的发明。

进入这一讨论的一个有效方式是认识到实际上所有的发明都有其前景。不过,许多的发明是人们可以称之为"离散的"发明。尽管原始形态的发明自然地自成一类或有着前景,但前景相当有限,其形态相当简单,包括为了适应不同用途做出可能的改动,以及各种可能的一般的改进。因此,前景本身就是自然地、相对地、紧密地与发明联系在一起的。吉列公司的安全刀片就符合这一模型，这一案例我们将在后面加以讨论。很多的用来满足特定需要的其他发明物也是如此。

正如我们将要见到的那样，一项专利通常会允许专利权超出发明者实际取得发明的具体形态，并且如果这项专利是为了防范简单易行的改动，那就更是如此。当依据原始发明做出改动或改进的空间总体上比较清楚和有限时，原始发明者可能很适合进行前景的开发，并有这方面的积极性。由于发明者已经做出了原始发明，那么在探寻该发明物的开发机会及其结果时，发明者可能比其他任何人都更为合适。对有些发明，更为合适的人选可能是产品使用者或顾客，但在这种情况下，那些寻找需求或机会的人与拥有开发前景的人之间的关系可能是合作的而不是竞争的。尽管有些局外人可能有比较好的想法，但可能做出改进的范围受到相当严格的限制，然而阻碍外人涉足开发前景不可能封锁住真正重要的探索。虽然这不是在为准许宽泛的权利提供论证，但如果宽泛权利自然地受到限制，并且不包括原始发明者认知范围之外的潜在开发，那这种有悖于演化理论的证据并不是很有力。

然而，有证据表明，前景状况与技术所属领域高度相关。在有些领域，按上面的含义来看其前景是"离散的"。但在另一些领域，前景相当复杂。以下我们将首先考察由产业中宽泛专利权所界定的前景的具体形态，在产业里存在着我们称之为"累进系统"的技术，然后我们将考察由有机化学产品专利界定的前景。

我们所说的累进技术指的是一种累积递进的技术，今天的技术进步为明天的技术进步奠定基础,明天的技术进步又为以后的技术进步构筑基础,如此下去,这样一连串的推进常常将技术从原始发明的起点推向很远。不过我们将会指出,原始专利拥有的权利可以界定得很宽泛,足以控制住大部分递进过程,大大跨越明确界定的邻近过程。所谓的首创专利权可能使专利所有者拥有一个非常庞大且营利性强的未来开发前景,这样的前景往往涉及与原始发明很不相同的技术,以及超越原始发明者认识的技术。原始发明者和那些得出重大改进的人很有可能是市场上的竞争对手。

我们所说的系统技术指的是一种配套的技术,利用这种技术生产出的有用产品由许多不同的元件组成,每一元件可能是独立地发明出来的。在系统技术里,一件新元件的发明为后续发明开辟了广阔的前景,后续发明运用到这一新元件和其他元件。但系统技术显然不是基奇设想的那种技术,其前景可能是不对称的。如果有一件对许多系统都很关键的元件,其专利权界定得很宽泛,这项专利的拥有者可能有能力阻止其他人在没有获得其许可时将其产品推向市场。但另一方面,另有一关键元件的专利拥有者的权利也很广,他也有能力阻止前一专利拥有者制造出最新的系统。

在许多产业,技术进步的动力既涉及“累进”技术模型因素,也涉及“系统”技术模型因素。汽车、飞机、无线电、计算机,所有我们将要在后面谈论到的领域,都有这样一种混合的性质。应该指出的是,近期有关“网络外部性”的著作大多把累进系统技术作为论述的案例(参见 Katz and Shapiro,1985;David,1992)。

现在我们转到一个完全不同的技术领域，即与有机化学产品有关的技术。在我们想要描述的这一领域里，有两种不同的由宽泛的专利权界定的前景：一种是由包含着"原理"的专利所界定的前景，利用原理可以制造现有产品，但也有可能会用来创造范围广泛的其他产品。另一种是由某种特定方式获得的产品的专利所界定的前景，这种专利对产品拥有权利，但不管产品是以怎样方式获得的。

在许多时候，新的有机化学产品的"发明"是通过创造和使用一个在一些重要方面崭新的生产工艺流程而进行的。在这种情况下，常常可以看到在专利权中包括着方法或原理本身，这些方法或原理稍做变化就可以生产出门类广泛的其他新产品，这些变形后的方法或原理有可能视为具有专利申请的资格，甚至就在原来专利申请之时。这样，不仅原始产品和似乎合理的变形产品可获得权利，就连根据其原理制造的同类产品也可获得权利。

在许多时候，能用某一具体原理创造出来的各种各样的产品可能有很大的不同，且使用领域有很大的差异。因而，原始发明者也许不能看清某种通过原理开发出来的产品的价值。其他能看到它们潜在应用场合或用途的人就不得不与专利拥有者谈判以便允许使用其原理，要不他们可能会遭到专利所有者的起诉，专利所有者指控他们的新产品属于专利权范围之内，因而侵犯了专利权。

从一个比较狭窄的方面来看，如果发明者制造的物质比自然界中发现的物质在纯度上明显提高，根据化学产品方面的专利法规，制造天然物质的发明者会获得产品权利。这样的产品权利从原则上看包括着所有可能用来生产该产品的方法。很有可能有些方法要优于首次发明的方法。如果这些方法中有一个或多个方法与最初的方法有很大的区别,那就没有理由认为将这样的发现或发明权授予原始发明者是很好的。很有可能最适合的企业是市场中的竞争对手。

迄今为止,我们所进行的讨论都是有关各种不同的前景,没有涉及开辟前景的发明是怎么发生的。不过,我们认为这后一个问题很重要。按古典经济理论观点来看,专利要奖赏的发明和创造性工作是那些在发明者看来有着相当独创性的发明,而不是那些基本上没有新意的许多人实际所见的工作。不过,在许多我们称之为"以科学为基础的"技术里,"发明者"的工作明显地受到基础科学演化状况的指引。在这些领域,要做出前景明确的创造发明,通常地,首先需要将发表在科学文献中的新知识"运用到实践中去",或更为一般地,对相关学科群体里的知识有广泛的了解。在前面,我们提到过有时被经济学家用来分析发明的"竞赛"模型。作为演化论学者,我们认为,许多人实际所见的有相同目标和相同手段的"竞赛"是不常见的,在以科学为基础的技术里,"竞赛"却是常见的。我们相信,在技术进步主要由近期科学进步所引导的领域,存在着一些涉及专利权范围的政策的特别问题。

(三) 专 利 法 原 则

在现存的专利法里,所允许的权利应该有多广泛这一问题存在大量的相机决定的余地。有几项原则能够并经常地被专利局和法院用来界定或删除权限，或用来限制裁定侵权的行为。这一节讨论这些原则以及它们在使用上不太一致的地方。

1. 说明书与权利要求书

一项专利申请包括两个主要部分。第一部分是有关发明的说明书，其内容像一篇简要的科学或工程文章，描述出发明者面对的问题和采取解决问题的步骤。说明书还必须将解决问题的"最佳方式"的特征准确地描述出来。专利申请的第二部分是一系列权利要求，它通常包括的内容要比说明书中描述的最佳方式多许多。这些权利要求规定了发明者所认为的发明范围，声称自己通过对侵权行为行使起诉权实施控制的技术范围。

说明书和权利要求书有着不同的职能。专利局用说明书来确定发明者是否已经做出了可申请专利的发明，并且，如果颁发专利，说明书会通过向其他人揭示出重新发明的有关信息这一方式而使发明进入公共范畴。这一基本的原则——法律保护的前提是发明者做出适当的披露——深深扎根在专利法的历史进程之中。专利权利服务于不同的职能。类似于一份不动产契约的边界，专利权利将发明者的智力财产与环境条件区别开来。本文提出的问题是允许的权利应该有多宽。

专利局和法院在这一问题上一直是不一致的。然而，人们能够辨别出两类经常使用的原则。其中之一将允许的权利与专利披露所揭示的内容联系起来。另一类将侵权裁定与同类物的概念联系起来。我们依次加以讨论。

2. 披露原则与效能原则

专利法中一项重要条款是根据对披露的发明所做的描述和解释,确定专利权的范围。根据专利法,披露必须足以使"任何同行专家能够制造并使用"专利所声称的发明(《美国法典》,1988 年,第 112款)。但这一要求在执行时相当宽松。与包含发明"核心内容"和"最佳方式"详细资料的说明书相比,有些权利是远远地超出了所描述的内容。

然而,在以披露换取法律保护的原则下,人们可能会认为,披露的内容应该让同行专家了解专利权所包括的所有范围的各种变形物,并以专利权对此进行补偿。如果这一权利远远地超出了说明书表明的内容,那么有什么证据表明发明者实际发明了权利要求的所有物品呢?如果人们遵循这种逻辑思考问题,就会得出这样的结论:权利很大程度上应该由披露所揭示的内容来限定,相对于先前的技术,新的发明能做什么。法院通常并不总是按照这一原则办事。不过,界限问题是很微妙的。

前面我们提到过吉列公司生产的安全剃须刀,把它作为"离散"发明的例子。剃须刀几乎不存在广泛范围的后续开发。不过这一发明很赚钱,并且过去和现有出现了大量的式样各异的可用的剃须刀,这些都在吉列公司的说明书中描述过的。吉列公司的发明一开始上市,竞争者就出现了,销售的剃须刀和吉列产品一样也将刀片分开,但有着这样或那样的差异。吉列公司提出诉讼,声称这些产品基本上与自己的产品相同。

结果吉列公司打赢了这场官司。在吉列安全剃须刀公司对克拉克刀片与剃须刀公司这一案例(1911)里,法院明确裁定,专利权获得者的正当权利不必限制在说明书写出的具体方法上。确切地说,它们可以延伸到包括根据专利说明书阐述的所有设计。吉列公司声称拥有任何"带来分离剃须刀片,且刀片相当之薄,需要外力锻造才能使切边具有刚性"(Gillette, 1911, at 156)的剃须刀,这一权利要求覆盖了竞争者设计出来的产品。

但通常,人们怎么来区分一个设计原理下做出的一组产品？怎么决定这样一组产品延伸到多远呢？

有一案例讲的是爱迪生对索耶和曼(Sawyer and Mann)拥有的一项权利广泛的专利提出的挑战。索耶和曼为一种用于电灯泡灯丝的材料申请了专利。这一案例表明法院的确是基于说明书中所揭示的内容做出区分。专利获得者已经发现碳化纸在电灯泡中可用做有效的发光导体。根据这一发明,他们两人申请了一项专利,声称拥有使用所有碳化纤维或纺织材料作为白炽导体材料的权利。

爱迪生对这两位提出了挑战,坚持认为这一权利太宽了：专利披露没有指明在几千种"纤维或纺织材料"中哪些在电灯泡中作为导体材料使用,因为大多数材料是起不到这种作用的。爱迪生结合自己用无数种材料进行辛勤试验的经历,争论他做出的用一种特殊竹子的某一特殊部分做灯丝可以得到很好效果的发明并没有因为索耶和曼的披露而变得轻松。法院接受了爱迪生的观点,宣布"如果描述很模糊不清楚,没有人能够告诉怎么制造已获专利的产品,除非是进行独立的试验,那么这一专利无效",意思就是说权利太宽了(The Incandescent Lamp Patent,1895,at 474)。

不过很明显,对界限划定的适当之处是有争议的。我们将会看到,专利局和法院在这一问题上一直存在着严重的不一致。通常允许的权利远超出说明书说明的范围,并且远超过发明者事实上获得的权利范围。我们将在第四节给出一些实例,论证当出现这种情况时其结果通常都是很麻烦的。

3. 侵权原则与同类物的解释

当专利局公布一项专利之后,有关可允许的专利权范围方面的问题移到了法院。在有些案例里,如我们刚才谈论的那些案例一样,争论之处在于那些指控受侵犯的权利是否有效。在另外一些案例里,争论的焦点不在这里,而是被控告的发明物是否真的侵权。这可是一个精细的判断。法院能判定权利是有效的,判定被指控的发明物的确属于允许权利范围之内,判定发明物侵权。或者,法院甚至可能裁定,虽然表面上不属于权利要求范围,但被指控的发明物是在侵权,因为这一发明物属于"同类物"。

由于经常出现这样的情况——即使被控告的产品或工艺流程表面上没有侵权,但可能考虑它们与已经获得专利的发明物基本相同——同类物原则便发展起来了。"基本相同"的含义是什么? 最高法院在 1950 年在引用早期的一个案例时写道:"如果两件发明物以基本相同的方式工作,得到基本相同的结果,他们就是相同的发明物,尽管在名称、形式、形状上可以不同。"(Graver Tank, 1950, at 688)。

同类物原则的一次成功应用是在国际镍币股份有限公司对福特汽车公司(1958)的一场官司上。国际镍币公司已经获得了一项名为"球墨铸铁"专利,这一专利"包括一种铸型亚铁合金"。这一专利说明和声称将数量"少而精"的镁添加到熔铁中,其最小比例专利指明"大约为 0.04%",用这种方法可获得一种具有某种满意性质的铁。而福特公司研制出的铁包括镁的比例在 0.02% 以下——小于国际镍币公司专利指定的最小比例的一半。然而,法院判定这是同类物质,因而侵犯了专利。

这一案例表明,效能原则和同类物原则是一同发挥作用的,两者通常协调一致。在球墨铸铁案里,法院判定原始专利事实上已经向侵权者传递了知识,即使申请的权利并没有明确地包括侵权的物品。

4. "非同类物"原则

有三种途径使一件被指控的发明物有可能被判为没有侵权。其中的两种途径我们已经谈论到了。专利权要求有可能被判为无效。发明物有可能被判为超出了专利权规定的范围并且也不是"同类物"。第三种途径对于保护那些比原始发明有了重大进步的发明特别适用。它就是已开始被人们称之为非同类物原则的保护。

但在开始描述法院是如何对付这类侵权诉讼之前,我们必须清楚地了解到,对于一项受指控的、比原始发明物做出了改进的物品,法院很有可能判给它具有自己的专利,但是一种"从属"专利。在这种情况下,从属专利的拥有者在没有得到主要专利拥有者的许可时不能使用这一发明物。同时,主要专利的拥有者在没有获得许可时不能做出这一特定的改进。

然而,存在着这样的案例:和原始专利相比,被指控的发明物涉及的原理明显不同,或者实现的业绩要好许多,法院判定这一发明物没有侵权,从而与上述的从属专利不同。

最近的一个有说服力的案例是德州仪器在掌上计算器上拥有的一项长期首创专利。在原始专利公布之后的这些年里,计算器已经出现了无数的改进和变化,问题是这些由其他制造商生产的做出了重大改进的现代计算器是否仍然侵犯了德州仪器的基本专利。联邦巡回审判法院裁定,在掌上计算器的所有基本元件上作出重要改进使得改进后的发明物没有侵权。法院的结论是"不在发明者披露内容范围之内的所有技术变化超过了……衡平法上的限度……并且使得被指控的发明物超出'德州仪器'专利的公正范围"(Texas Instruments, 1986)。

这样做出的判决看起来似乎与"效能"原则相一致，并且从这一原则看来是正当的，但却将这一原则向前推进了一步。在德州仪器案以及相关的案例里，人们能清楚地看到，原始发明正如所描述的那样，激发起大范围的改进发明，它们最终取得了专利，但其中许多是获得从属专利。诸如德州仪器之类案例表明，一旦累进改进已经极大地改变了原技术，使之超出原始专利认知程度，法院就会撤销原始专利。

正如我们所看到的那样，问题在于，在那些发明看起来的确开创了宽阔前景的案例里，效能原则、同类物原则和非同类物原则应该怎样得到应用。原始发明者可以应用这些原则对前景获得相当大的控制，或者，应用这些原则可使控制保持有限的程度，给予竞争性发明以机会。

（四）来自历史记录中的若干证据

我们认为没有办法提供出具有完全结论性的证据来论证，在考虑收益和成本因素下，一项有意应用效能和同类物原则来控制允许的专利权范围的经济政策是否好于为单个控制有意界定出宽泛前景的政策。一方面，有着很广泛的产业领域和技术领域，在这些领域至少会不时地看到有的发明开创了重大的前景，这些前景会表现在哪些方面，没有办法完全搞清楚，甚至无法对它们做出系统的调查。另一方面，可以肯定的是，证据会是混杂的，有些证据指向这个方向，有些指向另一方向。最后,由于在技术发展历史中,甚至是在某一具体技术的发展历史中,存在着实实在在的复杂性,不同观察者可能以多少有些不同的眼光看待同样的证据。然而,我们认为我们用来说明保持前景开放的案例是令人信服的。

在接下来的内容里,我们将考察技术和经济史中的若干片段。按照我们在第二节末采用过的次序,我们首先考察累进系统技术发展中的几个有趣案例,累进系统技术的含义同上。接下来我们论述与新的有机化学品制造相关的几项前景明确的专利。最后我们挑选几个特别的问题加以讨论,这些问题出现在前景明确的发明是"以科学为基础"的时期。

1. 累进系统技术

在宽泛专利对累进系统技术的影响上有两个主要的问题。我们首先想要探讨的是,是否有证据证明对首创发明授予宽泛的专利可以使后续的发明和开发变得更有条理和更有生产率,或者说,宽泛的首创专利是否使开发变得复杂并受到阻碍。我们还要探讨的一个问题是,不同当事人对累进系统技术的不同部分拥有宽泛的专利权,对后续开发会产生怎样的影响。

我们首先考察首创专利中两个不光彩的案例:一是塞尔登(Selden)专利在汽车技术发展中的作用;二是莱特(Wright)兄弟的专利对美国飞机技术进步的影响。在这两个案例里,拥有很宽泛首创专利的所有者四处忙于打官司，阻止他人在没有获得许可时试图在相应领域从事发明活动。我们的问题是，这样做会怎样影响技术的演化。

塞尔登专利颁布于 19 世纪末，其关键性权利要求是使用轻汽油作为内燃发动机的燃料为汽车提供动力。这一权利要求很显然涵盖了一个很宽泛的前景范围，随后在这一前景范围内实际上做出了大量有关汽车的开发。当诉诸法庭时，辩护律师争辩这一权利要求是"清楚的"，并且做出的披露没有揭示任何不为那些"同行专家"所周知的内容。在当时，制造这种车的关键性约束不是缺乏这种基本创意，而是缺乏适用的轻型有力的汽油发动机。塞尔登本人从来没有制造过一辆可工作的车，基于这一"原理"开发出适用的汽车那是后来的事，并且是其他发明家做出来的。

不过，专利局授予了他专利权，并且法院两次予以确认。塞尔登纯粹是把他的专利看成是一种收取专利使用费的手段。他几乎没有考虑过要真正从事汽车生产业务。塞尔登确实没有将这一专利用来与汽车技术协调结合，使之得到有效的改进。至少在开始时期，他是心甘情愿地守候在那里，向承认他专利有效并支付使用费的人发放许可证。后来成立了特许汽车制造商协会控制发放这一专利许可。很明显，这一组织的主要目的是控制从事汽车设计和生产的厂家，或者说，控制该行业的竞争，而不是为有序的技术开发提供便利（Flink，1978）。可见，基奇提出的"前景"有序开发战略，尽管可以实现，却没有得到尝试。

塞尔登专利是否阻碍了这一产业的技术进步？围绕这一点引起的诉讼确实花费了人们大量的时间和关注，例如亨利·福特。福特采用的生产方法给这一产业带来了革命性变化。福特拒绝承认塞尔登专利会阻碍他们正在从事的工作。塞尔登专利没有难住福特，但它的确减慢了该公司前进的步伐。

汽车明显属于复杂系统。即使受到塞尔登专利的广泛影响，有关汽车配件的各种发明和专利仍不断增加，每一个想设计和生产汽车的人都面临着日益复杂的许可证问题。虽然特许汽车制造商协会最初是作为以塞尔登专利控制该行业的一种方式而建立起来的，但面对新形势，该协会的职能开始变得更加实际，它让其成员公司实行自动的专利交叉许可，以降低交易成本。虽然从来没有达成交叉许可所有新专利的正规协议，但实际存在着的相对自动的交叉许可一直延续到现在。

莱特兄弟的专利在许多方面有所不同。首先，它所取得的是一个有效的稳定与操纵系统的专利，专利中表述的成效是一个实际的重大进步，它导致了未来飞机的多样性。第二，莱特兄弟对生产飞机、改进其设计很感兴趣，他们主动从事这些活动。然而，其他富有创新力的人和公司想加入到飞机设计和制造行列之中，对于如何改进飞机设计有自己的思想。他们强烈反对莱特专利施予的封锁。在这些潜在竞争者中，柯蒂斯（Curtiss）是最突出的一位，他和莱特兄弟在早期试图达成一项协议，但失败了，随之而来的便是上法庭。

有比较充分的理由相信，莱特专利消耗了像柯蒂斯这样的人的精力,转移了他们的注意力,因而明显地减缓了美国飞机发展的速度。飞机案例与汽车案例两者有一点上是类似的,那就是随着改进和互补专利的出现给起初的首创专利带来了麻烦。第一次世界大战期间,当时形势相当严峻,在海军部长的坚持下,做出了一项安排,实行自动的交叉许可。这一安排像汽车专利许可一样,最终成为一项持久的制度。交叉许可制度极大地降低了交易成本。假若系统各元件没有宽泛的专利权,这些成本本来是不会存在的。

爱迪生的碱性灯专利案例也同样让人们对一个范围广泛、执行得力的首创专利所产生的效果产生警惕。爱迪生的这项专利颁布于1880年,一时间许多竞争者都忽视了它,直到1891年这项专利在法院得到确认。当时通用电气公司很快获得一系列禁止令,关闭了大量的竞争者企业。从那时起直到这一专利到期为止,通用电气公司确实控制了该技术的"前景"。布赖特(Bright, 1949)相当深入地研究了历史,根据他的研究,在那段时期,灯丝和灯泡的发展实际上几乎完全停滞。受专利保护的通用电气公司基本上处于垄断地位,不会有次序地去开发其"前景"。只是在这一专利快要到期时,通用电气公司才开始努力开发灯泡技术。当然,在这之后,这一领域的技术进步很快又呈竞争之势。

所有这些案例都说明了这样一个道理,对于累进型技术,实施宽泛的首创专利权不利于社会发展。但如果没有这样的专利,或者虽然有但不予实施,那会出现什么结果呢?

这里有两个案例,都是出现在第二次世界大战之后,且都促进了技术发展。一个是半导体开发案例。在这一技术的发展史上有两起案子,在这两起中,本来可以授予专利拥有者以控制主要"前景"的宽于正常范围的专利,但实际上没有授予。一项专利是美国电话电报公司持有的最早的晶体管专利。根据一项双方同意的反托拉斯判决,不允许美国电话电报公司从事商业性晶体管业务。现在有人已经做出论证,即使当时没有这样一个判决,美国电话电报公司也不会从事商业晶体管业务。无论如何,虽然不从事这方面业务,美国电话电报公司也有很大的积极性鼓励其他公司发展晶体管技术,因为更好的晶体管会提高电话系统的功能。美国电话电报公司很快会以低廉的成本与其他公司签订大量的许可证合同。许多公司最终对晶体管技术的发展作出了贡献,因为首创专利可免费获得许可,而不是阻止进入这一领域(Levin, 1982)。

第二个案例涉及集成电路(发明者是德州仪器)和低成本地生产集成电路的平面工艺流程(发明者是费尔奇德仪器公司)这两个关联发明。这两家公司获得了各自发明物的专利,意味着每家公司为了有效地生产集成电路不得不从对方那里得到许可。在过去一段时期占半导体产品市场绝大部分份额的国防部,传统上一直努力避免受到有着关键性专利的一家或少数几家公司的控制。国防部通过各种策略鼓励开展普遍的交叉许可,这确定了以谨慎态度解决由这两个专利带来的问题的基调。面对着集成电路技术中的僵局,继续采用普遍的交叉特许。很难说这已经减缓了集成电路的发展。

电子计算机是另外一个在累进系统技术的发展中没有受到强有

力的、宽泛的专利影响的例子。最早的计算机发明者,埃克特和莫克利(Eckert and Mauchley),的确就其基本的电子数字积分计算机设计提出了申请并获得专利。但这一专利由于法院裁定早先的技术包括了他们申请技术的大部分而最终被判定为无效。不过,甚至在宣布埃克特-莫克利专利无效之前的那段时期里,许多其他计算机发明者在没有取得许可时继续干着他们的事情,做出各自的贡献并获得相应的专利。与半导体产品案例一样,计算机技术的主要买家是军事部门,而让军事部门受一项主要专利的摆布,那是很难的。于是,在这一产业交叉许可也成为大家遵循的准则,其技术变革的步伐又一次得到加快(Flamm,1987)。

我们讨论的这些案例确实不是随机选择出来的样本,它们也不完全相同。然而,尽管其他人可能会对这些证据有着不同的理解,但我们相信对首创发明授予并实施宽泛的专利是危险的社会政策,它能够并且已经造成了许多的损失。它使得具有创造性和活力的新生力量难以进入相应的领域。妨碍“系统”技术的发展被证明是特别成问题的。解决问题需要建立一些制度化的交叉许可制度。有许多实例表明,在知识产权弱化或没有得到严格实施的制度里,技术进步的速度一直是很快的。我们认为后一种制度是比较好的社会选择。

2. 由新的有机化学产品界定的前景

我们在第二节中提出,“前景”性质上的差异主要依赖于技术领域。人们已识别出两种特别的由有机化学品专利界定的前景。

一种是新产品专利权,生产产品的"原理"作为一项权利包含在专利权中,并且这一原理有着广泛应用的价值。虽然有几个有趣的案例涉及较早的制造产品的"原理",但生物技术的出现使这种前景明确的专利显得特别突出。

一个很重要的例子是基因泰克公司(Genentech)获得的一项权利宽泛的专利,该专利通过应用细菌的基因表达技术来生产人体蛋白质。实际上,一段时期以来,这一领域的科学家对于采用这一技术,或至少这些技术的一般特性,已经相当熟悉了。基因泰克公司是第一家能以特殊的方式应用这些技术生产人体蛋白质,至少是两种特殊的蛋白质的公司。对于这一成就,我们将要考虑的是这样两个问题,一是这一专利权是否应该涵盖通过其他工艺流程获得的这些物质产品;二是应该怎样看待基因泰克公司的成就主要是依据"公共"科学这一事实。

在这里,我们想集中讨论的是这样的事实,基因泰克公司的权利远远超出了说明书中描述的两个多酞技术范围,包括了能通过一组广泛的微生物基因表达技术制造的所有产品。这一专利所声明的并由基因泰克公司成功运用的"原理"无疑超出了说明书中举例的范围,但超出有多广? 如果根据一项表面上在这一"原理"指导下的专门技术生产出一种重要的人体蛋白质,但是在具体的开发过程中做出了许多艰苦的研究和实验,这样会怎么样呢? 这是否应判定为侵犯了专利权? 或者,用以证明自己创造性地解决重大难题的证据可否说明，获得新蛋白质的方法并没有受到信息披露的启发，因而这一发明应该根据效能原则判定没有侵权呢？

另一个例子是哈佛大学的莱德和斯图尔特（Leder and Stewart）因为在动物遗传工程方面取得成就而获得的专利，他们用遗传工程方法孕育出一只老鼠。这只改变了基因的老鼠几乎可以肯定为癌症研究带来了便利，发明者的这一成就确实值得授予专利。然而，这一案例中的发明者如基因泰克公司案例中的发明者一样，不是对他们已经获得的产品行使专利权，而是对能用他们的"原理"生产出的一类产品行使专利权。在这一案例里，就是对"所有转变遗传基因的非人类哺乳动物"行使专利权（Leder and Stewart, 1988）。

既然专利局已经授予了这么广泛的权利，法院将不得不考虑几乎可以肯定会出现的诉讼，除非是专利可以自由地得到许可。在专利拥有者没有看到，或低估，或认为没有办法有效开发的各种不同前景上面，专利拥有者肯定会被其他人击败。这正是我们在上节讨论过的所有案例里看见过的情形。

在第二节我们指出过有时由有机化学产品专利所界定的另一种特定"前景"。这种前景的出现需要通过将产品专利授予一个发明者，这一发明者发明出一种以高纯度或低成本制造天然物质的方法，这一天然物质通常可在人体或动物中找到。早期这方面的例子可追溯到 1911 年，当时对于用一种新工艺制造的纯净的人体肾上腺素，勒尼德·汉德法官（Judge Learned Hand）判定是一件产品专利，而不是一个工艺流程专利。然而，生物技术的出现使这件事受到广泛的关注,并且提出了一些新的问题。

我们看到这样做在法律上是有问题的,它明显地违背了效能原则和同类物原则,总是认为用极不相同的工艺流程生产出来的相同产品侵犯了专利权,尽管事实上新的工艺流程不能通过最初的专利披露而获得,也确实不是同类物。这个"产品"也许是同类物,但是最初的发明不是产品而只是一种生产产品的方法。我们看到这样做在经济上也是有问题的,它阻碍了发明中的竞争,有时可能限制了优良技术的发展。

近期一项涉及基因泰克公司另一项发明的案例恰好说明了这些特点。基因泰克公司已经发明了一种重新组合的脱氧核糖核酸方法用来生产相当纯净的人体血液凝结因子Ⅷ:C,这一方法比从自然血液中提炼这种物质的工艺流程有着明显的优势。后一种工艺流程是在这之前由斯克里普斯(Scripps)发明出来。斯克里普斯为此提出诉讼。基因泰克公司赢了这场官司。但从法律上来看,斯克里普斯的专利没有适当地披露他认为最好的工艺过程,这样法院只得认为适用于产品专利。最近,专利人请求法院将这一案件打回到下级法院,想看看能不能适用"非同类物"原则。但再一次碰了壁,法院还是认为适用于产品专利。

我们认为给一个基本上属于工艺流程的发明授予产品专利是有害的,允许第一个发明工艺流程的人用这一流程阻碍他人使用后来可能发明的竞争流程是错误的。专利权不应该控制专利所做不到的发明,特别是,如果最初发明者没有强有力的条件和动机去做出这些发明。

3. "以科学为基础的"发明专利

上述案例中有几项发明显然是以近期公共科学知识的进步为基础的,虽然发明者为做出这些发明付出了相当大的精力,发挥了很大的创造性。在这些案例里,其他人也在试图利用科学上的突破,也经常沿着成功者走过的相同道路向前迈进,但他们却没有成功,这种现象并不是偶然的。专利属于恰好第一个冲到终点的人。清楚地指明了可能的应用领域的科学进步会带来"竞赛"。我们相信,这些情况可能会变得越来越常见,它们提出了专利政策中的若干重要问题。首先,这些情况表明,在确定专利权范围时必须周密考虑到,在明确界定的"先有的技术"和"不明显的技术"里包含着公共科学教育方面的内容。第二,在这些案例里,很少有证据支持给予专利权远超出发明者实际取得发明的范围。

现代生物技术存在着很多这样的问题。这一领域是围绕着两个不同的技术群而建立起来的。这两个技术群的发展基础是先有的、更为一般的分子生物学的进步,而分子生物学的进步最早是由从事纯理论研究的科学家开创的。

在 1975 年,科勒和米尔斯坦(Kohler and Milstein)发现,为某个特殊抗原产生抗体的单个免疫系统细胞可以与活的癌细胞结合起来,创造出一个小的生产抗体的"工厂"。他们没有获得这一发明专利。然而,人们几乎立即认识到他们的成就开创了无数个商业机会。

211

海波瑞技术公司(Hybritech)是一家较早参与这项技术应用开发竞争的公司。这一公司最先在诊断仪器中使用单克隆抗体,并将诊断仪器卖给医生和医院用来识别某些疾病(如艾滋病)或用来提高荷尔蒙水平(如妊娠试验)。这家公司获得了一项专利,其范围包括很广,只要是这类诊断仪器都在其中。

其他公司肯定也看到了同样的机会,但即使看到了也没有那么快地作出反应。单克隆抗体公司(Monoclonal Antibodies Inc.)是其中之一,它发明出一项有所不同的技术,但是在海波瑞技术公司之后发明出来的。单克隆抗体公司制造并销售这些仪器。海波瑞技术公司提出诉讼。单克隆抗体公司做出辩护,声称海波瑞技术公司的专利是无效的,至少在它宽泛范围内是无效的,因为根据科勒和米尔斯坦的研究成果,这一基本技术是很清楚的。初审法院接受了辩护,承认"在制造单克隆抗体方面,科勒和米尔斯坦的发明做出了重要的贡献……一旦科学中出现了单克隆抗体,科学家在已知的试验中用这些抗体作为质量次之的多元克隆抗体的替代品是显而易见、符合逻辑的"(Hybritech V. Monoclonal Antibodies, 1987)。

然而,上诉法院判定宽泛的专利权有效。既然授予了权利,想要改变就不是一件容易的事。海波瑞技术公司很明显做出了一些发明,问题是,既然它的发明是建立在公共科学知识的基础之上的,它的贡献边界在哪里呢?专利局允许海波瑞技术公司获得一个宽泛的前景,并且法院加以了确认。我们认为这是一个错误。在这一案例里,本来可以做得更加公正,更加符合保护发明竞争的目的,只要准许海波瑞技术公司获得该公司实际做出的发明的权利，以及属于明显的同类物的权利就行了。

其他基本的基础技术是两位科学家，科恩和博耶（Cohen and Boyer）早些时候开发出来的。同样地，最早提出这一程序——将一特殊的基因嵌入到一受体细胞中，随后得到基因编码过的蛋白质产品——的发明者基本上是把这一技术看成是对发展公共科学的贡献。这两位科学家所在的大学敦促他们申请专利，他们申请了，但这一专利允许所有人使用。

我们在前面提到过，基因泰克公司在有效应用这一技术方面已经获得了宽泛的专利。不过，能够争论的是，基因泰克公司只是最早在实践中应用一种具体的方法，这对于"同行专家"来说是能够做到的，并且专利的准许范围本应该相对小一些。不过，很难说隐含在这一专利中的范围宽度是否将会维持下去。但它已经在产业中产生了许多的恐慌。一家与之竞争的生物技术企业负责人这样说："如果从很狭窄的角度来理解，确实存在甚至可能没有被包括在里面的细菌（生产）系统。如果从很广义的角度来理解，它也许包括了细菌、酵母和细胞所有生产系统。"简言之，如果广义地理解，基因泰克公司拥有的权利将使这家公司具有一个非常广泛的、没有限制的、主要由公共科学创造出来的发展前景。这在我们看来是不公正的。如果出现了这种事，我们可以预料，与当初这一领域敞开竞争的情况相比，这一领域的发明活动将会减少其创造性和进取精神。

在有些领域，技术与科学、公共知识与专有知识资产都是混合在一起的,现代生物技术就是这样一个典型的领域。其他的还有半导体和计算机。新出现的有超导体。在这些领域,公共科学的进步不断地激发出新的技术机会。在这些领域中的具体发明活动常常能使技术能力产生飞跃,超过原来已经取得的最佳技术。不过,"最初将发明用于实践所带来的"贡献,用经济学家的行话来说叫增加值,可能相当小,而前进的方向是"清楚的",如果他或她没有获得成功,其他人很快会获得成功。在许多这样的案例里,既没有涉及获得成功所花费的巨大成本和所冒的很大风险,也没有对这些成本和风险会如此之大所做出的预计,这样仅仅预计可能会给发明者带来的巨大回报,才能诱使他们去从事发明。并且给第一个将技术应用到实际中去的人授予宽泛的专利权,根据历史的经验,这不能证明有可能会导致更有效和更有条理的开发前景。

(五) 总 结 与 归 纳

我们讨论过的所有这些历史和案例,都有一个特点,那就是都包括许多通常在技术进步过程中相互竞争的当事人,有时他们基本上独立地从事前人的工作;有时从前人工作中吸取有用的线索和创意,与通常采取不同思路的竞争者一道对发明做出改进和变化;但有时他们也遵循相同的路径和方向。有趣的是,相互竞争者在一个领域似乎都是以类似的方式寻找着机会,而这一领域就是我们称之为"以科学为基础的技术"领域。在这一领域,看待事物的方式是类似的(这是简单的新古典模型所假设的),因为近期科学进步极大地启迪了人们的思想,科学进步使某些探索路径"试探起来显而易见"。

在我们讨论的累进系统技术案例里,宽泛的、前景明确的首创专利,在其拥有者试图维持其权利时,引起的只能是麻烦和问题。其他当事人通常要比首创专利拥有者更加主动、更富有创造性,而诉讼削减了他们将发明应用到实际中去的能力,并且毫无疑问打击了其他创造性人才的研究兴趣。而就一项项许可条款进行讨价还价已证明是很难的,阻力很大。

但是,宽泛专利的拥有者提出的、甚至有些强求的诉讼也不能阻止创造出许许多多改进的、辅助性的专利,在系统各部分上取得的专利就不在宽泛专利权包括的范围之内。因而,如果其他公司拒绝发放许可证,反而严格地实施自己的专利权,那么情况不久就会发生变化,将会没有一家企业能够将自己的专利用之于整个系统之中。通过某些机制确立或多或少的自动交叉许可可以解决这一问题。不过很清楚,在许多这些案例里,如果专利权范围事先确定得更窄一些的话,最初的僵局本来是可以避免的。事实上,产业界最终会学会如何想方设法对付专利权范围授予过宽所带来的后果,这一事实不应该被理解成是宽容这种授予行为的理由。

没有理由认为更加狭小范围的专利权必定会削弱开拓者和其他早期进入者的积极性。在累进系统技术领域,利润主要来源于优良的设计、生产和营销,而不是强有力的专利保护(参见 Levin 等人,1987)。一个发明者在将他的发明应用到产品或生产过程中去时有着天然的时间上的领先优势。在那些专利权从来没有得到实施的案例里,个人和公司表现出强烈的发明动机,而在那些开始时遭到专利封锁但后来因采用交叉许可得以放开的领域,其发展很迅速,这都说明了这个道理。

我们在此做出这一探讨的用意是想唤起人们对这样一个普遍性问题的关注,即在累进系统技术领域,专利权应该怎样加以确定。最近,人们对在软件流行的特定环境下专利权,或类似于专利的著作权保护的作用展开了激烈的争辩,在争辩中这个普遍性问题凸显出来。对此,经济学家和其他分析家越来越多地主张,专利权授予或类似专利的著作权保护可能会扼杀相应领域的进步,而不是在激励其进步,除非是存在多多少少的自动交叉许可(参见 Mennell,1987)。我们在此不想加入这一具体的讨论。我们确实不想让人们认为我们反对累进技术中的专利权(尽管软件可能有其特殊性),我们只是讨论宽泛专利权的危害。这一问题是一个普遍的问题,适用于广泛范围的累进系统技术,而不是对特殊的软件而言。

然而,如果一种新的化学产品的发明者想从发明中获利,那么一项强有力的专利权可能是必要的(Levin 等人,1987)。但由于产品特性对精确的化学配制很灵敏,甚至界定范围相当狭小的权利通常也能防止轻易取得的"周边发明",直到最近,专利局一直都在拒绝授予宽泛的前景明确的权利。

情况已经发生了改变,生物技术出现了,同时,用"原理"来表述专利权利,而不是用实际生产的特定产品来表述专利权,根据原理能够生产所有产品。另一方面,当发明者实际发明出的发明物是一种生产产品的方法时,专利局倾向于准许而且法院倾向于维持一项以物质产品界定的专利权。

"麻烦"也已经显露出来。发明者在追赶发明成果的时候,宽泛前景的拥有者却在法院里发起了挑战。这样做的危险是把竞争者赶出这一领域。有充分的理由相信,这样不仅会削减用于开发前景的能量,也会降低开发的多样性和创造性。

在此,我们可以得出这样一个有说服力的观点,即一项发明基本上等同于跟踪前沿成果,这些前沿成果来自以前的科学突破,并且代表了"最先用之于实践"的活动,因而有双重的理由将专利权限定在发明者刚好发明的内容范围,不准许专利将具有广泛用途的公共科学知识成功地据为己有。公共科学知识主要是其他人过去工作的成果,准许发明者拥有私人使用这些成果的权利是有害的也是不公正的政策。保持发明活动具有多样性和竞争性是一个好得多的社会政策。

目前,试图通过识别和提炼特定的 DNA 片段来获得专利权的做法揭示出严重的问题。这些行为中显露出严重的问题。在这里,申请人正试图获得"可能来自若干方面的有用之物"的权利,这若干方面基本上就是科学发明和创造,这些科学发明和创造通常(但不总是)得到公共财政的资助。但不管是否得到过公共财政的资助,对于这些有利于仔细识别基因组成的具体工作,人们必须理解成是科学家依靠公共科学知识进行的工作,理解成是科学家试图为取得成果进行的工作。对于这些成果,人人都知道,有可能取得成果,人们也大致知道怎样取得成果。至于给这些成果授予专利,如果值得的话是应该授予,但所授予的专利应该反映这些内容。

我们并不认为,获得更周全的政策需要建立任何新的法律或修订现有的法律。书面的法律条款提供一个政策范围,通常在政策制定中法院起很大作用。我们认为,最需要的是,在遇到对原始技术做出了大量改进从而要求放松原始专利控制的时候,如何更一致更严格地解释效能与同类物原则,以及如何更多地使用非同类物原则。在以科学为基础的领域,需要更加一致地认为,新的科学以及以前的科学技术描述并界定了一项发明中那些"新颖"和"不明显"的内容,以此对允许的权利做出相应地裁定。

专利局在实践中不对申请人申请的权利加以怀疑,这也激发我们严肃认真地重新思考这里面的问题。诉讼威胁及惧怕败诉都对当事人起到阻碍作用,即使当事人很有把握地相信某某人的专利权范围宽泛得离谱,而自己的新思想属原创,且不在他人专利的适当范围内,但由于害怕打官司,害怕败诉,只好忍气吞声。在现行制度下需要在司法方面做非常之多的工作来控制专利权范围。

我们得出这样结论主要依据的是我们已经给出的经验证据,以及我们熟悉的但由于篇幅所限没有在此提到的更大范围里的案例。重要的是认识到,这些经验材料正是个人和组织行为与认知以及技术进步的演化理论会预见到的内容。因而，我们有理由支持多样性和竞争，反对更集中的控制，认为这是有利于发明和创新的更好的环境，我们的支持与反对不仅仅是经验意义上的，而且有着坚实的理论基础。在我们看来，这些理由是令人信服的。

第三部分

科学与技术进步

第三部分所收三篇论文探讨的是科学在技术进步中的作用。在19世纪最后10年,作为强有力的基础科学的化学、物理和生物学开始兴起,伴随着几个方面的发展,这些发展改变了产业技术创新的性质。第一个方面的发展是产业研究实验室的大量涌现。这些实验室拥有受过大学教育的科学家和工程师,通过设计和开发新的和更好的产品和工艺,致力于提高本公司的竞争实力。第二个方面的发展是大学在各个科学和工程学科专业教育中的重要性大大提高,为产业研究与开发实验室培养和输送了大量人才。我们将在第10章看到,各国大学体系在使自己适应这一新要求的能力方面表现出很大的差异。德国和美国在新的化学和电气产品工业方面崛起,而英国在这些方面却没有能够获得很大发展,这在相当大的程度上可以归结为这些国家的大学体系表现出不同的绩效。

第三个方面的重要发展是大量应用学科和工程学科的兴起,它们虽然来源于基础科学,但却直接用来解决实际问题以及促进产业技术进步。比如,为了解决迅速扩张的钢铁工业出现的技术问题,冶金学作为一门研究学科发展起来。化学和电机工程学则是为了开发新的化学产品和发展电机装备工业而发展成为一种研究和教育的学科。大学和产业部门都在从事这些领域的研究。与这些领域相关的科学和技术学会为大学和产业界科学家相互沟通提供了组织结构,从而使得大学和产业界在许多领域有了密切的交流,并使科学和技术结合起来。我在第二部分曾指出,熊彼特在写作《资本主义、社会主义与民主》一书时,并没有充分理解这种已经发生了的科学与技术的结合。即使在今天,许多著名的观察家似乎仍相信科学只是偶然地创造了可在技术上应用的知识,而事实上,许多科学是有意识和明确地为了在技术中得到应用而发展起来的。

很明显,第 6 章是理论性论述,其目的是阐明知识形态如何影响产业 R&D 的方向和效率。虽然科学对应用性技术知识的产生发挥了重要作用,但在不同时期以及在认识方式上,一般的讨论对此都缺乏足够的认识。第 7 章详细研究了贝尔电话实验室的一项研究,这项研究最终导致了晶体管的发明。这个故事本身是十分吸引人的,但其作用在此是要说明科学与技术复杂的相互作用。第 8 章集中讨论美国大学在促进美国产业技术进步中的作用。论文的一部分是对历史的回顾,提供了美国大学体系对于科学和产业需求带来的新机遇所做出的“反应”的历史事实。这篇论文也涉及现行政策的讨论,即随着美国社会日益关注产业竞争,美国大学应发挥怎样的作用。

六、知识在研究开发效率中的作用[*]

（一）引　言

研究技术进步的经济学家和其他学者对"需求方"因素的把握，一般比对"供给方"因素的把握更加容易。要理解并用模型表达某种产品需求的增加会如何提高那些改进这种产品或降低其生产成本的成功发明的收益，相对来说比较容易。类似地，理解或对下述问题建立模型也不困难：即某种生产要素的成本提高将诱致发明创造，以减少生产中对这种要素的需求，或者用当时相对便宜的要素来替代它。[①] 而且大多数研究创新与发明的经济学家也相当清楚，发明者占有其发明收益的能力为什么以及如何影响发明努力对这些需求方因素的敏感程度。

有证据表明，要确切地理解那些影响发明和技术进步"供给"的

---

* 本文最初发表在《经济学季刊》（*Quarterly Journal of Economic*）97 卷第 3 期（1982 年 8 月），第 453—470 页。

① 关于诱致性创新模型（决定性的和随机的）的好的调查，参见宾斯万格和拉坦（Binswanger and Ruttan，1978）。

因素则要困难得多。特别是,经济学家一直坚持——虽然并不总是有效——这种观点,即在"技术知识"很强的领域的发明会比在知识很弱的领域的发明进行得更迅速且更有成效。[①] 实际上,施莫克勒(Schmookler, 1966)在对发明进行研究的初期也曾经认为,在决定发明努力的配置作用上,需求方与供给方变量都很重要。但后来他放弃了这一观点,转而相信,比起与知识力量有关的变量来说,市场力量及其变化与发明活动有着更多更紧密的联系。罗森博格(Rosenberg, 1974),莫厄里和罗森博格(Mowery, Rosenberg, 1979)均认为,如果没有实现发明的知识能力,对发明的需求会引起发明努力,但不会成功。当然,这种看法部分是经验性的,但也是概念性的。严肃的探讨要求理论——明确的或隐含的理论——能够赋予"知识力量"某种具体的含义。这就是本篇论文的目的。

(二) 一个简单的两阶段搜索模型

在开始时,建立一个非常简单的模型是很有用的。哪怕它是一个"稻草人",但却可以对"知识有着怎样的重要性?"这样的问题给出一个明确而又合理的解答。它也可以用来作为发展更为复杂的分

---

① 吉本斯和约翰斯顿(Gibbons and Johnston, 1974)对早期研究进行了一种中性的回顾,并且提出了一种与我相似的关于科学和发明之间联系的见解。萨哈尔(Salhal)的著作(1981)发展了一种观点,即有关推动技术进步的知识主要在这两种效应中获得,我将在本文后面部分提出这一论点。

析的起点。

考虑下面的模型建立过程,有一组技术原则上可以用来生产某种特定产品,每种技术都有固定的投入参数和规模收益。尽管为了说明的简单,我假定产品性能在这组技术下是不变的,但不同的技术有不同的投入参数,某些产品性能也可能会有差异。只有上帝才知道所有技术的投入参数(和产品性能),知道与每一组投入(和性能)价格相关的经济利益,知道任何一种市场条件下的最佳(最有利)的技术。然而,上帝并没有给我们的 R&D 决策者们赋予这些知识。他们了解的通常只是现行的最佳实际做法,他们也知道这种现行的最佳做法远不是最佳的可能做法。他们能够列举出许多尚未开发而又有可能开发的技术,但开始,我们假设我们的决策者对任何技术的经济性能一无所知,只是知道这组技术整体上具有的概率分布。

有两种不同的 R&D 活动:"研究"或"试验"活动和"设计"或"绘制蓝图"活动。前者是为了了解技术的经济特性(如技术的投入参数);后者只能在经济特性完全被掌握之后才能进行,是为了使技术对生产者或使用者具有可操作性而进行的开发工作。R&D 只有一个"回合",但有两个决策点。在回合的开始,要做出的决策是:应对多少和哪一项现在尚未研究的技术进行研究。[①] 在研究过程完成之后,决策者可以安排进行蓝图的绘制以使技术最好地发挥作用(假定

[①] 比如可以假定,根据我早期模型的思想,研究必定是以平行方式进行的(Nelson, 1961)。其他 R&D 的搜索模型假定系列持续。例如,参见埃文森和基斯勒(Evenson and Kisler, 1976)、达斯加塔和斯蒂格利茨(Dastupta and Stiglitz, 1980)。就我这里的目的而言,方法的差异并不等于结果的差异。

该技术超越现行技术的优势超过绘制蓝图的成本）。由 R&D 产生的收益是由引入更好技术带来的单位生产成本的节约额乘以产出数量,减去所发生的研究成本以及随后的设计工作成本(如果有的话)。R&D 决策者的目标是设计一种 R&D 项目以使预期净经济收益最大化。

现在考虑市场规模对所进行的 R&D 的影响。对于给定的要素价格,存在一个已知的可能单位成本节约额的概率分布,而可能的单位成本节约额是由 R&D 开发出来的技术所带来的。随着搜索阶段进行实验的未知技术数量的增加,其回报是正的,但却是递减的。这是因为被研究技术中"最好"的项目其预期单位成本节约额将随着研究数量的增加而提高,但提高的速率在递减。市场规模的扩张增大了与个别单位成本节约额相关的总成本的节约。这意味着市场越大,对未知技术的探索越多就越加合算。因而,这个模型的结论完全符合施莫克勒的观点。市场越大,就会愿意做更多的"搜索",并且从所有搜索中获得的预期技术进步就越大。

某一特定的要素价格,比如劳动工资率的增长,对最优的 R&D 项目会有何影响? 随着单位产出中劳动投入的减少,更高的工资率增加了单位成本节约额,就像市场规模的扩张一样,会"提高"生产率(在这里是劳动生产率)改进的价值。根据这个模型,工资率的提高将诱致"搜索"的增加。

然而,依据目前为止的假设,尽管生产要素的价格上升诱致更多的搜索,但并不会导致搜索方向的改变。工资提高这一事实意味着,

在所研究的技术中被认为是最好的技术,比起工资率降低那种情况
来说,将可能是更节约劳动的。但如果假定决策者事前不能分辨这
两种不同的选择情况,较高的工资率就不能影响搜索的"方向"。

现在,让我引入能影响搜索方向的知识。假定决策者知道的不
仅仅是全部可供选择技术的经济收益的概率分布,现在假定他还知
道这些已知可选技术的技术特性所采取的价值的条件分布。一项技
术的技术特性事前是明确的或者是可以无成本地观察到的,它们可
能是连续的或离散的。比如,预期经济收益可能随着重量的不同而
不同,明确界定的重量可以使预期收益最大化。也可能与颜色有关,
蓝色物品可能比黄色物品更好。这些关联因素通常并不是简单明了
的指导原则,但与仅靠随机抽样相比,它们能使决策者做得更好。

关于最优 R&D 活动的信息的作用在于它们能使决策者在从事
代价高的工作,即那些实际上开支巨大的试验和研究之前把注意力
集中于某些可选项目上。这一特征似乎正好表明,工程师在设计发动
机时会在某一具体温度和压力下进行,化学家在寻找所需化合物时会
在某一类化学药品中寻找而不在其他类型的化学物中寻找,如此等
等。实际抽取的样本技术平均说来将会比被忽略的那一部分更好。

让我来归纳一下这一思想:更丰富的知识意味着一个更好的选
择集合,这一选择集合实际上是根据随机把握上定义的"更好"得出
的。更丰富的知识(在此意义上)意味着以更低的预期成本(较少的
样本数)获得一定的技术进步,或者在给定的研究开发支出上获得更
大的预期技术进步。因此一点也不奇怪,这里所考虑的最优搜索模

型中,选择集合越好,由最优策略带来的预期产出就越高(预期技术进步越大)。然而,在最优策略中并不必然出现更多的抽样(R&D 投入)。这一结论可以看成是价格理论一般命题的一个特例:投入品生产率的提高导致最优解下的产出增加,但不一定导致更多的投入。

应当注意的是,这一观点对罗森博格与施莫克勒在有关基础知识对 R&D 配置作用的问题上存在的明显区别提供了一种不同的理解。它们可能根本不存在冲突。在这个模型中更丰富的知识至少与更快的进步相关——罗森博格的观点。然而,没有理由认为在知识基础的丰富程度和所应用的 R&D 投入总量两者之间有什么系统性的联系——施莫克勒的看法。

同时,至少在这个模型中,更丰富的知识基础不仅促进了一般的搜索效率,也提高了搜索随市场状况的良好结构而变化的敏感性。这样,如果 R&D 决策者能够事先区分出可能专门用来节约劳动投入的技术和可能专门用来节约材料投入的技术的话,相对要素价格及其变化就能影响搜索的方向。类似地,搜索也可能会受到消费者对不同产品属性的特殊需求的引导。更丰富的知识也意味着有更好的集中搜索的能力。

(三)更复杂的搜索模型

前一节概述的模型含义相当丰富,丰富到足以包含合理的"知识"特征的描述,同时也简单到足以使分析易于处理和表达明晰。我认为这个一般思想,即知识是能引导 R&D 活动的能力,是很有道理的;我还认为,当加入各种其他因素,由这种简单模型得到的许多观点依然成立。然而,把知识的特征简单地理解成是从技术特性到经济特性的对应,那就显得太狭窄了。在这一节我将定性地探讨几个稍微复杂一点的搜索模型,在这些模型中,知识将多少具有一些不同的形式。我的目的部分在于丰富对知识在发明中的各种作用的理解,部分在于展开对不同种类知识来源的分析。

1. 一组模型

首先,让我们稍微修改一下前面的模型。决策者知道许多技术特性,这些特性对了解技术的经济特性提供有力的指导。然而,这些特性事前并不明显,也不是可以无成本地观察到的。要辨识和观察它们需要花费时间和资源。但对有一些人来说,存在一些便宜而且可靠的试验方法,对另一些人则不然。在这种情况下,具有相对容易观察的经济业绩相关因素方面的知识和具有不用多少花费就能有效测试各因素作用的知识,都是非常重要的。

在上述基础上的一个更为复杂的变形是考虑这种情况:R&D 决策者事先知道,如果要技术具有所期望的经济特性,就必须存在若干种技术特性。在用老鼠进行药品试验时,试验者知道他需要一种重的、蓝色的带条纹的物品,前两个特性可能与物理和化学性质有关,最后一种可能涉及安全特性。并非所有具有这些特性的技术（药品）对人体都是有效的和安全的，但缺乏这些特性的技术（药品）肯定是有害的和无价值的。没有试验，我们的 R&D 决策者无法辨别这些技术特性。对候选技术的筛选可以有次序地进行，首先可以通过辨识许多重的化合物（通过称重），然后从颜色上加以筛选（使用显微镜），检测出重的蓝色的物质，看是否能给老鼠涂上条纹。或者可以以另一种次序进行筛选。预期成本可能与次序有很大的关系。如果其中的一种期望特性十分少见，且对它的筛选试验又很便宜，那么技术特性的研究就应当从对它的筛选开始。可见，在此情况下，既存在较好的也存在较差的 R&D 策略。具有良好的 R&D 策略知识有助于进行有效的搜索。

在接下来的例子里，有关的知识会呈现不同的形式。可能技术的集合是由某些成分的数量加以确定的。R&D 决策者肯定不知道与良好的经济业绩相关的人口统计学，但他确实知道以前搜索过的技术（化合物）的经济业绩。而且，他有某种理由认为这种联系还会持续下去。过去，当增加某一成分投入时，效果确实总能得到改善。这样，进行比普通配方更多成分的化合物的经济特性的试验会是一种明智的策略，如果试验结果有利于进行更多成分——而不是减少——的试验，如此反复进行，实际上就能找出最好的配方。通常，如果一项技术的经济特性"足够好"，那么好的策略是比最好的配方差一点，不要指望对化合物再做些许改变所得的收益会抵得上多进行一次试验的成本。然而，应当注意到，在这种情况下，在进行 R&D

的过程中,知识已经被改变了。R&D 决策者现在懂得了技术空间中其他选择的经济特性。

作为最后一个例子,让我们考虑对一个包含大量零部件设备的 R&D,比如飞机或电视机。这里,如同化学化合物的例子一样,现行技术为今天的 R&D 提供了一个自然的起点。然而,在这种情况下,现行技术可视为界定了一套可用或不可用的可获得的次级技术或部件。R&D 决策者可以选择一个或者几个部件进行研究,而放弃其他。一个关键的策略问题是,应该在哪些方向(哪些部件上)进行 R&D。与药品例子一样,在设备开发时,关于过去 R&D 成果的知识——在这个例子中是可获得的新部件技术的知识——是与 R&D 决策相关的重要知识。今天的 R&D 成果的知识对明天的 R&D 具有重要的指导作用。

让我们从对知识在 R&D 中作用的分析转到对其根据技术关联知识衡量的早期特征的描述。在多部件设备的 R&D 中,如果一个部件的适当设计对其他部件的设计是敏感的,一个特殊的问题就会出现。这种相互依赖会立即对试图重新设计出大量的部件造成障碍,除非具有丰富的知识能在事前对每一部件的可行性设计进行很好的预测,或者存在可靠的方法检测便宜的新设备模型。如果有这种丰富的知识,R&D 决策者就可以现实地考虑设备的设计,这种设计同许多设备部件的现在状况存在很大的不同。如果没有如此丰富的关联和试验程序知识,大多数脱离现行设备的设计将可能面临风险。

2. 知识的效果与来源

模型已逐渐变得复杂起来。可是,虽然有关知识在 R&D 决策中作用的各种模型存在着许多有趣的差别,但至少对我来说它们的相似性似乎更突出。来自简单模型的基本洞察仍然存在:丰富的知识意味着能够指引 R&D 活动有效开展。更丰富的知识能够从既定的 R&D 支出中获得更大的预期技术进步,或者,丰富的知识能降低任何 R&D 成果的预期成本。丰富的知识能够使 R&D 通常在更好的备选项目集合的基础上进行,并使研究中的项目更准确地反映特定的需求与需要,从而使效率得到提高。

然而,对许多不同模型的考察已使我们能够明白被各种不同方式隐藏的知识。与指导一项有效的系列搜索相关的知识包括关联知识、有效的试验知识和良好的 R&D 策略知识,包括近期 R&D 项目成果的知识,这些项目旨在特定方向上对技术做出修正;还包括可获得的为了建立新的结构的基础知识。

无疑,这些不同形式知识的相对重要性在不同时期和不同产业中是不同的。然而,我所阅读的技术史方面的著作,都认为其实所有这些形式的知识在指导几乎所有技术的进步时都是重要的。

既然 R&D 相关的知识是多元的,人们就不可期望这样的知识只有一个来源。在很长时期,在有些技术领域,通过基础科学研究得到的科学知识对 R&D 项目预先的有效选择与集中起着巨大的帮助作

用。只要具备热力学第二定律知识就可排除一些假定的设想；关于
电和磁之间关系的知识进一步缩小了可能的电机系统的范围；最近
关于超导的研究为探索有前景的设计途径提供了启示。基础科学也
为设计经济而有效的试验提供了所需的知识。在科学上应用范围广
泛的技术，也许在科学原理上不易理解，但能经济、可靠地对物质和
设备的性质进行筛选。我们在中学用过的石蕊试纸试验或许就是一
个最简单的例子。

基础科学研究在很大程度上受到对一系列基本科学问题的知识
进行探索的内在逻辑的引导。这些问题通常不是用推进某种特定技
术进步所需的知识来加以确定的。然而，存在大量的所谓应用科
学，它们的研究导向直接与技术问题和机会相联系。公司实验室
和大学都在探索这些领域中的问题。工程、生物医药和农业科学
就是例子。理论性的探索可能相当深入，如威廉·肖克利（William
Shockley）对半导体中空穴与电子的研究；或对超音速飞机的音障
特征的研究；或对特殊疾病病因的研究。我认为，在许多技术进步
一直十分迅猛的领域，一个重要的贡献因素在于发展起专门化的
应用科学。

知识不只来源于特殊的知识探索活动，知识也可以是搜索新技
术中获得的副产品。关联知识和有效的试验技术知识随着经验的积
累而增长。人们在成功和失败的过程中学会有效的 R&D 策略。以
往的成功和失败为今后的探索提供了线索。应用性的 R&D 体系本
身既产生新知识，也创造新技术。

（四）累进的技术进步与
公共及私有知识

前面的分析是与经济学家感兴趣的许多话题相关的。接下来我们讨论两个问题,一是分析由技术进步推动的持续的生产率增长;二是在竞争行业持续的技术进步过程中公共知识和私有知识的相互结合。

1. 累进的技术进步

最近的几个关于由技术进步推动的长期生产率增长的模型包含了"知识"资本存量的思想。知识资本存量由对当前的 R&D 支出积累而得,当然,知识存量也可能贬值。例子可参考格里利切斯(Griliches, 1979)和曼斯菲尔德(Mansfield,1980)的文章。然而,"知识"资本存量所表示的确切含义以及它影响生产率的方式,还存在着问题,它们还没有得到认真的研究。前面所论述的关于 R&D 和知识的观点反映了这方面的一些问题。

把一个产业中持续的 R&D 支出看成是在购买一个持续的搜索回合序列,这也许会有所帮助。如果接受这一观点,前面的分析意味着,人们应该区分在一个 R&D 回合过程中获得的新技术与得到的用来指导下一步 R&D 的知识,即使人们承认前者可能会对后者有所贡献。已经考察的那些搜索模型表明,几种相当不同的持续技术进步类型与不同的知识演化假设有关。这些不同的模型可能适用于不同的产业。

假定今天这一轮 R&D 项目独立于上一轮的项目,那么,就可能用本章第二节谈论的那种简单搜索模型来解释持续的技术进步,除非存在这样的事实,即由于上一轮得到的收益迫使这一轮定出更高的目标。如果可能技术的集合被限制在经济空间范围内,如果产品需求曲线和供给曲线不随时间而变化,如果指导搜索的知识保持不变,这个模型将显示 R&D 的预期收益递减,而且,到达某一点之后,R&D 将停止获利。尽管每单位 R&D 投入可获得的技术进步会日益变小,但需求的增长会使这一时期延长,也许会无限延续下去。简言之,这一搜索模型显示出 R&D 收益递减,这是大多数模型具有的特征,在这些模型里,R&D 导致了越来越多的知识资本存量。

如果随着时间的推移,与 R&D 相关的知识增长了,比如说大学研究成果改进了"关联"知识,那情况会怎样呢?由提高搜索效率而获得的知识进步为搜索报酬递减提供补偿。"基础研究"(如果我们可以这样称呼的话)提高了应用性研究与开发的生产率:这一结论又一次与决定论模型的结论相一致,后者将基础研究与应用研究视为互补。

然而,搜索模型的逻辑表明,更好的关联知识可能会对应用性R&D 具有两种相当不同的效应。更丰富的知识可能会产生更好的集中搜索的能力。比如,人们也许已经了解,在已知的相对比"黄色"

技术集合大的"蓝色"技术集合中,蓝色条纹的子集非常大。应用性R&D 将在蓝色区间上持续,但会行进到更集中于其中带条纹的子区间。另一种情况是,人们也许会发现,虽然黄色技术的集合相对较小,但带条纹的黄色技术子集的元素非常多,那么,R&D 的重点会从蓝色技术区间转向黄色技术中带条纹的子区间。随着晶体管取代真空管,其后放大器的 R&D 就完全集中在半导体上。

在上述模型中,技术进步有时持续集中在某一特定的技术群,有时会带来"革命"性变化,也就是事实上会形成一个全新的产业。然而,这种特征的描述并没有抓住与技术进步相关联的性质,这种性质似乎是许多技术发展史所具有的特点。对许多技术而言,新技术不仅比旧技术更好,在某种意义上,新技术是从旧技术演化而来的。

在前一小节中讨论的模型提供了对这种现象的解释。其中后面的一部分模型中,进行应用性 R&D 这一活动不仅导致了新技术的产生,而且增进了知识。前一轮的技术进步为下一轮的进步奠定了基础,这是确定无疑的。

在有些情况下,关联知识已经得到加强和深化。在蓝色化学物品集合中探索能够继续获得收益,由于最后两种好的物品都具有条纹,那么下一次将搜索集中于未经试验的蓝色带有条纹的物品就可能是有意义的。在最后一轮,更大的压力会继续产生出更好的效果,那就有可能会试图进一步增大压力。发现了迷宫的附加部分,也就为破解迷宫开启了希望之门。新的、功率更大(压力更高)的发动机的出现意味着,为了更好地利用新发动机的能力,也许值得重新设计飞机机架。这些进步第一方面意味着认识上的某种改进；第二方面涉及一些关于什么有效、什么无效的简单知识，这些知识通过一些简单外推方法获得；第三方面涉及操作技术中的可获得部分的知识。不过，所有这些都是上面考察过的一般意义上的知识的形式。它们都为以后的搜索方向提供了线索。

这种知识的一个值得注意的特征是，它们不是来源于大学的基础研究——大学里的科学家有着很浓厚的兴趣发表他们的成果——而是来源于公司，公司不仅对新技术有特别的兴趣，对所创造的指导下一轮 R&D 的知识也有特别的兴趣。

技术通常具有专有性，这一事实意味着，对技术演化的上述分析必须加以修正，承认不同的公司开发和使用不同的技术。如果与下一轮 R&D 相关的知识也是专有的，那么对前沿技术进步的分析也必须考虑各公司所知道的知识。然而，在我的印象里，在相当大的程度上，与下一轮研究相关的知识——甚至是通过公司 R&D 获得的知识——已经被公开。如果确实如此，这是一个很有意思的现象。现在转而讨论技术的公共性和专有性。

2. 技术知识的公共性和专有性

经济学家们对待技术知识产权的态度，明显地存在分歧。在标准的微观经济理论里，技术知识假定是所有人都可获得的。上面讨论的大多数增长模型也隐含地认为技术知识是公共的。另一方面，在分析专利制度或企业间技术竞争的影响时,经济学家又把技术知识(至少是某些方面的)视为专有的。

我认为,技术知识既有专有性的一面,也有公共性的一面。虽然它们之间的界限并不清晰,但承认这一点很重要。这种区分部分来源于导致专有和公共知识的工作类型差别,也来源于这类工作中不同组织的专业化。由此,在许多经济学家的头脑中似乎存在这样一个模型:科学是由大学里的科学家所从事的,科学形成了发表的公共知识;而发明是由工商企业里的发明家所从事的,结果出现可获专利的专有技术。这样的理论有一定的道理。然而,如前所述,一些工商企业也从事"科学"活动,一些普遍有用的知识可能是发明的副产品。技术(Technology)一词是由两个词根合成的术语,一是"technique",它表示做事的方式;二是"logy",指的是理论。有趣的是,甚至在竞争性产业中,组织机制经过发展已经呈现这样一种倾向:即使技术可以保持专有,理论也是公共的。

专利制度确立了技术的合法产权,也成为一种使之与技术相关联的理论公共化的手段,这显然是专利制度的意图。我认为,专有技术和公共理论的区别源于专利申请的许多安排,或是或多或少的自动专利许可。某企业免费给予其他企业使用其发明许可,其目的肯定不是放弃专有技术。相反,它能够使这一产业中所有的公司在下一轮的 R&D 中,探索有前景的领域里的新事物,而不必担心自己一旦有了什么有意义的新发明会被指控侵害了别人的专利权而遭起诉。

来自竞争企业的 R&D 科学家们在专业学会的会议上提交论文。

他们在午餐时碰面,交流"理论"前沿发展的信息,但会尽可能地避免泄漏本企业当时正在开发的具体技术的细节。[①] 从社会角度来看,这种在保持技术产权的同时让理论公开化的做法具有相当重要的意义。虽然,这肯定会因一些具体技术使用上的限制而造成一些净损失,以及在发明或围绕他人专利进行发明的竞赛过程中出现浪费,但我认为,相对于将这些有利于下一轮 R&D 的背景知识基本上保持专有所引起的社会成本来说,这些成本是比较小的。

企业想要对新发明确立专有权的理由是相当清楚的。但企业把它所创建的一般技术知识不断地公开化的理由以及保证这一情况持续存在的源泉则显得复杂一些。部分原因在于私人谈话中这种信息的公开是为了换取更多的信息,部分原因在于这样可以在更大范围的科技圈里建立和保持科学家个人或公司实验室的声誉,有利于科技人力资源的引进和保有以及促进资本的筹集。但公司之间关于实现理论公开化的协议可能是脆弱的。至少在某一时期,单个公司公开其新理论也许收获很少,而损失却相当大。

划分技术演化中的公共和专有知识的界限是经济学家很少关注的一个论题。由于其他学科不太需要区分公共与专有,其他学科的学者也一直没有对这一论题进行过任何详尽的探讨。我坚持认为,在以技术快速持久进步为特征的产业里,企业自身创造了大量的理论,而且公开了这些理论。这肯定是一种值得研究的现象。

---

① 罗杰斯(Rogers, 1981)对为硅谷不同公司工作的 R&D 科学家和工程师间的相互交流进行了精彩的研究。

七、科学与发明之间的联系：
晶体管案例[*]

（一）引　言

本文描述了美国贝尔电话实验室所开展的工作。这些工作促使了 1948 年晶体管的发明。晶体管的诞生，以及这一过程中所涉及的科学与技术之间的复杂联系，正是本文所考察的主要内容。晶体管无疑是 20 世纪最伟大的发明之一。本文在阐述其诞生历史的同时，也将考察贝尔电话实验室——20 世纪最著名的工业实验室之一——在它全盛时期的运行状况。

本文最初写于 1960 年。虽然当时晶体管的应用前景已初见端倪，但人们还是无法预见以后的发展，主要是集成电路与微处理器的发明，它们彻底改变了微电子学面貌。但在本文中，关于后两项重要

　　* 本文最初在理查德・R.纳尔逊所编的《发明活动的速度与方向》(*The Rate and Direction of Inventive Activity*)一书中发表。普林斯顿：普林斯顿大学出版社为国家经济研究局出版,1962 年,第 549—583 页。

发明的故事我们暂且不论。

我所关注的是在贝尔电话实验室里所发生的一系列事件。当时,贝尔电话实验室归美国电报电话公司(AT&T)以及西部电气公司(Western Electric — AT&T 公司的生产企业)共同所有。美国电话系统当时是一个受管制的私营公共事业系统。AT&T 在实行纵向一体化的同时,实际上设计和制造了美国全国电话系统中使用的所有设备,它实际上拥有了全国的电话系统。那时,贝尔电话实验室开展了广泛的基础研究,由此发明出晶体管,同时也在应用研究、系统设计和工程领域中做出了重大研究。这些成果清楚地表明,技术导向的基础研究与应用研究开发相结合具有特别的优势。

本文以下描述的活动是在 AT&T 对电话业垄断的背景下进行的。作为反托拉斯的结果,AT&T 从那时起已经解体,在很大程度上已从长期基础研究中退出,但这不属于本文讨论的范围。

在下面的论述中,我们将保留事情的原貌。

(二)贝尔电话实验室与晶体管

尽管希望本文的分析具有广泛的适用性,然而这篇论文主要是一项个案研究,即对促使晶体管发明的研究工作和对主持这项研究的机构——贝尔电话实验室进行考察。

贝尔电话实验室由美国电话电报公司和西部电子公司——

AT&T 的生产公司共同所有。该实验室共有 11 000 名员工,其中,大约 1/3 是技术人员,1/3 是技术助理,其他是职员和后勤人员。在实验室里,约有 85% 的专家致力于电话系统和军用的特殊设备和系统的开发。大约有 15% 的专业科学家和工程师(约 500 人)组成了一支研究队伍,在主管研发工作的副总裁威廉·O.贝克(William O. Baker)领导下工作。贝克直接向实验室总裁詹姆斯·B.菲斯克(James B. Fisk)负责。在贝克的预算中有一大部分用于资助科学研究,而这种研究与任何具体的实际目的并不相关。本文所关注的正是这种研究工作。

晶体管是在贝尔电话实验室 1946 年开始的一个研究项目中获得发明的。晶体管与李·德·福里斯特(Lee De Forest)半个世纪以前发明的真空三极管相比具有几大优点:它比真空管体积更小;在做同一样工作时,消耗的能源少得多;在许多应用方面晶体管的耐久性也好得多。当然晶体管也有缺点,那就是它比起真空管对温度的变化要敏感得多;目前晶体管在高频电子及处理高电压方面的性能也不及真空管。到目前为止,在晶体管制造时质量控制方面的问题已被证明是非常严重的。

晶体管最重要的影响并不在于其作为一个元件在已有的产品中取代了真空管,而在于比起它之前的其他原件,晶体管更为经济。随着电子组件应用的不断增加,晶体管的这一优势显得尤为重要。小型电子计算机就是一个很突出的例子。如果没有晶体管,相同功能的电子计算机的体积就会大得多。一方面的原因是真空管比功能相同的晶体管的体积要大得多,另一方面,真空管对散热的要求高很多。例如,几乎所有我们新研制的航空、导弹发射以及火力控制系统使用的都是晶体管。控制卫星运行的计算机使用的也是晶体管。如果没有晶体管,在科学、工程学以及管理控制上作用日益增加的大型计算机就会变得昂贵得多,从而使得它们现在的许多功能都将在经济上变得不合算。

因此,晶体管的发明促进了增长,其中包括大范围的产品发明和创新,这些产品采用晶体管作元件可获利更多。晶体管也诱发了旨在减小附加电路元件体积的研究和开发工作。比如,许多印刷电路方面的工作无疑就是如此。进而,正如我们将要看到的,导致晶体管发明的研究工作也带来了大量其他全新的和改进的半导体仪器。这样,如果认为一项发明的重要性的标准之一是其所引发的其他发明的数量,那么根据这一标准,晶体管确实是一项重大发明。

虽然晶体管在更复杂的电子设备和对体积要求十分严格的设备(如助听器及便携式收音机)中发挥极其重要的作用,但它并没有在所有用途上都超过真空管。真空管的销售额依然几乎是晶体管的两倍。在现有的成本下,在那些对体积和效率并无严格要求的大部分工作中,真空管比起晶体管仍要经济得多。而且,自从晶体管诞生以来,真空管的性能也有很大的改进,其中有许多改进确实是晶体管的竞争刺激的结果。几乎没有什么发明能在一夜之间消灭所有的竞争对手,晶体管也不例外。但仍有理由相信,晶体管可能是 20 世纪最重要的发明之一。

1. 晶体管的历史

（1）在贝尔实验室半导体项目之前的半导体研究历史　晶体管是一种半导体元件。在贝尔实验室所进行的促使半导体发明的研究工作是在几代科学家建立的半导体科学知识基础上发展起来的。卡尔·波普（Karl Popper）认为，任何时候的科学知识状态都是观察和概念体系的积累，这些体系已经经受了时间的考验，并且被证明在解释和预测方面仍然有效。[①] 现有的知识状态是一种思维进化过程的结果。因此，为了使人们理解二战后贝尔电话实验室开展的研究工作，勾画出早期半导体研究的历史是十分重要的。[②]

元素锗是一种半导体。除锗之外，还存在其他一些半导体，包括硅以及大量的化合物，如铜氧化物及锌氧化物。1900 年以前，许多科学家和电学实验者都知道这些金属有一些不同寻常的性质。特别是，如同"半导体"的字面含义一样，这些材料虽然能导电，但其导电性能却不如金属等导体。人们还知道，这些材料的电阻随着温度上升而降低。这就是说，当这些材料本身温度升高时，其导电性能也随

[①]　参见波普（Popper，1959）。后来的历史主要取自皮尔逊和布拉顿（Pierson and Bratttain，1955）的文章。

[②]　在对半导体的差异获得理论上的理解之前，半导体的类型已经被命名了。请注意，对于第一种类型的半导体，当金属相对于晶体带正电时，整流接触器是导电的，因此它可被称为 p 型半导体。类似地，第二种类型的半导体被称作 n 型半导体。如果这样命名的话，这种称呼就与对半导体的理解相抵触。这与 19 世纪早期电学理论中的情况十分相似。在电学理论中，富兰克林关于电流方向是从正极流到负极的约定也妨碍了人们对电流的理解。

之提高。这一令人迷惑的性质,把半导体与其他导体,如金属,区分开来,后者在温度低时更容易导电。当时人们还知道,有时电流在这些材料中从一个方向通过比从另一个方向通过容易。换句话说,这些材料能整流。

在本节中我们将看到,这些现象以及其他一些现象是如何逐渐地被人们所认识的,有关研究工作是如何把 N 型和 P 型半导体区分开来,以及人们是如何逐步意识到在一个半导体中既有电子又有所谓"空穴"这一事实的。我们也将看到,在第二次世界大战开始之前,研究者们是如何逐步地了解到半导体在许多方面都具有令人满意的作用。我们还将看到,"少数"载流子这一重要的概念当时被人们所忽视。这为分析贝尔实验室的研究工作提供了基础,这种研究工作导致了晶体管的发明。

(2) 必要的术语和概念 为了了解半导体研究的历史,有必要熟悉一些术语和概念。因此在我们叙述这段历史之前,让我们首先考虑一些有关半导体方面的现代理论。

现代理论认为,半导体是一种晶体,它包括两种不同的电流载流子——电子和空穴。电子带负电,空穴则被认为可能带正电。空穴以及能够自由传送电流的电子的数量随着晶体温度的提高而增加。这解释了为什么半导体温度高时更容易导电这一性质。但半导体的这一性质曾使 19 世纪与 20 世纪之交的研究者们大为疑惑。

半导体的纯度对半导体中空穴和电子数目各自所占的比例是非常敏感的。如果我们在一块锗晶体表面涂上其他元素,就会使得空穴和电子之间的比例发生巨大的改变。在有些半导体中存在着更多的电子(负电载流子)。这样，电子就成为"多数"载流子，而空穴则成为"少数"载流子，这种晶体被冠以一个非常方便的名字——n 型(负的)半导体。在另外一些晶体中，空穴则成为多数载流子，这类半导体则被称为 p 型(正的)半导体。

如果将一块 p 型晶体和一块 n 型晶体两端相连结，就组成了"p-n 结"。这种 p-n 结在一个方向上导电比从另一个方向上导电要容易得多，换句话说，p-n 结是一个整流器。对 p-n 结整流功能的理论解释依赖于这一事实：即 p-n 结的一端(n 型晶体这一头)的大多数载流子带负电，另一端(p 型晶体这一头)的大多数载流子则带正电。这一解释使得少数载流子的概念变得毫无用处。然而，正如我们后面将要看到的那样，在晶体管的工作过程中少数载流子起着关键作用。如果不理解存在着少数载流子和多数载流子这一事实，也就不能理解晶体管的工作原理。

(3) 第二次世界大战之前的研究　让我们再回到我们的论述中来吧。尽管在 1900 年以前，许多科学家知道现在我们称之为半导体的材料具有一些有趣的性质，然而他们并不知道这些材料为什么会有这些性质。无线电工业的诞生，产生了对性能优良的整流器的需求。很早的时候，触须(cat's whisher)整流器(半导体)就被广泛地使用了。但在很大程度上由于人们对真空管整流器更为了解，使得人们对整流器可能进行的改进有了更明确的思路，在 20 世纪 20 年代及 30 年代初半导体整流器的重要性相对于真空管整流器下降。

然而,在这一时期,关于半导体的研究工作并没有停滞不前。大量的实验清楚地表明,在一些半导体中载荷体似乎表现出带有正电,并且有几位科学家开始相信存在着两类完全不同类型的半导体。

在 20 世纪 30 年代,从事无线电微波和传输研究的研究者转而关注高频电波。通常来说,普通的真空管整流器在高频电波中并不能很好地工作。于是研究者又开始注意晶体检波器,接着又展开了对半导体的研究工作。在这种情况下,对半导体的研究获得了长足的进步。生产高纯度硅的技术得到了提高,而且冶金学家已经懂得,如何在生产出来的硅中准确地添加经测算出来的一定含量的其他成分。在贝尔电话实验室,人们了解到,如果将硅块涂上某些元素(砷、磷、锑),则只有当晶体相对于金属来说带负电时,这种整流器才能很好地导电。而如果硅块表面涂上其他某些金属,则只有当晶体相对于金属来说带正电时,这种整流器才能很好地导电。第一种类型的半导体逐步被人们所了解,人们称之为 n 型(因为带负电)半导体,而第二种类型的半导体则被人们称为 p 型(因为带正电)半导体。[①]

由此,贝尔电话实验室和其他一些地方的科学家们在二战前对 p 型和 n 型晶体做了大量实验,并已经开始这样称呼这两种晶体。同样在二战前,许多科学家们正在考虑研制一种半导体放大器。对放大器研制前景的论证主要也是根据简单类似的原理。其论证的基本形式是:真空管能够起到整流作用,而且在栅极引入后,还能起到放

[①] 本节所使用的材料有几个来源,其中最重要的是肖克利和巴丁获得诺贝尔奖时的演讲。

大电流的作用;半导体也能进行整流,这样,在一定程度上半导体也能对电流进行放大。确实,有几位研究者建议在半导体二极管中插入一个栅极,但是由于整流区域极其狭小(整流过程发生在非常接近触须整流器表面的一个区域,或者在一个整流器的 p-n 结上),因而这些提议难以实现。

与此同时,我们在上文曾描述过的、能使半导体的工作原理得到更好理解的概念体系也在逐步发展成形。20 世纪 20 年代期间在量子力学上的新发展,推动了 A.H.威尔逊(A.H. Wilson)关于固体半导体的量子力学模型的建立。这一模型于 1931 年正式对外公布。威尔逊的模型为 n 型和 p 型半导体差异的理论解释提供了基础。但是,尽管这一模型为世人所熟知,在二战结束前却几乎没有科学家看到这一点。实际上,直到战后,在贝尔电话实验室开展的研究工作中,这一模型才被推广应用到包了一层涂料的锗和硅上。另外,也是十分重要的一点,尽管这一领域的科学家知道,或者从他们对上述理论的直觉上应该知道,每一个半导体都有正和负的两种载流子,但他们的注意力仍几乎全部集中在多数载流子上。这样,n 型锗就被描述为其中的电子带电,p 型则是其中的空穴带电,而少数载流子则被科学家们所忽视了。其实,就像不能缺少多数载流子一样,晶体管的工作同样不能缺少少数载流子,但在人们将两种载流子综合考虑之前,对半导体的理解一直受到严重阻碍。

威尔逊并不是物理学家,然而有趣的是,他在 20 世纪 30 年代中期写成的一篇著名论文包含了大部分对半导体进行深入理解的要点,而当时几乎所有的科学家都没有发现这些要点。在经济学理论中类似的例子是团队理论的提出。直到二战开始之时,科学家们才对半导体若干方面有了相当深入的理解,对整流问题的认识也步入正确的轨道。此时,重要的理论基础已经奠定,但少数载流子这一现象仍被人们所忽视。对许多在这一领域从事研究工作的科学家们来说,取得重要突破的时机看起来已经成熟。

2. 贝尔电话实验室研究项目

(1)项目的开始 在本节中,我们将追踪贝尔电话实验室所展开的研究工作,这一研究工作促使了晶体管的发明。我们将看到,在第一个固体放大器的研制过程中遇到的困难(这些困难激起了肖克利的研究兴趣)是如何导致一系列实验的。相当出人意料的是,这些实验使得晶体管的效果得以发现,同时还导致了点接触晶体管的发明。我们还将了解到,在人们试图解释晶体管效果的过程中,少数载流子这一概念是如何逐步成为人们关注的焦点,以及这一概念是如何导致结式晶体管的发明。①

早在二战前很久,贝尔电话实验室就已经在半导体领域进行了深入研究。贝尔电话实验室在量子力学上进行研究的传统是十

---

① 其他几项关于基础研究的考察也显示出与晶体管发明的历史大致相同的模式。例如,参见科恩(Cohen, 1948)、科南特(Conant, 1951)和史密斯(Smyth, 1948)的研究。许多其他的参考资料可以被引用,尽管很少参考资料是关于具体研究项目细节的。

分深厚的。一些展示电子运动波状特征的实验，就是 20 世纪 30 年代在贝尔电话实验室由克林顿·J.戴维森（Clinton J. Davisson）主持进行的。而戴维森和英国的 G.P.汤姆森（G.P. Thompson）因为他们的研究成果一起荣获诺贝尔奖。在 20 世纪 20 年代，威廉·肖克利（William Shockley）、沃尔特·布拉顿（Walter Brattain）和迪安·伍尔德里奇（Dean Wooldridge），还有其他拔尖的固体物理学家也被引进到贝尔电话实验室工作。在实验室冶金部工作的研究人员，在纯晶体生产的许多技术进步中发挥了主要作用。J.H.斯加夫（J.H. Scaff）和贝尔电话实验室的其他一些人所进行的实验则使 n 型晶体和 p 型晶体得以命名。而且，贝尔电话实验室二战前在这一领域开展的工作导致了性能更好的晶体整流器、热敏电阻（一种重要的电路元件，它的电阻随温度而降低）以及其他一些电路元件的开发。

在第二次世界大战期间，贝尔电话实验室关于半导体的研究工作仍在继续。但在战争期间，工作当然是必须服从战争安排，贝尔实验室的一些科学家转到了其他地方工作。半导体知识及技术在战时雷达方面的研究工作中发挥了重要作用。在贝尔电话实验室和普度（Purdue）大学，性能更好的整流器的开发推动了对锗和硅的研究，而且在高纯度晶体的生产技术和给它们紧密地涂上一层特定物质的技术上也取得了重大的突破。

在 1945 年夏天，随着战争即将结束的形势逐渐明朗，贝尔电话实验室也开始采取措施，使之平稳地过渡到以和平时代为基础的研究上来。在战争期间离开过贝尔实验室的肖克利深信，贝尔电话实验室应该加强它的固体研究工作。他征询了当时的研究主任 M.J.凯利(M.J. Kelly)的意见，而且其他人也十分赞同地一致认为，把大量从事过固体物理研究的科学家集中在一个部门，并引进一些新的人才，将是贝尔电话实验室一项很不错的研究策略。在由肖克利和 S.O.摩根(S.O. Morgan)领导的固体物理研究组中，有一个小组(其中包括肖克利)从事半导体的研究工作。人们已经意识到，固体装置，尤其是半导体，在通信技术中的作用正日益增加，这就使得贝尔电话实验室有必要在这一领域中投入更多的精力。人们同时还看到，对半导体认识的加深，包括对量子力学模型含义的进一步掌握，已经为这一领域中的重大突破奠定了基础；同时，按照严格的规格生产晶体的技术也预示着与理论模型相吻合的材料即将被生产出来。人们还相信，对半导体的研究还很可能导致整流器以及热电子、光电子设备的改进。进而，肖克利深信，他对固体放大器的研制将取得成功，他的热忱也感染了其他同事。

肖克利和摩根在引进人才方面拥有一定的权力。布拉顿(Brattain)和皮尔逊(Pearson)正是被他们说服而加入半导体研究小组的。约翰·巴丁(John Bardeen)也是从外面加盟进来的。后来物理化学家 R.B.吉布尼(R.B. Gibney)和电路专家 H.R.摩尔(H.R. Moore)也加入了这一小组。组建一个特别的固体物理研究组主要是出于这样一种考虑：对相关问题感兴趣的所有物理学家、化学家及冶金学家之间的相互影响会促进认识的提高；同时一个独立研究组有利于彼此交流和互相帮助。但是，如果认为 1946 年后所有在贝尔电话实验室进行的有关半导体的工作都是由这一小组进行的话,那就错了。在整个时期,冶金部的研究人员就一直在寻找更好的晶体和整流器的制造方法。在肖克利小组和这些冶金学家们之间存在着相当程度的相互促进。而且,在整个研究过程中,人们会不时地转换具体工作领域。总的来说,对晶体管发明超过重大作用的科学家大约有 13 位。

我们已经看到,推动贝尔电话实验室在晶体管这一新项目上进行研究的动力是相当明确的。贝尔实验室相信,在这一领域中很可能会取得科学知识的重大进步,而且知识的进步对改革通信技术很可能是富有成效的。一个可能的成果是放大器的出现,也极有可能出现整流器、热敏电阻及其他固体装置的改进。正是由于这些可能出现的有用成果的范围十分广泛,从而使得这一项目颇具吸引力。科学家在这一项目上的研究动力当然就更复杂了。几位参与其中的科学家对他们的工作可能导致的实际应用并不很感兴趣。他们的研究兴趣几乎无一例外地是为了对有关半导体的知识有更多的了解。小组中的其他一些人关心实际应用,也关心基础科学。肖克利的兴趣是多元的。作为一个理论家,他着迷于发展一种优秀的半导体理论前景,他也同样着迷于固体放大器的研究前景。这样,肖克利的工作就走上了一条理论和实用两者兼顾的道路。在半导体研究小组里,各种工作都被很好地分配和组织,从而为放大器的发明铺平道路。这似乎在很大程度上是由于肖克利影响的结果。但是,要区分这一影响多少是出自"权威",多少是出自肖克利以自己的兴趣感染他人的能力,则很难说清。

（2）导致发现晶体管效果的研究　从广义上讲,半导体研究项目的一般科学目标是为了在原子理论的基础上,而不是从经验上获得尽可能完整的关于半导体现象的知识。威尔逊的研究是一个重要的开端,正如我们所看到的,一个坚实的理论基础已经部分地建立起来,尽管在对涂了一层涂料的锗和硅的认识中仍未充分利用到这一点。我们事后才认识到,在理解涂了一层涂料的晶体的过程中,最重要的障碍就是没有考虑到少数载流子,即这种 p 型锗中的电子和 n 型锗中的空穴的流动。另外(尽管在本文中没有讨论),这一领域的研究者对晶体的表面状态也研究得不够。他们并不知道,一个固体表面的性质可以(而且通常如此)不同于晶体内部的性质。

在固体物理学研究项目开始的头几年中(我们这里所讨论的那几年),肖克利-摩根研究组一年拥有约 50 万美元的预算经费,大约能支持 20 至 30 位科学家的研究工作。在这一研究组中,和肖克利一起研究半导体的可能不到一半。半导体研究组的工作一开始集中于锗,而后才拓展到对硅的研究,这其中的原因主要有两条:其一,当时正处于发展中的理论对于理解单纯的晶体更容易、更清楚;其二,在贝尔电话实验室的冶金学家研制出了生产高纯度的锗晶体及将其他物质按特定的量加入晶体中的方法。在 1945—1946 年间,在晶体的生产上,科学家们又做了大量实验。在这些实验中,人们对半导体中的其他物质又有了相当多的了解,而且整流器的研究工作也已经展开。在这一项目的早期,人们的研究兴趣非常广泛,但大量的工作主要是集中于固体放大器的研究上。

在贝尔电话实验室开展半导体研究的早期阶段,肖克利的关于放大器的可能制造方法的想法发生了变化。开始,他认为应把一个栅极放大整流区(极为类似于真空三极管),而后来,他转而认为,应该在不与内部物质直接接触的情况下将一个电场从外部塞入,从而对半导体中能够移动的电子数量施加影响。肖克利在很大程度上以他对威尔逊模型的扩展为基础,对这种电场影响的效果做了一些估算。这一估算表明,根据他的这一新思想而设计的设备能够起到放大作用。1946 年和 1947 年,他设计了一系列的实验以检验按照这一想法制造出来的小配件是否能如预想的那样工作。但是这些实验并没有获得成功。有时候甚至连产生效果的迹象都没有出现。而当正确的迹象发生时,其效果差不多也只有理论效果的千分之一。

为了解释这种否定的实验效果,巴丁提出,电场所影响的电子可能在硅晶体中并不能自由移动,而是被限制在晶体的表面,他称这种状态为表面状态。这样,电场的应用就不能对半导体中自由带电载流子的数量产生重要的影响。其他的一些科学家,包括肖克利本人,以前曾经提出过在一个固体的自由表面出现表面状态的可能性,但没有人意识到这一现象对于半导体性质的重要性。巴丁的理论能够非常有效地解释场效应实验中放大器研制失败的原因,而且还能增进人们对半导体结点处和金属(触须)整流的认识。但这不是我们讨论的目的,因而没有必要对其做进一步的描述。

对于我们的目的来说重要的是,为了检验巴丁的理论,并且尝试找到一种能使表面状态中性化的方法,从而使得有效的场效应放大器能够被研制出来,肖克利、巴丁和布拉顿在小组中的其他同事的协助下进行大量的实验,其中所反映出来的物理现象似乎还引起了人们的极大兴趣。

巴丁和布拉顿所进行的一系列实验在我们的论述中起着关键性的作用。这些实验终于产生了电场效应下可以观察到的电流放大现象。但是更重要的是,在其中的一个实验中,一块锗晶体上的两个电路触点靠得很近(见图7.1)。进行这一特殊实验的目的在这里并不重要,重要的是,这一实验是在人们并没有期望它能产生最重要的结果的情况下进行的。在这一实验过程中,人们观察到如果将A电池连接起来,则B电池所在的回路中的电流会增加。这套装置确实起到了放大电流的作用。这是第一次指明晶体管的效果。

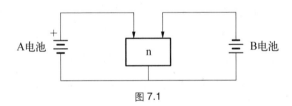

图7.1

这一项目的研究者们都充分意识到了他们这一发现的重要性。这一实验至少部分是由让一个场效应放大器能够工作的愿望所激发的,最后它却导致了在非常不同的原理下进行工作的放大器的发明。这种放大器在接下来的工作中得到了进一步改进和完善,后来逐渐被称为"点接触"晶体管。

图7.1中,把A回路连接起来,B回路中的电流会增加,这一现

象的最明显的解释就在于,空穴从左端顶部的接触点流向下右端顶部的接触点。现代解释中的关键概念就是晶体中的少数载流子——n型锗中的空穴的流动。尽管后者当时没有马上被人们认识到,但最后还是被逐步地接受了。

在本文中,关于1947年后期和1948年早期点接触晶体管发现的描述显然太过于简单,而对于解释它的那些理论的发展过程的描述又过于条理化以至于有失准确。的确,现在仍然缺乏定量理论能充分解释点接触晶体管的工作原理。但是对我们来说,重要的是,在这些实验中人们是以放大器为研究目标的,但他们却对目标之外的现象进行了观察,并从这一现象中发现了设计一个与他们预想完全不同的放大器的可能性,他们还根据少数载流子的思想解释了这种新放大器的工作原理。

对少数载流子在半导体电流中重要性的认识,又对肖克利提出另一种放大器——结式晶体管的设计方案起了关键性的作用。这样,该场效应实验导致了两种放大器的问世。它们直接导致了点接触晶体管的发明,并且还从理论上使得结式晶体管得以问世。

（3）结式晶体管　肖克利在1949年花了大部分时间撰写他的《半导体中的电子与空穴》一书。该书中的许多内容都为理论物理学作出了贡献,在书中他描述了结式晶体管的工作原理。正如我们所看到的那样,与点接触晶体管的发明部分是出于偶然不同,结式晶体管的问世完全是基于理论上的预测,然后才研制出来的。本质上讲,在这一过程中,理论就是发明。

一个 n-p-n 结式晶体管包括一块锗晶体和一块硅晶体,它的两个 n 区由一个较薄的 p 区隔开(见图 7.2)。与 n 层、p 层、n 层分别连接的接点分别被称为发射极、基极和集电极。肖克利指出,A 回路中电压的升高可以引起发射极与集电极之间电子流动的增加,这些电子都流经中间的 p 区。这样他就证明了,由于存在着适当的电池偏压,B 电路中的实际电压的变化将会超过 A 电路中诱因电压的变化。或者可以说,晶体管具有放大作用。

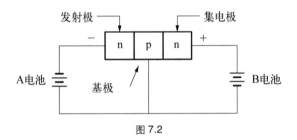

图 7.2

请注意,少数载流子——流经 p 型区的电子(由 n 型发射区注入)——对于结式晶体管的工作具有关键性的作用。只要空穴在 p 型锗晶体中能够导电,晶体管就不能工作。正如我们所见,正是由于人们偶然发现了点接触晶体管,人们才将注意力集中到少数载流子上。在实验导致了点接触晶体管获得发明之前,肖克利并没有清楚地看到少数载流子的重要意义,但是他一旦注意到这一点,就很快发现了如图 7.2 那样连接的 n-p-n 结能够放大电流。

(4)晶体管效果发现后的研究　晶体管效果的发现以及随后的点接触和结式晶体管的发明,使得人们更为密切关注半导体研究小组的研究兴趣。半导体研究小组的研究经费来自固体研究组的拨款，尽管固体研究组的总预算在这一年左右的时间内并没有大幅度的提高，但是肖克利-摩根小组投入半导体研究的努力却不可置疑地提高了。更进一步地，在点接触晶体管诞生后的很短时间里，在 J.A.莫顿（J.A. Morton）领导下的一个专门的半导体开发小组迅速成立起来。对冶金方面的研究的投入也因此有了增加。

我们已经看到，在半导体研究小组中，肖克利集中精力发展半导体中空穴和电子的理论，其他人则把实验和理论工作重点放在了少数载流子上。由于一个有效的结点放大器要求晶体纯度非常高并且排列有序，和莫顿的冶金研究小组一样，肖克利小组中的人员也对合乎要求的晶体的生产方面加强了研究。这样，从锗的熔化物中提炼单晶体的方法由 G.K.蒂尔（G.K. Teal）和 J.B.利特尔（J.B. Little）研制出来，而另一种叫作"区域精炼法"的方法也由 W.G.普法恩（W.G. Pfann）发明出来。在 1949—1950 年之间，性能越来越好的半导体逐步被研制出来。一般认为，性能可靠的结式晶体管是在 1951 年问世的。

在这里需要强调，有关半导体知识的突破导致了除晶体管以外的其他几种装置的研制和改进。这一知识还直接引起了更好的整流器和热电设备的发展。与晶体管的放大器截然不同的参数放大器，就是在肖克利的理论发展起来的一些原理的基础上研制出来的。晚些时候才研制出来的贝尔的太阳能电池，也是以肖克利的理论为基础的。尽管许多新的半导体装置是由贝尔以外的其他实验室开发出来的,但贝尔电话实验室仍然保持着半导体研究的前沿地位。这样,尽管晶体管的突破稍后一段时间才把半导体研究小组的兴趣集中了起来,但新的理论却蕴藏着后续研究多元化的种子。这一理论的实用性和价值,以及它给半导体研究带来的新的启示,都远远超过了它在结式晶体管上的具体应用。

1948 年和 1951 年,手工制成的点接触晶体管和结式晶体管第一次向公众展示。但是通常来说,从新发明的第一个展览模型到一个性能可靠、可以制造的和经济实用的产品——晶体管也不例外,其间的道路无疑是漫长而且曲折的。在晶体管生产的早期,如果有人半途而废,它的性能可能就不会有今天的模样。当时,所有的晶体管都是手工制成的,没有人十分很清楚晶体管到底在哪些方面是有经济价值的。

为了提高晶体管的工作性能并使它们更可靠、更能满足预期要求,为了开发出新电路和设备以充分发扬晶体管的优势,以及为了找到一项经济的生产技术,人们投入了大量的资金和人力。与上文中描述的研究项目相比,贝尔电话实验室把更多的资金投在了这些问题的研究上。但这不属于本文所要描述的范围。

3. 研究活动的性质

尽管一个案例研究并不足以令人信服地证明一项结论,在本节中我仍试图勾画出晶体管研究历史的某些特性,这些特性与从事基础研究的组织的政策决策似乎有着某些关联。[①] 在介绍贝尔电话实验室实际制定研究政策的过程时,我们将简单地考察上述特性的一些含义。

（1）不确定性与学习　在半导体研究项目开始时,在放大器是否能够研制成功,即使能够成功,"最好的方法又是什么"这一问题存在着相当大的不确定性。肖克利确信他能研制出一个固体放大器,但对如何研制也无十分把握。而他的其他几位同事则更为悲观。因为存在着极大的不确定性,所以肖克利他们把大部分的研究精力都投在了对事物的了解上,而不是获得某个具体的既定结果。然而,他们肯定希望研制成功一个放大器,并且因此在这方面投入了大部分的研究时间。进而,随着他们这方面知识的不断积累,肖克利他们的研究方向发生了急剧的变化。

为了说明上述观点,让我们回顾半导体研究工作的时间表。在这项研究工作开始之初,大部分半导体研究的导向都是十分广泛的,它只是作为一种积累的知识而受到人们的关注。在这一研究项目的进行过程中,三种不同的放大器设计都曾被考虑过。在早期阶段,几乎所有的放大器研制者们都只注意到场效应的放大器,但这一设计并没有达到预期效果。在这一领域中进行的严格实验的结果的确与预期目标相距甚远,因而必须建立一种新的理论来解释它,于是就产生了巴丁的表面状态理论。这时实验的努力也转向了对这一理论的

---

① 关于这一论题的扩展和详述,参见纳尔逊(Nelson, 1959)。

检验。第二种放大器设计——点接触的放大器的问世，或多或少应该归功于那令人惊奇的表面状态实验的结果。进而，为了解释这些实验的结果，人们把注意力转向了少数载流子。一旦清楚地认识到了少数载流子的作用，肖克利就能够设计出一种结点放大器。这样，直到这一研究项目末期，科学家们才清楚地认识了肖克利所设计的、被证明为十分成功的放大器。

我们最后还要强调一个观点。在研究工作中，几乎从来没有看到过这样一种尝试，即先把所有的研究方案都列出来，然后再根据正规的计算从中挑选出最好的方案。相反地，在研究过程中常常会发现新的观点和新的方案。从表面状态实验中所获得的知识使得结式晶体管成为更有前途的研究方案，这一说法理由并不充分。在表面状态的实验开始之前，人们对通过结点和少数载流子来研制放大器这一途径只不过是认识不清而已。

（2）研究者之间的相互影响　在半导体研究中，大批各有所长的人们都为研究工作作出了贡献，但是他们之间的相互促进并不能事先预知和计划。巴丁对表面状态的分析和布拉顿的实验技巧都是关键的因素，但是没有人在项目开始之初就能预期这些特殊实验是可以进行的，更不要说这些实验结果的重要意义了。在整个项目过程中，似乎一直存在着大量非正式的思想交流，而在实验工作上的合作却相当少。

要形成有效的相互影响，最主要的要求是，在研究过程中必须存在着简单的交流方式，而且如果这些问题十分有趣且重要的话，个人要能放下手头的工作去帮助同事解决他们面临的问题。几乎没有证据表明，在研究过程中存在任何按严格计划和指挥组成的团队工作，或者对这种团队工作的要求。不幸的是，我一直未能找到大量具体例子来证明这些观点。

（3）研究目标　正如我们所看到的那样，在半导体研究初期，有关的研究工作并不能证明人们一定能发明一种特定的装置。事实上，早期的半导体项目报告中甚至根本没有提到放大器。早期报告中陈述的项目，目的在于推动半导体知识的进步。当然，这并不是说研究者们本身不知道可能会产生出某些具体的实际成果。他们当然知道，放大器就是成果之一，整流器和热电装置也是。但这些仪器在早期的项目报告中只被作为可能的实际回报中的"例如"而列出。而且，如同我们已经看到的，这一研究工作实际上也导致了晶体管发明以外的大量的其他技术进步。

（三）贝尔电话实验室的研究工作管理

1. 研究管理问题

本节将考察贝尔电话实验室关于基础研究的决策方式。但首先我们将十分简洁地讨论一下关于研究政策和在前一节勾画的基础研究的性质的几种含义。这无疑是有价值的。

　　如果一个工业实验室打算向基础研究分配资源,那么就会有大量的研究项目需要研究人员。显然,必须从中挑选出一些项目,并且决定从事这些项目研究人员的数量。基础研究工作的性质为实验室制定决策的政策增加了一些严格的限制。

　　(1)标准　为了筛选和放弃一些研究项目,必须使用一些标准。选择好的标准,必须依赖于这样的认识,即一项成功的基础研究项目将预示着科学知识上的重大突破,而这一突破又可能激发更大范围的实用发明,尽管还很难事先明确地预知这些进步具体是什么。一项有可能在广泛的应用领域中获得收益的研究项目,不应该以某一特定的目标为基础来判断其价值,尤其是当所选的项目是否能够实现还根本不能确定的时候。实际上,对许多组织来说,资助基础研究没有很大的意义。对于一个只拥有小范围的产品和生产过程的企业来说,大部分基础研究的成果都太不可预期了,以致它不会对研究成果的有用性抱有希望。但如果企业的产品和生产技术范围广泛,它就会对这些研究成果的实用价值具有一定的信心。

　　也许我们可以近似地假定,对于一个具有广泛技术基础的公司,科研给公司带来的技术进步的价值与科研导致的科学进步之间有很高的相关性。当然这肯定是有一定条件的。也许我们还得对这一标准加以修订,即要求研究必须是在公司技术应用可能性相当大的领域。但是对于具有足够广泛技术基础来支持基础研究的企业,"科学前景"标准可能优于强调具体可预期的实际发明价值这一标准。

　　"科学前景"这一标准尽管看起来有点主观,但却具有操作性。

记得在晶体管的研究工作开始之前，许多科学家认为，在半导体知识上取得重大突破的时机已经成熟了。但研究工作又必须在那些成果能应用于公司技术的领域中展开，这一约束条件也是可行的。当时科学家们能够列出大量来自半导体知识重大突破的实际应用项目，他们的许多预言也都实现了。

（2）权威　但是由谁来实施上述标准呢？谁来决定哪些人员在哪些项目上开展工作？由于一些以后将要讨论的原因，如果这一标准被采用，就要求实行一种分散的决策体制。而基础研究工作的性质以及作为科学研究目的知识不断更新，也与集权决策体制格格不入。进一步说，我们在晶体管研究项目中所注意到的那种人们之间的相互影响，也要求个人在他们认为合适的时候能自由地帮助他人。如果所有的资源配置决策由一个位于中央的上级来制定，那么新发现的方案和知识变化所要求的研究资源配置的变动将会把不可能完成的信息处理和决策负担加在高层经理身上。很显然，必须给予从事研究工作的科学家以极大的自由，并且要在很大程度上限制必须经过中央权威才能制定的决策。

我们热切地希望，接下来的讨论以及再后关于贝尔电话实验室的讨论，并不只是"科学自身就能产生价值"及"在研究工作中，自由就是好的"的谚语虔诚地被复述。当然我相信，这些谚语的内容一般来说是有根据的。然而，我相信这篇论文更有助于说明为什么这些谚语是可信的，以及它的局限性在哪里。更具体来讲，必须用某种方式实行分散化决策（研究自由）的政策和对科学前景标准的接受做一

些政策上的补充,使研究工作被限制在公司认为其成果有希望得到
应用的技术领域中进行。

贝尔电话实验室制定的一些政策似乎有效地处理了这类问题。
有证据显示,其他几个在基础研究管理工作方面著名的公司也实行
了类似的政策。

2. 贝尔电话实验室的研究政策

贝尔电话实验室主任——詹姆斯·B.菲斯克对贝尔电话实验室
的研究哲学做了充分的说明:"我们的基本信念是,在好的科学和与
我们的业务相关的好科学两者之间没有区别。在一千个科学问题
中,大约会有一百个左右令人感兴趣,但却只有一两个是确实对科学
界和我们自己有回报的。我们试图提供一种环境,它使从一千个之
中筛选出一两个科学问题的工作变成个人的责任和基本自发的选
择。"可见,贝尔电话实验室关于研究工作的政策有两个方面:其一,
科学价值被认为与潜在的技术价值有高度的关联性;其二,科学家们
可以自由选择那些他认为最有兴趣的项目进行研究。简言之,贝尔
电话实验室的管理哲学与我们曾经陈述过的那条原则是一致的。那
么,贝尔电话实验室的这一政策是如何在实际中产生作用的呢? 因
研究者个人与贝尔电话实验室兴趣的不一致而产生的问题有多严
重? 贝尔电话实验室是如何解决这一矛盾的? 正如我们将要看到的
那样,这一政策并不像它看起来那样简单清楚。贝尔的研究集中于

通信领域这一事实在决定它所从事的研究工作的类型中发挥了非常重要的作用。

（1）研究选择的自由　这里有必要适当叙述一下研究自由的含义。自由，显然涉及一个选择的范围，在这里人们可以做出他们的选择；但是同样清楚的是，选择范围在任何现实情况下都会在许多方面受到限制。科学家们所受的训练、他们可以利用的设施以及所感兴趣领域的知识状态，所有这些都会限制科学家的选择。科学家们及其实验室的同事和研究工作管理者的想象力，也会影响他们所考虑的研究方案。

如果我们使用"研究自由度"这一概念来表示公司政策对研究者的选择范围的限制程度，从公司的角度来看，平均而言，研究者更多的是根据自己认为合适的标准，而不是在管理高层提供的带有诸多限制的范围内进行研究课题的选择，这样进行的工作更有价值，那么公司给予研究者以广泛的选择自由是明智的。在某种意义上，赞成研究者的选择自由与支持自由企业经济制度有着类似的观点和同样的假设基础。

让我们暂时假定，一个研究组织的制度安排和激励机制能使个人和团体的目标相一致。这是研究自由的前提条件之一，但还不够充分。另外还必须假定个人比中央权威能获得关于研究选择的更多信息——方案的相对前景和成本。通常在大量不同个体的行为高度互相依赖的情况下这种假定会受到侵害。在互相依赖的情况下，个人的决策必须根据对其他每个人工作情况的了解程度来确定。中央管理者所拥有的正是这种信息。如果涉及的人数很多,有关的个人就不可能获得这类信息。然而,在基础研究中,需要相互协调的人数在任何时候都不会很多,这样每个科学家就有可能十分清楚地了解其他同事在做什么。在晶体管研究项目中,由于把大多数正从事半导体研究的科学家们都集中到一个小组之中,这种政策促进了人们之间相互了解。至于科学家们自己研究领域的前景,研究者们知道的可能远比实验室管理层知道得更多。

哲学家们和格式塔心理学家曾经令人信服地证明,人们不会注意到同样的事物,除非在同样的背景下。而在科学的前沿所缺乏的正是这样一种清楚的背景。一个从事某一课题研究的科学家对他的项目的前景经常会有一种"感觉",而无法将这一直觉——还处于萌芽状态的理论——直接用语言表达出来。其他一些在相同领域工作的人也会有这种感觉,但并不经常出现。而优秀科学家的特征之一是他的直觉后来被证明是正确的。他所看好的那些具有前景而又不能一开始就能准确描述出来的想法,终于导致了极其有意义的假说和概念体系的产生。科学家经常在事后能清楚地说明,在他着手某一研究工作的时候,认为该研究工作将会具有潜在价值的原因以及为什么他以自己特有的方式来进行这项研究。然而,如果事前询问科学家所从事该研究工作的原因,以及他为什么感到这项研究工作具有重要意义,他很有可能说不出一套很好的理由。如果上述观点被接受的话,比起从事一项有科学前景的课题研究的科学家来说,一个研究工作的管理者就不是一个好裁判了。科学家拥有管理者不可能获得的信息。而且大部分信息都不具有一种足以便于人们理解和交流的形态。

（2）资源的配置　如果某一科学研究工作的性质适合，并且该组织中每个科学家都有广泛的研究自由度，那么在相互竞争的研究方案之间的研究人员配置，就有可能通过一个进化的或者自然选择的过程来完成。我们已经论证过不确定性与学习是研究工作的关键方面。假设在某一实验室的某一时刻，科学家们正在从事处于不同阶段的项目。一些研究工作已经进行了很长时间，他们的许多最初的目标都已经实现；一些研究不久前才开始，但看起来已经成功无望了；但也有一些项目，虽然刚刚开始，但却前景诱人。还有一些研究工作正在出现新的答案、新的前景以及新的问题。一个敏锐的科学家，如果他正在从事一项看起来日益没有希望的课题研究，或者所进行的研究项目的回报正在急剧减少，他就会有强烈的愿望（包括他的学术声誉、他对于科学的好奇心以及他在实验室的前途）从当前的研究工作中脱身，转而进入更有希望的领域，投向新的课题或前景光明的项目。

上述描述听起来颇像经济学家关于经济变迁的模型。一些产业逐渐衰落，而另一些产业则蒸蒸日上。一个反应敏捷的企业家，在更高预期回报的刺激下，必将离开正在衰落的行业，而进入朝阳产业。并且如同经济学家关于经济变迁的描述那样，机遇在这里的作用十分重要。经济需求的结构也许会再度变化，而那些坚持在其他更敏捷的同业者认为是正在衰落的行业中继续战斗的反应迟钝的企业家,将在后来被证明是智者。与此同时,那些敏锐的企业家也许会发现,他应用于旧行业的技术在新行业中几乎毫无用处。在实验室和在经济运行中一样,也是有转移成本的。科学家不停地从一个研究课题跳到另一个研究课题,就像不时地从一个行业转到另一个行业的企业家一样,也许并不是非常明智的。

然而,当对这两种情形下的动机和信号进行比较时,这种相似性就很微弱了。在经济学家的市场经济模型中,预期的获利机会被看作是主要的动力,而成本和需求都是决定利润的因素。成本和需求被假定由价格结构清楚地显示出来。然而,科学家的动机远比经济理论中企业家们的动机要复杂得多,尽管也许与现实中企业家们相比并非如此。比起经济条件的改善和在组织中地位的晋升,在科学界声誉的提高以及心理上好奇心的满足肯定也是科学家重要的目标选择,有时甚至比前者更重要。

(3)分权的其他优点 上述机制除了将研究人员在可选的研究课题中进行配置外,似乎特别适合于激发新想法、新课题以及新方案。尽管这种机制在将研究人员分配于已知方案过程中的作用远没有达到最优,但这后一种特性却是支持研究自由强有力的论据。对于实验室的成功来说,激发好的新思想比在既定的一系列方案中十分有效地分配资源可能更为重要。

演化方式决策,除了比在一个更正式及集权的结构中进行的决策能提供更大的灵活性和效率外,还有另一个极其重要的优点。科学界有着很强的十分重视自由选择研究兴趣的传统。当科学家们被要求仅在某些领域里进行研究——清楚地表明了研究的目的是公司的利润而不是增加知识和人类福利——以及当他们意识到对他们的工作做出评价的将是少数几个上司而不是广大科学界同仁时,科学的这一传统将受到沉重打击。自第二次世界大战以来,科学家们对于科学传统的执着程度已经令人吃惊地降低了,但力量依然很强大,而且许多出类拔萃的科学家们都认为,从事工业研究会出卖传统。

与其他的产业实验室相比,贝尔电话实验室也许更多地避免了制定一套有悖科学传统的决策和控制体系。正因为如此,与其他类似的机构相比,贝尔在招募新人方面具有极大的优势。许多科学家除贝尔电话实验室外,不愿意到其他产业实验室去工作。这一事实解释了贝尔电话实验室为什么能保持其成员的极高素质。按照产业实验室标准,贝尔实验室的薪水并不特别高。

由于贝尔电话实验室的科学家们并没有被迫放弃科学界的传统,所以贝尔电话实验室的科学家们都愿意保持与学术界非常紧密的联系。贝尔实验室的许多科学家都曾在大学任教,大学机构也在积极主动地大量搜寻贝尔实验室的科学家。只有优秀的大学才能在出版物的质量和数量上与贝尔电话实验室相媲美。

在导致晶体管发明的研究工作中,肖克利、巴丁和其他人都与大学里从事固体物理研究的专家们有着密切的接触。在他们之间不时地进行访问和信件来往。显然,这种与科学界主流的密切联系对于贝尔实验室的思想交流和人员流动具有重要的意义。

(4)管理和控制:环境和雇员　尽管从广义上来说,认为一项课题在科学上的成就意味着良好的潜在利润的想法是合理的,但很清楚,从公司角度来看,在科学的某些领域中的进步可能比在科学的另一些领域中进步更具获利性。研究成果具有不确定性的观点并不意味着这些领域的范围难以确定。比如,从贝尔实验室的观点来看,有关材料磁性知识的进步几乎肯定比植物学方面的进步重要,可能也要比有机化学上的进步更重要。在半导体课题一开始进行的时候,人们就很清楚,如果获得重要的科学突破,在通信设备方面的回报将是巨大的。

进一步说,尽管从具体的实际目标来看,做基础研究项目是不合算的,但从晶体管的例子可以看出,有时我们可能会发觉,基础研究会带来某些实用上的进步。从公司的角度来考虑,这些研究目标也应在研究项目的选择上给予一定的重视。

很显然,在研究项目选择机制中,对研究工作进行引导,以便让最有前景的科学领域得到加强,同时又不完全压抑实用目标,这是完全符合公司利益的。贝尔电话实验室处于通信产业之中,其研究工作反映了上述事实,尽管这里的科学家比起他们的大学同行来受到稍微多一些的限制(如果有的话)。

(5)研究领域 在贝尔电话实验室没有遗传学家从事研究。在这里也几乎没有有机化学家。贝尔电话实验室现在(尽管这一点可能很快就会改变)也没有核物理研究小组。1946年只有少数几个人从事固体物理学研究,而今天却有更多的人。在贝尔电话实验室中,虽然研究部的科学家在研究领域的选择上很少受到强大的行政压力,但正式的行政决策通过用人安排对研究资源的配置具有强大的影响。半导体领域中研究日益看好的前景无疑支持了肖克利扩大其研究队伍的要求。尽管在本文中"有前景"一词很难定义,但改进通信设备的想法肯定不会对一个研究领域的前景造成损害。

在贝尔电话实验室,对新研究者的雇佣与否的决策肯定不完全取决于其领域的技术进步能否被应用于通信技术的前景。但能在贝尔电话实验室得到发展的研究领域,往往是那些重大的进步被预期在一定程度上能应用于通信技术的领域。如同我们已经看到的那样,在研究活动过程中研究的前景也在不断地产生变化。人数很少的半导体研究小组获得的惊人成功,使得在贝尔工作的固体物理科学家的数目大大增加了(同时也导致了对固体物理感兴趣并长期在贝尔从事这方面研究的人员的增加)。这样,贝尔研究人员的构成创造了一个少有的开端:研究工作是在一个与通信技术无关的领域中进行的。

但是,如果一个贝尔的研究人员受雇时正在从事公司感兴趣的领域的研究,而后来他对一个新的领域发生兴趣(人们时常会发生这种情况),这时会怎么样呢? 在这里必须考虑几个因素。第一,在贝尔很少会有人草率地认为,在某一特定科学研究领域中的研究肯定不会对通信系统产生有用的知识。当然,这并不是说,在这里所有领域都被认为有广阔的同样前景。第二,要弄清一个新的科学研究领域是否有前景,最好的办法就是在这一领域中做一些研究。第三,如果理所当然地采用以施加强大的正式压力以劝说科学家离开某一特定研究领域的政策,就会使决定贝尔实验室研究方向的一贯哲学受到破坏(而这一哲学过去被证明是十分成功的),从而使得贝尔实验室变成一个对顶尖科学家缺乏吸引力的地方。因而,实验室的政策应当避免强迫科学家离开他们感兴趣的领域。

如果某个科学家新的工作被证明无论是在科学上,还是在可能的通信技术应用上都具有重要意义,那么实验室中的其他成员将会开始这一领域中的工作,并且还会从实验室外引进人才从事这一领域的研究。这样,实验室中一个新领域的研究就开始启动了。如果这一工作被证明对实验室没有意义,那么这些研究者最终要么就回到原来领域,要么就离开实验室。我们希望这种压力能够是非正式的。关于允许某人在一个问题上徘徊多久这一问题上还没有一致的意见。但很清楚,新来的年轻科学家比老资格的科学家受到的限制更严。即便是顶尖人物,如詹斯基(Jansky),也被要求改换他们的研究领域。但一般而言,实际上,非正式压力与人事政策相结合足以使得 AT&T 和西部电子公司获得更满意的研究成果。

(6)对设备发明的兴趣 贝尔电话实验室的人员录用程序也是实验室对新设备发明保持敏感性的一个重要机制。贝尔电话实验室总是吸引那些对设备也感兴趣的科学家。肖克利就是一个典型的例子。而且,与实用设备有关的问题通常也是非常令人感兴趣的。巴丁和布拉顿发现了肖克利的电场效应放大器为什么不能像一个科学仪器那样发挥极其令人兴奋的作用。从最纯粹的科学观点来看,有意义的研究成果是从他们解释放大器不能正常工作原因的努力中得来的。在贝尔实验室中，研究部和开发及系统工程部同在一幢大楼中，这一事实对于使研究人员对电话公司的设备需求保持敏感性似乎是重要的。在贝尔电话实验室中有许多跨部门的讨论会和正式的会谈，但或许非正式接触才是最重要的联系纽带。

如果允许以设备为导向的研究被大幅度地削减其投入到促进科学知识进步的研究中的资源，那么研究成员的设备意识将会导致研究资源配置的严重失衡。因此，尽管从事科研工作的科学家的设备意识受到鼓励，但实验室的政策并不提倡他们从事超出建立一个简单工作模型的设备研究。

这样，在1948年早期点接触晶体管问世后不久，成立了一个J.A.莫顿领导下的开发小组。到1950年，与研究工作相比，更多的人参加了开发工作。莫顿小组最终的作用就是为一些系统开发小组研制新设备，从而使他们更好地为贝尔电话实验室及军方开发新的系统。开发小组早期的目的在于改进点接触放大器，在广泛的领域对其可能的应用进行检查和测试，以及生产大量的晶体管以实现这些目的。后来，这个开发小组开始关注成本问题。

但发明了晶体管的研究小组并没有参与这些开发工作。晶体管实验后的固体研究小组的历史是上文曾经描述过的演化配置机制的一个很好例证。在1951年，随着结式晶体管的改进，固体物理小组开始迅速地发展起来。它除了继续进行晶体管和基础物理学的研究以外，也加强了其他领域的研究。由于已经对锗和硅获得了比较充分的认识，这一领域中的研究收益开始减少，而更复杂的半导体研究开始变得更有前景。同时在磁学和绝缘体方面的研究工作也增加了。在 1952 年,一个由肖克利领导的独立的晶体管物理学部门成立了。半导体研究小组曾经只是肖克利和摩根的固体物理组(后来成为物理研究的一个部分)中肖克利领导的一个小组,而现在分立成了一个独立的主要部门。

我们从一个案例研究中得到的东西毕竟是有限的,要将其一般化十分危险,但我们对公众普遍感兴趣的工业研究方面的问题进行思考仍然是有价值的。

3. 研究中的"团队工作"

大多数近期有关产业研究的文献都强调研究活动的"团队"问题。[①] 许多作者都对关于研究团队的思想表示出强烈的不满,并且争辩说,强调团队的产业研究在科学上不会有任何收获。如同我在前面所强调过的那样,晶体管只是一个个案,但考察晶体管案例中团队工作的意义仍是有价值的。

首先,我们已经看到,团队研究意味着互相作用、相互模仿和帮助。在一个广泛的领域中共享浓厚的兴趣,交流的方便,不同科学家观点和经历的差异——这些因素自然都要求相互影响,并使得相互影响对科学进步富有成效。把从事固体物理研究的科学家们集中起

---

① 在这里的"团队"一词是在一般意义使用的,而不是在团队理论中的意思。

来的目的就在于实现这种相互影响。而且从这项研究的历史来看，多个科学家之间的密切沟通无疑为所获得的科学进步做出了贡献。团队以外的人也以一种重要的方式进行相互沟通。特别是，冶金学家在发展生产纯晶体方法上的研究，不仅在研究链条的许多地方都起到了重要的连接作用，而且它在很大程度上也是由固体物理研究团队的努力所激发的一项活动。

其次，我们在晶体管的例子中已经看到，团队工作并不是要对团队每一个成员以任务和程序安排的形式对劳动分工做出严密指挥。研究小组中的所有成员并没有共同的严格规定的目标。所有的人都对研究半导体感兴趣。但是至少在开始，并非所有的人都对放大器的发明感到兴奋。这一项目是以灵活性为标志的，这一灵活性表现在研究过程中人们能够调整方向，以及一些人能够迅速将注意力集中到其他人所发现的问题和现象上去。

第三，我们还看到，在晶体管的例子中，团队工作使得人员较研究工作时更为集中，更有成效。肖克利对于放大器的兴趣无疑会把小组中成员的兴趣引向他所关注的焦点。晶体管小组的研究工作尽管在正式结构上非常松散，但这一工作肯定受到小组成员间非常密切的合作的影响。就晶体管的例子来说，这种集中人们兴趣的方式被证明是极富成效的；然而，在许多情况下，多元化的研究也同样如此。

有人一定想知道，如果发明指的是一个基本思想，而团队指的是由领导密切协调和组织的一个群体的话，像晶体管这样由科学理论进步直接产生的发明还能成为团队努力的成果吗？看来，即使没有对工作的有计划的协调和集中控制，在一个强调基础科学以及由于基础科学的进步而导致的实际发明的组织中所要求的那种协调关系也能有效地形成。当然，要想让一个更规范的控制结构获得足够的灵活性，以得到半导体研究小组特有的那种协调是不大可能的。没有人能够预知新知识发展的过程，也没有人能事先计划以保证在适当的时候获得适当形式的帮助。这种决策结构的灵活性具有非常重要的作用，它能使人们协调起来，对不断变化的思想和知识做出迅速的反应。因此，晶体管确实是一个团队发明，但不是近年时兴起来的这一术语意义上的团队发明。

4. 大公司的作用

与公众对研究"团队工作"的失望相比，许多人认为，大公司的研究实验室是晶体管这样的发明唯一可能的源泉。晶体管这样的发明在多大程度上依赖于一个像贝尔电话实验室这样的资助机构呢？实验室的规模以及拥有实验室的公司的规模是如何影响研究项目的呢？晶体管有可能在一个显然不同的组织，比如说，在一个小得多的公司拥有的实验室里发明出来吗？我觉得像晶体管这样的设备是以新的科学知识为基础的，它们有可能来源于产业实验室或者大学，但是相比而言，像贝尔这样的大型产业实验室在这种设备的研究方面具有比较优势。

在半导体研究项目获得成功的重要因素中包括一群顶尖的科学家们的紧密协作、研究过程中的高度自由以及至少有一个研究组成员对发明一个实用设备有特别强烈的兴趣。这需要投入高薪人才，但在研究工作开始时，谁也不能保证这一项目能够取得成果。在晶体管发明前的大约两年里，这一小组没有任何要产生实际成果的压力。这并不是一个小的产业实验室所能够负担的项目研究形式。

另外，一个具有强大的科学院系的大学也拥有足够的资源支持像半导体项目这样的研究工作。在第二次世界大战期间，以及在战后的一段时间，在普度大学由拉克-霍罗威茨（Lark-Horowitz）主持下的研究工作也完全有可能导致晶体管的发明。一个能由晶体管构成的放大器的思想得到了这一领域的广大研究者的普遍认同。但是，如果我对贝尔实验室研究项目的解释是正确的话，那么一个实验室要开发像晶体管这样的设备的话，注重设备开发的科学家们是必不可少的。肖克利的理论是结式晶体管设计的基础，但它在很大程度上是由设计晶体管这一愿望所激发出来的。进一步说，如果同一理论是由对放大器问题不感兴趣的人发展出来的，另外一个研究者就很可能得花相当的时间才能认识到可以根据这一理论来设计放大器。大学里的科学家给人们的普遍印象是纯粹学者，他们对实用设备并不感兴趣。如果所有大学的科学家们都是如此，大学就很难成为晶体管这样的发明的源地。但无论如何，许多大学的科学家们并非如此，他们对实用设备很感兴趣。我觉得，具有强大院系和拥有注重设备开发的科学家的大学——而不是小型工业公司的实验室——

是除了大型产业实验室之外做出像晶体管发明的主要组织机构。

5. 影响科学研究方向的经济因素

　　人们经常争辩说,在任何有关影响发明活动速度和方向的因素的理论中,纯科学进步的速度和方向应该被看成是一个独立的因素。而且,认为在推动量子力学进步中发挥了关键作用的科学家(博尔,德·布罗格利,施罗丁格,海森伯格,保利,迪拉克以及其他一些人)的研究动力,在很大程度上是为了促进实用技术进步,任何这种说法都可能是牵强的。但我们这个案例研究已经表明,大公司的实验室可能是把科学研究引向实用技术进步占重要地位的领域的有效组织机构。回想一下,热动力学的产生很大程度是由蒸汽机的发展所引起的,而不是相反。技术进步本身肯定会影响科学研究的方向。

　　攻读固体物理学本科和研究生的人数大幅增长,这显然是由于受到了产业以及政府资助的研发项目对固体物理学家需求的增加而带来的收入增长的预期的强烈影响。但这并不是全部的原因所在。现在,固体物理学在科学上比以前更加时兴起来。但是,甚至这种"时兴的"东西也受到了实际应用的强烈影响。自从晶体管问世以来,有关固体物理学的文章比例大大增加。同时,许多科学家们都认为,在研究投入配置上的相应变化在相当大的程度上是由于晶体管的发明以及随后这一领域成为众人瞩目的焦点所造成的。当然,核物理和导弹研究的情况也是如此。科学进步的方向并不独立于经济和实用因素。

6. 什么是基础研究？

从晶体管发明的历史中，我们可以获得的最重要的东西之一是：基础研究和应用研究之间的边界是模糊的。晶体管研究项目获得的成果既包括基础物理知识上的进步，也包括实际设备的发明和改进。参与这一项目的科学家，尽管其中许多人对设备并不感兴趣，但却能大致地预言这种实用性进步的性质。在某些情况下，他们的预言的确相当准确。一些科学家的研究同时受到科学进步和实用性进步的激励。因此，他们的研究项目是以科学成果和实用动机的双重性为标志的。然而按照国家自然科学基金会的标准，贝尔实验室的半导体研究工作最有可能被看成是基础研究。

我有一种感觉，兴趣和成果的双重性远不是非同寻常的。我想知道，究竟有多少科学家——大学的科学家——在从事基础研究工作的同时，不会常常想到他们的研究具有可能的实际用途。我也想知道，到底有多少科学家在他们的研究选择中完全不受可能给人类带来福利这种思考的影响。我提出这些问题，并不是暗示对两个问题的回答都是"没有这样的科学家"，但是，答案也许是"只有一小部分科学家"。

我还有一种感觉，产业研究实验室中的许多科学家，包括，也许尤其包括，那些具有相当行政权威的科学家，表面上对研究工作的双重性持抵触态度，而内心则对此犹豫不决。不像大多数其他产业实验室的管理层,贝尔实验室管理者们具有一种强烈的信念,即基础研究对于电话公司是有价值的;要使基础研究工作富有成效,必须要让研究人员从日常实际问题中解脱出来。正因为贝尔电话实验室是第一批从事基础研究工作的产业实验室,而且成果卓著,该实验室喜欢不时地夸耀自己。贝尔电话实验室的人们都乐于强调他们的许多研究工作都是基础性的,而这种研究又是如何带来大量回报的。当人们提出大量的基础研究工作都不是基于"纯粹的"动机时,就会产生一种保守的倾向,因为科学界长期以来一直惯于以动机的纯粹性为依据来区分基础研究和应用研究的。如果研究工作只是在推动人类知识进步的动机下进行的,那它就是基础研究;反之,若是为了促进获取一个实用目标,那就是应用研究,而它在知识上也不那么受人尊重。贝尔电话实验室的许多人,都是基础研究项目的辩护者,他们因为知识界的这一规则而受到伤害。

然而,肖克利并没有受到这一知识割裂状况的伤害。在他的诺贝尔奖演讲中这样说道:"我经常会被问到,我所计划进行的实验是属于纯科学研究还是应用科学研究;但对我来说,更重要的是知道这一实验是否能产生新的和可能经受住时间考验的关于事物本质的知识。如果这一实验有可能产生这样的知识,那么在我看来,就是好的基础研究;无论实验者的动机是纯粹的审美满足,还是高能量晶体管稳定性的改进,这些都不比寻求有关事物的本质更重要。"大部分的科学发展史都证明了肖克利的观点。一些最伟大的科学进步都来源于非常关注其工作实用意义的人们的研究,而他们研究工作的主要动机就是造福于人类。

然而，在基础研究和应用研究之间界线的模糊性质并不意味着一些研究的基础性不会明显地超过其他项目，它也并不意味着，在产业实验室和大学研究室之间不存在重要的区别。产业实验室从事的基础研究一定以某种方式与公司的预期利润相关。而许多最伟大的科学家们都以其研究动机的"纯粹性"和基础研究远离实用性而自豪。现代物理学基础的许多部分都是由这样一些人奠定的：他们选择科学作为职业，部分地是因为这种职业可以使人逃避现实世界。尽管这些科学家们经常能够大致地预测出他们研究工作的实用意义，但是这些实用对他们来说并不重要，甚至是令人厌恶的。对这些科学家来说，产业研究实验室似乎应该是一个贫穷的陋室。一个产业实验室不能而且可能也不应该与一所大学的科学院系相提并论。去推测大学里进行的"纯"科学研究究竟比贝尔电话实验室开展的"纯"科学研究"纯"多少，是危险的。但我猜想，爱因斯坦在贝尔电话实验室很可能不会感到开心，而贝尔实验室的大部分科学家，如果像爱因斯坦那样从事纯粹的理论研究，贝尔实验室也会十分痛苦。也许对所有人来说，现在这种状况是最好的。

（四）尾　声

本文描述的 1960 年的贝尔电话实验室，而今已不复存在了。人们可以论证 AT&T 垄断的打破在过去 15 年对美国电话的服务和价格产生了积极的影响。同时,人们也可以考察全盛时期的那些老的贝尔电话实验室,并断定如果它们失败,社会的境况会变得更糟。

八、美国大学与产业技术进步[*]

(一) 引　　言

过去 10 多年来,关于美国大学在推动产业技术进步中的作用的争论日趋激烈。论战的一方认为,在推动产业进步过程中,大学能够而且应当发挥更加重要和直接的作用。像斯坦福综合系统中心这样的企业,以及相似的遍布全国的成百个研究中心,向世人展示了众多的企业和大学正在试图使彼此间的联系更加紧密和有效[政府-大学-产业-研究四方协商会(Government-University-Industry-Research Roundtable), 1986]。据估计,1990 年由产业资助的大学研究的比例已达 6.9%,大大超过 20 年前的 3.9%(国家自然科学基金会,1991)。在近期的一项研究中,科恩、弗洛里达和戈伊(Cohen, Florida, Goe, 1993)估计,现在大学研究课题中的 19%是以项目的形式进行的,这些项目体现了大学与产业间的深层联系。联邦政府通过一些项目,

　　* 本文作者是罗森博格与纳尔逊(Nathan Rosenberg and Richard R. Nelson),最初发表在《研究政策》(*Research Policy*)第 23 卷,1994 年,第 323—348 页。

如由国家自然科学基金会资助的产业研究中心,以及大量由州一级资助的项目,有力地推动了这一发展。上文所提到的 6.9% 与 19% 这两个数字的差距主要是由于有了政府对这些项目的资助。

另外,许多学者和其他一些人将上述新发展看作是对科学研究纯粹性的一种威胁。他们沮丧地认为,研究工作更多地卷入工商界这一事实,必将有损于科学研究和教学,并使得人们不再关注基础性的研究,而且还将潜在地破坏大学里科学家之间学术交流的开放性,而这正是大学研究最基本的要素。

然而,令人惊讶的是,现在的讨论如此集中于当前的问题,以至于很少考察美国大学的传统角色以及这种传统角色是如何演化的。对我们今天所熟知的大学研究机构性质的探求,对大学研究同企业 R&D 之间区别的讨论,以及对现在的大学和产业间关系的考察,同样也被人们所忽视。因此,现在的争论在说明正在发生的事实以及解释我们目前所处困境形成的原因和过程方面,其基础都十分薄弱。

由此,本文的一个主要目的,就是展现美国大学在与产业密切相关的研究中如何发展变化的历史,以及美国大学与产业之间出现的各种联系。第二节对第二次世界大战期间大学与产业的联系做了历史性的讨论。这一时期,科学界的一个十分显著的新发展,就是工程学科和某些应用科学作为大学研究和教学领域而兴起,这是第三节的主题。第二次世界大战对于美国大学的发展是一个分水岭。在这之前,联邦政府很少提供研究资助。而在二战后,联邦政府成为大学研究基金的主要来源。第四节主要讨论这一发展,以及它对大学研究投入和大学研究与技术进步间关系的影响。第五节考察了现存的产业研究与大学研究中的劳动分工问题。最后的结论部分将指出目前进行的争论。

(二) 历史的观察

现在,美国大学中大约有 2/3 的研究工作被称为"基础研究"(表 8-5)。在第四节中我们将论证,这个名词并不像人们通常所想象的那样,即今天大学中进行的科学研究的大部分和非学术目的毫无联系。事实上,当今美国大学的研究就其性质来说,主要是实用导向的,即着重于解决实际问题。这些实际问题涉及医疗保健、农业、国防以及民用产业技术的各个领域。另外,大学研究中被划为基础研究的很大一部分确实也显示了许多研究与当前急需解决的实际问题之间存在着一定的距离。

在本节及下一节,我们将要论证,大学研究与现实问题之间存在一定的距离是较近期出现的现象,尽管这一距离是逐步产生的。最近的几项历史研究证明,直到 20 世纪 20 年代左右,美国大学中的研究工作中有很大一部分十分着重于解决现实问题,且不论这一现象是好是坏(Bruce, 1987; Geiger, 1988)。

这并不是一种新的观点。160 多年前,亚历克西斯·德·托克维尔(Alexis de Tocqueville)于 19 世纪 30 年代访问这个年轻的共和国的时候就有过如下评论,这一评论并不是专门针对大学研究和现实问题的关系而提出的,而是就科学的作用和对科学的态度这一更为广泛的论题进行的。

在美国,纯粹实用性的科学研究是受人尊敬的,并得到认可。而同时,对于实际应用不可或缺的理论研究也受到了密切的关注。在这一方面,美国人的思维一直表现出清晰、自由、创造性和具有发明潜力的特点。但是,在美国,几乎没有人愿意献身于人类知识中纯粹理论化且十分抽象的那一部分的研究……在美国人看来,每一条通向富裕的捷径,每一部节约了劳力的机器,每一种降低了生产成本的工具,每一项能带来和增加快乐的新发现,都是人类知识的最重要的成果。正是出于这样的动机,这个民主国家的公民沉迷于对科学的追求之中……在由此组织起来的社会中,我们就不难理解为何人们的思想不知不觉地走向了对理论的忽视。相反,由于人们把巨大的精力投入到应用科学领域而受到鼓励,或者至少是投入到对这样的应用必不可少的理论科学的领域。(Tocqueville,1876)

这种普遍的科学导向明显决定了美国大学的发展模式。康奈尔大学的创办者埃兹拉·康奈尔(Ezra Cornell)这样表述了他的办学宗旨:"我想创办这样一个机构,在这里,人们从事的任何研究都能获得指导。"这句话至今仍然出现在他所创办的这所著名大学的正式标志上。① 英国访问者长期以来对 19 世纪中叶到 20 世纪初的美国高等教育体制嗤之以鼻。他们戏称美国的高等教育体制为"职业教育主义"。然而,当时美国的教育机构承担了诸如农业、采矿、商科(如会计、金融、营销、管理等)以及更广范围的工程、土木、机械、电力、化工、航空等领域的教学和研究职能,这远早于他们的英国同行,而且在大多数情况下也远早于他们的欧洲同行。

这种更"实用"的导向在美国出现有诸多原因。人们常说,美国的大学出现在一个新生的国家,其文化受到征服广袤蛮荒的地理边境这一需求的深刻影响。但是,实用导向出现的理由绝不仅限于此。

另一个重要的原因是,美国的大学一直是采用分权体制的,从未出现过拿破仑之后法国那样的集权控制。而且,一直到最近,美国大学中才出现像许多欧洲国家那样的"学者"治校的情况。虽然像哈佛大学、耶鲁大学那样的一些"贵族"和宗教预备的学校明显模仿了欧洲教育机构的体制,但大多数学校仍然是从当地特定的需要出发来确定自己的使命、风格以及目标的。这一体制的直接后果,就是这些学校的资金以及生源严重地依赖于当地社区的风俗和需要。而正如托克维尔所指出的那样,这些地方性的风俗习惯有着十分强烈的实用倾向。另外,与等级森严的欧洲高等教育相比,美国高

---

① 康奈尔大学的创立者和资助者也希望这所大学的学生在本科学习期间能够参加体力劳动,包括清洁劳动。

等教育的一个显著特点在于它为更多的人打开了受教育的方便之门（见表 8 - 1）。[①] 欧洲贵族非常蔑视商业活动（这一点可以从他们的大学课程中反映出来），而在美国，大学被视为通往商业和个人的成功之路，大学研究和教学更明显地集中在这些目标上。

表 8 -1 15—64 岁的人口中接受正式教育的平均年数			
国　家	年　度	受教育的总年数	受高等教育的年数
法国	1913	6.18	0.10
	1950	8.18	0.18
	1973	9.58	0.47
	1984	10.79	0.90
德国	1913	6.94	0.09
	1950	8.51	0.14
	1973	9.31	0.20
	1984	9.48	0.31
荷兰	1913	6.05	0.11
	1950	7.41	0.24
	1973	8.88	0.39
	1984	9.92	0.58
英国	1913	7.28	0.08
	1950	9.40	0.13
	1973	10.24	0.25
	1984	10.92	0.42

① 当然，美国中学通常较低的教学质量抵消了美国高等学校的高入学数字。一位著名的法国生物学家在 1916 年访问美国时曾经这样评论："在我看来，美国中学的教学是美国教育体制中最薄弱的环节。18 岁从高中毕业的学生没有得到足够的智力训练。这些学生在大学的学习很大一部分是在完成他们的中学课程。"（Caullery，1922）

国　家	年　度	受教育的总年数	受高等教育的年数
美国	1913	6.93	0.20
	1950	9.46	0.45
	1973	11.31	0.89
	1984	12.52	1.62

资料来源：转引于 Maddison（1987）。

　　1862 年莫里尔（Morrill）法案的通过反映和支持了美国人关于大学研究和教学应具有的作用的观点。该法案的目的是非常实际的。它旨在对农业和机械技术提供法律支持。它还规定美国的大学由州管辖。事实上，人们普遍认为，这些州立大学的长期繁荣和成功将取决于它们是否能满足本地区的需求。因而，这些州立大学的领导有很大义务去满足地方产业以及地方立法所确定的优先项目的需要。这种义务在由政府拨地建立的大学以及稍后建立的农业实验站身上体现得特别明显，它们都致力于满足农业发展的需要。一般而言，只要知识创新的实用价值被确认，它们就可能很快被理解并吸收到大学课程中来，在政府资助的大学中尤为如此。

　　于是，早期美国大学的一项基本任务就是为当地经济发展有重大价值的大范围行业提供专业技术人员。在许多情况下，与当地产业问题相关的培训活动和研究工作是一起进行的。阿克隆大学不仅为当地的橡胶工业提供了训练有素的人员，而且更因在橡胶加工方面所进行的研究工作而闻名（后来阿克隆大学在聚合物化学领域独树一帜）。值得称道的是，这些接受政府赠予土地兴办的大学（以及后来的农业实验站）通过教授粮食生产技术促成了美国农业生产的高效率。在传授技术的同时，这些大学还着眼于满足当地农业社区的需要。1890年，由威斯康星大学一个研究农业问题的化学家所发明的Babcock测试法，为检测牛奶中的脂肪含量提供了一种廉价且简便的方法，从而提供了一种决定牛奶摄取量的简单方法。这对于一个拥有大量奶牛场的州来说真是意义非凡。

一般而言，州立大学会有一些满足多种需求的学科和项目。第一次世界大战后，一所工学院会提供一系列令人眼花缭乱的工科专业的学士学位。就伊利诺伊大学的情况来说，这些专业包括建筑工程、瓷器制造、采矿工程、城市规划与卫生工程、铁路土木工程、铁路电气工程、铁路机械工程。一位观察家曾提到，"在伊利诺伊州，几乎每一种工业部门和政府部门，都在Urbana-Champaign的州立大学中拥有它们各自的系"（Levine，1986）。

为满足当地工业企业需要而创立的大学研究项目，虽然与培训相结合，但也常常形成自身特性，并且实现了制度化。如我们曾经提到过的阿克隆大学的橡胶研究。俄克拉荷马大学在石化领域声名显著。肯塔基大学和北卡罗来纳大学开发了一直广泛用于烟草加工的一些技术。许多年来，伊利诺伊大学和普度大学一直致力于铁路技术的研究，它们的研究范围包括从机车锅炉的设计到保养和维修。直到今天，普度大学橄榄球队的名称仍叫"锅炉制造者"队。

大学从事一般工业研究的传统一直延续至今。例如，20世纪80年代初，美国有不少于37家大学在从事当地的和地区性的林业产品工业的研究。1982 年,这些大学在这些研究上大约投入 1 200 万美元,而这些资金主要是由州政府提供的。

有时,大学对于产业问题的研究会大规模、长时间地致力于某一特殊问题的研究。其中最重要的一个项目是明尼苏达大学矿业试验所进行的。它历时若干年,自第一次世界大战前不久,直至 20 世纪 60 年代初才最终获得技术上的成功。该项目中的问题与 Mesabi 山脉含铁量的矿石的逐渐耗尽有关。随着铁矿产量的下降,人们开始日益关注低含铁量的矿石,尤其是那些杂质含量高达 50% ~ 70%、但蕴藏量巨大的贫铁矿的研究。尽管这一研究并不需要多少新的科学知识,但要解决这一研究过程中出现的大量的工程和工艺问题,仍需要数十年烦琐的试验工作。这些试验所需的资金主要是由明尼苏达州政府提供的,经过明尼苏达大学下拨到矿业试验所。在这些试验中,矿业试验所使用了自己的鼓风炉(Davis,1964)。

(三)工程学和应用科学的制度化

就其性质而言,许多帮助当地产业的研究项目是非常具体的。直到 19 世纪晚期,这样的研究与培训仍缺乏系统的学科基础,而这种研究和培训把从事这类活动的大学和个人在智力上联系起来了。20 世纪上半叶美国大学最主要的成就之一就是实现了新兴工程学和应用科学学科的制度化。这样,在 20 世纪初的几年中,一些学科领域如化学工程、电气工程、航空工程等在美国大学中正式确立。这些学科中,授予专业技术证书的硕士项目以及专业组织和相关的刊物逐渐发展起来。这些新兴的学科和专业组织,反映并加强了美国大学和各种产业之间新出现的密切联系。美国大学中这些新兴的学科和培训项目的出现既是由于产业中经过大学培训的工程师和科学家使用的增加,并且也使这种增加成为可能。这在化学产业和新兴的电器设备产业以及后来所有产业中的产业研究实验室的出现上表现得尤为明显(见 Hounshell and Smith,1988;Mowery,1981;Noble,1977;Reich,1985)。

在美国南北战争之前几乎不存在工程教育。很显然,许多学校都提供职业教育,但是直到 19 世纪后期,对职业工程师的系统训练还几乎未有所闻。虽然 Rensselaer 理工学院(RPI)成立于 1824 年,但实际上最早成立的工学院却是 1802 年在西点创立的美国军事学院。19 世纪 30 年代开始了规模巨大、穿越美国的铁路系统的修建,西点毕业生的土木工程技能为众多的承建这些铁路系统的建筑公司作出了巨大的贡献。铁路、电报及其后出现的一系列新产品、新工业的迅速发展,引发了对具有专门技术的工程师的需求大量增加,从而促成大量新学校的涌现,如 1865 年成立的麻省理工学院、1876年成立的斯蒂文斯工程学院等等。与此同时,一些老大学也开设了一些工程学课程。在这里,美国高等教育的实践再一次明显地不同于欧洲。在英国、法国和德国,工科课程是在专门的大学中教授的,而在美国,工科科目却很早就进入了名牌大学。例如耶鲁大学在

1863 年就开设了机械课程,哥伦比亚大学 1864 年设立了矿业学院
(Grayson, 1977)。

各种各样的工程学科的引入,使得美国大学的目标明显呈现出
某种大致相同的规律性。美国工科院校不仅具有强烈的实用倾向并
特别适应正在出现的美国产业的需求,而且在教学方法论方面加强
了这种实用方法。

1. 电气工程学

电气工程学的崛起标志着工科学科显著的进步。它是一个完全
以最新的科学试验与理论突破为基础的学科的代表。在这个新领
域,物理学家居于知识上的领导地位,这并不令人惊讶(McMahon,
1984)。

美国高等教育体制对正在出现的以电力为基础的产业的反应是
十分迅捷的。电气产业兴起于 1882 年,这是史学家的共识。这一
年,爱迪生建于纽约珍珠街的实验室开始运作。事实上,那时电话和
电灯已具雏形,而且对训练有素的电气工程师们的需求也开始迅速
增长起来。一些电气公司,如美国通用电气公司和威斯汀豪斯电气
公司,在这个新兴的急速发展的领域的员工培训方面也取得了一定
的进步。

大学的反应基本上是同时的。1882 年,在珍珠街实验室投入运
行的同一年,麻省理工学院的物理系开设了第一门电气工程课程(从

1882 年到 1902 年,麻省理工学院的物理系开设电气工程课程有 20 年)。康奈尔大学在 1883 年也开设了电气工程课程,并早在 1885 年授予了第一个电气工程的博士学位。到 19 世纪 90 年代时,"像麻省理工学院这样的学校已经成为电气工程师的主要供应者"(Wildes and Lindgren,1985)。

整个 20 世纪,美国的工科院校在工程学和应用科学的研究方面一直居于领导地位,而电气工业正是以此为基础的。在这些学校中,涉及高压、网络分析或绝缘性等研究的问题都成了日常工作。电气工程的教授们在校内实验室设计出了发电设备和电力传输设备。[①]这一时期的研究与早先进行的研究的质的不同在于,随着跨学校之间以及大学与产业之间的联系的建立,电气工程学科的出现造成了一批技术上受过训练的专业人员。这种学校之间的及大学与企业之间的联系是系统的和累进性的,而不是非正式的和偶然的。

尽管大学教授们为使其研究成果商业化而成立的公司一直被看成是二战后的一个特有的进步,但事实上,此前已有许多先例。位于加利福尼亚州帕洛阿尔托的联邦电报公司就是由斯坦福大学的教师建立的,它在一战中成为无线电设备的重要供应商(Bryson,1984)。速调管——一种用于产生和放大高频通信系统中微波信号的热离子管,是 1937 年 Hal and Sigurd Varian 公司与斯坦福大学物理系签订的一个研发协议的成果。根据这一协议,斯坦福大学为 Varians 公司

---

① 关于麻省理工学院贡献的详细描述,参见怀尔兹和林格伦(Wileds and Lindgren,1985)。

提供试验场所和人员,并给予每年 100 万美元的材料费用。作为交换,斯坦福大学在开发出来的任何专利产品上都获得一半的利润。事实证明,对斯坦福大学来说这是一项十分成功的投资。[①]

因此,作为一门学科及一种职业,电气工程发展植根于美国的高等教育。这一学科的发展与其说是因地区产业发展的需要(前面提到这一需要曾经激发了一些研究项目的开展),还不如说是由于国家对于新兴电气工业发展的需要。此时,培养电气工程师成了大学的职责。通过承担这一任务,形成了大学与技术进步的联系。进而,通过经常为工业提供咨询服务,有时还通过创办由专家直接领导的企业,大学的研究对技术变迁产生了影响。

2. 化学工程学

大学研究在工程技术中的重要经济作用可以从 20 世纪早期美国化学工程学科兴起的过程中得到进一步的认识。在很大程度上,这一学科的发展只是与麻省理工学院有联系[参见约翰·W.瑟沃思(John W. Servos)于 1980 年撰写的优秀论文]。

化学工程学科的兴起确切地说,是因为重大科学突破所产生的知识常常远不足以满足商业规模上生产一种新产品所必需的知识。这种现象在化学行业特别常见。珀金于 1856 年偶然发现了第一种

---

① 参见莱斯利和哈迪(Leslie and Hardy, 1985)。多年来斯坦福大学获得了价值 1 千万美元的回报(按 1978 年的美元计价)。

合成苯胺染料——苯胺紫的合成方法,这一发现除了对有机化学的研究造成了强有力的冲击之外,它还在合成染料工业的创立中迈出了关键性的第一步。然而与此同时,科学工作上的突破并不能揭示新产品如何能在商业规模上生产,人们也不可能从科学知识本身推断出这类信息。于是,在 20 世纪之交的几年中,为了发明加工技术以使化学新产品能适合商业规模的生产,化学工程学应运而生了。

在这里要明白的关键一点是,化学工程学并不是应用化学。它不能被定性为化学实验室中产生的科学知识在工业上的运用。其实,它包含化学与机械工程学的结合,即把机械工程应用于大规模的化学产品生产(见 Furter,1980)。化学工程师掌握了一种独特的决策方法,这种方法使他们在把实验室成果转化为商业上可行的化学加工设备时,就像计算初看起来好像十分简单的微积分那样有效。然而,化学加工设备并不只是实验室试管和蒸馏器按比例的扩建,尽管科学发现最初是在试管和蒸馏器里产生的。人们不恰当地认为化学工程仅仅是一个规模放大的过程,即在原先实验室的小规模上进行扩大规模的生产过程。其实这种单纯的"放大"在经济上并不是可行的,在技术上也常常是不可能的。通常的情况是,人们必须设计完全不同的工艺过程,然后在试验阶段进行重复多次的试验,以规避在设计规模巨大、造价高昂的商业设备过程中的不确定性。

这样,旨在进行大规模化学加工设备厂的设计和建造与发现新的化学物质的试验和研究之间,在应进行的活动和应具备的能力上存在着许多的不同。诸如混合、加热及污染控制这一类问题,在实验室里可以十分精确地进行,而在大规模的生产运行中却变得非常难以控制,特别是当要求很高的精确度和质量控制时更是这样。

对于 20 世纪出现的许多最重要的新化学物质,从实验室条件下发现到转化为适合商业规模生产的制造能力,实际上相隔了几年甚至许多年的时间。最终,为了顺利地实现从试管到大批量生产的过渡(此时的产出是以吨来计量,而不是以盎司来计量),就必须设计出一套全新且完全不同于化学学科本身的方法。这种新的方法包括了对"单元操作"的中心含义的探索。单元操作一词,是 1915 年麻省理工学院的阿瑟·D.利特尔(Arther D. Little)发明的。它为大规模化学品生产提供了严格定量方法的基本依据。由此它被视为化学工程,作为一门独特的学科兴起的标志。同样,单元操作作为一种方法,也能够为未来的实践者提供系统和定量的教育基础。换句话说,它也是一种可以在大学里传授的基本知识。

用阿瑟·D.利特尔的话来说:

> 任何化学工艺,不管在什么规模上进行,都被包括到被称为"单元活动"的彼此协调的一系列过程中,如粉碎、搅拌、加热、烘焙、吸收、浓缩、筛选、沉淀、结晶、过滤、溶解、电解等过程。这些基本操作单元的数目并不很多,而且它们中几乎没有一种是在任何具体的加工过程中都包括的。化学工程研究的目的在于改进、控制和协调这些单元操作,以及选择和开发进行这些操作所

必需的设备。化学工程显然要关注建筑材料的测试和供给,这些材料必须十分安全,具有抗腐蚀的性能,并且能适应特定的气温和气压条件。(Little,1993)

3. 航空工程学

第二次世界大战之前,美国的高等教育机构在推动飞机设计的进步方面做出了贡献。这在大学如何提供对推动新兴工业的发展具有重要经济价值的信息方面,又提供了一个令人印象颇深的例子。从本文的目的来说,这更具吸引力。因为人们一般认为德国在飞行动力学方面的研究独占鳌头。在那里,路德维格·普朗特(Ludwig Prandtl)无疑是这一领域的核心人物。因为他提供了一个必不可少的分析框架用以理解流体力学理论,而这一理论正是飞机飞行性能的基础。在美国加州理工学院、斯坦福大学和麻省理工学院所进行的航空工程的研究都在很大程度上应用了普朗特的基础性研究。[1] 在两次世界大战之间的若干年中,美国许多大学(但主要是前述三所大学)的航空工程学研究在推动飞机设计的技术进步方面起到了决定性的作用。

大学工程学研究的一个范例是 1916—1926 年在斯坦福大学由 W.F.杜兰德(W.F. Durand)和 E.P.莱斯利(E.P. Lesley)主持的螺旋

---

[1] 关于飞机这一案例中有关工程学知识产生和利用的透彻分析,参见文森提(Vincenti,1990),亦见汉勒(Hanle,1982)。

桨试验(Vincenti,1990,第一章及 p.137)。这一试验不仅提供了有价值的设计数据,而且还创造了如何获得新知识的能力。"螺旋桨的正常运行依赖于引擎和飞机机体的结合……它必须与发动机的功率和飞机机体的飞行要求相容"(Vincenti,1990,p.141),给定这一前提,由于能够更直接决定螺旋桨最优设计的科学知识主体尚不完善,在飞行器设计过程中必须进行广泛的试验。这样,螺旋桨的设计就不能独立于飞机整体的设计。对于螺旋桨长达 10 年的研究,不仅加深了人们对飞机设计的认识,而且还使得人们对某些应用于飞机设计的技术可靠性的信心加强了。这一试验在很大程度上依赖于风洞的试验,它的一个重要结果主要不在于提高了改进螺旋桨设计的能力,而在于提高了设计者使螺旋桨、引擎和飞机整体获得恰当配合的能力。①

最后值得注意的一点是,成功的飞机设计中的基本要素并不只是试验设备或必需的科学知识。实际上,由于缺乏这样一种科学知识,飞机设计的中心问题恰恰在于整个飞机设计过程的复杂性。由于并不存在一种有用的定量理论,因而变动试验参数以观察试验结果的方法就显得很有必要。斯坦福大学的试验使人们更好地认识到应该如何解决飞机设计的整体问题。在此意义上,这些试验的一个重要的成果就在于它提供了一种基本知识,这种知识是现代航空工程学科的核心。文森提(Vincenti)敏锐地发现到:

————————

① 因为美国在风洞方面的研究能力远落后于同时期的欧洲,杜兰德和莱斯利实际上是以设计和建造必要的风洞设备开始他们的试验的。

在形成推进效率这一概念的过程中，杜兰德和莱斯利学会如何考虑飞机设计中的推进器数据的用途。这一思维方法的发展显然贯穿于斯坦福大学的研究工作之中；例如，从改进数据表述方式以促进设计者的工作以及进行解决设计问题的讨论中，人们都可以看到这一思维方式的演进。与设计的数据相比，尽管理解如何思考某一问题的思维方法是无形的，但它同样也是工程学知识的一个组成部分。这种知识在杜兰德和莱斯利的一些报告中曾明显地或隐含地表述出来。(Vincenti, 1990, p.158)①

斯坦福大学的试验使得航空工程的研究方法变得更加完善。这对 20 世纪 30 年代美国航空工业的成熟起到了重要的作用。30 年代后半期 DC－3 型飞机的出现是美国航空工业成熟的标志。这种飞机是当时最流行的商用运输机，但它的研制成功却要归功于另一所大学——加利福尼亚理工学院。这所学院的 Guggenheim 航空实验室(由 Guggenheim 基金会提供资助)所进行的研究，对道格拉斯飞机公司(位于距学院不远的 Santa Monica)的成功起了关键性的作用。无论是像元件耐久性和可靠性这样的技术性能，还是像载客能力这样的经济上的重要特点，都是学院研究项目的主要产物，这一项目因为对 DC－1 和 DC－2 型飞机使用了多舱位结构和完全风洞测

---

① 最后杜兰德在 Guggenheim 基金会的激励下自己编著了一套六卷的航空学百科全书。该基金曾为斯坦福大学 1934—1936 年的研究提供了大笔资金。

试而令人瞩目。[①]

在航空工程研究中，我们还应注意具有普遍意义的一点。正如文森提所指出的，斯坦福大学最终的研究成果不只是单纯的数据收集，同时，它也是科学以外的东西。它所代表的其实是一种专业化的方法的发展，这种方法不能直接从科学原理中推出，尽管它显然没有违背这些科学原理。因此人们不能把这些试验完全定性为应用科学。

> 像杜兰德和莱斯利的工作可以说超出了经验数据收集的范畴，但这并不意味其工作就应该归纳到应用科学中去……这种工作包含了工程中某些特别重要的因素，它生产出具有特定工程性质和用途的知识。其方法中的某些部分可以在科学活动中看到，但作为一个整体，它却没有在科学活动中出现。（Vincenti，1990，p.166）

4. 计算机科学与工程学

计算机可能是美国大学在 20 世纪下半叶做出的最令人瞩目的

---

① "在飞行员卡尔·科弗于 1935 年 12 月 17 日（莱特兄弟飞行的 32 周年纪念日）完成 DST 的首航之前，加州理工学院已进行了三百多次有关飞机风洞的试验。DST，即后来的 DC-3，在 1936 年 7 月 7 日首次服务于美国航空公司（Hallion，1977）。"加州理工学院对飞机工业和航空事业的进步所做贡献的细节在哈里恩书中的附录里做了说明。

贡献。当然其他地方也一直在从事计算机的重要研究工作[人们会想到英国的艾伦·图灵(Alan Turing)和德国的康拉德·朱斯(Konrad Zuse)],但是由于与第二次世界大战的影响密切相关的一些原因,具有实用性的数字电子计算机却主要是美国大学主持的研究和开发活动的产物。更准确地说,这一研究工作绝大多数集中于某些工科院校。这些学校更在将逻辑上的可能性转化为技术上的现实性方面具有决定作用。在这一过程中,一门新的学科——计算机科学诞生了。它受到其他学科(如电子工程学、物理学)以往发展的强有力的影响,同时它也逐渐形成了自己所特有的研究方法。

1943—1946 年期间,第一台完全投入运行的数字电子计算机——电子数字积分计算机(ENIAC)在宾夕法尼亚大学摩尔电子工程学院建成[霍华德·艾肯(Howard Aiken)在哈佛大学与 IBM 公司合作,于 1944 年完成了他的 Mark-I 型计算机;但是他所发明的计算机,虽然具有巨大的计算能力,但只是电动机械的,而不是电子的]。宾夕法尼亚大学进行的研究工作在很大程度上得益于其他美国大学早期进行的研究,特别是这些大学电子工程系的研究,或者它得益于与电子工程部门有密切联系的一些人所承担的研究工作。其中,约翰·阿坦内梭夫(John Atanasoff,爱荷华州立大学的一位数学家和物理学家)和万尼瓦尔·布什(Vannevar Bush,麻省理工学院的一位电子工程师)所进行的研究尤为重要。

在宾夕法尼亚大学的电子数字积分计算机的开发中占据举足轻重地位的约翰·莫克利(John Mauchly)于 1941 年在 Ames 拜访了阿

坦内梭夫。这一拜访在后来的一场官司中意义非同一般,该官司涉及电子数字积分计算机的专利有效性(Honeywell v. Sperry Rand)。尽管看上去,阿坦内梭夫发明的装置包含了许多发明数字电子计算机的思想,但实际上,他的装置是针对求解线性方程这一简单明确的目的而设计的。即使如此,阿坦内梭夫的机器只是作为粗糙的模型存在而从未运作过。

电子数字积分计算机的另一个重要前身,是两次世界大战之间万尼瓦尔·布什和他的助手们在麻省理工学院发明的微分处理器。摩尔学院在计算领域的声名大噪,在很大程度上是由于1939年研制成功的微分处理器,而这台处理器是在麻省理工学院处理器的基础上改进的。正是由于这种实用的原因,微分处理器才显得十分重要。实际上,摩尔学院的处理器,正是麻省理工学院发明的微分处理器的功能更为强大的版本(Stern, 1981, pp.9-10)。布什的工作起源于电力传输过程中出现的问题,特别是由于电力系统日益相互联结而产生的与传输稳定性相关的问题。布什的装置主要用于解微分方程,这用其他方法很难求解。"尽管其他人以前也曾尝试发明这样的设备,但麻省理工学院的微分处理器却是第一台实用而有效的计算设备。尽管它还只是一台模拟的(不是数字的)设备,但它却标志着'第三次工业革命'——信息革命的开始"(Wildest 和 Lindgren, 1985)。

以麻省理工学院布什的研究为基础,摩尔学院研制出了微分处理器,由此,宾夕法尼亚大学与陆军军械部所属的导弹研究实验室

（位于马里兰州阿伯丁的阿伯丁武器试验场）建立起了密切的关系。制造电子数字积分计算机的资金是根据与军方达成的一个协议提供的。这一协议的履约年限由1943年至1946年，它是出于军方提高计算速度以解决弹道问题的需要而签订的。① 1945年秋，正当电子数字积分计算机将要进行测试时，第二次世界大战结束了，发射计划所产生的电子计算机的研制需求大大减弱。由于约翰·冯·诺依曼（John Von Neumann）的劝说和争取，电子数字积分计算机的首要任务变为对制造氢弹的可行性而进行大量计算（Stern，1981，第62页）。计算机已从这些颇具启示性的开端发展成为现代生活中无所不在的一个角色，而且，计算机科学已逐渐被看作是当代学术界中最重要最有活力的一个领域。

应当如何对导致战后计算机出现的大学研究工作进行归类？当今计算机科学如何归类？人工智能如何归类？在计算机领域中，早期参与者都曾经受过工程学、数学以及物理学的训练。莫克利和布什都曾在工程学院任教和从事研究。阿坦内梭夫在爱荷华州立大学教授物理和数学。霍华德·艾肯（Howard Aiken）是一个数学家，他早年曾从事工程学的研究。正是由于他们研究对象的特殊性使得计算机科学难以在传统的"基础研究""应用科学研究"和"开发"这样的R&D框架中进行分类。尽管"计算机科学"一词在今天的大学课

① "设计电子数字积分计算机时还带有一个具体的应用考虑。即它应明确地解决弹道和打印射程表问题，正如莫克利最初预想的那样，这套装置应具有更加广泛的应用。"（Stern，1981，第15页）

程中非常普及,但这门学科(如果真是一门科学的话)是与科学中的其他学科显著不同的一门学科。它显然不是一种自然科学。根据国家自然科学基金会的定义,基础研究是"在研究中获得对研究对象更完全的知识及理解,而不是由此探求如何进行实际运用"。因此,计算机科学不属于基础研究。用赫伯特·西蒙(Herbert Simon)的话来说,计算机科学也许可以适当地被看成一门"人工科学"(science of the artificial)。然而,不管对计算机科学如何归类,其研究活动的目的都在于设计和制造一种人工制品,或是机器。

5. 更一般的应用科学和工程学

的确,其他工程学科也存在同样的情况。设计工作毫无疑问是工程师工作领域的主要问题。人工科学,作为上面所描述的学科中的一个分支,是由一些具有目的的、目标导向的活动组成的。其明确的设计导向似乎把自己排除在了基础研究之外。基础研究包含了对基本性的理解的探求,在传统的自然科学中,这种探求常被认同为远离对实际应用直接关注的研究。然而,一个被广为接受的关于基础研究的定义强调了基础研究缺乏对实际应用的关注,而不是探求对自然现象的本质的理解。这样定义是不适当的,事实上也非常奇怪。就研究是为了在非常基础的层面上获得对自然现象的理解这一意义而言,应用科学及工程学中的一些研究工作实际上是相当基础的。我们可以看到,在医学中,大部分研究都带有具体的实用目标。例如,对癌变过程的医学研究必然会涉及细胞生物学的基本方面的研究。

基础研究不应该以人们的研究动机中不包括实用的目标来定义。如果这样定义的话,针对电子计算机、飞机或者机器设备的设计和性能改进(包括大量的相似的加工过程或是广泛的参数变动)而进行的研究,将会被排除在基础研究的范围之外。

然而,具有实用目标的研究却对那些无人质疑的基础研究的领域做出了重要贡献。比如说计算机科学,它是作为工程学与数学之间的一门交叉学科而发展起来的。为了发展一套构建计算机科学的理论,计算机科学必须将其研究扩展,去探讨逻辑学、语言学、感觉、知觉以及智力本身的深层次问题。同样,航空学和化学工程师们在致力于开发实用设计工具的同时,也为他们的物理学、材料科学和化学领域的同行们提出了一些重要的问题。在一些情况下,这些问题由工程学科的专家们来研究;在另一些情况下,这些问题转由科学界的其他人员来研究。在 20 世纪早期的飞机制造研究中,一个标准的问题是机翼上空气流动的计算问题。在解决这一问题的过程中,路德维格·普朗特发展了现在数学研究中的一个重要分支,即现在人们所熟知的渐近干扰理论。这一理论,接着又被运用于雷达装置设计、燃烧过程以及天文学、气象学、生物学和医药学的研究。近年来,一些受过航空工程学、物理学和数学训练的研究者,正在进行紊流领域(其中包含一些相当基础的课题)的研究。

如果我们重新审视许多重要学科发展的历史,显而易见的是,美国的工程学教育一直试图为一些非常实际具体的问题寻找解决办法。与此同时,大学研究在提供适当的知识结构以培养熟练的职业决策者方面也发挥了积极作用。为此,赫伯特·西蒙又一次提醒我们注意当代大学教育中没有被足够重视的那一面:

> 生产物质产品的智力活动与为医治一个病人而开药方,为某家公司制定新的销售策略,为谋得整个国家的福利而制定一条社会福利政策,这些事情之间并没有什么本质的不同。这样看来,设计工作正是所有职业训练的核心所在。这是区分职业与科学的一个基本标志。工程学院,以及建筑学院、商学院、教育学院、法学院、医学院,主要关注的都是设计过程。(Simon, 1969)

大学里许多学科,如工程学,都明确地和有意地以具体实用的目标为导向。这些学科包括旨在通过增加食物供给提高人们营养水平的研究,而这正是农学院传授的生命科学的一个明确目标。这些学科中包括统计学,它肯定是最实用的学科之一。值得注意的是,美国开设统计学课程和设立统计学系远早于欧洲。[①]

到第二次世界大战开始时,应用科学和工程学学科,即人工科学,在美国的大学体系中已经确立了牢固的地位。几所古老的常青

---

① "在统计分析技术引进中发挥了开拓作用的远不是一些名牌大学,而是在爱荷华州立大学及北卡罗来纳大学这样的地方开展的,这并不是偶然的。这两所大学都有颇具实力的农业试验站。在那里,精确熟练的统计技术在评估农业领域的研究成果时是必不可少的。"(Ben-David, 1971)

藤学校,如哈佛大学和耶鲁大学,倾向于抵制和孤立应用科学与工程学学科,但是这些学科在大多数接受政府赠地的大学中的发展势头却很强劲。毕竟,在美国大学的研究项目中,这些学校占据了非常大的比例。工程学学科和应用学科的出现,超越和改造(但并没有取代)了美国大学服务于当地工农业以及对投身于工业的人们进行培训这一长期存在着的传统。

当然,美国大学的研究优势绝不仅仅反映在工程学科和应用学科上。在两次世界大战之间的那段时期,美国大学在天文学以及基础物理和化学的某些领域获得了自己独创的成果,这正是美国大学的科学家们长期斗争的成果。这一斗争的目的在于反对他们所认为的存在于美国大学研究和教学中的过度实用主义导向,以及扭转与英国,尤其是与德国相比基础学科较为薄弱的状况。本-戴维(Ben-David, 1971)、盖格(Geiger, 1986)和布鲁斯(Bruce, 1987)曾清楚地描述过这段历史。然而,在第二次世界大战之前,正如 I.B.科恩(I.B. Cohen)所强调的那样,大部分理论物理学和化学的前沿研究,仍然是在欧洲进行的。那些想获得先进教育的美国大学生,在条件许可的情况,会到大西洋彼岸继续求学。

(四) 战后时期和联邦政府资助的出现

第二次世界大战在美国科技史上是一个分水岭,尤其是,它引发了美国大学在科技企业中所发挥作用的剧烈变化。在二战中,国家的大部分科技力量被调动起来集中于可以加快战争结束的研究项目中。全国大学的科学家和工程师们在这一过程中都发挥了举足轻重的作用。大学的研究者,经常与来自企业的科技人员和工程师们密切合作,在许多方面起到了推动作用。如在电子领域取得的进步增强了盟军的防御与进攻行动,军用药品的开发使得成千上万人的生命能够得到拯救,在其他许多方面也起到了类似的推动作用(Baxter,1946)。当然,成功地研制出原子弹的曼哈顿计划是这些研究成果中最引人注目的,而且也是最能吸引美国人想象力的项目。

所有这些成果使得美国大学的科学研究声望在政府官员和选民之中迅速高涨。虽然在二战之前对大学研究大规模的公众支持是不可想象的,但在二战期间,美国大学研究的成功完全改变了这一状况。我在本文其他地方提到过的万尼瓦尔·布什,曾在战时担任科学研究与发展办公室的主任,负责调度大量的研发力量。布什曾撰写过一份颇有影响的文件——《科学:永无止境的前沿》,其中,布什提到了美国科技界获得美国联邦政府大规模的战后资助的例子(Bush,1945)。布什的建议包含了三个主要部分。

首先,美国政府不应该让战争中组织起来的军事研发能力萎缩,而是应该继续提供同样水平和多种形式的资金以充分保证维持这一R&D能力。随着 20 世纪 40 年代末 50 年代初冷战的兴起,布什提出的这一政策建议清楚地体现在大规模的军事 R&D 资助中。虽然这一资金的大部分用于支持军队系统以及企业中的配套研究工作,但还是有相当数量的资金流入了大学,用于支持计算机科学及更加广泛的电子学、材料学和应用科学、工程学这些与军用科技相关的学科的研究。

布什建议中的第二部分是对医学 R&D 的重大的公共资助。在医学领域,大学从一开始就是政府资金的最大受助者,而国家卫生研究院是主要的资助者。

《科学:永无止境的前沿》的第三点强调了二战后应采取的策略,即联邦政府必须在更广泛的意义上承担起支持大学的基础研究的责任。在经历了几次反复之后,这一职责在 1950 年国家自然科学基金会成立时得到明确确定。

联邦政府为大学研究提供的经费出现了大幅度的增长。在30 年代中期,这种经费可能约占大学全部研究资助的 1/4,到 1960 年,已达到 60%。从 1935—1960 年,按名义量计算,大学全部经费的增长超过 10 倍,到 1965 年又翻了一倍多(见表 8 - 2)。在同一时期,从 1935—1960 年,消费者物价指数(CPI)增长了一倍多(从 1935 年的 41.1 到 1960 年的 88.7,以 1967 年的物价指数为 100),从 1960—1965 年又增加了 6 个多百分点。虽然消费者物价指数不足以作为研究经费支出缩减的指标,但到 1965 年,投入大学研究的实际资源有可能比 30 年代中期的投入增长了 11 倍以上。研究经费的快速增长一直从 1965 年持续到 1980 年左右。据估计,在这一段时期内,实际的研究经费投入以每年大约 3 个百分点的速度递增。

表 8 − 2　联邦政府 1935 年以及 1960—1990 年对大学 R&D 的资助

（单位：百万美元，以当年价计）

年　度	大学总 R&D 经费	联邦政府提供的 R&D 经费	联邦政府提供的 R&D 经费／总经费
1935	50	12	24
1960	646	405	63
1965	1 474	1 073	73
1970	2 335	1 647	71
1975	3 409	2 288	67
1980	6 077	4 104	68
1985	9 686	6 056	63
1990(估计值)	16 000	9 250	58

资料来源：1935 年的数据，来自国家资源委员会(1938)；1960 年后的数据，来自国家自然科学基金会(1991)。

随着用于大学研究的资源以及联邦政府提供经费作用的极大扩张，大学研究的性质同样地发生了剧烈的转变。

我们将简要论证，解决实际问题仍然是支配大多数大学研究的明确的基本原则。然而大学研究的性质却朝向科学研究领域的另一端——基础研究发生了一次重要的转变。二战前，基础研究的支持者不得不艰难地抵制着占据统治地位的实用主义导向。而在战后，基础研究不仅变得受人尊重，而且被普遍认为是大学理所当然要做的事情。到 20 世纪 60 年代中期，美国体系正明显地在大多数科学领域居世界的领先地位。诺贝尔奖获奖统计可部分反映这点。但最好的指标却是从欧洲到美国攻读研究生学位的大学生的流量，这一流向恰好与战前相反。

但是，当美国大学成为在基础研究和研究生教育领域占有突出地位的中心的时候,大部分研究经费资助的基本原则仍是期望研究项目能产生一些实际的利益。国家自然科学基金会由于自身的原因,的确致力于支持基础研究项目,其基本依据是研究成果或迟或早都会带来社会效益。然而在战后时期,国家自然科学基金会为大学提供的资助不到联邦政府提供资金的1/5。国防部以及其他两个在许多方面与国防有联系的政府机构——国家航空航天局和能源部(早期的原子能委员会),在政府提供的经费中占了大得多的份额,约占总数的1/3(见表8–3)。这一份额实际上从1960年起一直保持不变,但可能在将来的年份中大大减少。在整个20世纪60年代,国家卫生研究院也提供了大致相等的研究经费,约占联邦政府资助总经费的1/3。1960年以后,国家卫生研究院提供的大学研究经费大大增长。现在,国家卫生研究院已经是大学研究资金无可比拟的最大资助者,它提供的经费如今已将近占到联邦政府提供的总经费的一半。

表8–3 政府机构提供的大学研究经费

年 份	来源于各具体机构的经费占联邦资助经费的比例						
	国家卫生研究院	国家自然科学基金会	国防部	国家航空航天局	能源部	农业部	其他部门
1971	36.7	16.2	12.8	8.2	5.7	4.4	16.0
1976	46.4	17.1	9.4	4.7	5.7	4.7	12.0
1981	44.4	15.7	12.8	3.8	6.7	5.4	11.0
1986	46.4	15.1	16.7	3.9	5.3	4.2	8.4
1991	47.2	16.1	11.6	5.8	4.7	4.0	10.7

资料来源: 国家自然科学基金会(1991)。

那些大学研究项目的最大资助者的使命导向和他们特别感兴趣的领域可以从研究资金在各个学科领域的分配比例上反映出来。得到资助的工程学科数目超过了物理科学(见表 8-4)。这样,国防部以及类似的一些机构的兴趣所在以及资金投向就反映得一清二楚了。然而我们应当注意,工程学的研究如今已倾向于相当基础的研究,这一点可以从近几年来"工程学"这一名词的使用频率上反映出来。

表 8-4　联邦和非联邦机构在大学和学院中的 R&D 投入
(按资助学科统计,1989)

学　　科	经费数量(千美元)	百分比
全部科学和工程学	14 987 279	100
全部科学	12 599 686	84.1
生命科学	8 079 851	53.9
物理学	1 643 377	11.0
环境科学	982 937	6.6
社会科学	636 372	4.2
计算机科学	467 729	3.1
心理学	237 945	1.6
数学	214 248	1.4
其他科学	337 227	2.3
全部工程学	2 387 593	15.9
电气工程和电子工程	600 016	4.0
机械工程	340 280	2.3
土木工程	249 552	1.7
化学工程	185 087	1.2

（续表）

学　科	经费数量(千美元)	百分比
宇航及天文学	146 548	1.0
其他	866 110	5.8

资料来源：国家自然科学基金(1991)和未出版的统计资料。

　　国家卫生研究院所关注的问题(而且农业部在较小的程度上也是如此)可以从下述事实中看出。超过一半的大学研究项目属于生命科学领域，而且其中大多数又属于医学和农业科学领域。虽然它被正式称为"基础研究"，但这种研究是由实际问题(这些实际问题包括医院和医生在诊治各种癌症、艾滋病等疾病时遇到的麻烦)所引发的，而且这种研究旨在提供一种更好的认识方式和知识框架，以解决这些非常现实和首要的问题。

　　这种导向当然是与研究项目资助者的意图一致的，而且它还可以从研究资助机制中进一步反映出来。提交国家卫生研究院的种种研究建议报告，既按照它们内在的科学价值，也按照它们对解决各种有关健康问题的可能贡献来进行评价。类似地，国防部和能源部在很大意义上也是根据它们自己的实用原则和任务的优先顺序来选择它们资助的大学研究项目。换句话说，虽然被称为基础研究的项目与直接具体的实际存在一定距离，但这不应被解释成选择项目不需要明确考虑其最终用途。① 的确，在应用科学和工程学科中，很少有

---

　　① 如果仅仅依据同行的评论，而不考虑潜在的用途，就知道联邦经费在支持基础研究中的比例，那是有趣的。我们猜想，除国家自然科学基金会以外，这一比例是非常小的。

进行研究而不考虑潜在的实际收益的。

还有一点值得注意,除了 20 世纪 60 年代中期到 70 年代中期那一段时期,即使当基础研究被定义得如此宽泛的时候,超过 30% 的大学研究项目都明确地被划归"应用研究"或者"开发项目"(见表 8 - 5)。其中,国防部以及其他一些相关机构都是主要的委托人。

表 8 - 5　1960—1990 年在基础研究、应用研究和开发上的投入

(单位:百万美元,以当年计价)

年　度	大学总 R&D($)	基础研究 ($)	%	应用研究 ($)	%	开发 ($)	%
1960	646	433	67	179	28	34	5
1965	1 474	1 138	77	279	19	57	4
1970	2 335	1 796	77	427	18	112	5
1975	3 409	2 410	71	851	25	148	4
1980	6 077	4 041	67	1 698	28	338	6
1985	9 686	6 559	68	2 673	28	454	5
1990 (估计值)	16 000	10 350	65	4 845	30	805	5

资料来源:国家自然科学基金会(1991),p.347。

大学研究成果的变化也反映出大学研究资金来源构成的变化。自 1960 年以来,超过一半的大学研究资金来自国防部、能源部、国家航空航天局、国家卫生研究院这些机构。根据这一点,人们就会认为,这将表明大学研究在国防、航空科技以及医药卫生这些领域发挥着越来越重要的作用。事实上,自从 1945 年以来,大学在以上这些领域确实发挥了相当大的作用。

实际上,二战以后大学中与国防相关的研究经费有很大一部分是与较早的一项军事研究项目有关。这就是数字电子计算机的研制。20 世纪 30 年代后期,麻省理工学院在电子计算技术上做了一些早期工作(该工作与万尼瓦尔·布什有密切关系),在战后麻省理工学院发挥了更加显著的作用。麻省理工学院在这一领域的研究一直受到洛克菲勒基金会的资助,从更大的范围上来说,它当时是旋风计划(Project Whirlwind)的一部分。旋风计划得到海军研究部的支持,其目的在于开发具有普遍用途的计算机编程能力。当时已经取得了一些重要的成果,这些成果包括杰伊·福里斯特(Jay Forrester)在 1949 年发明的磁存储系统。在苏联于 1949 年 8 月宣布研制成功原子弹后,美国空军提议将旋风计划并入更为雄心勃勃的国家空中防御系统,这一防御系统被称为半自动地面环境系统(Semi-Automatic Ground Environment, SAGE)。1958 年 7 月,SAGE 系统的第一部分已经投入运行(参见 Wildes 和 Lindgren,1985,第 17 章)。

麻省理工学院在战后的显著地位很大程度上归功于国防部的研究扶持,同时,它也是另一项军方资助项目的研究基地,该项目实现了机器制造能力的较大提高。在锻造金属的机械技术中最重要的一项进步也来源于麻省理工学院和空军签订的一项协议,这一协议的目的是设计和制造一台数控的碾压设备。这一协议促使数控机器出现,这种机器能够进行高度复杂的机械操作,它在飞机部件,特别是机翼的制造中起到了至关重要的作用。这项技术的核心在于,它把数字电子计算机与机械工具组合在一起,计算机通过程序,能够指挥机械工具执行一系列复杂的操作,从而使人的参与达到最低程度。

麻省理工学院在 1952 年第一次展示了机床的数字化控制。虽然数字化控制这种技术成功地满足了军方资助者的需要,但它的复杂性和高昂的成本却在大约 20 年内阻碍了它的推广。[①] 直到 20 世纪 70 年代早期,固体技术领域的进步才推动了数控技术商业应用的推广。[②] 在微型计算机年代,这种基础技术正应用于改进机器人、自动控制,并导致了柔性制造系统的出现。

通过生物技术革命,联邦政府优先考虑的研究项目与大学研究对技术进步的贡献这两者之间的联系得到进一步的加强。自二战以来,在医药和生命科学的研究方面,联邦政府投入了大量资源。始于 20 世纪 70 年代中期的基因工程革命清楚地显示了这种投入的收益。然而,经过了 20 多年,大学科研工作者才实现了对第一批人体基因的合成,这一合成是以 20 世纪 50 年代初人们对 DNA 分子的双螺旋结构的辨识为基础的。斯坦福大学、加州大学旧金山分校和哈佛大学所进行的研究,在实现这种开创性的技术开发中发挥了关键的作用。事实上,斯坦福大学现在已经从有关基因复制过程的主要专利——科恩-博耶(Cohen-Boyer)专利产生的收益中得到了一部

[①] 关于麻省理工学院在这项技术开发中所起作用的批评性论述,参见诺贝尔(Noble, 1984)。

[②] 然而,在后来的时期中,当日本、德国和其他国家以领先生产者的角色出现时,美国在机床工业的历史显赫地位急剧地下降。之所以发生这样的工业比较优势转移,生产者与使用者之间开发活动的协调和一种更紧密的互动似乎是其中最重要的原因。

分收入。开发生物技术产品（如人体胰岛素、人体生长荷尔蒙）的科学研究，要求大学研究和产业开发紧密地联系起来。例如，赫伯特·博耶是一位大学研究者，同时也是第一家私营生物技术公司——Genentech 的创办人和合伙人之一。其他早期的公司，如 Cetus，过去和现在都在很大程度上依赖大学的研究成果，并且与一些著名的分子生物学家建立起了非常密切的咨询关系。

然而，许多与大学有紧密联系的"新崛起的"公司在运行时，假定有良好的科学业绩就一定会在经营上取得成功。Biogen 公司是生物技术公司的代表，该公司在 20 世纪 80 年代初的首席执行官是一位在哈佛大学荣获诺贝尔奖的生物学家。当时的生物技术公司虽身处先进的科学领域，但经营上的训练很少，较少关注"下游"产品的开发。Biogen 公司在 1983 年第一次向公众发行股票，当时每股 23 美元。由于剧烈的管理层重组，到 1984 年末跌至每股约 5 美元，但它却依然生存了下来。正如下文中所要深入探讨的，生物科技代表了一个重要的产业部门，这一部门的发展极其依赖于当代大学研究的发展。在生物科技这一领域，大学研究和产业的联系远比其他领域紧密，这并不令人感到惊奇。

由于上面所述的变化，在战后时期，以扶持当地民用工业和农业发展——在第二次世界大战前这是美国大学研究工作的主要部分——为目的的研究，在整个大学研究中明显减少。由于国防和与人体健康相关的问题成为大学研究资助的重点和基本方向，为满足当地经济需要，以解决实际问题为目的的大学研究项目大大减少了，至少在相对量上如此。如同我们所看到的那样，大部分早期的传统研究着眼于能够立即产生效用的工作。而二战后关于大学研究的适当作用是促进科学和技术突破的观点，使得研究方向发生了转变。

德博拉·沙普利和拉斯特姆·罗伊（Deborah Shapley，Rustum Roy，1985）针对这种大学研究导向的变化，以及学术界所普遍认为的工程学比纯自然科学声誉低的观念，提出了尖锐的批评。然而我们认为，他们言过其实了。我们所看到的是这样一种情况，无论在声誉上处于什么地位，工程学比物理学获得了更多的资源。医学院的研究也远比人文和生物学系的研究吸纳了多得多的资源。

尽管直接以扶持当地民用工业为目标的大学研究的相对份额比起二战前大大地减少了，但许多大学继续发挥着支持当地产业发展的作用。一些工学院，如 Rensselaer 理工学院和佐治亚理工学院，仍然服务于当地产业。麻省理工学院和加州理工学院逐渐远离了这一功能，加州理工学院更甚。战后，联邦政府和州政府为农业研究所提供的资金实际上增加了，尽管在总的大学研究资金中它所占的份额相对变小了。

对于美国产业竞争力关注的提升标志着 20 世纪 80 年代重新点燃了美国大学的主要明确目标应当是服务民用产业这一信念。冷战的结束和作为国家对大学研究资助基本原则的国家安全可靠性要求的降低，导致了对过去大学研究使命的反思。然而，在我们进行评论之前，重要的是更直接地考察美国大学如今在产业进步中所发挥的作用。

（五）大学研究对产业技术进步的贡献

在前面的一些部分中,我们回顾了美国大学研究工作在过去一个半世纪中的发展变化,而且试图引起人们注意这段时间内发生的两次主要结构转变。第一次转变发端于 19 世纪末。在这一阶段,被纳入大学教学和研究学科领域的工程学科和应用科学兴起并实现制度化。这一发展使得早期或多或少在特定基础上开展的研究项目和工业培训(各大学都有其特色)规范化了,而且融入主流大学结构之中。第二次主要转变发生于二战后,其主要内容是联邦政府对大学研究的资助大大增加。这次转变的一个结果是大学研究的重点从当地民用工业的需求转到与医疗保健和国防相关的问题上来。另一个结果是大学研究朝向基础研究,产生出一种强有力的信念,至少在学术界是这样,即进行基础研究工作是大学所发挥的适当作用。

在最近半个世纪以来,在大学研究和产业 R&D 之间已经形成一种相对清楚的劳动分工。在那些企业具有强大 R&D 能力的领域中,为了改进现有产品和加工过程而进行的 R&D 研究,几乎无一例外成为产业的职能。那些直接以把新一代产品和工艺投入实际的商业用途为目的工作也是如此。产业 R&D 几乎都集中在这样的 R&D 工作上。在一些产业中,一些产业企业可能致力于长期的研究,倾向于更广泛地获取知识。但是,尽管产业中的基础研究在美国所有的基础研究中所占的比例超过 1/5,它仍然只占产业 R&D 的 5%。

人们越来越多地把基础研究看成是大学的任务。国防部、国家卫生研究院以及国家自然科学基金会的政策,都对大学的这一适当作用寄予支持。现在,实际上除了有些领域,大学研究正取代产业R&D(如林产品)之外,大学研究可以说是"基础"研究。

然而,通过这些讨论,我们并不是想说明这种研究并不以实用为导向。就像我们在先前的讨论中曾说明的那样,如果一提起一项研究是"基础的",就认为这一研究工作并不由处理一大堆实际问题的可能性所引发和获得资助,这显然是一种观念上的误解。同样,一项研究是"基础"的也并不意味着,大学中的科学家和工程师们不运用已有的实用技术进行 R&D。实际上这正是大学研究在许多工程领域的核心部分。大学中医学科学家的核心工作是进行新疗效的探索,然而大学研究把新的工艺和产品转化为实用成果的例子(如在两次世界大战之间的铁燧岩研究项目以及半自动地面环境系统SAGE)却很少见。大学医学科学家进行的接近于治疗操作的研究工作,其例子也不多。

现在大学研究最经常的工作就是激励和提高企业的 R&D 能力,而不是替代它。开发并把新的产业技术投入使用的绝大多数工作是在企业中而不是在大学里完成的。

辨别大学对某项工作是否擅长的一个好办法是要认识到,在大多数技术中,投入到 R&D 的大量工作是用于开发,而不是研究。如果我们考虑整个美国经济中的 R&D 投入,多年来,开发几乎已占总投入的 2/3。除非需要设立一些特殊的机构和项目(如在农学院或某些特殊的国防部项目),大学研究机构不会由开发的促进而成立,也不可能擅长于开发。

并且通常地,研制出有市场前景的新技术所运用到的大部分科学都是相当成熟的科学(Rosenberg,1985)。这类技术工作自然不会激起大学学者的兴趣,其完成成果一般也不会出版,及让研究者获得终身教职。指导 R&D 工作的最为重要的知识通常都与人们熟悉的通用技术或是用户需要相联系,而不是与掌握最新的研究成果有关。设立大学并不是用来做这类工作的。但也存在一些例外,一些大学的研究项目或实验室的建立就是为了为产业提供服务,如明尼苏达大学的采矿试验所,以及一些大学附属的农业试验站,另外佐治亚理工学院和 Rensselaer 理工学院都建有服务产业的工程实验室。

正如我们在上一节描述的那样,整个二战后时期,国防部和国家卫生研究院在它们特别关心的领域中都积极支持大学研究工作。这些领域中的大学研究产生出许多新技术的雏形,而这些新技术后来在产业中得到了进一步发展。在有些时候,这种大学研究也涉及开发工作。这可以从有关专利的统计数据中得到印证。在这组数据中,大学研究在医药科学和电子科学的几个领域占有重要的份额(见表 8-6)。

表 8 - 6 大学专利比例(专利类别按大学专利数占专利总数的比例排序)

类 别 名 称	排序	类别	大学专利数	专利总数	1990 年所占比例(%)
基因工程, DNA 合成	1	935	58	321	18.1
化学: 自然树脂; 肽或蛋白质	2	530	91	583	15.6
化学: 分子生物学和微生物学	3	435	171	1 417	12.1
外科学	4	600	12	105	11.4
有机化合物	5	536	66	615	10.7
超导技术	6	505	25	233	10.7
药物, 生化影响和身体治疗合成	7	424	147	1 490	9.9
化学: 分析和免疫检验	8	436	67	688	9.7
假体(人造身体器官)	9	623	25	399	6.3
药物, 生化影响和身体治疗合成	10	514	181	3 003	6.0
相关光振荡器	11	372	27	531	5.1
机器人	12	901	12	251	4.8
外科学	13	128	90	2 149	4.2
设备专利	14	PLT	13	317	4.1
有机化合物	15	556	13	326	4.0
合成物: 陶瓷制品	16	501	18	462	3.9
X -射线/伽马射线系统和装置	17	378	13	343	3.8
光学: 测量和检验	18	356	36	1 012	3.6
有机化合物	19	549	26	715	3.6
无机化学	20	423	33	965	3.4
化学: 电能和波能	21	204	41	1 263	3.2
电学: 测量和测试	22	324	40	1 259	3.2
有机化合物	23	558	14	433	3.2
外科学	24	604	38	1 223	3.1

（续表）

类 别 名 称	排序	类别	大学专利数	专利总数	1990 年所占比例（%）
有机化合物	25	540	16	518	3.1
辐射能	26	250	60	1 987	3.0
有机化合物	27	548	34	1 141	3.0
半导体装置的生产	28	437	23	755	3.0
外科学	29	606	18	621	2.9
有机化合物	30	544	27	1 037	2.6
有机化合物	31	546	28	1 128	2.5
涂镀工艺	32	427	43	1 801	2.4
消毒,除臭,防腐工艺	33	422	23	953	2.4
有机化合物	34	564	13	546	2.4
合成树脂或自然橡胶	35	528	28	1 230	2.3
有机化合物	36	560	15	640	2.3
测量和测试	37	73	46	2 056	2.2
有源固体设备(如晶体管)	38	357	34	1 535	2.2
金属处理	39	148	17	765	2.2
液体提纯和分离	40	210	28	1 499	1.9
触媒剂,固体吸附剂	41	502	13	699	1.9
有机化合物	42	568	12	628	1.9
光学:系统和元件	43	350	41	2 280	1.8
食品或可供食用的物品	44	426	18	1 008	1.8
塑料/非金属物件的定型和处理	45	264	32	1 946	1.6
合成树脂	46	525	22	1 495	1.5
粘结物和各种化学制品	47	156	28	1 982	1.4
各种合成物	48	252	26	1 844	1.4
原材料或各种物件	49	428	40	3 196	1.3

（续表）

类 别 名 称	排序	类别	大学专利数	专利总数	1990 年所占比例(%)
气体分离	50	55	14	1 606	0.9
电的传输/联结	51	307	11	1 288	0.9
电子计算机和数据处理	52	364	53	6 474	0.8
电热处理	53.	219	10	1 268	0.8
通信,电子	54	340	14	2 026	0.7

资料来源：由 Jonathan Putnam 和理查德·纳尔逊收集的未发表资料。

当然,专利仅仅为整个大学研究所做的贡献提供了部分的描述,其中必然存在片面性。因为我们前面所讨论的许多种贡献通常并不会带来专利。

在 20 世纪 80 年代中期,本文的一位作者与他在耶鲁大学的同事们进行了一项对产业 R&D 经理的调查。这一调查提供了丰富的数据,从而能够更清楚地说明大学研究是如何对产业技术进步作出贡献的,以及大学研究在哪些产业领域中的作用是最重要的。调查问卷要求被调查者在他们各自的领域中,对大学研究按照对技术进步的重要程度来加以评定。表 8 - 7 列出了那些认为大学研究成果非常重要和比较重要的产业(每一个产业都有 3 个或者 3 个以上的被调查者)。

表 8 - 7   认为大学研究"重要"或"非常重要"的产业
鲜奶
除牛奶外的乳品
罐头土特产

（续表）

伐木业与锯木机
半导体和相关装置
纸浆,造纸和纸板机器
农业机械和设备
谷类加工产品
杀虫剂和农用化工产品
水果和蔬菜加工
工程与科学仪器设备
镶面板和胶合板打磨
合成橡胶
药品
动物饲料

资料来源：以前未曾发表的耶鲁大学关于占用与技术机会的调查,关于调查的描述参见 Levin, 1987。

从表 8-7 中可以看出几个特别有趣之处。其中一点,许多产业都与农业或森林工业有关。这清楚地表明,大学为这些产业提供的长期"服务性"研究发挥了作用,这些产业为农业提供关键性投入,或提供农产品和林产品加工技术。虽然在二战后时期,这些服务性的 R&D 与国防部和国家卫生研究院资助的大学研究相比要少得多,但对于与农业相关的产业的发展,大学研究一直是很重要的。这一点在其他方面也有表现,比如大学在植物专利上就有重要作用。

由于国家卫生研究院对大学研究提供了强大的资助,因而可以预料会有大量的新药问世。重要的电子工业以及科学测量仪器工业也是如此。在这些广泛的领域里,大学的研究成果显然经常获得专利。

大学的哪些学科领域对这些产业是重要的？表 8-8 显示了给大学研究各学科评定的高分产业。

表 8-8　大学学科与产业技术之间的相关性

学　科	各得分下的产业数		所选产业中与大学学科 有很强相关性的产业
	≥5	≥6	
生物	12	3	动物饲料,药物,经加工的水果/蔬菜
化学	19	3	动物饲料,肉类产品,药物
地质学	0	0	没有
数学	5	1	光学仪器
物理学	4	2	光学仪器,电子管
农业科学	17	7	杀虫剂,动物饲料,肥料,食品
应用数学/控制研究	16	2	肉类产品,伐木业/锯木机
计算机科学	34	10	光学仪器,伐木业/锯机,造纸机器
材料科学	29	8	合成橡胶,有色金属
医药科学	7	3	外科/医疗器械,药物,咖啡
冶金学	21	6	有色金属,装配式金属制品
化学工程	19	6	罐头食品,肥料,麦芽饮料
电子工程	22	2	半导体,科学仪器
机械工程	28	9	手动工具,产业专用机械

资料来源：以前未曾发表的耶鲁大学关于占用与技术机会的调查,关于调查的描述参见 Levin, 1987。

令人惊讶的是,在被许多产业列为重要的大学研究学科中有一大部分是应用科学或者工程学科。很少有更为基础的学科。但有一门基础学科却是例外,那就是化学。然而,熟悉大学化学的专家们知道,化学所做的很大一部分研究是为了理解产业中的实际问题。在有些情况下,如在催化作用方面所进行的研究工作,其研究工作有可能获诺贝尔奖,同时也为化工公司更有效地提高其产品生产能力做出了重要贡献。这就是说,在进行广泛研究的基础学科中,化学看起来最接近当前产业界的某些正在出现的需求。

诸如物理、数学这些领域中的大学研究在表8-8中出现得如此之少,这不应被解释为这些领域的大学研究对技术进步的贡献微乎其微。表8-8应该被解释为:这证明了在物理、数学以及各种基础科学中的根本性进步在对产业技术产生推动之前,需要经历一段很长的时间。按照我们的观点,这种推动也常常是间接的。比如,物理和数学方面的进步被用于化学、电气工程和材料科学,并通过这些应用领域,物理学和数学最终对产业技术产生影响。

表8-9为上述解释提供了一些证据。表中要求被访问者回答的问题并不是关于某一领域中大学研究的重要程度,而仅仅是学科本身的重要程度。请注意,许多被访者都倾向于把物理学和数学作为一个学科而给予较高的重要性评价,而没有给这些学科的大学研究较高的重要性评价。在我们看来,这是一个重要的区别。它表明了两点:其一,产业科学家和工程师们在大学里所学的基础科学知识在解决产业R&D的问题中起到了非常重要的作用,尽管在这些学科的最新出版物中很少发现这些基础学科知识的直接应用。其二,这些被访问者都十分清楚,虽然对于他们有直接用途的科学研究成果属于像电气工程和医学科学这些领域,但电气工程学和医学这类学科又正是得益于物理学和分子生物学这类基础学科,并通过它们的发展而得到充实。

学　科	各得分下的产业数		所选产业中与大学学科有很强相关性的产业
	≥5	≥6	
生物	14	8	药物,杀虫剂,肉类产品,动物饲料
化学	74	43	杀虫剂,肥料,玻璃,塑料
地质学	4	3	肥料,瓷器,有色金属
数学	30	9	光学仪器,机床,汽车
物理	44	18	半导体,计算机,导弹
农业科学	16	9	杀虫剂,动物饲料,肥料,食品
应用数学/控制研究	32	6	导弹,炼铝,汽车
计算机科学	79	35	导弹,半导体,汽车
材料科学	99	46	主要的金属,滚珠轴承,飞机引擎
医药科学	8	5	石棉,药物,外科/医疗器械
冶金学	60	35	主要的金属,飞机引擎,滚珠轴承

表8-9　大学学科与产业技术之间的相关性

资料来源：以前未曾发表的耶鲁大学关于占用与技术机会的调查,关于调查的描述参见 Levin, 1987。

　　将上面所讨论的耶鲁大学问卷调查中的一些结果和其他两项考察大学研究与产业技术进步之间联系的研究结果进行比较是有益的。这两项研究中的一项是由政府-大学-产业-研究（GUIR）四方协商会（1991）所主持的一系列访谈,本文的作者也参加了这一访谈。另一项是由爱得温·曼斯菲尔德（Edwin Mansfield）所进行的研究。

　　GUIR 四方协商会的研究是以同 17 位主管产业 R&D 工作的高层经理进行讨论的形式进行的。这些经理大多数来自成功的大工业公司。有几家公司业务的很大一部分涉及生物技术。医药和电子产业方面也有一定的代表。许多被访者来自设计和组装大型"系统"的公司,还有些被访者来自生产金属制品和家用产品等商品的公司。

只要对这些访谈的结果进行整理就会发现,几乎只有生物技术领域的公司经理才把大学研究看成是产业"发明"的源泉。这些经理们认为,其主要原因是生物技术的发展日新月异,并且他们相信,随着产业的成熟,大学研究在该产业发明中所发挥的直接作用就会减弱。我们可以补充的是,技术本身是在大学环境中产生的,这实际上是相当的不同寻常。电子公司的经理常把他们所说的"突破性发明"和通常的渐进性发明区分开来。他们认为,在电子工业领域中,大学研究经常是超前的新设计和新概念的来源。可是,他们论证说,在电子工业领域中,大部分的发明努力和大部分的实际成果都来源于渐进性的技术进步,而这种渐进性的进步几乎完全是在产业研究、设计、问题解决和开发的范围之内。

在讨论不是源自生物技术的药品时,被访者们指出,大学研究几乎从来都不是一种新药品的直接来源。实际上,几乎在所有情况下,药品开发的关键工作都是在产业中进行的。然而,他们也提到,在许多情况下,大学研究已经阐明了制药公司在新药研制过程中所应探索的生化反应的类型,或者是能使制药公司更有效地评价其正在试验的药品的可能用途。来自医药和其他若干产业领域的被访者们发现,大学研究的主要功能在于增进对技术的理解,特别是对新技术的理解,从而使得产业能够更有效地着手改进这些技术。

还有一点值得注意,只有一个被访问的企业管理者来自主要生产农林产品的公司,他特别强调了大学研究对其公司的重要性。这次调查中没有州立大学和地方性工学院传统上一直服务的那类当地企业。

曼斯菲尔德(Mansfield, 1991)的研究为我们考察大学研究在产业技术进步中所起的作用打开了另一扇窗口。曼斯菲尔德询问了来自76家美国大型企业的被访者,1975—1985年这一时期,他们所属的公司引进并使之商业化的新产品和新工艺中,有多少是在缺乏最新的大学研究成果的情况下,如果不想极大地延误就不可能开发出来的数量所占的比例。接着他又询问极大地得益于最新的大学研究成果的开发所占的比例。他的发现可以在表8-10中概括出来,这两个比例分别用比例一和比例二表示。

表8-10 以最新的大学研究为基础的新产品和新工艺所占的比例,美国的七类产业,1975—1985				
产　业	比　例　一		比　例　二	
	产　品	工　艺	产　品	工　艺
信息处理产业	11	11	17	16
电子产业	6	3	3	4
化学产业	4	2	4	4
仪器制造	16	2	5	1
医药产业	27	22	17	8
金属制品	13	12	9	9
石油	1	1	1	1
平均数	11	9	8	6

资料来源: Mansfield (1991)。

制药产业的经理们认为他们对大学研究有很强的依赖性。他们说,如果缺乏大学研究成果,那么公司商业化的新药中有超过1/4比例的新药开发不出来，或是会拖延很长时间。另外，还有近20%的新药的开发也非常得益于大学研究所提供的帮助。在上面说到的那一GUIR项目里，各受访谈的制药公司管理人员在讨论中几乎确定无疑地描述了产业R&D对大学研究的依赖性。大学研究者们很少直接参与新药品的开发，相反，他们主要是创造能使制药公司更高效地搜索和开发药品的知识。

除了制药业，那些在开发过程中严重依赖大学研究以开发新产品的比例急剧下降。来自生产信息处理设备的公司和生产仪器的公司的经理人员报告的数字比例在10%~15%。在信息处理领域，情况相同，GUIR被访者在讨论中认为，大量的大学研究成果是典型的"超前型突破"形式。在仪器生产行业中，可能的机制是大学的科学家们出于其自身研究的需要而研制新的或改进旧的仪器设备。冶金行业的被调查者也回答说，在冶金行业中，如果没有最新的大学研究成果，超过10%的新产品和新工艺就不可能开发。

虽然曼斯菲尔德并没有强调，但令人震惊的一个结果是，在其选取的电子设备、化学产品以及石油这三类行业中，新产品中只有一小部分（6%或者更低）严重依赖于最新的大学研究成果。但这并不是说，这些领域中的科技进步就不是以科学为基础。相反，其含义是，所应用的科学并不是特别新的科学，或者并不是大学学者们当前所研究的对象。

让我们来总结一下，近期的几项研究描绘了当前大学研究在产业技术进步中所起的作用的广阔图景，虽然这些研究工作的涉及面和方法论有所不同,但结论基本是一致的。

比起二战以前,现在大学服务于当地产业,特别是服务于农林产品相关行业的研究工作,作为研究工作总体中的一部分显然只占了小得多的比例。这些产业自身的重要程度也比以前降低了。但证据显示,这些产业仍继续依赖于大学的研究工作。

由国防部以及类似机构所提供的大量资助清楚地表明,大学研究以各种方式对电子工业的技术进步做出了贡献。国家卫生研究院在与人体健康有关的研究中提供资助也表明了相似的情况。然而,在这些领域中,大学的贡献主要是"研究",而产业进行了几乎全部的"开发"工作。

相比之下,有大量的产业部门看起来与大学研究不发生关系。这些产业包括如钢铁、汽车以及纺织等基础产业。

(六) 结　论

我们一开始就谈论到,过去20多年里,由产业资助的大学研究比例明显提高,大学-产业研究中心数量和规模也有了迅速的增长。大学中许多人都清楚地认识到,所有这些仅仅是开始,人们已经预见到产业对大学研究的资助还会进一步大幅度地增长。许多关心政府对大学政策的人也预见到了这一发展趋势,并且预言,在未来若干年,产业提供的资助必将使政府对大学研究资助的必要性降低。虽然初看上去这些预见似乎是一致的,但也有充足的理由加以怀疑。

首先,许多学者希望产业资助进一步增加,但同时也希望这种增加不会极大地改变学术界实际进行的研究工作及其研究导向。许多学者显然对所谓技术进步的"线性模型"坚信不疑,他们认为科学家不受干扰地研究问题是产业技术创新的基础,创新过程要求产业对科学家们实际从事的研究不要施加过多的影响。一些新的政府项目部分地遵循上述观点,但产业介入大学研究越来越明显,研究经费更多地从产业中获取,这样会对大学研究的内容与性质,以及对保证强有力的"技术扩散"渠道产生越来越大的影响。

正如上文指出的那样,虽然许多学者认为,维持目前状态是正常的,但其他一些学者却明显地接受大学研究工作应该与企业紧密相联,并获得更多的企业资助的看法。他们相当希望对研究工作重新定位,以使它与商业活动联系得更紧密,获得更多的回报。的确,在一些学者中存在这样一种想法:如果他们专门研究产业项目,并获得产业的经济资助,大学研究者就能为产业提供大量新产品和新工艺的原形,并恢复美国产业已经丧失的竞争力。

再者,由 GUIR 访谈得出的产业方面的观点认为,产业对学者们直接为产业创新做出贡献的能力存在着相当大的疑问,这也许反映了人们在 80 年代早期所持有的更理想化但不够现实的一种信念的减弱。产业界在 GUIR 的访谈中所表达的观点在相当大的程度上认为大学研究者们应该坚持他们正从事的基础研究工作,关注培训职能,不要再自以为他们是产业技术的源泉。这些观点还认为,在未来的若干年里,产业对大学研究资助的大幅度增长是不太可能的。

如果大学研究重新进行适当的定位,就能够直接为产业创新做贡献,在我们看来,这种由某些人所持有的观点是相当不现实的,而私有企业能承担多少大学研究资金的观点同样也缺乏根据。同时,对于那些认为只需简单地维持现状的学者和其他人士的观点,我们也不苟同。我们确实认为,时代要求美国对大学研究体制的前景应有什么样的期待,尤其是大学的研究工作究竟应该如何与产业相衔接这些问题进行重大的反思。我们相信,竞争力的问题是一个严峻的问题。我们还相信,美国大学应该在其能够发挥作用的技术领域里帮助企业重新恢复竞争力。然而,大学何时能够对企业提供帮助,以及在哪些方面提供帮助,在哪些方面大学可能是存在问题的,在哪些领域大学研究似乎是不适当的,这些我们必须加以区分,区分这些是十分重要的。

虽然最近人们极为关注美国产业在产品和工艺开发上的劣势,但我们认为,把大学看成是一种解决问题的可能办法是一种误解。与设计和开发相比,人们对许多产业中产业研究的衰落却较少关注。有许多产业,尤其是电子产业,在传统上产业研究一直十分强大。大学研究可以在此发挥更大的作用(Rosenbloom,1993)。

确实,如同我们所注意到的,当前存在的危险是大学对产业技术进步的贡献有可能衰落。冷战的结束打破了过去40年中在产业研究方面的指导原则,这一原则使政府向许多对美国产业发展极端重要的领域里资助大学研究工作具备了合法性。在我们看来,第一要

务是保证政府对工程学科和应用科学(如材料和计算机科学这些领
域)中的大学研究的支持不会由于未来几年中几乎肯定发生的军事
R&D 的锐减而被放弃。必须清楚强调的重要一点是：政府对这些领
域中大学研究进行资助主要是为了扶持美国产业。

但是,我们也认为,更需要的不仅仅是口头上的改变。我们需要
制定大学研究的资助计划,其目标明确,并具有在这一目标下合理分
配资助基金的机制。这将要求建立对产业需求非常了解的顾问委员
会,以及制定决策标准和对这些需求反应敏感的方案评估体系。

而且,可能还不止这些。过去 1/4 世纪产业研究取得的经验清
楚地表明,如果这些研究要获得成果,从事研究工作与负责产品和工
艺的设计开发人员之间一定存在着密切的交流和相互作用。如果大
学研究要在其一直服务的产业研究中发挥更大的作用,这似乎意味
着需要在大学研究者和他们产业中的科技同行之间建立密切的联
系。这些密切的联系存在于国防技术以及与农业和健康有关的技术
领域中。新的大学-产业研究中心扩展了这些联系的范围。如果大
学研究要在产业创新中发挥更大的作用,大学和产业之间的这些联
系就需要进一步地扩展和加强。

有些人可能会争辩,这是否意味着大学应该更多地投入到帮助
企业开发具体的新产品和新工艺的过程中去? 作为一般的原则,我
们并不认为如此,这有几个理由。

首先,正如我们已强调过的,19 世纪中应用科学和工程学科的发
展,至少在许多技术领域导致了大学和企业两者之间卓有成效的分

工。大学已经承担起了培训年轻专业人员的职责,他们中的大多数都将投身于产业。他们所从事的许多研究工作已经导致了新的理论、概念、方法、数据的产生,所有这些对于产业新产品和新工艺的开发都是有益的。在某些领域中,这一过程已经包括了对超前的新产品和新工艺的试验性版本的开发和测试,也包括对一些基础科学问题的探索,这些问题存在于某些特殊的产业技术之中。但总体上说,这并不是说大学学者已经置身于商业范畴。

产业也从事了一些相当基础性的研究工作,在某些学科还进行了大量的这类工作。公司的研究实验室,如贝尔实验室、IBM 约克城(IBM Yorktown)实验室、杜邦中心实验室以及其他一些实验室,从事的研究相当于甚至高于顶尖大学研究的水平。但是这类研究获得的成果很难专有或是保留给资助人。正如我们已指出的,许多公司已经在削减研究经费。虽然公司的研究可能会从现在的疲软状态中得到恢复,但在许多研究领域,大学将继续在这类研究中占据主导地位。

对大学在诸如电气工程、计算机科学和材料科学研究中所获得的持续的、强有力的公共支持,将继续有益于绝大多数的高技术产业,不论这些研究经费来自民间还是军方。尽管随着确定优先权机制的变化以及在这些领域大学与产业间联系形式的变化,研究目的必然会发生转变,但在我们看来,这种转变似乎并不涉及开辟新的组织制度基础。

然而,根据第五节中的那些调查和访谈,显而易见,工程学和应用科学领域中的大学研究只是使有限的产业部门获得了强有力的支持，尤其是那些与电子、化学产品、健康以及农业相关的产业，这并不令人感到惊奇。就整体情况看，这些领域都是政府部门长期以来一直对基础科学进行扶持的范围。规定有意识地拓宽大学研究介入的产业范围的政策，是一种相当合理的设想。不过，如果这将成为一项政策，这项政策必须是要看到长期的而不是短期的实际回报。简言之，这项政策必须是持久的政策。

我们认为，除了在特殊情况下，试图让大学研究者研究产业中具体的实际问题，或是从事特定的产品和工艺的开发工作，都是糟糕的建议。通常，大学研究者并不很好地具备判断什么可能是、什么可能不是可接受的解决问题的办法的素质。大学研究者几乎总是不能充分了解特定产品市场中的细节问题，从而不能对适当的权衡做出好的决策。同样重要的是，不像在应用科学或者工程学中的研究那样能够提出新的概念知识，这种工作的成果很少能得到学术圈的尊重和嘉奖。

如何看待美国大学早期进行的解决实际问题的研究工作？比如对锅炉和矿石加工的研究，这些工作在以前的美国大学里是很普遍的。这类工作仍在大学中进行，经常与工程师的培养项目有关。这些工程师们将进入当地企业工作，或是进入诸如佐治亚理工学院建立的机构中参与被称作商业"孵化器"项目的研究。这类研究在大学附属机构里以更大规模和更系统的形式存在，但它们并不是大学研究的一个组成部分。这些机构所进行的研究是为了满足国家特定产业的需要(例如卡耐基-梅隆钢铁制造研究中心或者威斯康星大学的林产品实验室)。

一般来说,这些研究项目是在那些产业研究薄弱的领域中发展起来的。这些研究项目是产业 R&D 的替代物,或者是代表了企业自身以外的一个研究场所。这些产业通常是——尽管并不总是——由一些没有 R&D 设施的小型企业构成,它们所用的技术通常也缺乏完整而坚实的科学基础。我们前面的讨论已指出,大学涉足这类研究通常是因为在培训项目方面有其历史渊源,其现存基础的大部分也在这些培训项目上。大规模的研究机构,如附属许多大学的农业试验站,通常并不是大学的核心组成部分,在一定程度上两者是分离的。通常,许多科研者并不是大学的教师,尽管他们中的一些人可能在大学授课。另一方面,他们与产业方面委托人之间的互动关系可能是非常紧密的。

这类项目对于那些 R&D 十分薄弱的产业,具有十分重要的价值。它们是许多大学活动的重要组成部分。然而,一旦超过一定的规模以后,它们在大学中的地位就更多地变成了历史的偶然事件或是惯例,而不再是一种力量的特殊来源了。它们有可能生存下去,也可能成为独立的组织。①

不管怎样,我们不认为大学研究的重点应该在这里,我们也不认

---

① 哈维·布鲁克斯(Harvey Brooks, 1993)在这些问题上与我们的观点相似。他提出当大学与这种工作相联系时,这种工作应该在独立的机构中开展。事实上,实际情况多是如此。

为经调整后的联邦政府对大学研究的扶持政策——这一政策把重点放在为推动产业技术进步做出贡献上——应转向这类研究工作。大学的优势在研究领域,而不是在商业设计和开发上。虽然美国产业的许多问题可能存在于产品和工艺的开发和改进上,但这类工作主要应由企业自己来解决,或者由一些专业化的与产业紧密联系的研究机构来进行。这种研究机构可能与大学有联系,也可能没有任何联系。

大学研究的重点转移到与民用产业需求有着更广泛的联系上,如果方式对头的话,这会使产业和大学双方都受益。在我们看来,正确的方式是要尊重大学和产业的劳动分工,这种劳动分工是随着工程学和应用科学的发展而逐渐形成的,它不是试图要将大学深深地拖入到一个必需根据商业原则进行决策的环境中去。我们有理由相信,在那样的环境里大学不会很好地发挥作用。我们有充分的理由相信,那样的环境将严重损害大学的合理功能。另一方面,"基础"研究的目的在于增进对事物的认识而不是获得短期的实际回报,在尊重这一原则的条件下,让大学研究与产业结合得更为紧密,会给大学和产业双方带来持久的收益。

第四部分

国际差异与国际趋同

第三部分的最后一篇论文突出了两个主题：一个是业已形成的支持产业技术进步的复杂制度，其中包括大学和各种各样的政府资助与项目；另一个是美国经验的历史独特性。第四部分将对这两个主题做进一步考察，集中分析过去 1/4 世纪内，发达国家在技术能力和支持技术进步的组织方面出现的显著趋同。

在第二次世界大战后的若干年里，美国在范围广泛的产业前沿占据技术统治地位。从 20 世纪 60 年代末起，美国的这种统治地位被削弱了，在某些领域甚至完全消失了。第九章首先探讨美国在二战后取得技术优势的原因。美国和其他国家的一些公民曾一度视作理所当然的这种技术领导地位，在最初是怎样形成的？它在多大程度上源于美国在以下三个方面所具有的特性：企业、产业以及对前两者起支持作用的制度？第九章将对这些问题做出独特的回答。这篇论文试图解释的第二种现象是美国领导地位的消失。其中心论点是：美国产业创新环境之所以显著不同于欧洲，原因在于以下关键因素，即相对国外企业而言，美国企业面对的是一个更为庞大的市场；此外，二战后，美国在科学技术方面的投资大大超过其他国家。但这些因素的作用日益减弱，因为二战后世界日益成为一个共同市场，另外自 20 世纪 60 年代以来，一些其他国家开始仿效美国投资于科学技术的做法。

美国技术领导地位的削弱，以及日本作为一个主要技术强国迅速崛起的事实引发了学者们关于各国间"国家创新体系"差异的大量研究。第十章概述了一项大规模的比较研究，该章强调了支持产业技术进步的组织制度的复杂性,以及这种制度在产业间和国家间的差别。这项研究指出,发达工业国之间在国家创新体系方面的差异基本上可以通过考察产业规模大小、产业组合以及国防采购活动的特征和规模等方面的变化得到解释。然而,就政府在支持产业创新中的恰当角色这个问题而言,各国在观念上存在显著的差异,而相应的组织反映了这些差异。在过去 10 年里,国家间曾因相互抱怨"不公正"而发生激烈争论,而支持技术进步的国家政策成为争论的主题。本论文结尾处对此进行了考察。

九、美国技术领导地位的兴衰:
战后年代的历史透视[*]

(一)引　言

在第二次世界大战后的 1/4 世纪里,美国一直是世界上生产力最发达的经济体,无论怎样衡量,这都是不争的事实。美国工人的平均产出要比其他先进工业国高出 30%~50%,全要素生产率方面的差距也大致如此(Denison, 1967)。这些差距不仅仅表现在总量上,而且存在于几乎所有产业中(Dollar and Wolff, 1988)。许多因素在背后支撑着美国的这种优势,但其中显而易见的一个重要原因是美国在世界上的先进技术领导地位。美国的技术领导地位在其生产率统计数字上得到部分反映,但两者并非一回事。一方面,全要素生产率的衡量受到许多因素的影响,技术的应用只是众多因素之一。另一方面,美国

---

　　* 本文作者是理查德·R.纳尔逊和加文·赖特(Richard R. Nelson and Gavin Wright);最初发表在《经济文献杂志》(*Journal of Economic Literature*)(1992 年 12 月),第 1931—1964 页。

的产出中包括了不能在国外生产的复杂物品，而生产率的衡量方法并不能反映这一事实。虽然在本论文中，我们有时会把生产率数据作为有关技术领导地位的部分证据，但我们所关心的是后者而非前者。美国在本文所论及的时期拥有技术领导地位的判断是符合实际的，信息灵通的观察家们所做的评论支持各种不同的衡量方法，这些方法为上述判断提供了确凿证据。美国企业在开发和采用前沿技术方面曾明显领先，它们的出口在世界同类产品贸易中占了最大份额，而且它们的海外分支机构通常就是在东道国中占统治地位的企业。

然而，时至今日，好景不再。美国在许多产业的技术领导地位已经被削弱，在一些产业甚至成了落伍者。越来越多的研究、著作、委员会报告和大众传媒为这种领导地位的丧失感到遗憾，并试图寻找原因和解决办法（例如，Dertouzos, Lester and Solow, 1989；Womach, Jones and Roos, 1991）。本文的写作缘于美国技术领导地位的明显削弱或丧失，但更基本的动机是基于这样一种观察，即当前的讨论甚少反映出对美国在 20 世纪中期经济世界中独特地位成因的理解。如果对"我们曾经拥有什么"以及"我们是如何得到它的"这样一些问题缺乏一个清楚的认识，对"我们失去了什么"这一问题，人们又如何能期望政府能够做出恰当的回应呢？然而，二战后美国的领导地位如何形成，以及这种地位如何和为什么下降等问题进一步诱发出更深层的问题。在近几十年里，无论是从总量上，还是从一个广泛的产业范围来看，最发达工业国间在人均收入和人时产能方面都存在着一种引人注目的趋同（见图9.1）。这种现象催生出一系列关于"趋同"问题的新文献（Abramovitz，1986；Baumol，1986；De Long，1988；Dollar and Wolff，1988；Baumol，Blackman and Wolff，1989；Barro，1991）。尽管这些新文献应用了一些分析工具,提出了一些新的观点,但其所探索的基本问题则存在已久。经济史学家们曾在很长时期内对如下问题产生兴趣：英国在第一次工业革命的新技术方面领先于欧洲大陆的原因,以及其他经济体在后来借以赶上英国的过程（Elbaum and Lazonick，1986）。更一般地说,研究者应回答这样的问题：为什么有些国家在某些时期能在某些关键产业取得显著的技术领导地位,并将这种优势维持一段时期？其他国家是怎样赶上来的？在较长的历史时期中,趋同是否确实是一个占支配地位的过程,尽管这个过程时常由于有落后国家脱颖而出,并跃升至新的领导地位而中断？如果事实的确如此,为什么会有这种"中断"？

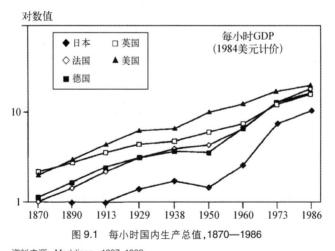

图 9.1　每小时国内生产总值,1870—1986

资料来源: Maddison，1987，1989。

这些问题也引出另外一些更深层的问题。人们应该在何种意义上来讨论"国家的"技术能力？在什么情况下，边界和国籍成为起作用的因素？民族国家（nation-state）在技术发展中的作用是什么，这种作用是否曾因历史的发展而变化？近来的趋同态势是否主要是一个国家间的平衡过程，或是国籍和边界重要性下降的一个征兆？

正如我们所观察到的，关于这些论题的最新文献通常含蓄地表达了三大观点。第一种观点来自关于趋同的文献，它认为美国二战后的领导地位必然是暂时的，原因可部分地归于：许多我们现时的竞争对手由于起步较晚而具有后发优势，此外，我们主要的工业竞争对手在战争期间遭到破坏。因此，相对而言，趋同就显得是自动的和不可避免的。第二种观点认为，上述现象并非趋同，而是美国在与其他国家的产业竞争中败北的结果。根据这种看法，随着日本，或许还有德国争得新的领导角色，美国正在被一群领先国家甩在后面，正如英国在一个世纪前所经历过的那样。这一学派的学者们各自强调不同的原因。肯尼迪（Paul Kennedy，1987）认为原因是国防开支所造成的负担；而弗里曼（Christopher Freeman，1987）、皮奥里和萨贝尔（Michael Piore and Charles Sabel，1984）、沃马克、琼斯和鲁斯（James Womack，Daniel Jones and Daniel Roos，1991）以及拉佐尼克（Lazonick，1990）等则认为，美国地位的相对下降反映其他国家在经济活动的组织方面采用了新的和更好的方式，而美国却陷入其旧辙之中。第三种观点指出，国家边界和基于国家范围的产业中心，其作用已发生根本性的下降。根据这种观点，趋同的确发生了，但这并不能被简单地视作是战后恢复、或国际技术扩散和模仿、或更为优越的新国家体制崛起的一种结果。相反,这种观点认为,正如市场和经营活动已变得更加全球化一样,个人和制度网络,这些产生和改进了以新科学为基础的技术的组织制度,变得更少国别色彩,更具跨国特性,因此,趋同反映了民族国家作为技术和经济实体这一特征的削弱。

我们并不认为这三种观点是截然分开的,同时也不认为我们就肯定无疑地回答了自己提出的问题。但我们相信,认真而明晰地提出这些问题是有价值的,同时我们也试图汇集有关这些问题的分析和证据。这就是我们在能力及篇幅许可范围内,以美国经验作为背景所尝试进行的研究。

让我们通过阐述在一些关键性问题上的观点来表明我们的立场。首先,二战后早期美国的领导地位并不仅是战争的一种暂时结果,而是有着两个相对不同的原因。这种领导地位的一部分体现在美国在大规模生产行业中长期拥有的主导地位上,这又来自美国具有独特优越的自然资源和世界上最大的国内市场。美国领导地位的另一部分在高技术产业,这种领导地位是新获得的,它反映了二战后美国在研究与开发(R&D)及科技教育方面所进行的大量私人和公共投资。虽然这些投资形成于旧的组织基础之上,但美国在国际上所拥有的范围广泛的领导地位大体应归功于二战后的发展,这种领先优势存在于基础科学和吸收新科学前沿成果后所形成的技术领域。因此,美国的领导地位源自两个部分,由于虽然在概念不同但在组织制度上却相关的原因,它们的作用已减弱。随着其他国家国内市场的扩大,以及在走向开放的过程中,像消费品以及生产物品市场一样,各国的资源产品市场逐渐开放并形成一个共同市场,美国企业曾一度拥有的大规模生产优势最终一去不返。同时,一些专业团体组织自身变得日益国际化,随着技术开发和交流网络越来越适应这种组织,对于那些在研究和开发方面进行了必要投资的公司来说,无论其国籍如何,技术已经更容易获取。这方面的投资已越来越多地由建立在其他国家的企业来完成。这些发展是与大型工业企业日益国际化的事实相联系的。在民族工业受到传统束缚且发展落后的地方,国际趋同仍然是由资本、管理和人员的跨国界流动所促进。这些发展的最后结果是,边界和国籍的意义大不如以前。

我们对讨论做如下安排,首先考察 19 世纪美国在大规模生产行业中不断上升的实力,其中特别值得思考的是美国技术发展变得不同以及超过欧洲各国技术的原因,后一原因具有更重要的意义;同时,我们介绍 20 世纪早期美国化学和电力行业的崛起。然后,我们的考察时期介于两次世界大战之间的时期,在这期间,通过为有组织的研究建立牢固基础,以及为大部分人口提供中学以上的教育,美国巩固了在大规模生产上的领先地位,并为其在二战后"高技术"方面的进展奠定了基础。接下来,我们考察二战后初期,我们特别关注美国第一(U.S. primacy)是怎样在微电子等领域中实现的。最后,根据我们对美国在大规模生产和高技术两个领域领导地位的性质的分析,以及对支撑美国优势的各种因素的探讨,提出我们对美国 20 世纪50年代以来如何以及为何在这两个领域丧失其领导地位的看法，并对今后可能出现的情况提出一些观点。

（二）持久的美国实力

在这一节，我们分析二战后美国在制造业领域长期持续的领导地位的一个方面：大规模生产行业。二战后，美国在半导体和计算机等领域居于主导地位，其背后的原因明显不同于促成美国在大规模生产行业拥有优势的因素，这是我们所要加以区别的。不过，在我们开始讨论美国在大规模生产方面的领导地位之前，首先必须弄清楚一些说法，比如说，当我们谈到一个国家（的企业）比另一些国家（的企业）具有技术领先地位时，它的确切含义是什么？这是很重要的，因为我们将借此讨论国家技术能力。

1. 国家技术和技术领导地位

在微观经济学基础理论中，经济学家们习惯于将技术假定为一种纯粹的公共产品。如果这一假定成立，则以下命题是毫无意义的：某国企业能够利用他国企业认知范围外的技术。对于不同国家的企业而言，其投入和产出的组合可能是不一样的，但这种差异也只是反映了影响企业抉择的市场条件或其他环境的不同。例如，在19世纪,美国拥有便宜的资源、高工资率和广大市场的特殊条件,人们认为,正是这些因素导致了被视为美国特征的高劳动生产率、大规模和资本密集型的生产方式。但是,欧洲的实践与此相反,这种情况可以完全归因于经济选择而不是在技术选择集方面的差别。

当然,经济学家们早已认识到,通过对侵犯专利的行为进行诉讼威胁或牢牢掌握商业机密,企业有时可以阻止其他企业使用自己的技术。19世纪,美国企业在金属加工和大规模生产行业取得了巨大的优势,但是,几乎没有证据表明,专利诉讼是防止技术转移的有效壁垒。一些美国企业确实尝试过保护其关键的商业机密,但由于技术信息可以存储在有知识的个人头脑之中,同时知晓技术的人员在企业间频繁流动,因而,在保护这些技术信息方面,企业显然是很有漏洞的组织机构。19世纪后期和20世纪初,美国企业很少能够在国际技术传播中封锁其技术机密,这种情况就如同早期英国的情形,当时,英国的限制并未能阻止斯莱特(Samuel Slater)及其一大群追随者带着他们的纺织技术横跨大西洋(Jeremy,1981)。

然而,我们认为,"国家技术"是一个有用的和具有防御性的抽象分析术语,即使这一概念对现在的适用性已下降,它仍适用于现代历史的大部分时期。我们的看法建立在三个相互关联的观点上。

第一,我们所谈论的技术是复杂的,它涉及不同类型的机器和各种已学到的技巧,而且经常还需要较为复杂的协调和管理。尽管这些复杂操作的某些特征被写于纸上,或更一般地说,是该领域的专家们所熟悉的,但要掌握这些技术并很好地加以运用也是不容易的。

除了要进行工厂或设备投资外,往往需要大量的干中学实践,这些实践是由包括工程师、管理者和机器操作者在内的一大批具有协作精神并相互促进的工作人员完成的。因此,"技术转移"所涉及的内容并非个别人或某些人的头脑、或少量图纸或模型所能承载并带走的东西。这些人、图纸或模型也许可以启动技术转移的过程,但对技术的真正掌握需要大量有组织的试错学习。所以,严格地讲,技术不是真正的公共产品。美国企业曾经掌握的技术,其他国家却没能掌握,而且不通过大量的实践和努力也不能掌握。

第二,在很大程度上,这些领域中的技术进步具有渐进和地域的特征,并且其产生和改进是以普遍的实践为基础的。有助于技术提升的知识显然包括运用并实践已有的技术,以便认识其优点和缺点,弄清楚它的实际运作方式。因此,就进一步提升技术而言,处于技术前沿者占有最佳位置。经济史学家们对此早有认识。罗森博格(Nathan Rosenberg,1963)将19世纪美国机床技术的演化过程视为是对提出问题——解决问题这样一种挑战的应对过程。在任何一个阶段上,进展都是受制于某种特别的障碍,而能够认识这种障碍的主要是那些进行实践的人,而每一个新解决办法的产生又使关注点转移到另一个技术限制或生产阶段。随着前沿技术的迅速变化以及新应用场合的出现,对于任何希望改进正在广泛使用的最佳技术的人而言,实际上必须亲身投入到技术活跃地区的实践中去。

第三,持续的技术进步并非推动事物前进的个人或个别企业作用的结果,它涉及许多相互联系的人和企业。每个人是在学习了别

人的发明后才做出进一步的发展的。艾伦（Robert C. Allen，1983）
在他关于英国克利夫兰区酸性转炉钢生产者的研究中较为详细地描
述了这种"集体发明"过程，莫里森（Elting Morison，1974）也描述了
发生在美国酸性转炉钢生产者间的类似过程。人们之间相互作用的
结果远远超过各人成就的简单加总。正如汤姆森（Ross Thomson，
1989）在其关于缝纫机的起源和扩散的研究中所指出的，新技术的成
功突破要求它们与现存相关技术紧密结合，并嵌入到相应的包括从
原材料到最终分配这些生产和交换活动的复杂链条中去。在豪
（Elias Howe）1846 年的发明被正式承认之前的 60 年里，许多在技术
上成功的机械缝纫装置已被发明出来，但没有一种在商业上获得成
功。豪的机器之所以成功，是因为它与既存的配套技术和技巧相契
合，也是因为它开创了一个联系的过程，将新的企业与其他创新者互
相联系起来，构成了一个联系网络。依次地，许多相关产业也采用这
种源自缝纫机发展过程的相互依存的原理和网络。

　　简言之，技术进步是一种充满"网络外部性"（network externalities）
的网络现象，这种"网络外部性"现在已得到深入的理论考察（Katz
and Shapiro，1985）。这些理论考察包括路径依赖，即成功的发展依
赖于先前的结果（David，1975，1988；Nelson and Winter，1982），
以及特定系统在超出某一定点时会成为一种"锁定"的技术趋势
（Arthur，1988,1989）。这些累进性技术学习网络具有一个引人关注
的历史特征，这就是：直至最近，它们的范围大体上都是由国家边界
所界定的，原因何在呢？

第一个原因是地理上接近。在艾伦、莫里森以及汤姆森（Allen, Morison and Thomson）所描述的那些网络里,所涉及的所有发明者和能工巧匠都生活在同一区域,他们之间即使没有亲密的私人关系,也会对彼此的发明成果了如指掌。其次,技术交流网络遵循着已有的语言文化习俗的轨迹,从这一角度来看,技术具有国家特征的某些成分就显得自然而然了。由于集中的或统一的国家技术培训体制的存在,起初的基础可能因此而得到强化,虽然与法国和德国这样一些欧洲国家相比,这一特征在美国的发展中并不那么引人注目。不过,即使缺乏官方命令的统一性,美国科学家和工程师们仍然体现出了国家身份的早期标志,其基础在于具有独特的和共同的解决问题的环境因素：资源基础、产品市场、法律和体制条件,这些明显地不同于欧洲国家。这种网络的关键要素是共同术语和参照点、测评方法及技术执行标准。1849—1850 年期间,一位苏格兰探访者曾抱怨说,美国矿物学家们不屑于以欧洲地名来命名他们发现的矿物结构,而是坚持使用其本国独立的专门术语。罗森博格（Nathan Rosenberg, 1985）指出,大多数我们现在称之为以科学为基础的进步并不属于"前沿的"科学范畴,而是在很大程度上专注于现实的和初级的任务,例如材料的分级和测试,这些工作当然需要科学的训练,但只是针对现成材料的学习而已。19 世纪末,美国涌现出各种科学和工程协会,而它们的主要任务之一就是把这些测度标准化并使之体现于仪器和器械设备（以及使用程序）上（Constant, 1983）。批评美国资本主义的人抱怨道,截至 20 世纪 20 年代,由于公司和高等教育机构间的紧密联系,美国工程师们本身也已经成为标准化的商品(Noble, 1977)。在当时,美国技术已成为工业世界所羡慕的对象,然而,胸怀大志的年轻工程师能做到的只是获得使其得以进入国家技术网络的培训。

当然,由于经济规模、政局稳定或历史事件等原因,并非所有国家都具有这样土生土长的国家技术群体。本文不打算探讨历史上经济发展的根本性问题,而是专注于一个较为具体的任务,即描述 19 世纪末以来涌现出来的与众不同的美国技术,并追踪国家特征在 20 世纪的演变过程。

2. 19 世纪大规模生产的兴起

最迟是时至 19 世纪中期,美国技术便开始引起世界关注。在 1851 年的伦敦水晶宫博览会上,收割机、批量生产的枪械以及美国的其他许多新奇物品的出现引起了巨大的轰动。然而,在这个时期,"美国制造业体系"令人印象深刻的技术成就也仅仅与一小部分产业分支有关,在其他重要的领域(如炼铁业),美国仍明显地落后于欧洲国家(James and Skinner, 1985)。

不过,在整个 19 世纪,美国确实为树立其先进技术地位提供了绝对必要的条件,其土生土长的技术群体已经有能力使欧洲技术适应于美国条件。虽然技术搜寻的过程是分散的和竞争性的,但信息通过贸易渠道、印刷媒体和非正式接触得以传播,它有助于建立一个与众不同的美国式的解决问题的网络。专业化机床工业的崛起是早期的一个重要例证,它是从机器工场演变而来的,这种机器工场与 19 世纪 20—30 年代新英格兰纺织作坊相联系。随后,专业化机床工业发展成为范围广泛的消费品产业开发和传播新技术的"机器产业" (Rosenberg, 1963)。历史上,企业和个体机械师们具有令人瞩目的连续性,经济史学家追溯了它的发展脉络。随着机器速度的稳步提升,动力转换、润滑、齿轮传动装置、精密金属切削以及许多其他方面的成就被应用于一个又一个的工业领域:纺织品、缝纫机、农场机械、锁、钟、武器、鞋靴、机车、自行车、香烟等(Hounshell, 1984; Thomson, 1989)。美国这种与众不同的发展历程代表了一种集体学习的类型,它被嵌入到构成美国世界领导地位基础的 20 世纪技术当中。

到 19 世纪末,美国工业已在世界上拥有一种独特的地位。19 世纪 80 年代集中涌现出大量重要的发明创新,它们得益于大规模生产和大规模营销活动,这些活动是由国家铁路和电报网络所提供的。这些发明创新涉及新品牌和包装的消费品(香烟、罐头食品、面粉和谷物产品、啤酒、奶制品、肥皂和药品)、大规模生产的轻型机器(缝纫机、打字机、照相机)、电动设备以及标准化的工业机械,如锅炉、泵和印刷机(Chandler, 1990, pp.62 - 71)。虽然这些产品中大部分是为国内市场开发的,但其中许多产品同样成了出口品。在 1901—1902 年间,欧洲出现了大量的图书,第一次向人们敲响了警惕"美国化"的警钟,这些书籍以"美国入侵"这样的字眼为标题和主题。在 20 世纪 20 年代和 60 年代,这种现象一再出现(例如,Mackenzie, 1901)。特别值得注意的是,美国工业机械、农场设备、五金器具、其他工程物资以及生产物质的出口不断增长,这些产品体现了大规模生产的原理,在许多情况下,它们在国外形成一种富于竞争性的新挑战。此外,到1900年,美国的钢铁工业已成世界领导者,其出口的钢铁产品品种十分丰富(Allen,1977)。这种国际地位是从来没有过的。19世纪90年代以前,如果没有关税保护,美国的钢轨生产企业是不可能在国内市场上生存下来的(Allen,1981)。

这些世纪之交的新成就可以被看作是两种技术源流的汇合:一是正在进行着的机械和金属加工工艺的进步,这种进步集中于标准产品的大量生产;二是构成国民经济基础的矿产资源勘探、开发和利用。在美国工业上升到世界领导地位的过程中,这个国家在煤、铁矿砂、铜、石油乃至当时其他每一种主要工业原材料的生产中都上升到世界领导地位,这两者是紧密相连的。即使从现代的观点来看,这种情况也是令人惊奇的。让我们举一个重要的例子,钢铁工业的技术突破恰巧在时间上与19世纪90年代富饶的麦沙比(Mesabi)铁矿带投入开采相一致,并且伴随着技术和交通运输方面的适应性调整(Allen,1977)。对制造品贸易的分析显示,不可再生资源的密集性是美国产品的最突出的特征之一。实际上,在1880—1930年这个关键性时期内,这种相对密集性持续上升(Wright,1990)。凯恩和彼德森(Louis Cain and Donald Paterson,1986)发现,9/20的美国产业部门在材料消耗方面存在严重的技术偏向,其中包括那些出口表现最好的部门。

那种将这个国家的产业绩效理解为建立在资源充裕的基础上,

并把规模经济视为技术的对立面的观点是错误的。因为矿藏开采、提炼以及冶金术会引致、刺激并集中一些当时最先进的工程技术开发，正如大规模生产所起的作用一样。美国地质调查计划是 19 世纪里最具雄心也是最成功的政府科学项目，与此同时，美国在培训采矿工程师方面也是世界上首屈一指的（David and Wright，1991）。电解和精炼新流程对钢、镍、锌和铝等行业的工业潜力产生了显著的影响。当时，人们也通常能注意到，资本和自然资源之间的互补性并不仅仅是一种外生的技术关系，它也许还可以被看作是使美国开创的技术获得成功的一种手段。大规模生产行业对燃料和原材料使用也是密集的。资本存量多寡本身体现了国内资源丰裕与否，此外，使持续的生产能力利用率最大化的"高生产量"方法也意味着物资原材料和燃料与劳动力的高比率。由于这些原因，尽管在本国的经济条件下美国技术是非常有利可图的，但并不总是适合其他国家或地方。艾伦（Robert Allen，1979，p.919）估计，在 1907—1909 年间，美国的马力与工人之比是德国或英国的两倍。另外，在钢铁业中，美国的全要素生产率只是比英国高出 15% 左右，与德国大致持平。这个统计数字并不意味着：在生产过程中，只要"简单地"采取类似美国的那种资本和资源密集型的生产方式，德国钢铁生产者就会具有与美国一样的劳动生产率水平。我们的中心论点如下：对于那些在别的地方使用了一定时间的技术而言，企业要在生产过程中采用、学习进而掌握它并不是"简单的事"。这些数字表明美国发展了一些特别的新技术。德国的技术进步过程展示了一种全然不同的导向，这一导向是受"寻找替代昂贵的和不确定的进口品的需要"这样一种战略所左右的(Hayes，1987，p.1)。

美国的制造业企业及其技术不仅仅是资源和资本密集的，而且在经营规模方面也比英国和欧洲大陆同行们大得多。大规模经营恰好与美国的巨大市场这一特殊性相适应。到1900年，美国的国民收入总额是英国的2倍，约为法国或德国的4倍，人均收入也超过英国并大大领先于欧洲大陆，美国的语言和文化是比较统一的，内部交通和通信系统也得到了很好的发展。或许因为美国消费者有着不受传统等级标准限制的相对自由，他们乐于接受标准化的产品，尽管这些标准化产品在美国的出现要比在欧洲晚得多。进一步而言，由于普遍实施高水平的保护关税，巨大的美国市场得到有效的保护，欧洲产品很难进入。虽然由于向欧洲国家出口具有更大的相对重要性，而使美国国内市场的规模得到了部分可能的补偿，但外国市场毕竟很不一样，与它们后来的情形相比，它们对标准产品的接受程度要低得多。由于美国企业主要面向国内市场，它们也就倾向于将其产品品种限定在一个狭窄的规格范围内，例如，在钢铁行业，尽管美国在大规模生产的产品上占有统治地位，但美国特种钢的生产经历却是"一段起步失误、技术落后、商业失败以及要持续依赖外国钢的经历"(Tweedale，1986，p.221)。美国在收割机和机车(像后来在汽车行业一样)方面的技术成就是令人印象深刻的，但并不适用于世界上大多数市场。许多欧洲工程师对他们的美国同行评价不高，因为后者强调生产和速度甚于质量和耐久性(Headrick，1988，p.75,84)。

美国公司出众的实力是引人争议的话题,经常有人指出,这种实力更多地来自与配合大规模生产和大规模销售相关的组织效率,技术本身的作用似乎没有组织效率的大。例如,胜家(Singer)缝纫机公司在海外的成功就不是基于高度复杂的产品设计或工厂技术,而是源自生产、销售、服务组织的效率(Carstensen,1984,p.26)。相对来讲,胜家是较早在国外进行探索的公司,一般说来,只是在建立起全国性的销售分配网络之后,美国公司才对国外市场感兴趣(Wilkins,1970)。在这里要再一次强调的是,我们不应将组织实力视为先进技术的替代,而应将其看成是对先进技术的一种补充。正如钱德勒曾经指出的那样,现代公司企业往往出现在那些已经经历了优先技术改造的部门,而新的组织形式可以使这些新技术能力得到更有效的利用(Chandler,1977)。钱德勒在其著作《规模和范围》中强调,比起任何其他国家,美国拥有多得多的在技术管理上先进的新公司组织,其出现时间要比别国早得多。钱德勒关于美国大企业内部"组织能力"的分析是发人深思和具有说服力的,但他没有更多地强调经济的总体特征和技术本身的不断发展,这正是我们所要做的。美国大公司不仅仅是有效地采用流水线作业的组织,它们也是一个正在崛起的技术和管理网络的有机组织,并致力于集体学习,在学习过程中带有明显的本国特性。到19世纪末期,美国制造业公司的管理风格已经变得与英国和欧洲大陆的管理风格极为不同了。

"职业化管理"的概念和实践最早出现在美国。到1900年,美国大企业普遍配备职业化的、并受过良好教育的中层管理者,这种现象似乎形成了独一无二的美国现象。拉佐尼克（Lazonick，1990）认为，在这一时期，美国企业的管理部门不断获得对基层工作的控制，这种情形与英国相反，英国企业的管理部门对工作的细节并没有多少控制。"科学管理"运动是独一无二的美国式的东西，它与管理职业化紧密相连。在科格特（Kogut，1992）的一篇引人关注的论文中，他强调了管理和组织的基本原则的重要性，认为这种重要性具有显著的国家特性，或至少曾经如此。他提出，在20世纪早期，美国公司的卓越成就更多地源于管理和组织的风格，并非仅仅来自规模经济和经营范围的简单机理，尽管对于前者而言，后者是必不可少的。科格特曾对在海外设立了分支机构的美国公司做了实证考察，他发现这些公司大部分是大公司，但也有一些中等规模的公司。然而，几乎所有这些公司坚定地信奉前文所述的管理与组织原则，这是它们的显著特点，这一点构成了与众不同的美国式风格。

我们在这儿要指出的是，在这一时期，美国的成就较少源自科学，甚至也不是以发达的技术教育为基础。美国技术是基于实践经验并以工厂基层为导向的实用型技术。德国工业的培训是先进的，其水平要比美国高出许多（Kocka，1980，pp.95 - 96）。在发明"科学管理"之前，泰勒曾在开发高速工具钢中扮演主要角色，而像他那样卓越的美国工程师也只是具备本科学历，此外，他们非常怀疑大学教育在实践中的价值。那些从事探索有价值的石油副产品工作的人只是受过少量的化学教育，他们在那里充当内行（Rosenberg，1985，p.43）。进入20世纪后，美国在许多行业，如非电动机械、钢、车辆等行业具有最强的实力,这些行业的发展一个很显著的地方就是不涉及有组织的科学研究。美国大学确实在一些应用领域拥有实力,但如果一个有抱负的学生想在物理学和化学等科学领域获得最好的大学教育,人们会建议他到德国、英国或法国去学习。如图 9.2 所示,直到第二次世界大战后很长一段时间,美国才在获取诺贝尔奖方面超过这些国家。

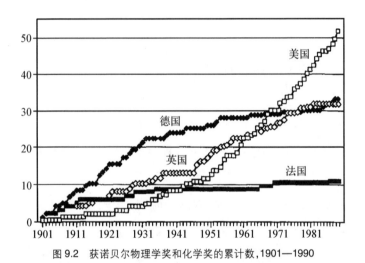

图 9.2　获诺贝尔物理学奖和化学奖的累计数,1901—1990

　　做出这些观察的目的,是描述而非贬低美国工业在 20 世纪早期所取得的重大成就。在大规模生产行业中,美国企业在生产率方面都明显居于领导地位。美国在制造业方面居于领导地位,而其农业又具有很高的生产力,两者的结合支撑着美国比英国以及欧洲大陆有更高的工资率和生活标准(Phelps-Brown, 1973)。反过来,高工资率和高生活标准又诱发并支持着资本和资源密集型的大规模生产。美国制造业企业采用了一些特定技术和结构，这反映了美国情况的一些独特之处，与此同时，我们也可以观察到这样一个基本现象：美国工业向前发展，欧洲跟随其后，而且两者间通常有一个明显的差距。

3. 为基于科学的工业建立基础设施

到第一次世界大战开始的时候，美国已经在大规模生产和流通行业建立了领导地位，其技术是以规模经济、资本密集度、标准化以及自然资源的密集使用为特征的。当时，尽管美国在科学或使用以科学为基础的技术方面还不是世界的领导者，但这个国家已建立起大量私有组织和公共设施，与此同时，以科学为基础的工业正日渐重要，而它的有效运转需要这些组织和设施。

联邦政府对大学农业项目和实际的技术项目的支持始于 1862 年莫里尔赠予大学土地法（The Morrill Land Grant College Act of 1862）。虽然这一法案直接导致了一些主要州立大学的建立，同时增强了其他大学的实力，但鲜有重大的研究成就可以归功于莫里尔授予大学土地法，这种情况持续到 1887 年哈奇法（Hatch Act of 1887）颁布前。哈奇法为每个州提供资金设立一个农业实验站。由于 1906 年亚当斯法（Adams Act of 1906），联邦政府对研究的资助额度提高了一倍。随着 1914 年建立起合作推广服务机构，在农场经营者间出现了独特的传播知识的组织制度。当时，美国在"科学农业"——土壤化学、植物生物学、畜牧学的应用方面还落后于欧洲，但一代人之后，美国的这些基础设施投资在农业生产率方面得到了前所未有的回报。

莫里尔法激励了联邦政府发展工程教育。在这一法案通过后的10年内,美国工程院校从6所增加到70所,到1917年进一步增加到126所,工程学院毕业生从1870年的100人增加到第一次世界大战爆发时的4 300人(Noble,1977,p.24)。像其农业方面的同行一样,美国大学里的工程师和科学家们承受着持续的压力,他们必须证明自己的努力能带来实际利益。"纯理论的"研究受到公开的轻视。在19世纪,一些应用科学领域的确显示出某些实力,它们主要是那些与国家特定经济利益相联系的领域,如地质学和工业化学(Bruce,1987)。不过,在世纪之交时,一个研究型大学的网络已经形成,它寻求形成这样一种能够平衡以下两方面的组织制度:对即时效用的需求,以及由正在崛起的科学学科所信奉的学术独立精神。根据盖格(Roger Geiger,1986)的看法,这种平衡中的主要因素是:提供大规模的本科教育,以此作为资助研究和培养研究生的手段,并成功地动员起全民支持科学的热情。1900年美国大学协会的建立是一个分水岭,该协会支持学术标准,对申请博士学位提出统一的要求,以及促成外国对美国博士学位的承认。尽管工商界与大学间的合作仍然是美国技术史上的一个重要部分,但只有在与产业界保持一定的社会距离后,世界级研究型大学的前景才得以出现。

与此同时,美国工业还在形成自己的技术基础设施。1897—1902年的美国产业大兼并浪潮首次催生出了许多拥有全国性市场实力、如今家喻户晓的公司,受此影响,私有部门研究实验室出现了前所未有的扩张。在接下来的半个世纪,这一趋势得到加快发展(见图 9.3)。在第一次世界大战之前,通用电器、杜邦、美国电报电话、柯达等公司都建立了正规的研究实验室。并且,随着持续的发展,这些组织的意义也许已经与创建者们的初衷大相径庭了。经济史学家们认为,这些早期的企业并不是打算在新技术方面做出开创性的研究,而是要控制发明和保护已经得到的专利地位(Reich, 1985; Smith, 1990)。然而,研究机构一旦建立起来,一个以科学为基础的研究传统就会发展起来,经常地会偏离雇主的即时目标,具有很大的自主性。

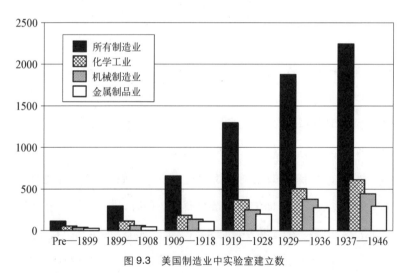

图 9.3　美国制造业中实验室建立数

资料来源: Mowery and Rosenberg, 1989, table 4.1。

1900 年以前,只有在化学领域才大量使用受过科学训练的员工。1875 年,宾夕法尼亚铁路公司雇用了一位获耶鲁大学博士学位的化学家来组建一个实验室,以便测试和分析从供应商那里买到的材料。正如罗森博格所认为的,早期工业对科学的应用,大部分正是属于这种类型,即将属于当时科学前沿的实验室程序相对粗略地用于材料测试。但是,把这样的程序制度化常常导致意想不到的结果,如宾夕法尼亚铁路公司实验室就进而开发出一种用于机车的改进过的润滑合成剂;一位被卡耐基钢铁公司雇用的有博士学位的化学家不但协助鉴别高质量矿砂,还发现了生产更好的钢铁的方法。渐渐地,化学家终于在钢铁制造、传统的无机化学物如苏打、新的有机化学物如染料以及后来的塑料等方面的技术创新中发挥了重要作用。

在染料、塑料和其他以有机化学为基础的新产品方面,德国的化学工业无疑是领导者。弗里曼(Christopher Freeman)提供的资料表明,直到 1945 年,法本(I.G. Farben)始终是最大的塑料专利持有者。但在 1910 年或前后,美国的一些领先公司如杜邦、道、柯达等公司已建立起 R&D 实验室,并且已发展起生产各种工业化学品和范围广泛的精细化学品的能力(Noble, 1977; Hounshell and Smith, 1988)。这些公司能够利用新出现的化学工程这一专门知识,化学工程集合了美国化学专业若干方面的知识杂交而成。那时,这些公司很好地组织起来,利用第一次世界大战期间与德国中断贸易的有利机会,做出反应,为军方提供了各类物品。由于德国专利遭到废除,这使美国公司到 20 年代达到了接近德国的技术水平。

新兴电气工业的经历与此类似,只是在这一领域,美国实力显现得略早一些。正如同在化学行业一样,美国的成功并非明显地植根于在基础科学上的任何优势,在物理学的教学和研究上,美国大学大大地落后于德国和其他欧洲大陆国家的大学。但是美国工业界很早就出现了受过培训的电气工程专业人士。到 19 世纪的最后 10 年,在诸如麻省理工学院和康奈尔大学等高等学府,人们有意识地将物理学和机械工程学结合起来,形成一个学科(Rosenberg, 1984)。休斯(Thomas Hughes, 1987)认为,在新兴电气工业,美国对大规模系统的认识、设计、开发和应用表现得很杰出。此外,美国工业还得益于诸如托马森、特斯拉、斯坦梅茨和亚力山德森(Thomason, Tesla, Steinmetz and Alexanderson)这样一些受过科学训练的欧洲移民。

这里,人们可以再一次看到美国巨大、丰富的市场的影响,它不是作为一种技术的替代,而是一项影响因素,对美国技术走向产生影响,并且是一个原因,使美国在国际比较中具有独特的优势。有些技术创新源于欧洲,但由于可以在美国市场中实现规模经济,其发展却是在美国进步最快,这种例子为数众多(Braun, 1983)。

(三) 两次世界大战之间

在 20 年代和 30 年代,在大规模生产行业,美国工业的领导地位得到巩固。与此同时,这些在较长时期具有实力的行业,与一些重要的新兴产业如化学工程与电气工程中的有组织的研究与高级培训结合起来。有些情况具有历史偶然性,美国不但幸免于第一次世界大战的破坏,其工业甚至由于战争而获得激励。在一战后,国际贸易和金融体制的混乱局面有增无减,并在 20 世纪 30 年代彻底崩溃。依赖于国外市场的工业国家经历了一个艰难的时期(虽然日本在面临这些困难时仍能维持其工业增长),而美国工业则基本上与这些困难无缘。自南北战争以来,美国一直是实行高度保护主义。在 20 年代,虽然美国工业力量正在崭露头角,但其进口壁垒却在增加,首先是 1922 年的福德尼-麦坎伯关税法(The Fordney-McCumbe Tariff of 1922),然后是 1930 年臭名昭著的霍利-斯穆特关税法(The Hawley-Smoot Tariff of 1930)。但是,对于支持生产率的迅速增长以及日益增多的新技术和新产品开发与扩散来说,国内市场已是绰绰有余。

1. 新旧工业实力的结合

两次世界大战之间,美国把大规模生产方法、便宜的原材料和燃料巧妙地结合在一起发展其产业,汽车产业就是一个最引人注目的成功例子。在 1908—1913 年间,福特汽车公司建立起它的生产线,此后,美国汽车生产厂家的领先优势迅速上升,显然超出法国和英国的竞争对手。虽然在探求这种成功表现的原因时,我们可以归因于国内市场的特征,但美国领导地位的一个明显标志体现在大量的出口上,尽管美国汽车存在着规格大小和燃料要求不适合国外需求这样的事实。虽然存在贸易壁垒,而且世界需求很弱,但美国汽车在 20 年代主宰了世界汽车贸易,同时,运输车辆在美国制造业出口中占统治地位（见图9.4）。亨利·福特的著作在国外成为畅销书，"福特主义"在德国和苏联拥有一批持专家治国论的信徒（Hughes，1989）。然而，美国成本优势的构成是难以精确测度的，因为大规模的汽车企业如同一个联合体，它涉及组织、管理、财务和技术等方面的因素。美国企业的分支机构在海外也居于统治地位，尽管这些企业在两次世界大战之间未能完全重现它们在国内的辉煌（Foreman-Peck，1982）。不过，如果不是被第二次世界大战所中断，美国生产方法的全球性扩散和被采用的过程肯定会延续下去，或者通过模仿，或者通过对外直接投资。

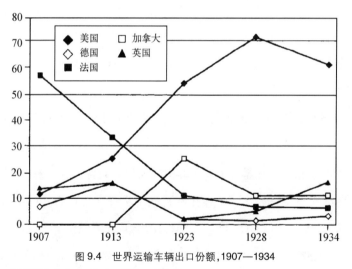

图9.4　世界运输车辆出口份额，1907—1934

资料来源：Foreman-Peck, 1982, p.868。

从很多方面来看，技术领导地位的一个更持久和更重要的基础建立在诸如电机及化学工程这样一些产业，这些产业已能够将大规模生产方式与有组织的并以科学为基础的研究结合起来。尽管电学方面的基础性科学突破出现得更早一些,但只是在两次世界大战之间,通过工厂和家庭的全部电气化才将其应用潜力转化为现实。大卫(Paul David, 1989)曾经提醒人们注意,作为发明创新的一种例子,电气化对生产率的影响在一代人之后才得以体现,原因在于,传播和适应其中所包含的知识需要一个过程,同时也需要重新构建工厂设施和工作方式。使用电力的工厂比例从1910年的25%上升到1930年的75%(Devine, 1983),这一发展对于当时生产率的加速增长是必不可少的。类似的情况也出现在家庭中,使用电灯照明的城市家庭比例从1909年的33%上升到1939年的96%(Lebergott, 1976)。通用电气、西屋电气和美国电报电话公司这样的大企业都建立了先进的研究组织机构,这些机构源源不断地研制出富有创意的新的电气产品,有时,这些产品达到了科学研究的前沿。

化学工程的兴起也是新旧力量结合的产物。兰多和罗森博格(Ralph Landau and Nathan Rosenberg, 1990)指出,这一专业是美国人的发明,它结合了化学和工业过程中的知识。同样具有新意的是,在20世纪头20年里,化学工程在麻省理工学院只是作为一门学习课程,而在1920年就有了这样一个单独的学系。美国化学工业的急剧发展也与化学工厂所使用的基本原料从煤转到石油密切相关,而美国支配着在石油这种初级产品的世界生产。有机化学物品是提炼石油时产生的副产品,随着技术的发展,它的生产得以非常有效地进行,从而与石油供应紧密地联系在一起。20世纪20年代以前,石油公司与化学工业很少有联系。然而，在 20 年代，通过兼并、建立研究机构以及开展产—学协作，两者之间有了重要的联系。通过与麻省理工学院的紧密合作，新泽西标准公司在路易斯安那州巴腾落基（Baton Rouge）的研究机构取得了生产工艺方面的重要发明创新，其中包括水成形、液体折曲焦化和液体催化裂化等技术（Landau，1990a）。从这里，我们看到大规模生产、先进科学和美国资源的结合，这种结合的效果是非常显著的。化学工程师斯皮茨指出："尽管事实上，欧洲的化学工业曾长期领先于美国，但是随着诸如联合炭化、标准石油（新泽西）、壳牌和道这样一些公司将它们的注意力转向石化产品的生产，有机化学的未来将会与石油而不是与煤联系在一起了。"（Peter Spitz，1988，p.xiii）在 20 世纪的前半期，石油行业率先使用了许多受过科学训练的人才（见图 9.5）。

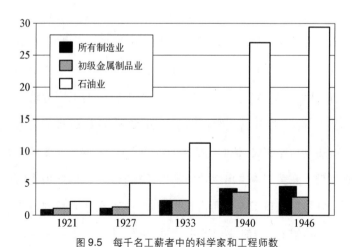

图 9.5　每千名工薪者中的科学家和工程师数

资料来源：Mowery and Rosenberg，1989，tables 4.2 - 4.6。

2. 教育与技术

　　教育体系是讨论美国工业和技术表现时迟早都要涉及的内容。美国人似乎都相信他们曾拥有一个黄金时期,在这个时期,美国在大规模公共教育方面领先于世界,而且这种在教育方面的领先地位与技术上的领导地位也是紧密关联的。这种理解包含了一些真实的成分,但整个事情并非如通常想象的那么简单。在减少文盲和普及初等教育方面,美国的确是早期领导者,在南北战争之前(南部以外地区),这个国家就基本上普及了基础教育,大大领先于法国和英国(Easterlin, 1981),只有德国(普鲁士从 1763 年开始实行强制性义务教育)接近这一水平。因为基础教育对于经商和处理文字信息的能力有着明显效果(Schultz, 1975),所以毫无疑问,学校教育在美国农业人口中的普及,对于这部分人在新机会来临之时做出反应;对于他们接受发明创新都有着积极的作用。由此带来的好处基本上属于农场主,但他们多半不是美国工业领导地位上升时期工厂劳动力的来源。从 19 世纪 40 年代爱尔兰人流入开始,大多数受雇于美国工业企业的劳动力是移民,他们主要来自非英语国家,并且所受的教育程度远远低于在美国本土出生者的水平。在 1910 年,国外出生的人及其子女在美国机械工业中所占比重超过 60%,在采矿和制造业中超过 2/3。没有理由相信,这支劳动大军接受过按世界标准衡量的特别好的教育。这也许算不上是什么缺点。有人认为,美国工厂的工作节奏异常快(Clark，1987)，是一种使人们很好地适应那种"高产量"生产战略的劳动强度，对工人而言，他们并不需要接受高水平的教育。诚然，上层和管理人员的教育背景无疑会对提高生产率作出贡献，但当时受过良好教育的上层职员与下层辛苦劳作的工人之间的关系极为不同于当今世界成功的关系形态。生产工人教育水平的提高主要是在 20 世纪 20 年代早期移民中断后才出现的。

随着这个国家的大多数人具有中学水平，教育的功劳确实迅速增大。随着工作要求的提高，以及机械化的不断发展，只有蛮力以及只有尽职尽责的态度都不能适应工作的要求，因此有理由相信，较高的教育标准对美国在 1920—1960 年间维持工业的高生产率增长做出了贡献，尽管我们对这一过程缺乏详细的了解。然而，要指出的是，20 世纪中等教育的扩张并非美国独有的现象，类似的趋势实际上在世界所有"先进"国家中都可以看到，到 1950 年，美国、法国和英国在中等教育平均年数上已没有明显的差别。但这些国家仍大大落后于德国(见图 9.6)。这不是要否认中等教育对美国成就的贡献，但它强调了这样一种观点，即只是当技能技巧被工业雇主有效地利用时，具有广泛基础的教育才对技术领导地位产生贡献。1914—1950 年间，紊乱的世界贸易条件很可能限制了许多国家利用其教育潜能。

美国能够获得大学教育的人口比率与世界各国不同(见图 9.7)。早在 1890 年，美国每 1 000 名中学生中进入大学的比率已是其他国家的 2 至 3 倍，在美国工业居支配地位时期，这一差距一直维持并扩大着。1900 年之后，在应用学科和工程学科注册的入学人数不断上

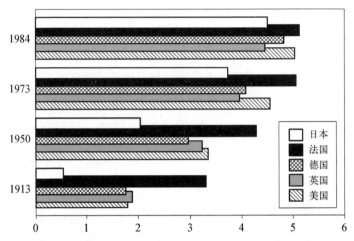

图 9.6　中等教育平均年数, 1913—1984 年(人口年龄 15~64 岁)

资料来源: Maddison, 1987, table A - 12。

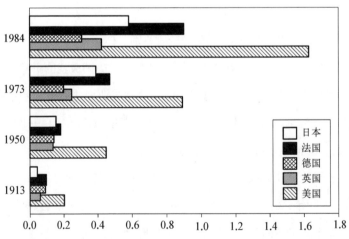

图 9.7　高等教育平均年数, 1913—1984 年(人口年龄 15~64 岁)

资料来源: Maddison, 1987, table A - 12。

升,规模特别庞大(Geiger, 1986, p.14);到第一次世界大战时,在一些新的领域,如电机工程,麻省理工学院等美国大学已赢得了世界上最好大学的声誉。在1900年之后,高级的商业管理培训也经历了一个迅速发展的时期(Chandler, 1990, p.83)。虽然在美国工业雇用的人员中,受过大学训练的工程师、科学家和管理者只占一个很小的百分比,但这正是构成美国技术领导地位的一个特定组织基础。在整个20世纪,产业界对这些人员的使用一直稳步上升(Mowery and Rosenberg, 1989)。

同样,在范围广泛的为R&D和生产提供辅助工作的活动里,大量雇用受过大学教育的人。两次大战之间,在营销、会计、法律服务、金融、保险和通信等领域的就业人数迅速增加,有些受雇于制造企业,有些则任职于其他部门。总的来说,与欧洲同行们相比,美国各组织机构能招聘到受过更高程度教育的人来从事工作。

人们有理由相信,这些数字在某种程度上夸大了美国教育的优势,以为它"无与伦比"。事实上,除了美国最好的中学外,英国的贵族学校、德国的大学预科、法国的公立中等学校的教学内容一般都超出美国其他所有中学的教授范围。同时,相对那些从上述欧洲学校出来的伙伴而言,美国的中学毕业生似乎更年轻,所接受教育的年数更短。许多评论家们(例如Geiger)已经指出,美国的大学老师们常常抱怨,他们的学生在进入大学时所受的教育要比欧洲大学新生所受的教育少得多。然而,许多美国中产阶层家庭的男孩(后来扩大到女孩)在中学毕业后继续接受教育,这个比例是很高的。美国这一传统的形成要比欧洲早得多,随着时间的推移,人们越来越清楚地注意到这一点。并且,美国中产阶层要求的是一种"注重实际的教育"。

虽然大学教育对技术的重要性似乎是不言而喻的,我们仍必须声明,我们对这种特殊的联系仍缺乏一个清楚的理解。随着教育更为普及,学生的绝对数目或受培训的数量已不重要,重要的是教育或培训是否能够被有效地融合到改进企业运营技术的过程中去。在两次大战之间,美国的这种合作协调机制已被提高到一个精妙的境界,教育机构调整了课程,从而更紧密地适应毕业生将要从事的工作"职位"的要求;反之亦然(Lazonick, 1990, pp.230-232)。1921年的一项调查已经注意到"'公司'对高等教育机构作为雇员供给来源的依赖日益增加……许多商界人士对高等教育作为就业的一个影响因素所持的偏见正在迅速地消失"(引自Noble, 1977, p.243)。政治批评家们抱怨,随着工程师们"自动地把职业要求与行业和公司的需求融合起来",产品规格和工艺流程方面的国家标准化过程已经开始扩展到个人(Noble, 1977, p.168)。例如,在1919年,麻省理工学院启动了电机工程合作课程项目,这一项目把学生的课程时间一分为二,一部分在学院,另一部分在通用电器公司,后者雇用一半的毕业生。美国电报电话、贝尔实验室、西部电器以及其他企业后来也加入这一项目(Noble, 1977, p.192)。诺贝尔对大学与私有企业间的紧密联系持保留态度,但不管这种态度其价值如何,他所描述的是一个有效的培训和应用网络,这一网络因其自成一体而在国家层次上有效运转,同时把国民经济的资源基础和市场需求内部化了。

我们曾经指出,近些年出现了大量关于经济"趋同"的文献,这些文献研究的是这样一个命题:如果落后国家具有必要的"社会能力",那么国家之间巨大的技术差距,以及相应的生产率和收入方面的差距就不会持续下去。阿布拉莫维茨(Abramovitz,1986)指出,在社会能力中,受过良好教育的劳动力占有突出的地位,在劳动力中要有处于时代主要科学和技术方面的顶尖人才,社会能力同时还包括适当的企业管理和组织,以及能够维持财政和货币秩序稳定的金融制度和政府。可能引起争议的是,在两次大战之间,美国在这些方面并不是显著地优于欧洲国家,尽管我们已经勾勒了一些主要的差别。然而,值得注意的是,在这一时期,即使存在大规模生产技术运用能力方面的系统趋同趋势,这种趋势也是相当弱的,此外,相对于美国的劳动生产率水平和人均收入而言,这种趋同趋势并不存在。虽然总体上的差距缩小了,但如果将麦迪逊(Maddison)所计算的15个成功国家1938年的平均生产率与当年美国的相应数值相比,得出一个百分数,我们会发现,这个百分比并不比1929年、1913年或1890年的百分数高(Abramovitz,1986,p.391)。

原因是多方面的。其中之一在于,两次大战期间混乱无序的经济环境影响了大多数国家的经济。的确,麦迪逊的数据显示出世界出口增长率剧烈地下降,从1870—1913年间的年均增长4.0%降到1913—1950年间的年均增长1.0%。在他所考察的这些国家中,出口占GDP的平均比率从1913年的11.2%下降到1950年的8.3%;此外,在20世纪30年代,这一数字几乎可以肯定会更低。因而,在两次大战之间,即使与在一战前大约30年的情形相比,各国也显得更加封闭,自然,这种状况和二战后的情形相比就差得更远了。这意味着,对于面向国内市场的欧洲企业来讲,美国生产者所使用的大规模生产方法并不那么具有吸引力,尽管在美国人看来,这种方法具有很高的生产效能并富于效率。趋同远非一种自发的现象,它不仅要求落后国家具有必需的社会能力,还要求企业面对一个有利的经济和政治环境,这一环境要有助于企业采用领先国家使用的技术。有人将"趋同假说"视为全球趋势,并试图完善它的检验程序,与此相比,以下的努力似乎更有收获:研究在战后时期支持和促进世界领先国家间趋同趋势的新特征。

(四)战后时代:美国在技术前沿的突破

如同一战后的情形一样,第二次世界大战结束时,欧洲已是遍体鳞伤,而美国却是踌躇满志,此时,美国的技术能力由于战时生产的原因而得到扩大。与20世纪20年代的情况相反,在二战后,日本也成了一个经济遭受严重破坏的国家。到了50年代中期,大部分被战争毁坏的国家重新获得生机并取得超过战前的生产率和收入水平,但如图9.1所示,美国的生产率和收入优势仍然是巨大的。一些欧洲人似乎对美国在欧洲恢复元气后仍居领导地位感到惊奇,他们本不应该有这样的感觉。自世纪之交以来,美国在总生产率上,特别是在大规模生产行业的生产率方面，一直居于领导地位。较为新鲜的是二战后美国在"高技术"产业的统治地位。在这种变化背后有一些相互联系又可加以区别的原因。

1. 在以科学为基础的领域中的国家技术与国家领导地位

如同大规模生产技术一样，较新的"以科学为基础的"技术是通过群体努力而得到提高的。但是从一个更大的范围来讲，化学和电气技术，以及当今的一些领域，如飞机和半导体，需要受过大学教育的科学家和工程师的参与。他们在一些逐渐被称为 R&D 的活动中进行团队协作，目的在于完成新的和更好的生产工艺设计。于是，由一群拥有大学知识的人参与有组织的 R&D 活动便形成了相关的技术群体。

换言之，在以科学为基础的技术领域，提高技术所需要的能力和经验包括很多内容，远远超过简单地靠在工作中采用该技术以及从经验中学习所获取的能力和经验。在一些例子中，这两个方面是截然分开的。当一位化学家在制药公司所属的实验室中对一种新药物进行研究时，他可能对该药物是怎样生产出来的以及该药物如何作用于人体知之甚少。在另一些例子中，上述两种类型的知识都是必需的。比如一位化学工程师试图以某种方式研制一种新型塑料时，他必须既了解标准的生产实践，同时又懂得许多正规的化学知识。如果两类知识相差太远，在实践中就很容易出现问题。但不管最优组合或实践是什么样的,二战后迅猛向前发展的美国工业行业所需要的是使技术得到有效提高的经验、专业化的训练以及有组织的R&D。

接下来的问题是,美国是如何在高技术产业取得领导地位的?靠的是美国在培养科技人员和工程师,以及在这些技术的 R&D 中的投资要比其他国家多;而这些大规模投资的基础工作早已到位。我们已经介绍了产业 R&D 的增加以及较高层次教育的兴起。到第二次世界大战时,美国在以科学为基础的产业中已经拥有一大批世界级企业,以及一些从事着世界级研究的大学,但是美国仍未在高技术产业中居统治地位。

2. R&D 的投资高潮

第二次世界大战使形势发生了变化。战争的胜利使美国人对本国实力拥有一种新的自信和自豪感,他们对科学技术在赢得战争过程中所扮演的角色及由此产生出来的力量心存敬畏,并对科学技术开辟未来新局面的能力持有一种炽热的信念。对战时科学的吹捧显然是经过精心设计的,其目的是获得公众的赞扬(例如,Baxter 1946)。布什(Vannevar Bush)在其著作《科学:永无止境的前沿》(*Science, The Endless Frontier*, 1945)中提请人们注意,美国在科学和技术上的投资水平曾是史无前例的,然而现在落后了。

在战前,美国中学后教育平均年数约为欧洲的两倍,当然,我们要指出,统计数字可能夸大了教育的实际差距。在 1950—1973 年间,美国中学后教育的平均年数再一次倍增,差距进一步拉大。这一现象部分是富裕的直接结果,同时也是源自一种对教育价值的信念。但是,这一趋势也是政府政策强化刺激的结果。给所有合格的退伍军人提供教育资助的权利法案(the G.I. bill of rights),既是象征性的,其本身又是一个重要的推动因素。大学奖学金可以通过其他许多公共项目获得。美国高等教育系统中,由国家支持的部分提供了大量的额外资助和补贴。在大学新生中,进入自然科学和工程领域只占一个相对较小的比例。但其绝对数意味着受过训练的科技人员和工程师的供给有了大幅度的增加。

由于各方面的需求明显增大,高等教育的扩张也得到支持,并且部分地得到推进。尽管迅速扩大的美国大学研究体系所雇用的雇员只占一小部分,但这是很重要的一小部分。那些在战争期间参与了研究工作的科学家和工程师们坚持认为：大学学科需要公共支持。他们的观点获得惊人的成功,在战后的 5 年中,政府设立机构对大学科学研究提供支持。国家自然科学基金会和国家卫生研究院推出了新的研究支持项目,这些项目为广泛的学科领域里的大学基础研究提供公共资助。然而,政府对大学研究的支持大部分并不是来自这些机构,而是来自那些有着特殊使命并将大学研究成果作为完成使命的工具的机构。比如,国防部和原子能委员会在其特别感兴趣的领域提供了大规模的研究资助,它们的支持并不仅仅是为了基础研究。这些机构的资助涉及应用科学,它们也支持正在从事材料和电子学前沿技术研究的工程院系。到 20 世纪 50 年代中期,美国的研究型大学已在大部分领域明显领先于世界其他国家的大学。正如 19 世纪晚期年轻的美国学者聚集到德国的大学去学习科学那样,来自欧洲、日本和世界其他地方的年轻学生到美国来接受培养。

　　随着从事 R&D 的美国公司数目的急剧增长,随着 R&D 项目规模的不断扩大,对工程师和科学家的需求也相应明显增加,这方面的增加占全部增加数的最大比重(Mowery and Rosenberg,1989)。图 9.8 提供了对从事 R&D 的科学家和工程师的人数占劳动力比例的估计值。图 9.9 显示了 R&D 占 GNP 的比重。在 1953—1960 年间,R&D 总支出增加了一倍多(以美元不变价格计算),占 GNP 的比重也几乎增加了一倍。从事产业研究的科学家和工程师人数从 1946 年的接近 5 万人增加到 1962 年的大约 30 万人。其他国家在增加这

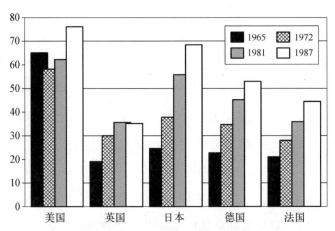

图 9.8　每万名工人中从事 R&D 的科学家和工程师数

资料来源: U.S. National Science Board, 1989,1991, app. table 3 – 19。

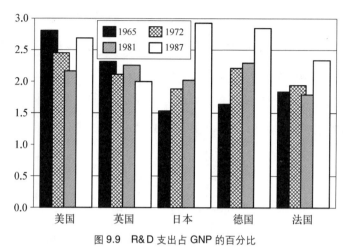

图 9.9 R&D 支出占 GNP 的百分比

资料来源：U.S. National Science Board，1989，app. table 4 - 19；1991，app. table 4 - 26。

类投资方面显得落后。到 1969 年，美国在 R&D 方面的总开支比英、德、法和日本总和的两倍还要多。但到此时，美国生产率的增长已经开始出现下降。

有关 R&D 的数字在某种程度上夸大了在技术进步方面的投资增长（Soete et al.，1989）。在正式的 R&D 成为以科学为基础的产业技术进步主要载体的同时，改进制造业生产工艺的工作很大一部分却在正规的 R&D 组织之外进行，它通常不包括在 R&D 的统计当中。例如，技术改进的一个主要部分是在设计上，这通常由工程部门完成，尽管这项工作涉及类似 R&D 的活动，但常常不统计为 R&D。许多没有正规的 R&D 部门的小企业也从事发明、设计和开发工作，这些工作通常不报告为 R&D。在我们所谈论的这个期间，R&D 这一词正变得流行起来,可能有越来越多的工作标榜为 R&D。不过,即使考虑到这些情况,仍然可以清楚地看到,配置到先进技术上的资源大幅度增加,这是其他国家所无法比拟的。

公司 R&D 在美国的兴起有两方面的原因。其一是私有公司明显增加了 R&D 支出,这种增加是基于对这种投资营利性的乐观信念,而这种信念基本上已经建立起来。其二来自庞大的国防部以及后来加入的美国航空航天局在一些新系统方面投资的增加。在 20 世纪 60 年代中期,在公司 R&D 的资金来源中,私人部分占了大约一半,另一半来自政府。在一些产业,如制药和其他一些化学工业,公司几乎提供了全部资助。在有些产业,如电子工业,既有像美国电报电话和 IBM 公司这样一些大企业提供支持,又有来自国防部的大规模资助。在像喷气式飞机和航天系统等产业,几乎所有资助都来自国防部或美国航空航天局。

在 20 世纪五六十年代,美国在计算机和半导体技术方面的统治地位引起了欧洲人的极大关注。在当时,它们被认为是前沿技术,因而,许多国外的观察家们将美国的优势归因于国防的支持。军事和稍为次之的航空航天方面的 R&D 支持无疑是重要的,尽管军事的需求和财力正投入到一个拥有充足的受过教育的科学家和工程师的 R&D 系统,然而美国固有的力量强大的大学研究基础和聚居着一批有技术实力的公司也是其必然。

20 世纪 30 年代,在欧洲和美国,那些关心军事实力的人深深体会到,通过提高快速解决复杂方程组的能力可以获得新的优势。弹道计算可能是最为人所关注的，当然其他方面也是相当重要的(Flamm，1987；Katz and Phillips in Nelson，1982)。在第二次世界大战之前以及大战期间，德国、英国以及美国资助了旨在开发高速计算机的研究。很清楚，在战时和战后一段较短时期内，电子计算机的可行性已被确认，美国政府比别国政府投入了多得多的资金，其目的是将这一刚萌芽的技术转变为一种适应军事需要的可操作技术。几个主要的研究型大学涉足其中，著名的麻省理工学院、IBM 公司和美国电报电话公司都积极地参与此事。早期，人们估计计算机的非军事需求会很小，然而，到了1960 年，人们就明显地认识到非军事需求也会很大。后来证明，这些美国主要的公司在军事方面曾有过的设计经验直接与民用系统相关。

半导体的发展多少有些不同(Malerba，1985；Levin in Nelson，1982)。尽管在第二次世界大战期间，军事资金就已投入到半导体装置的研究中，但关键性的发现和发明却是贝尔电话实验室利用其自有资金，按照所认识到的电话系统的技术要求做出来的。不过，一旦这种技术的潜力被展现出来，军事部门以及后来的美国航空航天局很快认识到该技术与自身需要的相关性。大量的政府 R&D 资金被投入到支持半导体的技术进步中去。或许比后来所表明的情况更为重要的是，国防部和美国航空航天局发出信号，表明自己会是未来晶体管的巨大购买者。有证据清楚地表明，为了争夺巨大的政府市场，大量的私人 R&D 经费投入到提高半导体技术的工作中去。在半导体技术和计算机技术领域，许多公司凭借在晶体管以及后来具有很高军事价值的集成电路上的设计经验而成长壮大，这些公司生产与民用产品有关的部件。

到 20 世纪 60 年代中期,像过去在大规模生产行业上的领导地位一样,美国在新的高技术产业的领导地位已被广泛地视为事实,这是美国人引以为自豪的地方。欧洲人只是对此表示关注,却没有为改变现状做好准备。面对美国占领导地位的事实,施赖伯(Jean Jacques Sevan-Schreiber)敲响了警钟,他呼吁,如果欧洲不立即采取行动迎头赶上的话,它们就会长久地成为美国人的附庸。施赖伯对美国实力之源泉的分析是全面与综合的,尽管对于后来的发展有些地方具有讽刺意味。施赖伯不仅提请人们注意,美国在 R&D 以及科学和工程教育上的投资,还包括他所认为的构成美国式管理特征的如下因素:美国劳动力的总体质量、劳工队伍与管理层合作的意愿以及承担风险的技巧、实力和心态。

经济合作与发展组织(OECD)在其著名的"技术差距"研究中提供了更系统、细致和多样化的分析。该组织认为,美国科学家和工程师知道而优秀的欧洲人却不获悉的东西并不多。"差距"主要源于管理、组织和经验,这是我们曾经强调过的。技术这个东西部分存于书本和头脑,部分存于实践和组织。总的来讲,信息部分地对那些具有必需的训练和经验的人来说是一种公共产品,但其余部分就要涉及大量的企业专门投资和学习。具有讽刺意味的是,就在美国的统治地位处于巅峰之时,形势正朝着削弱这种统治地位基本源泉的方向变化。到了 60 年代,美国在其长期具有实力的领域和新的高技术领域的领先地位正在出现萎缩。

（五）正在缩小的差距

20 世纪 50 年代中期以来，主要工业国家之间的经济和技术差距出现了一个显著的缩小过程，基本上终结了持续近一个世纪的领导地位。美国在高技术产业的领导地位是更为近期出现的现象。有意思的是，它似乎比美国在总体经济上的领导地位要维持得更好一些。图 9.10 显示的是 1965 年以来的一个时期内主要工业国在高技术产品出口中的份额。与流行的观念相反，美国的份额只是略有减少而已。主要是日本相对于欧洲的地位发生了变化，虽然最近的修正数

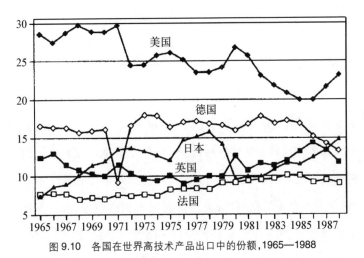

图 9.10　各国在世界高技术产品出口中的份额，1965—1988

资料来源：U.S. National Science Board, 1987, app. table 7 - 10；1989, app. table 7 - 10；1991, app. table 6 - 7。请注意：日本 1980 年的下跌与计算的基数发生变化有关。

字使这种情况有所趋缓。图 9.11 显示了自 1970 年以来美国高技术产品的进出口情况。正是美国进口的增长,特别是自 1983 年后的增长,而不是出口的衰减,成为美国高技术贸易顺差消失的主要原因。

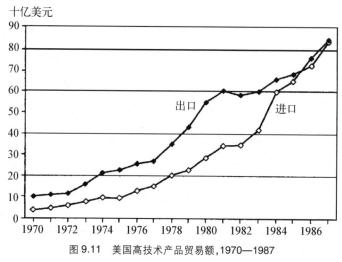

十亿美元

图 9.11　美国高技术产品贸易额,1970—1987

资料来源: U.S. National Science Board, 1989, app. table 7–14。

专利方面的数字反映了同样的情况。自 1970 年以来,在美国批准的专利发明中,美国人所占比例出现明显的下降。不过,这种下降在很大程度上反映了这样一种情况:产生于其他国家而在美国申请专利的发明所占的比例在上升。从 20 世纪 60 年代中期到 80 年代中期,在全世界授予的专利中,美国占的比重相对稳定,日本的比重急剧上升,欧洲则明显下降。许多分析家已经注意到,自 20 世纪 60 年代后期以来,美国的专利申请就已经出现绝对下降。事实的确如此,但 1980 年以来,主要欧洲国家和美国的比重得到部分恢复,这也是事实。我们不知道这些趋势是什么力量促成的,但在主要工业国当中,只有日本出现专利申请上升的势头(U.S. National Science Board,1991)。

如果对所讨论的产业群进行更深入的分析,我们会看到一幅更加多样化的有关美国业绩状况的图景。在 20 世纪 60 年代中期到 80 年代中期这一期间,美国在飞机、飞机引擎和涡轮、计算机和其他办公室机器,以及几个种类的化学产品方面较好地保持其出口份额;而在专业仪器和科学仪器以及电信方面,美国的出口份额大大下降。美国企业转向消费电子领域。国家专利方面的数字也显示了类似的情况。总的来讲,在美国专利得到保持的产业,其出口份额仍然得以维持,而在他国专利相对于美国专利增长的产业,美国的出口份额是下降的。

关于高技术产业的定义稍嫌武断,因为它将高技术产业与 R&D 密集程度超过某一特定水平的要求相联系。根据这个定义,一大批产业被排除在高技术产业之外,而这些产业的产品和生产工艺技术是复杂和尖端的,并且其技术进步已经非常显著。汽车、机床和其他一些类型的机械就是例子。大体上,美国在这些产业所占的出口份额和专利份额是大大下降了,而欧洲则做得相当好。与此相反,在许多与农产品及其他以自然资源为基础的相关产业里,美国仍然在出口和专利方面居领先地位。

因而,在总生产率趋同的表象下面,人们可以看到一幅更加多样化的图景。在一些 R&D 密集程度很高的产业,以及与自然资源相联系的产业中,美国的表现仍然是强劲的。自 19 世纪后期以来,美国曾经在汽车、消费电子产品以及钢铁铸造等许多行业拥有世界统治地位,但现在都出现了衰退。当然,令人感兴趣的问题是,这种大范围的趋同是怎样发生的? 其背后的力量是什么?

我们想强调四个不同方面的发展变化。第一,运输成本的降低和贸易壁垒的减少极大地扩大了世界贸易,并削弱了美国企业曾拥有的市场规模和原材料成本优势。第二,对于那些拥有必需的技能和愿意进行必要投资的企业来说,技术已变得更为容易获得,不像过去那样受到企业或国家边界的限制。第三,在其他主要的工业化国家,受过科学和工程学训练的人员在劳动大军中所占的比例大大地提高,并提高了 R&D 在国内生产总值(GNP)中的比重,从而增加了利用国外技术和开发新技术的强大的本国力量。的确,到 1980 年,在非军事 R&D 占 GNP 的比重方面,许多国家超过了美国。这是重要的,因为在我们看来,趋同现象背后的第四个主要因素就是:尽管军事 R&D 仍然对民用技术产生溢出效应,但这种效应的重要性已经下降。

1960 年以来,实际上所有主要工业国家都出现了制成品进出口比重的显著上升。1960—1980 年,美国进口占 GNP 的比重大约增加了 1 倍,而法国、德国和英国其进口占 GNP 的比重增加了大约 50%,日本增加了 1/4。在所有这些国家的进口中,制造业产品所占比重最高。因而,在这一时期,那些产品具有吸引力且效率好的企业更多地面向整个世界市场,而不仅仅是本国市场。与此同时,自然资源贸易明显增大，各国对本土资源的依赖减少。战后，资源发现在全球更显得分散，其分散程度远甚于过去。虽然美国仍然是世界矿物产出的一个主要国家，但这个国家却成了大部分主要矿产品的净进口国，这意味着对产业使用者来说，美国和其他国家生产者的成本基本上是相同的。因此，美国大规模生产者曾长期拥有的两大优势——便宜的原材料和基本上独占世界上最大的市场——一并消失了。尽管一直存在着对保护主义回潮的担心，但到 20 世纪 80 年代，世界上的大部分国家和地区大体上已成为一个共同市场。

同时，商业活动已日益国际化。技术上领先的美国公司甚至早在 19 世纪就在欧洲建立了分支机构，但只是在 20 世纪 50 年代和 60 年代，海外直接投资规模才急剧扩大。施赖伯(Servan-Schreiber)在其《美国的挑战》一书中对可能出现的以下情况表示了担忧：通过对欧洲的投资，美国公司将取得至少等同于通过出口所能取得的对欧洲经济的控制。直到 60 年代末，通过在美国建立分支机构或收购工厂，欧洲才开始试图扭转局势。近年来，日本公司也在如法炮制，并且规模更大。

商业活动的国际化使得对国际贸易统计数字的理解变得更为复杂了。例如，上面曾提到的美国高技术产业的进口上升，其中有不小的份额来自美国公司的驻外子公司(Langlois，1987，chap.4)。尽管在 20 世纪 60 年代中期到 80 年代中期，美国在世界制造业出口(包括低、中、高级技术产品)中所占的份额有所下降，但其驻外分支机构出口上升，这种上升抵消了美国国内工厂出口的下降，因而美国"所有"企业的出口份额得以维持(Lipsey and Kravis,1986)。

企业和国家边界作为阻碍技术流动的壁垒或帮助技术流动的渠道,其意义已经削弱,这是我们所要强调的战后发展的第二个方面,这种变化是商贸国际化的重要组成部分。从一开始,现代科学就是一种国际性的活动。多少世纪以来,科学精神一直强调科学知识的公共性和国际性。在拿破仑战争期间,英法两国的科学家们保持着联络,政府试图采取措施规定一种特定的本国的科学,并使之保持独立,但这种做法已经一而再、再而三地受到科学界的谴责。尽管有这样一种古老的传统,但在真实的注重实际的科学世界里,各国在语言、术语、组织结构和研究目标上仍然表现出强烈的国家成分,这一点在战时尤为明显,在其他时候则隐而不露。

与科学的公共性相反,许多世纪以来,个人和企业对其发明创新享有所有权的观念已为人们所接受,同样,人们也认为,一国从其国民的创新活动中获得利益的做法也是恰当的。各国常常试图把本国的技术保留在国内,然而,在许多情况下,这种努力可能常常是无效的。虽然不同国家的技术人员相互交流联系并且形成了某种国际性群体,但直至最近,任何拥有必需资源的国家都能得到最实用技术的看法恐怕还是不正确的。在美国钢铁和汽车这样一些产业中,不少企业占有很大的市场份额,它们的技术优势并非来自专利或来自得到很好保护的秘密,而是在很大程度上源于因经济环境的差异而获得的领先于国外同行的经验。由于世界上所有企业都面对着一个共同的投入品和产出品市场,那些曾激励美国公司率先进入某种技术领域的动力已经大大削弱。

日益增加的经济环境的相似性可能成为技术能力趋同的直接原因。此外，在二战后，许多技术变得比以前更似一门科学，这是一个重要的深层变化。在前面，我们曾谈到以科学为基础的产业，如化学产品和电子产品产业，并描述了它们的特征。值得注意的是，与在钢铁和汽车等领域的发明专利相比，上述这些产业（还有最近的生物技术领域）的专利倾向于在更深远的程度上引证科学文献。但是，从1960年以来，在包括钢铁和汽车在内的几乎所有技术领域，引证专利科学文献的数量都大大增加了（Narin and Noma，1985）。与在此之前的时期不同，现在，大量的与当前技术相关的基础知识写在书籍里，刊登在杂志上，讨论于国内和国际会议中，并且在工程和应用科学学院中传授。

商业活动的国际化是这一过程中的一个重要组成部分。这不仅仅是指通过到美国大学深造，外国人也可以学到美国工程师所能学到的东西。欧洲的工程师们还可以在本国观察所使用的美国技术，同时，他们也可以收购那些正在运营的美国企业。像 IBM 这样的公司在许多不同的国家拥有产业研究实验室，每个实验室都雇用一群不同国籍的人。其次，来自 IBM、飞利浦和富士通等公司的科学家们经常在学术会议上碰面并交换论文。雇员经常因企业内部或企业间的事务而在国家间流动。这些都是真实的国际网络，这里面有受过很好教育的科学家和工程师，他们受雇于各大学和各产业界，正在从事重要的 R&D 工作。从这样一些网络中生产的技术在地理上已无法寻根,因为它们已经具有全球性,此外,相对于加工过程来说,物质资源投入的重要性已经越来越明显地下降,这也是原因之一。

那些在研究生院传授的、写在书本里和文章中、并在高层次专业人士间交流的基础技术知识的确具有很强的公共产品属性。然而,只有那些受过必需训练的人们才得以进入这一知识领域。在很多情况下,只有那些实际从事某一特定领域研究的人才能理解该领域出版物的意义。要从基础知识或其他公司授权许可的技术中获取产业优势,或更一般地,要了解别的公司干些什么和怎样干,通常需要大量投入受过训练的科学家和工程师,此外,还要支付 R&D 费用,以便将所学到的东西应用到特定的相关领域(Pavitt, 1987;Nelson and Winter, 1982;Nelson, 1988)。

虽然有差距,但其他主要工业国家仿照美国那样已经在教育培训和研究开发方面进行了大量的投资。如图 9.8 和图 9.9 所示,劳动力中从事 R&D 的科学家和工程师的比重、R&D 支出占 GNP 的比重出现了趋同,这些趋势是技术国际化的一个基本组成部分,也是对技术国际化的一个补充。有关这些概念的界定还会引起持续的争论,还会出现变动,由美国科学委员会做出的最新修正则更乐观地看待美国当前所处的地位。然而,无论怎样界定,变化方向都是清晰的。美国在 20 世纪 60 年代初的领导地位是令人瞩目的。在那些拥有现代教育制度、强大的国内科学和工程群体以及出类拔萃的企业的国家,它们之间已出现了趋同,而不具备这些特性的国家则已越来越落后于这些前沿国家。现在只有为数很少的重要技术秘密,不过,要掌握一种技术需要做出各种各样的重要投资。

军事技术的发展有所不同。主要军事强国,尤其突出的是美国,继续竭尽全力防止军事技术泄露到潜在敌对国或可能成为敌对国的国家。随着冷战的结束,世界冲突的政治背景已发生变化,经济背景也已完全改变。20 世纪 50 年代和 60 年代,美国在军事技术前沿的主导地位带给我们很大的民用技术优势,而如今,在军事领域之外,它能带给我们的好处就显得很少。技术的可获性将影响广义上的产业生产率,美国公司虽然比其他国家公司更大程度地涉足军事 R&D,但这里面的技术即使做不到完全封锁也是很难获得的,这样就不会损害到欧洲或日本的公司。

有几方面的理由可以说明,作为军事领域以外的技术优势的来源之一,军事 R&D 的重要性已经降低。首先,尽管起初对计算机、半导体和喷气式飞机的民用需求落后于军事需求,但到了 20 世纪 60 年代中期,这些产品的民用市场已相当于或大于军事市场;在许多方面,民用市场所要求的性能实际上更高。为适应这些要求,各公司相应增加其 R&D 项目。实际上,有相当说服力的证据表明,从 60 年代末开始,"溢出效应"的主要走向是从民用部门到军事部门。例如,军方购买了 KC10 飞机作为其选用的空中加油飞机,这种飞机是根据麦道公司为民用航空公司设计的麦道 DC - 10 飞机发展出来的。

同时,军事 R&D 越来越集中在那些具有特殊需要的领域,所从事的是特殊产品的开发,这一点与具有广泛用途的研究有着明显不同。军事 R&D 支出中,用于研究和实验性开发的比重显著下降。随着冷战的结束,军事支出更多地集中在常规装备上,军事 R&D 将进一步下滑,但目前,我们不打算预测由此将会给美国技术带来的可怕后果。

(六) 结 论

让我们做一个简要的概括。我们已经指出,美国战后的技术领导地位体现在概念上有明显不同的两个方面。首先,美国在大规模生产行业拥有持久的实力,这种实力产生于独特的、丰裕的资源条件和巨大的市场规模。其次,美国拥有一种新的存在于"高技术"产业的领导地位,这种领导地位源自美国在更高层次上的教育和研究开发方面所做出的远高于当时其他国家的投资。由于几方面因素的作用使得这种双重领导地位遭到削弱,其中最基本的是在二战后,商品和资源贸易、经营活动和金融以及技术群体均日益显现跨国化,而不仅限于国内。

在阿布拉莫维茨写于 1986 年现已成为经典的有关趋同的一篇论文里,他区分出两个影响技术落后国家(其中的企业)可能在多大程度上赶上领先者的变量,其一是"机会",其二是"社会能力"。阿布拉莫维茨指出,在第二次世界大战以前,当美国已经明显是生产率领导者的时候,很少有证据表明其他国家早在第二次世界大战结束之前就在努力"追赶"美国。我们的前述分析试图找出这种迟延背后的原因。其他具有必需的社会能力的国家，当时主要在欧洲，缺少支撑美国在大规模生产产业具有优势的那种市场规模和资源禀赋，并且，贸易壁垒排除了在一个国际基础上追随美国道路的可能性。到二战后贸易壁垒减少时，"机会"实际上已不复存在。美国在"高技术"产业领导地位持久不衰的原因略有不同。当欧洲国家和日本在科学和工程教育以及 R&D 进行了大量的必要投资之前，它们缺少在这些产业追赶美国所需的"社会能力"。

在这里，我们并不打算解决趋同文献中提出来的所有问题。我们确实得出这样两个相关的观察。第一，许多文献把技术作为一种"公共产品"来对待，只承认在转移技术时可能出现一些摩擦。相反，正如我们已经论述的那样，在掌握一种技术所涉及的因素中，重要的是特定组织的投资和学习。现成的技术能力与其说它像一种公共产品，不如说它像一种私人产品。由于这个原因，如果不同国家的企业面对着的经济环境和激励因素差别很大，那么，某个国家的企业将需要显著不同于其他国家企业的技术能力。这一观点严重偏离了传统认识，根据传统认识，企业只需在常见的基础技术范围内做出"选择"，使用不同的技能技巧（例如，要素组合）。如果我们的解释成立，则没有什么自动的趋同。

第二，自 20 世纪 50 年代以来，世界发生了很大的变化，趋同模式作为一种概括形式似乎越来越值得击掌叫好。在我们看来，造成了这样一种变化的正是以下一些因素：贸易、经营、基础技术的国际化，以及不同国家的企业所面临的经济环境的共同性不断增大。

我们相信,贸易、经营和技术的国际化将持续下去。这意味着,国家边界对于技术流动的意义要比过去小得多,这种情况至少存在于那些已在教育和研究设施方面进行了现在所需的社会投资的国家。各国政府已经很迟缓地认识到现实生活中出现的这些新情况。不过,在过去的十年里,称之为"技术国家主义"的政策呈现急剧上升的势头,政府实行这一政策旨在赋予本国企业在某些技术领域以特殊的优势。我们的观点是,这些政策已不再那样行之有效。在一个技术原理广为扩散、不同国籍的企业都准备为开发新的通用技术进行必要投资的世界里,要创造出能够长期留存于本国国内的新技术已越来越困难。

一个 与之紧密相关的观察便是,现在已经成为获得"趋同俱乐部"成员资格的必需条件便是要有受到良好教育的从业人员,以及有受过大学教育的工程师和杰出的科学家这些中坚力量。这不是贬低在实践中边干边学仍具有的重要性,但在现代技术中,光靠这种做法已经不够了。像韩国和中国台湾这样一些国家或地区正在迅速地逼近世界先进国家,目前,在这些国家或地区,新进入劳动队伍的从业人员几乎都具有了中学教育水平,并且在中学毕业生中,继续进入大学深造的人数占了很高的比例,这些国家或地区的成功并非是偶然的(Baumol, Blackman and Wolff, 1989; Barro, 1991)。

在我们的导言中,我们提到了趋同的另一种含义:这种趋势反映出美国经济不断加剧的无能与衰落,它预示美国会像20世纪之交英国落后于新的领先国家那样,正逐步滑落到日本,也许还有德国的后面。尽管我们认为，在过去 1/4 世纪，推动趋同的主要因素是国际化，但我们并没有排除这种可能性，即在生产率和人均收入上，以及在掌握一些重要技术的应用上，美国也许正处于滑向二流、三流或五流国家的过程之中。虽然在目前有比过去强大得多的力量使某些国家具有足够的"社会能力"，但可以肯定的是，在这些国家中各国之间仍然存在着一些差异。如果社会能力的概念不仅仅包括名牌大学和研究实验室的教育水平，而且还包括影响教育体系、交通和通信网络、联邦和州政府的法治机构的社会政治过程的话，那么，出现这样一种情况是完全可能的，即一个曾经占有统治地位的国家可能会滑落到社会停顿和衰落的境地。英国和阿根廷就是这样两个令人悲伤并常常被人引用的例子。赖克（Robert Reich，1991）认为，美国有面临类似命运的危险。

要进入这一问题的讨论，我们需要对另外一些文献进行研究，在此我们不打算这样做。我们注意到，第一，从 20 世纪 70 年代初期以来，美国平均劳动生产率、人均收入和全要素生产率的增长格外地慢，这是一个谜。第二，关于国民储蓄率及其与投资的联系。尽管有增加的金融流量和外国直接投资，事实上一国的投资量仍然在很大程度上与其储蓄流量紧密相连（Hatsopoulos，Krugman，and Summers，1988），并且生产率的增长与资本投资相联系（Landau，1990），因此，国内储蓄率及其与投资的联系存在着问题。第三，有文献提出，美国已经落后了，因为它是较陈旧的公司组织形式的先驱，而由于当前极为不同的组织公司的方式和政治经济形式，这种陈旧的公司组织形式已经过时了（例如，Freeman，1987；Dertouzos et al.，1989；Lazonick，1990）。以上问题和其他一些重要的问题均超出了本文的论述范围。但它们没有哪一个会影响到我们的基本观点：世界上的先进国家已经开始共享公共技术。

十、国家创新体系：一项研究的回顾[*]

（一）这项研究的内容是什么？

在这篇论文中，我将描述一项最近完成的，有关国家创新体系的大型比较研究（Nelson，1993），讲述这项研究的动机，其组织与工作方式，并强调一些比较令人感兴趣的发现。这是一个困难的任务，因为这一项目规模庞大，内容复杂。

该项目的核心内容是对 14 个国家的研究，它们包括所有经济规模大且有着重要影响的市场导向型工业化国家、若干较小的高收入国家以及一些新兴的工业化国家。该研究经过了精心设计、开展研究和撰写报告等过程，以说明各种不同国家支持技术创新的组织和机制，国家之间的异同以及这些异同是如何形成的，这样至少可以初步讨论这些差异有着怎样的意义。此前还没有其他研究项目如此细致地研究如此范围内的国家。此外，许多个体研究以其独特性为理

---

* 本文最初收入《产业与公司变革》(*Industria and Corporate Change*)，1992 年，第 347—374 页。

解具体国家的创新体系做出了重大的贡献,其贡献远超出以前对这些国家的任何研究。想要以简要的形式来描述和归纳这项研究得出的结果是不可能的,我必须挑选主要的来谈,对有些问题只能点到为止。

这一研究项目试图清楚地揭示出一系列非常复杂和重要的问题。自 20 世纪 70 年代初以来,所有发达的工业国增长放慢,日本作为一个主要经济和技术大国迅速崛起,美国相对衰落,欧洲落后于美日两国,这些问题倍受人们关注,从而导致出现了大量涉及支持本国企业技术创新力方面的文章和新政策。同时,随着韩国和其他新兴工业化国家技术水平不断得到提高,在有些领域参与企业竞争的国家增多了,而在过去,这些领域只是由很少国家把持着。其他现在在制造业还弱小的国家也在考虑如何仿效这些成功的新兴工业化国家和地区的做法。明显地,一种可称之为"技术国家主义"的新的理念正在传播,这种理念强烈地认为,一国企业的技术能力是其竞争力的关键性源泉,技术能力是国家意义上的,并且能够通过国家行为加以构建。

正是这一氛围激发起现在浓厚的兴趣去探讨国家创新体系、它们的异同,以及用这些差别能在何种程度上以什么方式来解释各国不同的经济绩效。现在,在比较组织制度分析所感兴趣和关心的问题中,对各国在这方面差异的认识和研究比其他任何方面都要多。

我在这里要报告的这个项目就是在这种知识背景下诞生的,做出这一研究是出自部分研究者的一种信念,即认为大部分有关的论述和观点都有些不真实,具有相当的随意性。并且,许多所谓的比较研究,事实上集中于个别国家——最近则一般是日本——与其他基本上没有指明的国家的比较。这些比较研究其实一般是在两个国家或一组数目很少的国家之间的比较。这一局限,特别是缺乏一种把组织安排与技术和经济业绩联系起来的明晰的、并且检验过的分析框架,给予我们这个项目的参与者们以极大的震动。在缺乏这样一种分析框架的情形下,分析者倾向于对实际明显存在组织结构差异以及同样明显存在业绩差异的两者之间的因果联系做出可能是虚假的分析,对此,在过去(和现在)缺乏有力的限制。对于为什么这种特征或那种特征会成为业绩强弱的重要因素,不同的学者会集中于分析不同的问题,提出不同的观点。在我们看来,一条重要的途径是把同时考虑的一组国家数目扩大一些,这如同增加因果分析中"适合的""观察点",从而使结论更加可信。

从我叙述问题的方式中可以看出,这一项目的目的是要仔细地加以描述和比较,并且尝试理解其中的问题,而不是首先构建理论然后试图去证明或校正理论。然而,像这样的一个比较研究至少要求在基本术语和概念上保持大体一致。

首先就是国家创新体系这个概念本身。每一个术语都可以以各种方式加以解释,问题是,在一个技术和经营活动日益国际化的世界中,国家创新体系这个概念整体上是否有意义。

考虑一下"创新"这个术语。在这项研究中,我们这些参与者从相当广义的角度来理解这一术语,它包括企业掌握和开展新产品的设计过程和制造过程,而不论这些过程对整个世界来说,或者对该国来说是否是全新的。我们这样做是出于以下几个理由:第一,要成为领导新产品或新生产工艺的领导者涉及有关的活动和投资,而要保持与领导者相近的发展水平或要追赶领导者也涉及有关的活动和投资,这两者之间的界线远不如通常想象的那样可以决然分开;第二,对创新能力的兴趣主要是与经济业绩相联系的,在这里,与此相关的创新能力是一个广义的概念,而不是那个狭义概念(领先的决定因素)。这意味着我们的目标并不局限于处于世界技术前沿的企业的举动,或从事最先进的科学研究的机构,尽管在研究一些国家时我们的注意力会关注到这方面。我们更多的是广泛探讨那些影响国家技术能力的因素。

接下来看看"体系"一词。尽管对有些人来说,这个词指的是有意识地设计和建立起来的事物,但这种理解与这儿的意思大为不同。确切地说,在这里,这个概念指的是一套制度,其相互作用决定了上述意义上的国内企业的创新业绩。有一种假设认为,这一套制度在某种意义上是有意识设计的,甚至说这套所涉及的制度可以顺畅和连贯地运转。这种假设是不存在的。确切地说,"体系"这一概念是指在影响创新业绩方面共同发挥重要作用的一系列组织主体。我们已采用的广义创新概念要求考虑比单纯从事研究和开发的主体要多得多的对象。的确,采用广义的创新概念所存在的一个问题就是,对什么应当被包括在创新体系之中,以及什么可以排除在外并没有明确地指明。对此后面有进一步的讨论。

最后看看"国家"体系这一概念。一方面,这个概念可能太宽泛。在一个领域,比如说制药业,支持技术创新的组织体系可能与另一个领域,比如说飞机制造业的支持创新的组织体系几乎没有重叠。另一方面,在许多技术领域,包括制药和飞机制造,大量的组织机构是跨国的,或在整个世界开展工作。实际上,对于这项研究的许多参与者来说,一个主要的研究兴趣在于探索"国家"体系这一概念在当前是否有意义,如果有,则以什么方式表现。各国政府一如既往地行动,然而,假定和现实可能不相吻合。

该项目的研究对上述讨论的定义与概念至少取得了基本一致的看法。有关技术进步推进方式、关键过程以及涉及的组织主体,这些现在在研究技术进步的学者当中获得广泛共识的某些常识,也对这一项目的研究起到了指导作用。在某种意义上,这些知识确实提供了一个常见的分析框架,尽管这一框架并不足以宽泛到囊括所有可能重要的变量和关系,也不足以明晰到可以严格指导实际工作,但其包括的范围和明晰程度已足以提供一个可信的一般框架。

特别是,我们对现代世界中的一个明显特征,即科学和技术两者之间复杂的交融关系有着共同的理解,这深深地影响了我们的研究。首先,我们认为,在任何时候,技术都需要被理解为是由两部分组成的:一部分是一系列特定的设计和实践;另一部分是一套基本知识,这些基本知识为设计和实践服务,使人们明确事物是如何工作的,影响工作业绩的关键因素是什么,当前困境的性质怎样,解决问题的可行途径在哪里。在大多数技术领域,相当比例的基本知识来自实际进行产品、机器以及零部件的设计和操作,并且加以思考和抽象化。比如,一名技工的成长过程,或陶工或钢铁工人掌握的一般知识,就是如此。

然而,一个世纪以来,科学在技术知识中的作用与日俱增。实际上,今天的大多数现代技术领域都与正规的科学或工程学科如冶金学、计算机科学和化学工程等相联系,这些学科基本上都属于技术知识,人们试图使这些知识更加科学化。现在人们已经得出一个重要的结论,即各种应用学科和工程学科的正规大学教育实际上已经成为通晓技术的前提条件。

一个世纪之前开始出现的科学和技术的相互融合致使产业研究实验室作为技术创新主要场所获得蓬勃发展,先是在化学和电气产业,然后扩展到更为广泛的产业。这些实验室中的人员由受过大学教育的科学家和工程师组成,它们与一个个经营企业紧密联系在一起,推动着技术进步。

企业在创新时从事的活动与投资并非全部都是在 R&D 实验室中进行的,或者都算作是 R&D,认识到这一点很重要。在这方面,不同产业情况各不一样。对于小企业或为单个客户设计定做产品的企业来说,大部分的创新工作可能算不上是 R&D。不过,尽管不是所有的活动都称得上是 R&D,尽管常常要大量借助于大学和政府实验室等外部资源,但在大多数产业,创新工作的绝大部分是由企业自己完成的。

这有几方面的原因。第一,在一项技术出现一段时期之后,为了有效地指导创新工作,人们需要对这一技术的优点和缺点有一个详细的了解,需要知道在哪里做出改进会获得高的回报,而知道这些情况的常常是那些使用该技术的人、企业和它们的顾客以及供应商。第二,在许多时候,要从创新中获得利益需要 R&D、生产和营销的协调,这种协调在一个自身从事所有这些活动的组织内部中进行会更加有效。无论是把创新狭义地理解为引入新的产品或生产工艺,还是像我们在本项研究中所做的那样,把创新广义地理解为企业引入新事物,这些看法都是成立的。因此,在研究所有这些国家时我们都对企业从事的活动和投资给予了极大的关注。

在所有这些国家的研究中都涉及的其他两个组织主体是大学(以及更为一般的科学与技术教育部门)和政府及其影响产业创新的政策。大学及类似的机构在现代产业创新体系中发挥着两种不同的作用。它们是为进入产业部门的科技人员与工程人员提供正规教育的场所。在大多数(但不是全部)国家里,它们又是大量从事与具体技术相关的科学研究的地方。在相当大的程度上,大学研究项目是广义上的国家创新体系中的组成部分,但它有其自身特点,它主要是针对特定的技术和特定的产业。支持农业技术创新和食品加工产业的大学教育与研究完全不同于支持电气产业的大学教育与研究。因此,这项研究中的一个重要问题就是考察一个国家的大学研究和教学导向是如何反映或影响那些在该国技术创新中起重要作用的产业。

此外,在这些单个国家的研究中理所当然地详细考察了与产业创新有关的政府项目和政策。与大学情形一样,许多政府项目特别关注一些具体技术和产业,并且这些技术和产业显然有着核心意义。然而,正如我前面讨论"创新体系"的含义时提到的那样,由于我们是在广义上使用"创新"一词,创新绩效不能与经济绩效,以及更广泛的竞争力截然分开。因此,在许多情况下,考察政府的产业创新政策不得不涉及像货币和贸易政策这样一些内容。

在设计这项研究时参与者们面临着一个窘境。从上面的讨论中可以清楚地看到,影响一国产业创新绩效的因素非常广泛。要做出横向的可比研究似乎需要一个涵盖所有国家研究内容的相当详尽的清单。然而很明显,各个国家在创新体系中有着显著不同的最引人注目的特征,我们想把它们展示出来。资源和空间的限制使得我们不能同时兼顾两者。我们在解决这一问题时从以下两个战略性方面加以考虑:第一,在所有国家的研究中,我们将在所要涵盖的有限特征的清单方面保持一致,这些特征如 R&D 活动的分布及其资助来源、企业和重要产业的特征、大学的作用以及显然是旨在刺激和促进产业创新的政策。在这些之外,鼓励研究者挑选和强调那些他们认为是所研究国家最重要和令人感兴趣的特征;第二,投入相当大的精力区分比较的类型——相似性或差异性——这看起来是最有意义和最值得去做的。一般不做所有国家的比较,但是,出于各种原因,在一个小组内进行比较是恰当的。

整个项目包括我们认为是最有比较意义的 3 组国家。第 1 组国家有 6 个大的高收入国家——美国、日本、德国、法国、意大利和英国。第 2 组国家由 4 个小的具有雄厚农业和资源基础的高收入国家构成，有丹麦、瑞典、加拿大和澳大利亚。最后，第 3 组包括 4 个收入低一些的国家——韩国、阿根廷、巴西和以色列。尽管我们对各组间的相似性和差异性很有兴趣，但相当多的精力是放在组内比较上。

正如我在文章开头说过的那样，本文不可能把这项研究的所有结果都总结出来，我只能提供一些要点及其特色。在下面一节，我将着重探讨各国之间存在的一些主要异同处，并对造成这些差异的原因做出我们的分析。然后我将谈谈我们对企业是否强大以及是否具有创新性的体系因素所做的初步判断。我们中间的大多数学者都认为，这些因素与进取性的"技术政策"有关系，但关系并不像现在流行的看法那样强。的确，我们中的许多学者相信，目前有关"高技术"产业的讨论可能夸大在高技术产业拥有强大的国内企业对一个国家的重要性。一个重要的原因是，处于这些产业中的企业正日益成为跨国企业，这引出了我的下一个论题：在一个经营活动和技术日益全球化的世界里，国家创新体系还在哪些方面得到体现？在本文最后，我将谈谈对国家技术政策中一些激烈问题的思考。

（二）各国之间的差异及其原因

比较意味着识别异同。实际上，我在前面给出的、用来指导本项研究的技术创新的广义观点隐含着某些共同之处。在主要靠利润导向型的企业提供商品和服务的经济里,在中央计划和控制很弱的经济里,这种看法是适用的。我们选取的全部国家均具备这些条件,尽管在一些国家一定比例的产业是国有的,在有些国家,政府试图对少数经济部门的产业发展施加影响。在我们选取的全部国家中,大多数教育,包括高等教育,是由公共机构主办的。总之,政府被认为要对基础研究方面的资助负主要责任,尽管不同国家在资助金额以及主要资助什么基础研究上存在着很大的差异。从某种角度上来看,在国家间比较中最引人注目的地方是在基本方面的相似程度。如果把苏联或尼日利亚包括到选取的国家中去,情况会不同。但是如同实际存在的那样,我们选择的各国之间的差异必须理解为同一种类中的个体差异。

在我们选择的国家中,似乎在相当大的程度上,创新体系的差异反映了各国经济、政治状况和优先权(priorities)的差异。首先,经济规模和富裕程度起着很重要的作用,人口众多的国家能够为各种各样的制造业提供市场,可以从事一些"小"国不可能比较有把握地做到的其他活动,这些国家的创新体系会反映出这一点。在能够具有比较优势的经济活动类型方面,在内部需求形式方面,低收入国家一般不同于高收入国家,这些差异深刻地影响着有关的技术创新性质。

我们把这些国家分为经济规模大的高收入国家、经济规模小的高收入国家和低收入国家三类,这样有利于我们对它们进行初步的分析。大体上,第一组国家与第二及第三组国家相比,其 R&D 密集的产业,如航天、电子和化学产品,这些需要大量销售才在经济上合算的产业，在该国经济中所占的比重相对地大许多。也有一些例外，至少从表面上来看，比如，第二组中的瑞典，第三组中的以色列和韩国，其R&D占GNP的比例，就比第一组中的一些国家高。当人们认识到以色列雄心勃勃地开展军事R&D时，当人们看到瑞典和韩国在大量出口R&D密集产业产品时，某些神秘的东西消失了。后两个国家也有强大的国防项目，这同样毫无疑问地会影响它们的R&D集约化水平。在不同组国家之间，例如日本和韩国，也存在着一些有意思的相似地方。但总体上来看，存在着明显的组内相似和明显的组间差异。比如，虽然美国和日本之间存在着差异，但一旦让它们和澳大利亚及以色列相比较，两者之间的差异看起来就比通常宣称的要小得多。美国和日本之间的差异主要表现在资源基础和防务政策方面。

很明显，一个国家是否拥有丰富的自然资源或广袤的耕地是影响其创新体系的另一个重要因素。实际情况表明，所有"小"的高收入国家都很好地具有这一特点。在大的高收入国家中，美国在这方面表现得尤为突出。拥有资源和良好耕地的国家与那些不具有这些资源的国家所面对着的机会和约束是不一样的。

缺乏这些资源的国家必须进口资源和农产品，这迫使这些国家的经济朝着出口导向的制造业和支持这种制造业的创新体系的方向发展。人们可以见到这方面突出的例子，如德国、日本和韩国。另一方面，具有丰裕资源基础的国家能够以农产品和资源支撑相对高的生活水平，并用这些关联产业提供的出口来换取进口的制造品。能够这样做的国家——在我们选取的国家中有丹麦、加拿大和澳大利亚——发展起重要的依靠公共援助的 R&D 项目来支持这些产业。美国也是这样。尽管有效地利用农业和资源确实需要 R&D,但与 R&D 密集的高技术产业比起来,这方面的 R&D 集约水平要低。

以上的讨论表明,规模大小、资源禀赋状况这样一些在基本层面上影响比较优势的因素,至少在一定程度上决定着一个国家的创新体系。但同样成立的是,一国创新体系一般反映了有意识地发展某些领域和保持经济实力的各项决策,也就是说,创新体系构建并决定着比较优势。

参加本项研究的有些学者惊奇地发现,对于许多国家而言,对国家安全的考虑是确立创新体系的重要因素。

首先,在高收入国家,各国政府在资助产业 R&D 上存在差别,其中差别最大的一块就是国防 R&D。由于有庞大的军事计划,因而美国、英国和法国政府在产业 R&D 方面的支出比日本和德国高出许多。其次,军事采购所涉及的产业一般都是 R&D 密集程度很高的产业,无论其中的企业是为军事部门生产还是为民用部门生产。关于日本的研究清楚地表明,现有的产业结构很大程度上是在极为强调国家安全的时期所形成的,虽然现在是用于生产民用产品,但这种结构却是日本高 R&D 密集程度的形成原因之一。在某种程度上,也可以用这种观点来解释德国。

有趣的是,在我们的研究中,每一个低收入国家都受到国家安全事务的影响,或军事政府的影响,或两者的共同影响。比如,以色列的大多数高技术产业主要用于军事部门。韩国的宏观经济政策、产业结构和创新体系在很大程度上取决于它对建立稳固的军事基础的内在需求。巴西和阿根廷在经济并不富裕的基础上发展高技术，很显然，所体现的是军事领导人的意图。

前面已经提到，在我们研究的所有国家里，企业基本上是在一个以竞争为主导的市场里求生存求发展的。然而，所有这些国家都在政府规划、资助与保护方面花费大量资金。在我们所研究的、有着大量的军事采购计划的国家里，这种成分最大的部门就是国防工业。不过，在许多我们所研究的国家里，政府的支持和保护扩展到了航天、电气、电讯和其他一些民用高技术领域。总体上说，这种扩展在大的高收入国家是很重要的，加拿大在电气和电信方面有着一些大型的公共项目，瑞典也是如此。

在推进产业开发方面，对政府应当扮演什么样的角色对这一问题的看法各国有着明显的差异。军事方面的考虑是其中一个重要的影响变量。但是，根据亚历山大·格申克龙（Alexander Gerschenkron，1962）提出的观点，一个相当积极地发挥作用的政府也能促进"后发国家"发展。在国家安全及其相关领域之外，英国和美国政府的作用表现得比较有限。相反，在所有低收入、新近发展起来的国家里，政府的作用表现得相当积极。但这一规律肯定有例外。法国的国家社会主义已有久远的历史，虽然意大利除了在法西斯主义时期以外属于新近发展起来的国家，但其政府的作用很弱。

以上的讨论表明，人们应当看到，一个国家的创新体系有着明显的连续性，至少在基本的国家目标和条件方面具有连续性。尽管这一命题显然并不能完全反映那些近年来才成立的国家——以色列和韩国——的情形,但人们从这些国家的短暂历史中还是可以看到某些一致的地方。所有这些国家自 20 世纪 50 年代以来其生活标准迅速提高,其产业结构发生了令人瞩目的变化,它们的创新体系也同样有了改变。但正如我们作者讲述的那样,从所有这些国家数十年前的历史中,可以清楚地看到当今支持创新的组织结构的胚胎。

对于那些历史更长一些的国家,组织的连续性尤为突出,至少对本研究的学者来说是如此。比如,在 1990 年,人们仍然可以从法国、德国和日本那里看到许多它们在 1890 年就有了同样的东西,尽管这几个国家的生活水平有了巨大的提高,产业结构发生了很大的变化,并且后两个国家在第二次世界大战战败后成了非军事国。1990 年的英国仍然具有它在 1890 年就有的许多组织特征,虽然它们看起来在那时运行得比现在要好些。

实际上,在这位学者看来,在所有有着较长历史的国家中,组织方面变化最大的是美国。只是在第二次世界大战之后,美国政府才开始担负起资助大学研究及国防 R&D 的职责,在此之前很少有这方面的举动,政府的作用深刻地改变了创新体系的性质。

(三) 如何才能获得有效的创新?

我们已经从广义的角度给创新下了定义。如果企业想要在技术进步起重要作用的产业保持竞争力的话,这一创新概念基本上反映了企业需要从哪些方面进行努力。技术进步起重要作用的产业其范围很广,包括了大部分制造业,许多服务部门,如航空运输、电信以及医疗服务,还有一些重要的农业和采矿业。要具有竞争力,在不同的国家里其要求是不同的。对于高工资国家中的企业来说,要具有竞争力可能需要比低工资国家中的企业生产出更具吸引力的产品或以更好的生产工艺来生产;对于低工资国家中的企业,要具有竞争力可能并不需要它们掌握最前沿的技术。确实,在低收入国家中,大部分创新涉及学习外国的技术,使这些技术得以扩散,并且可能的话,使技术适应本国需求和生产情况。但是不管是什么收入水平的国家,如果技术进步在产业中起重要作用,那么想要保持竞争力就必须不断地创新。

我们这群从事国家比较研究的学者认为,我们可以辨识出有效创新所具有的若干共同的基本特征,而这些特征在创新软弱的国家里是缺乏的或正在削减的。首先,这些产业中的企业有着极强的能力在所经营的领域具有竞争力。这一般涉及产品设计和生产的能力,但也常常涉及有效的全面管理,了解消费者需求的能力,与上下游市场的联系,等等。在大多数情况下,培育企业能力需要大量的投资。所有这些使得企业能够掌握竞争所需的相关技术和其他实战经验,能够跟上或领先新的发展趋势。

这一观察结果确实有点像是在重复别人的结果,但最好把它视为是对上面强调过的一个观点——创新中的大量工作需要靠企业自己来完成——的证实。虽然企业可以从外界发展中汲取力量,但要弥补不足,实现创新,需要大量的内部努力,需要掌握技能技巧。人们在看到有关日本、德国、意大利、韩国的研究报告时,不能不受到作者对这些国家的企业所做的描述的影响,这些国家的企业在某些产业有着很强的创新能力。相比之下,从研究者对英国、法国、澳大利亚、阿根廷和以色列某些虚弱的产业运行效率所做的评论中,人们会感受到另外一种情形。

变得强大并不一定意味着企业规模要大。经济学家们早已明白,虽然在有些产业的企业要成为有能力的创新者,其规模必须要大,但在另外一些行业则不尽然。意大利和丹麦就有许多规模较小,但竞争力很强的企业。变得强大也不意味着企业需要在正规的R&D上大把地花钱。在有些领域,如电子产业,通常是需要花费不少的财力,至少对我们所考察的前两组国家中的企业是如此。然而在韩国,电子企业主要以"反求工程"的方式进行技术创新,也常有上佳的业绩。意大利的纺织工业在时装和设计方面很强,而且在这些方面极具创新能力,但是这些工作很少被看作是R&D。变得强大也并不意味着企业就没有从公共资助的R&D项目或优惠的采购活动中获得好处。不过,正如我们的作者所描述的那样,主要的投入来自企业本身,确立创新活动的方向也要靠企业自己。

尽管我们认为,一个强有力的企业必定具有竞争能力,在我们考察所有的例子中,变得强大实际上包含着被暴露于激烈的竞争之中,迫使自己接受竞争。正如迈克尔·波特(Michael Porter, 1990)已指出的那样,有大量的例子表明,企业在本国面临着强劲的竞争对手。例如日本汽车和电子企业相互之间竞争激烈,美国制药公司之间开展竞争,意大利服装生产企业之间也是如此。然而这种情况对于小国来说就不是很明显了,小国在某产业可能只有一个或几个本国企业,例如瑞典的爱立信(Ericson)、加拿大的北方电信(Northern Telecom),对于这些企业,其主要的竞争是与外国对手的竞争。

波特(Porter,1990)和伦德·瓦尔(Beng-Ake Lundvall,1988)都认为,在一个强国,产业中的企业倾向于与同是一个国家的上游供应商建立牢固的相互联系。我们的研究为这一命题提供了许多的例证。日本汽车企业的供应网络和丹麦农产品加工中存在着的上下游联系就是很好的例子,意大利纺织品生产商相互间以及与其设备供应商之间的合作也说明了这一道理。不过,也有相当多的例子看来不符合这一命题。在德国和美国竞争力强的制药公司中,一般看不出它们与国际或国内的供应商有特别紧密的联系。在飞机生产方面,零配件的生产商越来越多地分布在其他国家,而不是在系统设计和装配所在国。

有人提出,国内市场需求有着重要的作用,也有这方面的观察结果。在我们的研究中也有许多实例证实这一点。但对于小国或以出口导向产业起步的国家来说,主要的需求可能来自国外。

虽然"强有力的企业"很重要,但问题的核心不在这里,而在于什么条件下会出现强有力的企业?根据上面的讨论,在某种程度上,这个答案就是"在自发条件下"。不过,我们的研究明确地表明,企业运行的国内环境起着很大的作用。

可用来区分各国对竞争与创新企业支持程度的一个重要特征就是各国的教育与培训体系，它们为企业大量提供具备所需知识和能力的人才。在有些产业，所需要的人员是经过大学培训过的工程师及科技人员，这不仅仅意味着大学要提供产业相关知识的教育，而且还意味着大学要有意识地培养学生关注产业需求。如同本研究的学者们所描述的那样，美国、德国与英国、法国之间在这方面形成了鲜明的对比。实际上，这些研究明确地表明，在19世纪与20世纪交替前后，以科学为基础的产业不断涌现，在此期间，美国和德国迅速发展，超过了英国和法国，之所以如此，一个重要的原因就是美国和德国的大学体系比英国和法国的大学体系更多地在教育上对产业需求做出了回应。

尽管高技术方面的实力依赖于拥有受过大学教育的人才，但产业界除了需要从事R&D的人才之外，更多的是需要大量有文化并精通多方面技能的员工，这些人或是由企业自己（如在日本）或是由与企业相联系的外部培训体系（如在德国和瑞典的一些产业）根据企业需要进行训练。为提供所需人员，各国在公共教育培训体系与私立教育两者结合的程度上存在差异，而且这种差异有着重要意义。比如，高收入国家如德国、日本和瑞典在这方面就比英国和澳大利亚做得更好，在发展中国家和地区，韩国与巴西之间就存在明显的优劣之别。

韩国及亚洲其他几只"虎"可以看作是教育引导型增长的令人瞩

目的成功例子。正如学者们所描述的,这些国家(地区)的企业从
50~60年代生产相对简单的产品到80年代快速成功地转向生产复
杂的和技术精密的产品,这种能力的取得靠的就是一批年轻的劳动
者,他们接受了新工作所需的学校教育。而阿根廷和以色列的例子
则表明,以自然而然的方式获取受过教育的劳动者,其数量是不够
的。企业所面对的各种经济因素必定是要迫使企业关注市场,利用
现有的熟练劳动力,去与对手进行有效的竞争。

　　区分不同国家的企业是否具有有效创新力的另一个因素是一整
套的财政、货币和贸易政策。大体说来,如果这些政策综合作用的结
果使得出口对企业有吸引力,那么这个国家的企业就会被引向创新
和竞争。如果政策作用的结果使得出口困难或没有吸引力,那么这
个国家的企业就窝在国内市场,而且在遇到麻烦时还要求保护。我
在后边将会提到,在有些例子中,企业在参与国外竞争的同时,也在
一个保护程度相当高的国内市场里经营,所以,问题就不是简单的
"自由贸易"。相反,与出口刺激极有关系,因为对大多数国家来说,
如果企业不参与世界市场竞争,它们就不会出现剧烈的竞争。直到
最近,美国可能都是这一规律的一个例外。美国市场大得足以支撑
国内企业的激烈竞争,这使企业时刻保持警觉,不断地创新。没有任
何其他一个国家能够提供足够的市场,可以让自己的企业不去参与
世界市场的竞争,现在美国也不能做到这点。

　　当然,现在人们对国家创新体系感兴趣主要反映了这样一种信
念,即认为,国内企业的创新能力在相当大程度上决定于政府的政

策。在前面我已指出了企业身处其中的国内环境的两个特征：对劳动者的教育和宏观经济环境。它们看起来会深深地影响企业的创新能力和创新动机，而且它们在我们所有样本国家中都是政府承担的中心职责。但是，政府政策和项目中哪些更为直接地服务于技术进步？这是当前人们关注的焦点所在。这些政策的有效性如何？

根据本项目所研究的 14 个国家体系来分析这一问题，会深深地感受到服务于技术进步的政策范围很广。因而，近年来，政府有关产业兼并与收购、企业间协议与合资企业以及可允许的全产业活动的政策常常明显地受到有关这些政策对创新绩效的一些认识的影响。许多国家(以及欧共体)现在正鼓励企业开展各种各样的 R&D 合作。类似地，近年来，不少政府已开展旨在促进产业创新的金融体制重组或强化。例如，若干国家已试图建立类似于美国"风险资本"市场的组织。正如已经指出的那样，这些政策多种多样，非常庞杂，而且国与国之间有所区别。我们的个案研究确实就此提供了零散的证据，但正因为它们是如此地不同，所以我无法从中概括出任何有说服力的一般性结论。

当然，我们这些进行国家比较研究的学者们事先就做好准备，要考察政府直接援助 R&D 的项目，我觉得这方面搜集到的证据比较系统。看起来有必要区分出两类政府项目：一类是为大学研究或不与具体企业挂钩的政府或其他实验室的研究提供大量资助的政府项目；另一类是直接支持在企业进行 R&D 的政府项目。下面我将依次谈论它们。

研究创新的学者们现在认识到，在许多部门，公共援助的大学研究及公共实验室研究是部门创新体系的一个重要组成部分。对这些研究机构的资助很大一部分投入到那些直接与技术或产业需求相联系的领域，如农学、病理学、计算机科学、材料科学以及化学和电机工程。

有观点认为，强大的大学或公共实验室的研究有助于一个国家的企业创新，在这里，创新一词的含义是我们所采用的广义上的定义，我们的研究是否支持这一观点？答案看起来在各个领域各不一样，并且和形成及促进与产业相沟通的现有机制有敏感的关系，这并不奇怪。在精细化工和制药业中，竞争力强大且富有创新的所有国家都在化学和生物医学方面具有很强的大学研究。在我们的例子中，强大的农业以及农产品加工业都与国内大学研究有关，或与其他面向这些产业的公共研究机构所进行的重要研究有关。相比之下，尽管阿根廷有着很好的自然禀赋，但其农业却极其薄弱。研究阿根廷情况的学者认为，这归咎于阿根廷未能发展起一个适当的农业研究体系。

大体上来说，在拥有强大的电子企业的国家，其大学在电机工程学科方面的研究都很强，这显然也包括日本。政府实验室现在已经成为设计新的电子产品的重要基地。另一方面，大学研究对汽车和航天方面的技术进步似乎不是很重要。

在大学或公共实验室对国内企业切实提供帮助的国家里，人们一般会看到，在具体的企业与具体的大学研究人员或课题组之间通过咨询安排而进行的直接沟通,或看到将大学或公共实验室研究项目与企业联结起来的机制。例如在美国,农业实验站从事的研究与农场主和种子生产商有着密切的关系,实验站与农场主和种子生产商之间保持着密切的联系。德国各大学都有专门设计的项目来帮助机器制造商。在所有这些例子中,如果把大学或政府实验室与产业界的关系描述成为大学或公共实验室只是从事与产业相关的研究,那是不恰当的。它们之间的联系比这点广泛得多,紧密得多,包括信息传播和问题解答。大学与产业界是一个技术共同体中的合作伙伴。尽管以技术和产业为导向的公共项目并非在所有产业都是那么重要,但它已经给许多领域带来了重大的变化。

这些项目的政治色彩远比那些直接支持产业 R&D 的政府项目少,并且通常情况下,后者所涉及的金额远比前者的大。各国在政府直接资助产业 R&D 的程度方面大不相同。虽然大多数这类项目一般集中在范围窄小的高技术产业,但这种项目变化很大,且都有不同的理由加以实施。

前面我已提到过,在我们大多数的样本国家中,军事 R&D 占政府对产业 R&D 资助的绝大比例。分析家们根据军事 R&D 和采购对国内工商业竞争的影响将其分为起帮助作用和阻碍作用两类。在主要的工业化国家中,美国在军事项目上的开支占它在产业 R&D 的绝大比例。一个有说服力的例子是,在 60 年代,军事 R&D 帮助美国电子和飞机工业取得商业市场上的统治地位,但自 60 年代末期以来,其"溢出效应"几乎没有了。在我们的样本国家中,英国的国防 R&D

预算是第二大的,但大部分接受 R&D 合同的公司在进入非军用品市场方面表现出低能。可以说,法国的此类公司大部分也是如此。虽然直到最近,民用商业性溢出效应难得成为军事 R&D 的中心目标,除非是人们认识到,在民用市场上销售产品可以减少维持一个宏大的军事采购基数的公共成本。但试图了解军事 R&D 会在哪些方面增加民用市场实力以及在哪些方面不起作用,这是有意义的。

对美国经验的分析表明,当军事 R&D 项目正开创着一种新的作用广泛的基础技术时,民用市场实力会因此而获得提高,这种做法完全不同于那种实际上只是集中采购军事部门要求的、特定的、新的时髦设备的做法。美国这方面的军事行为已越来越多地从前者转到了后者,现在军事 R&D 中用于研究性和探索性开发的份额比 60 年代小得多,更多的是用在高度专门化的系统开发上。在我们的样本国家中,大量投资于军事 R&D 的国家——英国、法国和以色列——它们从一开始就主要集中于后者。

航天项目和核能项目与军事 R&D 和采购有许多共同之处,它们在决定项目内容时也要牵涉到同类政府机构。它们也会集中于大型的系统开发,对其领域之外的溢出效应是相当有限的。

支持电信、其他民用电子产品和飞机领域公司 R&D 的政府项目,可能会与军事和空间项目所支持的技术领域相重合,在有些时候,这种支持可能给予同一家公司。这些项目一般还会与产业 R&D 支持混为一体,还涉及排斥国外竞争,保护本国产业。然而,这里面存在着几个重要的区别。第一,与军事 R&D 相比,公共支持的金额几乎无一例外地要小得多。实际上,像尤里卡(Eureka)、伊斯布里特(Esprit)、泽西(Jessi)、第五代(Fifth Generation)以及萨么特克(Sematech)等计划或项目相对于重点领域的产业资助来说都比较小。第二,企业自己对于公共资金的支出方式常常拥有重要的发言权,这些项目所受到的公共监管远没有国防项目所受到的那么事无巨细。第三,这些项目针对的是民用市场中的企业和产品,尽管这些国内主要生产企业可能通过进口限制和优惠采购受到保护,但人们所希望的是这些企业最终能够成长壮大起来。

因而,除了这些项目涉及大量的 R&D 支出的承诺外,它们与其他"幼稚产业"保护计划有许多共同之处。它们中的许多企业已经成长起来,其原因并不是与国家安全有什么特殊的联系或认为在高技术方面有其重要性,仅仅是因为政府想要保留或创造一个"民族的"产业。幼稚产业保护、补贴和政府指导这些政策已经发挥了很长时期的作用。从柯尔伯特(Colbert)重商主义以来,这些政策就是法国政策的特征,从 19 世纪到第二次世界大战期间美国实行保护主义政策,而近期的例子则是直到 80 年代都一直受到高度保护的日本和韩国的钢铁与汽车产业。

幼稚产业到底能否成长?有些能,有些不能。众所周知,日本的汽车和电子公司以及韩国以那种特殊方式建立起来的企业都是在受保护的市场中成长壮大,成为当今强有力的企业。但是也应认识到,美国的计算机和半导体产业是在其市场排斥国外竞争受保护的条件下成长起来的,成长过程中开展的 R&D 很大程度上是由国防部资助的。经过这样一段时期的保护和支持，这些企业开始主导世界市场。空中客车(Airbus)可能是另一个成功的例子。另一方面，在本项研究中列举出许多实例表明，虽然有些产业受到保护和补贴，但它们却从未成长到能够凭借自己企业的实力参与竞争的程度。法国的电子产业是一个突出的例子，同样还有阿根廷和巴西的进口替代产业。

造成这种差异的原因是什么？在我看来，其原因可归结为两个方面：第一，有些国家的教育和培训体系可为受保护的企业提供使之凭借自身力量获得成功所需要的强大能力，而另一些国家的教育和培训体系则做不到这一点；第二，各国经济条件，包括政府政策，对企业参与竞争的激励程度不一样。至少在当今世界，有些国家能为企业提供强大的动力，让它们迅速开始尝试在世界市场上参与竞争，而在有些国家，企业则蜷缩在受保护的安乐窝里。

我一直在勾画支持产业创新的政府政策的图景，在这一图景里突出表现了这样的政策和项目所具有的多样性以及它们通常所具有的分割的性质——有些政策和项目是在支持旨在帮助产业的大学或公共实验室的研究及其他活动，另一些则与国防、空间或核能有关，还有一些则是直接用来支持或保护某些产业或产业群。这是我从本项研究中得出的图景。这些研究对存在着的积极连贯的产业政策没有给予广泛的重视。学者们对产业政策国家的说明，使人们普遍认为，产业政策与其说是一种结构严谨、深思熟虑的一般政策，不如说是当今的带有一些R&D补贴的幼稚产业保护政策。

有些读者会对此结论提出质疑，认为这一项目在对那些众所周知有着积极连贯的产业政策的国家所进行的研究中,没有对这些国家及其成功给予重视,这反映了作者们一种严重的判断错误。而这些学者们会回应道,实际上在他们研究的国家中,政府政策是高度分散的,并且他们会指出,产业 R&D 中只有很小一部分属于政府项目,空中客车的例子是一个例外。

这些怀疑者会再次论辩道,虽然产业政策不涉及大量的公共资金,但它们有许多手段来调节私人决策和投资。对此,学者们的回答是,政府的调节作用被夸大了,在执行强硬政策的地方,政策常常是导致失败而不是成功。这明显是我们那些研究日本通产省情况的日本学者所持的观点。如果对技术创新没有获得一个比我们现有的更准确的认识,那就没有办法给出一个令所有人满意的结论,也就解决不了这一争论。

(四) 关于高技术政策的争论

以上我强调过,大部分的政府 R&D 支持,特别是对产业 R&D 的支持体现在高技术领域,其中一部分是通过明确设计的项目来赋予承担项目的企业以商业上的优越条件。在存在后一种项目的地方,一般还会有各种形式的保护,有时是用出口补贴作为补充。这样做的动机和理由缘起这样一种观点,即认为如果一国经济在高技术方面没有相当的实力,那么该国经济相对于其他在高技术方面有实力的国家而言就将处于劣势。

但这种观点看起来符合实际吗？案例的逻辑和支持这一观点的证据并不是完全令人信服的。

高工资国家的企业或产业想要具备竞争力，确实需要有效地利用各种技能、尖端技术和复杂的管理，这些在低工资国家中都是不易获得的。那些高技术，高 R&D 密集型产业属于这一类，但同时还有许多其他产业。统计机构使用的"高"技术定义是直接与 R&D 密集程度相联系的。然而，我们已经强调过，一个产业可以具有相当的创新特征而没有高的 R&D 密集程度。如果企业规模相对的小，或有针对具体消费者或特定市场的重大设计工作，那么，即使企业做了大量的创新工作，企业不可能报告出多高的 R&D。

并且，虽然国家项目倾向于集中在技术进步显著的领域，如半导体、计算机以及新材料，但这些技术进步产生的经济价值大部分是发生在下游产业，即发生在那些将这些新产品融入自己的生产工艺和产品——如汽车、工业机械、金融服务、船运——中去的产业和活动。要有效地做到这点常常涉及大量的创新，而且在这里，创造性的创新可能产生重大的竞争优势，但是这可能并不涉及很多大规模的正规 R&D。另一方面，能够加以论证的是，积极的政府政策在它被用来帮助一个产业利用上游的新技术时，其有效性通常大于在它被用来为重大的技术突破提供补贴时的有效性。在该项不同国家的研究中讨论到的那些明显有效的公共项目，其中很大比例在过去或现在就是最为关心的培育产业并把它推向世界（这的确是许多成功的日本项目的特征),或传播有关新发展动向的知识(美国的农业以及德国、丹麦和瑞典的一些政府项目即是如此)。

当然,对于那些知道自己要与低工资国家竞争就必须具有高度创新力的国家来说,高技术的吸引力就不是仅仅依据统计幻觉了。前面的讨论指出了半导体、计算机、新材料等创新在范围更广泛的当代产业创新形式中所具有的特殊地位。这些领域的进步为范围广泛的——从高速列车到蜂窝电话到商业银行——下游产业的技术创新提供着基石和关键的机遇。许多注意到这一点的观察家们已经提出,如果一个国家希望自己的企业将来在下游产业变得强大,该国最好是不要让外国企业控制关键的上游技术。这一观点在一些新兴的发展中国家和地区,如巴西、韩国得到普及,它也流行于当今的高收入国家。

另一个观点认为,一个国家需要在下游产业拥有实力,以便为关键性的零部件产业提供市场,这看起来很难做到。还有观点认为,在缺乏国内市场的情况下,一国的半导体和计算机企业将处于劣势,部分地根据这一观点,有些国家正在支持企业开发高精度电视和电信。类似地,对航天工业的公共支持的部分原因是因为有证据表明这一产业会对上游技术产生推动。

更一般地说,这种观点是认为,高技术产业会产生通常是巨大的、流向国内下游部门企业的"外部性"。逐渐被人们称为"新贸易理论"的学说用模型化的方法描述了若干种可能性,其中一种就是这种外部性存在的可能性(例子参见 Krugman,1987)。新贸易理论提出了一系列的论据,论证补贴或保护可作为获得现实国家优势的手段。这些产业是自然垄断的产业,在均衡状态下,它们将有可能维持高于平均水平的利润或工资,这是"新贸易理论"的另一观点,这一观点有时用来使保护或补贴合理化,其根据是,现在的补贴会在以后产生高回报。

关于这一问题,我们从事各国研究的学者们显然有着不同的并且可能是混杂的看法。在对主要欧洲国家的研究中,学者们表露出几份哀怨的神情,尽管在有些其他领域做得蛮好,但在那些关键的高技术领域,国内企业做得不好。另一方面,研究澳大利亚和加拿大的学者们似乎认为,羡慕他人电子业的成就是愚蠢和奢华的趋附时尚。

尽管我们对这些国家的研究不能解除这些疑惑,但至少提出了三个方面应该使那些狂热者的行为有所踌躇的问题。首先,看来似乎并没有强有力的证据支持以下命题,即如果一个国家的企业在高技术方面特别强,那么这个国家的国民经济就具有全面的优势,否则就没有优势。比如,美国在一个范围广泛的高技术 R&D 密集的产业持续地保持强大(且是主要的净出口国),但其经济增长在过去的近20 年里极其缓慢。而意大利在这些产业中的生产能力非常有限,但其总生产率和收入水平多年来一直都在快速增长。可以证明,尽管法国努力培育和补贴其高技术产业,但该国获得整体经济成功的原因更多地不是靠高技术产业。日本在动态随机存储器方面很强,在汽车生产上也同样很强,后者在雇佣劳动力和出口中所占份额比前者大得多,并且生产小汽车的效率看起来跟高技术关系很小。加拿大、澳大利亚、丹麦以及美国全都在以农业或自然资源为基础的产业中继续保持强劲的竞争力。

还有，我们已经注意到，明确地旨在通过对产业 R&D 的支持和保护来帮助高技术产业的各国政策，其经历很不平坦。实际上，最有说服力的例子发生在很久以前，那时美国政府为发展电子和飞机产业提供了广泛的支持，但事实已经证明美国在这些方面没有持久的优势。其他成功的例子大多与"幼稚工业"有关（例如，60 年代和 70 年代的日本电子产业，80 年代初的韩国），在这些行业，随着公司的强大，政府的支持与保护作用减少了。空中客车可能是（或可能不是）当代成功的例子。但是，总体看来，成功的记录并不是很好。

另外十分重要的一点是，飞机制造和电子产业中的企业与项目正在迅速地成为跨国企业和项目。这部分地是因为需要通过联合其他企业来分担非常高的前期 R&D 成本。传统的国际竞争倾向于使企业寻找外国伙伴，并且理所当然地，这一趋势得到发展，出现了政府试图阻止外国企业的产品进入本国市场以及对国内企业进行补贴的情况。除非本国市场非常庞大并且补贴非常高，否则企业就有很强的动机去与其他企业建立某种形式的联系，从而在其他市场获得机会。

今天，可能没有任何其他事情会如此强烈地促使人们回过头来思考"国家创新体系"的当代含义。"创新体系"实际上存在于什么范围？国家创新体系存在的程度怎样？以及以什么方式来定义国家创新体系？

（五）创新体系还会保留哪些国家成分?

使用"国家创新体系"这一概念显然存在着一系列的困难。第一,如果人们不是非常狭义地定义创新,并且对组织结构也不做狭义上的理解,那么人们在分析一国创新时,有时会不可避免地要对劳动力市场、金融体制、货币财政和贸易政策等问题展开讨论。我们在研究时没有做那种狭义上的理解。人们不可能严格地区分出一国组织结构中的劳动力市场、金融体制、货币财政和贸易政策等,在狭义上它们与创新有着绝对的关系,然而人们可以在广义上对创新给出一个一贯的描述。不过,我们的大部分学者倒能够通过主要集中分析狭义上的组织和机制,加上广泛地讨论作为主要框架的国家体制,对所研究国家的创新给出一个一贯的描述。

第二,国家创新体系这一词让人认为,一国内部存在着很强的一致性和关联性,而实际上,这种一致性和关联性并不那么强。比如,人们通常会独立地讨论加拿大的电讯业和加拿大的农业。美国制药业的 R&D 和创新跟美国飞机公司的 R&D 没有什么共同之处。然而,人们在阅读日本、德国、法国、韩国、阿根廷、以色列等国家的研究结果时,不可能没有这样一种强烈的感受,即体会到国家地位的重要性和所具有的强烈影响。在所有这些案例中,一种区别明显的国家特征渗透到了企业、教育体系、法律、政治以及政府,所有这些是由共同拥有的历史经验和文化所决定的。

我相信,我们中间的大多数会像以下所说那样去修正这些多少有些歧义的观察结果。如果人们狭窄地集中于我们所定义的"创新体系",那么创新体系一般有着产业部门的特性。然而,如果人们扩大其视野,那么一国内部各产业共同具有的因素,即上面所指的更广泛的组织体系,就呈现出来,并且这些因素基本上决定了一国内部各组织部门共同具有的因素。

从该研究项目一开始,我们就认识到各国之间是有联系的,而且联系越来越明显。实际上,激励本项研究的问题之一是,国家创新体系这样一个概念是否还有意义。我猜想我们中的许多人对于这一问题会做出以下的反应。

一个比较有把握的猜测是,技术中那些根据科学推理可以很好理解的内容将会日益国际化。国家和企业想要隐藏从 R&D 中获得的新知识将会变得日益困难。拥有所需科技人才的企业要获得竞争优势将依赖于设计、生产工艺、企业战略与组织、上下游联系等细节内容。今天,在如半导体、飞机、计算机以及汽车等领域,这种情况是相当明显的。在这些领域,没有哪个国家或具体企业占有全面的技术秘密。另外,竞争力强的企业拥有大量的企业特有的技术诀窍和能力。

另一个同样有把握的猜测是,企业间由国家政策、历史和文化所造成的差异其重要性将下降。部分原因是因为整个世界在文化上正变得更加一致,或是更好或是更糟。部分原因是因为企业管理者和研究管理的学者正在越来越多地注意其他国家的企业是如何组织和管理的。跨国的企业间联系可能变得日益重要。在那些有着大量前期 R&D 设计和生产工程成本的产业，其企业正与其他国家的企业进行联合，以便分担一些成本，绕过政府制造的市场障碍。在受保护的国家建立分厂是另一种机制。因而，各国政府确定和支持本国产业的企图将由于国际化而受到越来越多的阻挠。

"国家体系"还会保留哪些内容呢？一方面，企业在一国生产经营，另一方面，人们和政府却不得不去适应与总部在国外的工厂打交道。欧洲各国奋力对付这个问题已有一段时间了，许多拉丁美洲国家也是如此。美国现在不得不对付这个问题，日本和韩国也已经开始了。然而，没有一个大国看来在这个问题上太平无事。虽然在大部分国家常驻企业基本上都是国内企业，但各国必须学着更好地去适应在重要产业中出现的"外国"企业。

我们在前面已提到过，与产业创新相关的一国基本组织制度具有明显的连续性。一个很好的例子是国家教育体系，有时它看起来毫无根本性的改变。尽管顶尖级的科学家和工程师可能是高度流动的，一些高层次的学生将继续到国外接受教育，但大体说来国内培养的博士层次以下的人才将会留在国内。

国家的大学研究和公共实验室体系将继续以国内为主，特别是那些专门用来提高技术或在其他方面促进产业技术进步并且有着沟通产业联系的内在机制的项目。在某些领域，这些项目将不得不与外国分公司以及国内企业协同工作。但是，有观点认为，大学和公共实验室基本上是提供"公共产品",因而企业与它们建立密切的正规联系没有什么好处,这种观点完全不符合许多产业的实际情况。

国家的其他公共基础设施、法律、金融体制、财政、货币及贸易政策以及总体经济环境,仍将对包括创新在内的经济活动有重要的影响,而且非常持久。至少对大的高收入国家,私人投资的绝大份额将继续来自国内,并受到国内储蓄的制约。并且,对政府和企业间恰当的关系这一问题,各国将继续持有它们各具特色的观点。

以上这些将强烈地影响着一个国家所实行的与科学和技术有着明确关系的政策。从本项研究提供的证据看,这些必须被理解成为是由各项服务于不同国家目标的政策所形成的一个凝结体,不是一个统一的整体,每一项政策在最受影响的领域和组织体系方面具有某种特定的范围。

所有人都希望国防项目将大大地减少,但一个比较有把握的猜测认为,美国、法国、英国和以色列的军事 R&D 将在政府的产业 R&D 支出中继续占有绝大多数份额,然而,其商业上的"溢出效应"将可能很小。

在国防和航天领域以外,一国的 R&D 支持项目将很可能继续体现出产业需求以及对于政府应当做什么和怎样做所持的主要态度。尽管会有例外,特别是争论与国防有关的事情时,但美国会继续坚持实施直接资助产业 R&D 的项目,不过将会利用大学这个基础来开展各种项目,包括一些直接针对某些技术和产业的项目。欧洲各国可能会在单个企业或在产业研究组织中更多地采用那些直接支持民用产业 R&D 的项目。在日本、法国和许多其他国家，政府机构与高技术企业将继续保持相当紧密的联系。

（六）国家体系的多样性：我们需要一些判断公正的标准吗？

现在，各国看来是前所未有地意识到了它们的"创新体系"，意识到本国的体系如何与别国的体系不同。这种差异意识在两个不同的方向起着引导作用。

一方面，它引导着部分国家企图去采用其他体系中被认为能增强实力的内容。然而，这种实验还很不系统，并在很大程度上受到一些可能不那么切合实际的认识的影响。例如，美国和欧洲国家（以及欧共体）一直在放宽那些限制企业间 R&D 合作的法律，设立一些项目来鼓励某些领域的这种合作以及为这种合作提供补贴。如果我们研究报告中有关日本那一章没有问题的话，那么，认为在同一经营范围内的企业间进行的合作性 R&D 在日本战后高速增长中的作用可能被夸大，在任何时候，这种作用都在下降，这种观点就可能多少有点讽刺意味了。

对日本的研究表明，在 20 世纪早期，日本是有选择地学习欧洲和美国的经验，最终形成自己的特色。美国人较早时是试着采用德国的大学体系，实际上建立了一个非常不同的体系。

另一方面,差异意识正导致一些国家宣称其对手体系中某些内容不合法。精明的美国人已表达了这样一种观点,即日本通产省对日本关键产业的支持和引导,加之日本企业与其顾客及其财源之间的特殊关系,构筑了一个涉及补贴、倾销和保护的不公正的体系。类似的抱怨落在了尤里卡和空中客车上。欧洲人抱怨日本,抱怨美国的项目,如战略防御计划(SDI),声称如此大规模的政府 R&D 支持,尽管是用于军事目的,但肯定会提高商业优势,欧洲人需要做出回应。日本人也发出了类似的抱怨,特别是对于其他国家实施的进口壁垒。有人走得更远,以至于认为,现在在竞争中的国家创新体系之间有一场战争,要解决这一问题,只有制定出新的大家接受的标准来判断什么公正什么不公正(例子参见 Ostry,1990)。否则,各国将不得不在高技术产品方面采取受管制的贸易规范。

当前在国家创新体系差异认识中出现的这两方面现象——模仿与敌视——是一个硬币的两面。它们综合地反映出这样一些认识与现象:一个国家在高技术上的业绩对其宏观经济绩效及安全至关重要,对如何才能恰当地获得上佳业绩实际上又具有不确定性,并且对于判断政府政策合法与否又缺乏一致的标准。

在我看来,现在的吵吵闹闹似乎有点情绪异常,这一看法可能不是我所有同事都赞同的。几乎没有更多的理由去为各国政府在支持和保护高技术中所扮演的不同角色而不安,相比之下,在其他领域各国政策差异很大。一方面,政府极为担心如果没有它们自己的高技术产业,它们的经济就命中注定肯定会处于劣势,这种苦恼可能是没有根据的。另一方面，相信高技术方面的实力主要是由于政府的促进政策，总体上看来，这是言过其实的。

同时，本项研究表明，支持技术创新的组织结构是复杂的和多样的。技术与科学以错综复杂的方式相互作用。私有营利机构和公共机构实际上在所有的技术进步领域发挥作用，有效的劳动分工并不那么明显。那种简单地认为进行产业创新的是私有企业，而公共机构在产业创新中没有多大作用的看法实在是头脑简单的表现。

在这方面，哪一产业应该给予补贴或保护并不完全清楚，相比之下，合法的公共支出或协调或管理则清楚多了。

经济学家习惯于根据市场失灵理论区分政府支出、管理或指导是否是正当的。如果是正当的，那么当公共行为可能给某一具体的国内产业带来优势时，这样的支持可以证明会提高经济效率。如果不是正当的，这就会被认为是赤裸裸的补贴或保护，其行为不会得到宽恕。因而，尽管国际贸易理论家们早已明白，一个国家可以通过有选择的赤裸裸的补贴或保护来提高其国民相对于其他国家国民的福利，但从这一观点后来风行的情况看，对于作为一个整体的所有国家而言，这是一种负和博弈。

但跟这种观点有联系的问题是，"市场失灵"在与产业创新有关的活动中是普遍存在的，从而补贴或保护或指导可能会提高效率，因而积极的产业政策博弈的结果就不一定是负和的。被称为"新贸易理论"的学说认识到了其中的某些方面，不过有些小心翼翼。如果存在巨大的前期 R&D 成本，或："干中学"或"用中学"起重要作用,或在某些活动如研究与培训中存在大量的外部性,那么自由贸易是"帕累托最优"(经济学家们的用语)这一简单理论就土崩瓦解了。

当然,在某些活动中"市场失灵"比在另外一些活动中更明显。此外,政府的能力和激励作用更有可能引导某些领域的生产性项目。并且很显然,各国之间的竞争性保护和补贴会超出任何根据"效率"所能判断正当的水平。控制这种趋势是所有国家所关心的。

然而,对于一些简单规则——例如,政府根据公共部门的需要支持 R&D 和对"基础"研究给予支持是有效率和公正的,直接支持旨在发展民用市场产品的产业 R&D 是无效率和不公正——的讨论看起来不可能会继续下去。肯定有人会用这种观点来攻击空中客车。但是欧洲各国会强调,需要政府的帮助以对付美国公司已经从军事 R&D 的溢出效应中获得的巨大领先优势,并且不论从培育幼稚产业的角度还是从避免出现一家公司垄断世界市场的角度,这样做在经济意义上来判断是合理的。那么政府对作为一个政府部门的电信业提供 R&D 支持呢?美国人倾向于认为电信业应该私有化,但同意这一点的人肯定有限。人们可以抱着成功的希望试一试,开放政府采购让外国企业投标。不过,人们在看到公共采购对竞争设置障碍的同时,也会看到顾客和稳定的供应商之间价值不菲的亲密联系。

"基础研究"与应用研究之间并不存在明确的界限。看起来没有人会反对政府对癌症原因的研究提供支持(尽管这里的突破可能为那些与研究有着密切联系的企业带来专有产品的重大优势）。但对提高农业生产率的研究呢？对改进生长在具体国家土壤和气候条件下的粮食作物所做的研究呢？对在大学里进行的超导体研究或半导体表面现象研究呢？在一个产业合作研究组织里进行的研究呢？以及在一个具体企业里进行的研究呢？

对某些类型 R&D 的政府资助是否合适和有效，或对补贴是否公正的争论，同有关保护、有关限制外国直接投资的争论纠缠在一起。在这方面，各国显然不会取得一致意见。这些不一致可以讨论，从而达成共识。但是在我看来，一个被保护的产业是否是高技术产业这个问题，并不会大大地改变讨论的性质或利害关系。

所有这些绝不是反对对政府的产业创新政策建立一些规范和规则，在某些领域确定统一或至少是兼容的政策。但要反对的是：一个国家自以为是地相信自己的政策是有效的、公正的和相当合理的，而其他国家的政策则不是有效的，不是公正的，不是相当合理的；还要反对那种认为只要倾听经济学家们的劝告，达成一致的基本规则会很简单的信条。

最后是反对企图施加太多一致性的做法。各个国家在传统、思想意识以及在政府适当角色的观念方面是不同的，它们将捍卫自己认为重要的差异。我们进行这项研究的一个主要原因是：通过扩大被考察国家的范围和试图进行很有意义的比较，尝试辨别出国家体系中哪些特征看来会系统地提高创新绩效，哪些特征看来没有作用或起反面作用。我和我的同事们高兴地看到我们了解到了很多东西,但仍有许多地方有待进一步研究。

考虑到这些,故不适宜对这组国家或那组国家做出简单的判断。尽管(如同本项目论证的)不容易从噪声中辨别信号,但也许,我们都能互相学习,明白什么有效,什么无效。

参考文献

Abernathy, William J. 1978. *The Productivity Dilemma: Roadblock to Innovation in the Automobile Industry.* Baltimore: Johns Hopkins University Press.

Abramovitz, Moses. 1952. "Economics of Growth." In *A Survey of Contemporary Economics*, vol. 2, ed. Bernard Haley. Homewood, III.: Richard D. Irwin, pp. 132 – 178.

——1956. "Resource and Output Trends in the United States since 1870." *American Economic Review*, May, 46: 5 – 23.

——1979. "Rapid Growth Potential and Its Realization: The Experience of Capitalist Economics in the Postwar Period." *Economic Growth and Resources: The Major Issues*, vol. 1, ed. Edmond Malinvaud. London: Macmillan Press, pp. 1 – 30. Reprinted in Abramovitz (1989).

——1986. "Catching Up, Forging Ahead, and Falling Behind." *Journal of Economic History*, June, 46(2): 386 – 406; reprinted in Abramovitz (1989).

——1989. "*Thinking about Growth.*" Cambridge: Cambridge University Press. Albu, Austin. 1980. "British Attitudes to Engineering Education: A Historical Perspective." *Technical Innovation and British Economic Performance*, ed. Keith Pavitt. London: Macmillan Press, pp. 67 – 87.

Alchian, Armen A. 1950. "Uncertainty, Evolution, and Economic Theory." *Journal of Political Economy*, June, 58: 211 – 221.

Allen, Robert C. 1977. "The Peculiar Productivity History of American Blast Furnaces, 1840 – 1913." *Journal of Economic History*, September, 37(3): 605 – 633.

——1979. "International Competition in Iron and steel, 1850 – 1913." *Journal of Economic History*, December, 39(3): 911 – 937.

——1981. "Accounting for Price Changes: American Steel Rails, 1879 – 1910." *Journal of Political Economy*, June, 89(3): 512 – 528.

——1983. "Collective Invention." *Journal of Economic Behavior and Organization*, 4: 1 – 24.

Allen, Thornas J. 1966. "Studies of the Problem Solving Process in Engineering Design," *IEEE Transactions in Engineering Management*, vol. EM – 13, June: 72 – 83.

——1970. "Roles in Technical Communications Networks." *Communications among Scientists and Engineers*, ed. C. Nelson and D. Pollock. Lexington, Mass.: Heath Lexington Press.

Ames, Edward, and Nathan Rosenberg, 1968. "The Enfield Arsenal in Theory and History." *Economic Journal*, December, 78: 827 – 842.

Argyris, Christopher. 1962. *Interpersonal Competence and*

Organizational Effectiveness. Homewood, III.: Dorsey Press.

Arrow, Kenneth J., and F. Hahn. 1971. *General Competitive Analysis.* San Francisco: Holden-Day.

Arthur, W. Brian. 1988. "Self-Reinforcing Mechanisms in Economics." In *The Economy as an Evolving Complex System*, ed. Philip W. Anderson, Kenneth J. Arrow, and David Pines. Reading, Mass.: Addison-Wesley, pp.9 - 31.

——1989. "Competing Technologies, Increasing Returns, and Lock in by Historical Events." *Economic Journal, March*, 99(394): 116 - 131.

Asher, Harold. 1956. *Cost Quantity Relationships in the Airframe Industry.* Santa Monica, Calif.: RAND Corporation, R291.

Bacon, Robert William, and Walter Alfred Eltis, 1976. *Britain's Economic Problem: Too Few Producers.* London: Macmillan.

Barnard, Chester Irving. 1938. *The Functions of the Executive.* Cambridge, Mass.: Harvard University Press.

Barro, Robert J. 1991. "Economic Growth in a Cross Section of Countries." *Quarterly Journal of Economics*, May, 106(2): 407 - 443.

Barzel, Y. 1968. "Optimal Timing of Innovations." *Review of Economics and Statistics*, 1348 - 1355.

Baumol, William J. 1968. "Entrepreneurship and Economic Theory." *American Economic Review*, May, 58: 64 - 71.

Baumol, William J. , Sue Anne Batey Blackman, and Edward N. Wolff. 1989. *Productivity and American Leadership: The Long View.* Cambridge, Mass. : MIT Press.

Baumol, William J. , and M. Stewart. 1971. " On the Behavioral Theory of the Firm." In *The Corporate Economy: Growth, Competition and Innovation Potential*, ed. R. Marris and A. Wood. Cambridge, Mass. : Harvard University Press.

Baxter, James P. 1946. *Scientists against Time.* Boston: Little, Brown.

Ben – David, Joseph. 1971. *The Scientist's Role in Society.* Englewood Cliffs, N. J. : Prentice Hall.

Binswanger, Hans, and Vernon Ruttan. 1978. *Induced Innovation: Technology, Institutions, and Development.* Baltimore: Johns Hopkins University Press.

Braun, E. , and S. MacDonald. 1978. *Revolution in Miniature.* Cambridge: Cambridge University Press.

Braun, Hans Joachim. 1983. "The National Association of German – American Technologists and Technological Transfer between Germany and the United States, 1884 – 1930." *History of Technology*, 8: 15 – 35.

Bright, Arthur A. 1949. *The Electric Lamp Industry: Technological Change and Economic Development from 1800 to 1947.* New York: Macmillan.

Brock, Gerald. 1975. *The U. S. Computer Industry: A Study of Market Power.* Cambridge, Mass.: Ballinger.

Brooks, Harvey. 1993. "Research Universities and the Social Contract for Science." *Empowering Technology.* ed. Lewis M. Branscomb. Cambridge, Mass.: MIT Press, chap. 7.

Bruce, Robert V. 1987. *The Launching of Modern American Science*, 1846—1876. New York: Alfred A. Knopf.

Bryson, Effie. 1984. "Frederick E. Terman: Educator and Mentor." *IEEE Spectrum*, March: 71 – 73.

Bureau of Labor Statistics, Misc. Series. 1923. "Time and Labor Costs of Manufacturing 100 Pairs of Shoes." No. 360. Washington, D. C.: Government Printing Office.

——1933. "Labor Productivity in the Automobile Industry." No.585. Washington, D.C.: Government Printing Office.

——1939. "Productivity of Labor in the Cotton Garment Industry." No.662. Washington, D.C.: Government Printing Office.

——1979. "Productivity of Labor in Merchant Blast Furnaces." No.474. Washington, D.C.: Government Printing Office.

Burgelman, Robert, and Richard Rosenbloom. 1989. "Technology Strategy: An Evolutionary Process Perspective." In *Research on Technological Innovation, Management, and Policy*, vol.4, ed. R. Burgelman and R. Rosenbloom. Greenwich, Conn.: JAI Press, pp.1 - 23.

Bush, Vannevar, 1945. *Science, The Endless Frontier*. Washington, D.C.: Government Printing Office.

Cain, Louis P., and Donald G. Paterson. 1986. "Biased Technical Change, Scale, and Factor Substitution in American Industry, 1850— 1919." *Journal of Economic History*, March, 46(1): 153 - 164.

Cantwell, John. 1989. *Technological Innovation and Multinational Corporations*. London: Basil Blackwell.

——1993. "Corporate Technological Specialization in International Industries." Casson, M., and J. Creedy, eds., *Industrial Concentration and Economic Inequality*. Cambridge: Edward Elgar.

Carstensen, Fred. 1984. *American Enterprise in Foreign Markets*. Chapel Hill: University of North Carolina Press.

Carter, Charles F., and B. R. Williams. 1957. *Industry and Technical Progress: Factors Governing the Speed Application of Science*. London and New York: Oxford University Press.

Caullery, Maurice. 1922, *Universities and Scientific Life in the United States*, Cambridge, Mass.: Harvard University Press, p.138.

Caves, Richard E. 1980. "Productivity Differences among Industries." *Britain's Economic Performance*, ed. Richard E. Caves and Lawrence B. Krause. Washington, D.C.: Brookings Institution, pp.135 - 198.

Caves, Richard E., H. Crookell, and P. Killing. 1983. " The

Imperfect Market for Technology Licenses." *Oxford Bulletin of Economics and Statistics*, 45: 249 - 267.

Chandler, Alfred D. 1962. *Strategy and Structure: Chapters in the History of the Industrial Enterprise*. Cambridge, Mass.: MIT Press.

——1977. *The Visible Hand: The Managerial Revolution in American Business*. Cambridge, Mass.: Harvard University Press.

——1990. *Scale and Scope: The Dynamics of Industrial Capitalism*. Cambridge, Mass.: Harvard University Press.

Charles River Associates. 1980. *Innovation, Competition, and Government Policy in the Semi-Conductor Industry*. Lexington, Mass.: Lexington Books.

Christensen, L., and D. Jorgenson. 1971. "Conjugate Duality and the Transcendental Logarithmic Function." *Econometrica*, July, 39: 255 - 256.

Clark, Gregory. 1987. "Why Isn't the Whole World Developed? Lessons from the Cotton Mills." *Journal of Economic History*, March, 47(1): 141 - 173.

Clark, K., and T. Fujimoto. 1991. *Product Development Performance: Strategy Management and Organization in the World Auto Industry*. Cambridge, Mass.: Harvard Business School Press.

Cohen, Wesley, and Stephan Klepper, 1991, "Firm Size versus Diversity in the Achievement of Technological Advance." In *Innovation and Technological Change: An International Comparison*, ed. Z. Acs and D. Audretsch. New York: Harvester Wheatsheaf.

Cohen, Wesley, and Richard Levin. 1989. "Empirical Studies of Innovation and Market Structure." In *Handbook of Industrial Organization*, ed. R. Schmalensee and R. Willig. New York: North Holland, pp.1059 - 1107.

Cohen, Wesley, and Daniel Levinthal. 1989. "Innovation and Learning: The Two Faces of R&D." *Economic Journal*, September: 569 - 596.

Cohen, Wesley, Richard Florida, and Richard Goe. 1993. "University Indusatry Research Centers in the United States." Report to the Ford Foundation.

Coleman, James, Elihu Katz, and Herbert Menzei. 1957. "The Diffusion of an Innovation among Physicians." *Sociometry*, December, 20: 253 - 270.

Constant, Edward. 1983. "Scientific Theory and Technological Testability." *Technology and Culture*, April, 24: 183 - 198.

Cornwall, John. 1977. *Modern Capitalism: Its Growth and Transformation*. London: Martin Robertson.

Cyert, Richard M., and James G. March. 1963. *A Behavioral Theory of the Firm*. Englewood Cliffs, N.J.: Prentice Hall.

Dahlman, Carl J. 1979. "A Macroeconomic Approach to Technical

Change: The Evolution of the Usiminas Steel Firm in Brazil." Ph. D. diss., Yale University.

Dasgupta, Partha, and Paul David. 1988. "Priority, Secrecy, Patents, and the Socio-Economics of Science and Technology." Center for Economic Policy Research, Stanford University, March.

Dasgupta, Partha, and Joseph Stiglitz. 1980a. "Uncertainty, Industrial Structure, and the Speed of R and D." *Bell Journal of Economics*, 11, no.1: 1 – 28.

——1980b. "Industrial Structure and the Nature of Innovative Activity." *Economic Journal*, 90: 266 – 293.

David, Paul A. 1975. *Technical Choice, Innovation, and Economic Growth: Essays on American and British Experience in the Nineteenth Century.* London: Cambridge University Press.

——1985. "Clio and the Economics of QWERTY." *American Economic Review*, 75: 332 – 339.

——1988. "Path-dependence: Putting the Past into the Future of Economics." IMSSS Technical Report No. 533. Stanfrod University, November.

——1991. "Computer and Dynamo: The Modern Productivity Paradox in a Not-Too-Distant Mirror." OECD, Paris, July.

——1992. "Heros, Herds, and Hysteresis in Technological History: Thomas Edison and the Battle of the Systems Reconsidered." *Industrial*

453

and Corporate Change, 129 - 180.

David, Paul A., and Gavin Wright. 1991. "Resource Abundance and American Economic Leadership." CEPR Publication No.267, Stanford University.

Davis, E. W. 1964. *Pioneering with Taconite*. St. Paul: Minnesota Historical Society.

Davis, Lance E., and Douglass C. North. 1971. *Institutional Change and American Economic Growth*. London: Cambridge University Press.

Day, Richard, and Theodore Groves, eds. 1975. *Adaptive Economic Models: Proceedings of a Symposium Conducted by the Mathematic Research Center*. New York: Academic Press.

Day, Richard, and Inderjit Singh. 1977. *Economic Development as an Adaptive Process: The Green Revolution in indian Puniab*. Cambridge and New York: Cambridge University Press.

De Long, J. Bradford. 1988. "Productivity Growth, Convergence, and Welfare: Comment." *American Economic Review*, December, 78(5): 1138 - 1159.

Denison, Edward F. 1962. "The Sources of Economic Growth in the United States and the Alternatives before Us." Supplementary Paper No.13. Committee on Economic Development, New York.

——1964. "The Unimportance of the Embodied Question." *American Economic Review*, March, 54: 90 - 94.

——1967. *Why Growth Rates Differ*: *Postwar Experience in Nine Western Countries*. Washington, D. C.: Brookings Institution.

——1974. *Accounting for United States Economic Growth*, 1929 – 1969. Washington, D.C.: Brookings Institution.

——1979. *Accounting for Slower Economic Growth*: *The United States in the* 1970*s*. Washington, D.C.: Brookings Institution.

Dertouzos, Michael, Richard Lester, and Robert Solow. 1989. *Made in America*. Cambridge, Mass.: MIT Press.

Devine, Warren D., Jr. 1983. "From Shafts to Wires: Historical Perspective on Electrification." *Journal of Economic History*. June, 43(2): 347 – 372.

Doeringer, Peter B., and Michael J. Piore. 1971. *Internal Labor Markets and Manpower Analysis*. Lexington, Mass.: D.C. Heath.

Dollar, David, and Edward N. Wolf. 1988. "Convergence of Industry Labor Productivity among Advanced Economies, 1963 – 1982." *Review of Economics and Statistics*, November, 70(4): 549 – 558.

Domar, Evsey, et al. 1964. "Economic Growth and Productivity in the United States, Canada, United Kingdom, Germany and Japan, in the Postwar Period." *Review of Economics and Statistics*, February, 46: 33 – 40.

Dore, Ronald. 1973. *British Factory, Japanese Factory*: *The Origins of National Diversity in Industrial Relations*. Berkeley:

University of California Press.

Dosi, Giovanni. 1982. "Technological Paradigms and Technological Trajectories." *Research Policy*, 11: 147 – 162.

——1984. *Technical Change and Industrial Transformation*. New York: St. Martin's Press.

Dosi, Ciovanni, Christopher Freeman, Richard Nelson, Gerald Silverberg, and Luc Soete, eds. 1988. *Technical Change and Economic Theory*. London: Pinter Publishers.

Dosi, Giovanni, David J. Teece, and Sidney Winter. 1992. "Toward a Theory of Corporate Coherence: Preliminary Remarks." In *Technology and the Enterprise in Historical Perspectives*, ed. G. Dosi, R. Gianetti, and A. Toninelli. Oxford: Oxford University Press.

Durand, W. F. 1934 – 1936. *Aerodynamic Theory: A General Review of Progress under a Grant of The Guggenheim Fund for the Promotion of Aeronautics*. Berlin: Julius Springer Verlag.

Easterlin, Richard A. 1981. "Why Isn't the Whole World Developed?" *Journal of Economic History*, March, 47(1): 1 – 19.

Elbaum, Bernard, and William Lazonick, eds. 1986. *The Decline of the British Economy*. Oxford: Oxford University Press.

Eliasson, Gunnar. 1977. "Competition and Market Processes in a Simulation Model of the Swedish Economy." *American Economic Review*, February, 67(1): 277 – 281.

Enos, John. 1962. *Petroleum Progress and Profits: A History of Process Innovation*. Cambridge, Mass.: MIT Press.

Etzkowitz, H. 1983. "Entrepreneurial Scientists and Entrepreneurial Universities in American Academic Science." *Minerva*, Autumn, 31: 326 – 360.

Evenson, Robert, and Yoav Kislev. 1976. "A Stochastic Model of Applied R&D." *Journal of Political Economy*, 84: 265 – 282.

Fabricant, Solomon. 1954. *Economic Progress and Economic Change*. 34th Annual Report of the NBER. New York: NBER.

Farrell, Michael J. 1970. "Some Elementary Selection Processes in Economics." *Review of Economic Studies*, July, 37(3): 305 – 319.

Field, Alexander J. 1983. "Land Abundance, Interest/Profit Rates and Nineteenth-Century American and British Technology." *Journal of Economic History*, June, 43(9): 405 – 431.

Flamm, Kenneth. 1987. *Targeting the Computer: Government Support and International Competition*. Washington, D.C.: Brookings Institution.

——1988. *Creating the Computer*. Washington, D.C.: Brookings Institution. Flink, J. 1978. *America Adopts the Automobile*. Cambridge, Mass.: MIT press.

Florida, Richard, and Martin Kenney. 1991. " Transplanted Organizations: The Transfer of Japanese Industrial Organization to the

United States." *American Sociological Review*, June: 381 - 398.

Foreman-Peck, James. 1982. " The American Challenge of the Twenties: Multinationals and the European Motor Industry." *Journal of Economic History*, December, 42(4): 865 - 881.

Freeman, Christopher. 1982. *The Economics of Industrial Innovation*. London: Penguin.

——1987. *Technology Policy and Economic Performance: Lessons from Japan*. London: Francis Pinter.

——1991. "The Nature of Innovation and the Evolution of the Production System." OECD, Paris.

Freeman, Richard B., and James L. Medoff. 1979. "The Two Faces of Unionism." *Public Interest*, Fall, 57: 69 - 93.

Furter, William F., ed. 1980, *History of Chemical Engineering*. Washington, D.C.: American Chemical Society, chap. 2.

Fusfeld, Herbert. 1986. *The Technical Enterprise*. Cambridge, Mass.: Ballinger.

Geiger, Roger L. 1986. *To Advance Knowledge*. New York: Oxford University Press.

Gerschenkron, A. 1962. *Economic Development in Historical Perspectives*. Cambridge, Mass.: Harvard University Press.

Gibbons, Michael, and Ronald Johnston. 1974. " The Role of Science in Technological Innovation." *Research Policy*, 4: 220 - 242.

Gilbert, Richard. 1989. "Mobility Barriers and the Value of Incumbency." In *Handbook of Industrial Organization*, ed. R. Schmalensee and R. Willig. New York: North Holland, pp.475 – 535.

Gilbert, Richard, and Carl Shapiro. 1990. "Optimal Patent Length and Breadth." *Rand Journal of Economics*, Spring, 21: 106 – 112.

Gilfillan, S. 1935. *Inventing the Ship*. Chicago: Follett.

Gillette Safety Razor Co. V. Clark Blade & Razor Co., 187 Federal Reports 149 (C.C.D.N.J. 1911). *Affirmed* 194 Federal Reports 421 (3d cis. 1912).

Goldmann, R. 1975. "Work Values: Six Americans in a Swedish Plant." Yale Social Science Library, March. Mimeo.

Gouldner, Alvin W. 1954. *Patterns of Industrial Bureaucracy*. Glencoe, Ill.: Free Press.

Government-University-Industry-Research Roundtable. 1986. *New Alliances and Partnerships in American Science and Engineering*. Washington, D.C.: National Academy Press.

——1991. *Industrial Perspectives on Innovation and Interactions with Universities*. Washington, D.C.: National Academy Press.

Graver Tank & Mfg. Co. v. Linde Air Products Co., 339 United States Reports 685 (1950).

Grayson, Lawrence. 1977. "A Brief History of Engineering Education in the United States." *Engineering Education*, December:

246 – 264.

Gregory, Robert G., and Denis W. James. 1973. "Do New Factories Embody Best Practice Technology?" *Economic Journal*, December, 83(332): 1133 – 1155.

Griliches, Zvi. 1957. "Hybrid Corn: An Exploration in the Economics of Technological Change." *Econometrica*, October, 25: 501 – 522.

——1960. "Measuring Inputs in Agriculture: A Critical Survey." *Journal of Farm Economics*, December, 42: 1411 – 1427.

——1979. "Issues in Assessing the Contribution of Research and Development to Productivity Growth." *Bell Journal of Economics*, 10: 92 – 116.

——1980. "R& D and the Productivity Slowdown." *American Economic Review*, May, 70: 343 – 348.

——, ed. 1984. *R&D Patents and Productivity*. Chicago: University of Chicago Press.

Griliches, Zvi, and Vidar Ringstadt. 1971. *Economics of Scale and the Form of the Production Function: An Econometric Study of Norwegian Manufacturing Establishment Data*. Amsterdam: North Holland.

Gruber, William H., and Donald G. Marquis, eds. 1969. *Factors in the Transfer of Technology*. Cambridge, Mass.: MIT Press.

Gulick, Luther H., and Lyndall Urwick, eds. 1937. *Papers on the Science of Administration*. New York: Institute of Public Administration, Columbia University.

Habakkuk, H. John. 1962. *American and British Technology in the Nineteenth Century*. New York: Cambridge University Press.

Hackman, J. Richard, and Greg R. Oldham. 1980. *Work Redesign*. Reading, Mass.: Addison-Wesley.

Hahn, F. H., and Matthews, R. C. O. 1967. "The Theory of Economic Growth." *Surveys of Economic Theory*, Vol. 2: *Growth and Development*, ed. American Economic Association and the Royal Economic society. New York: St. Martin's Press, pp.1 – 124.

Haklisch, C.S., H.I. Fusfeld, and A.D. Levenson. 1984. *Trends in Collective Industrial Research*. New York: Center For Science and Technology Policy.

Hall, G.R., and R.E. Johnson. 1970. "Transfers of United States Aerospace Technology to Japan." In *The Technology Factor in International Trade*, ed. Raymond Vernon. Universities-National Bureau Conference Series, No.22. New York: NBER; distributed by Columbia University Press, pp.305 – 358.

Hallion, Richard P. 1977. *Legacy of Flight: The Guggenheim contribution to American Aviation*. Seattle, Wash.: University of Washington Press.

Hanle, Paul A. 1982. *Bringing Aerodynamics to America*. Cambridge, Mass.: MIT Press.

Hanson, Paul, and Keith Pavitt. 1987. *The Comparative Economics of Research, Development, and Innovation in East and West: A Survey*. London: Harwood.

Harrigan, Katherine. 1987. *Strategies for Joint Ventures*. Lexington, Mass.: Lexington Books.

Hatsopoulos, George, Paul Krugman, and Lawrence Summers. 1988. "United States Competitiveness: Beyond the Trade Deficit." *Science*, July 15.

Hayes, Peter. 1987. *Industry and Ideology: IG Farben in the Nazi Era*. Cambridge: Cambridge University Press.

Hayes, Robert H., and William J. Abernathy. 1980. "Managing Our Way to Economic Decline." *Harvard Business Review*, July/August, 58(4): 67 - 77.

Headrick, Daniel R. 1988. *The Tentacles of Progress: Technology Transfer in the Age of Imperialism*, 1850 - 1940. New York: Oxford University Press.

Henderson, Rebecca, and Kim Clark. 1990. "Architectural Innovation." *Administrative Science Quarterly*, March, 35: 9 - 30.

Hirsch, Werner Z. 1952. "Manufacturing Progress Functions." *Review of Economics and Statistics*, May, 34: 143 - 155.

Hodgson, Geoffrey. 1993. *Economics and Evolution: Bringing Life back into Economics*. Cambridge: Polity Press.

Hollander, Samuel. 1965. *The Sources of Increased Efficiency: A Study of Du Pont's Rayon Plants*. Cambridge, Mass.: MIT Press.

Holmstrom, Bengt, and Jean Tirole. 1989. "The Theory of the Firm." *Handbook of Industrial Organization*, ed. R. Schmalensee and R. Willig. New York: North Holland, pp.61 – 133.

Homans, George. 1950. *The Human Group*. New York: Harcourt Brace.

Hounshell, David A., and John K. Smith, Jr. 1988. *Science and Corporate Strategy: Du Pont R and D*, 1902 – 1980. New York: Cambridge University Press.

Hughes, Thomas P. 1983. *Networks of Power: Electrical Supply Systems in the United States, England, and Germany*. Baltimore: Johns Hopkins Press.

——1987. "The Evolution of Large Technological Systems." *The Social Construction of Technological Systems*, ed. Wiebe E. Bijker, Thomas P. Hughes, and Trevor J. Pinch. Cambridge, Mass.: MIT Press.

——1989. *American Genesis*. New York: Penguin Books.

Hughes, William R. 1971. "Scale Frontiers in Electric Power." In *Technological Change in Regulated Industries*, ed. W. Capron.

Washington, D.C.: Brookings Institution.

Hybritech, Inc. V. Monoclonal Antibodies, Inc., 623 Federal Supplement 1344 (N.D. Cal. 1985), reversed 802 Federal Reports 2d 1367 (1986).

International Nickel Co., *Inc. V. Ford Motor* Co., 166 Federal Supplement 551(1958).

James, John A., and Jonathan S. Skinner. 1985. "The Resolution of the Labor-Scar-city Paradox." *Journal of Economic History*, September, 45(3): 513 − 540.

Jeremy, David. 1981. *Transatlantic Industrial Revolution.* Cambridge, Mass.: MIT Press.

Jewkes, John, David Sawers, and Richard Stillerman. 1969. *The Sources of Invention.* New York: W. W. Norton.

Jones, David T., and S. J. Prais. 1978. " Plant-Size and Productivity in the Motor Industry: Some International Comparisons." *Oxford Bulletin of Economics and Statistics*, May, 40: 131 − 152.

Jorgenson, Dale W., and Zvi Griliches. 1967. "The Explanation of Productivity Growth." *Review of Economic Studies*, July, 34: 249 − 283.

Jorgenson, Dale W., and Barbara Fraumeni. 1980. *Substitution and Technical Change in Production.* Cambridge, Mass.: Harvard Institute of Economic Research Discussion Paper No.752, March.

Kamien, Morton I., and Nancy L. Schwartz. 1975. "Market structure and Innovation: A Survey." *Journal of Economic Literature*, March, 13(1): 1–37.

Katz, Barbara Goody, and Almarin Phillips. 1982. "The Computer Industry." *Government and Technical Progress*, ed. Richard Nelson. New York: Pergamon Press, pp.162–232.

Katz, Michael, and Carl Shapiro. 1985. "Network Externalities, Competition, and Compatibility." *American Economic Review*, June, 75: 424–440.

Kendrick, John W. 1956. "Productivity Trends: Capital and Labor." *Review of Economics and Statistics*, August, 38: 248–257.

——1961. *Productivity Trends in the United States*. New York: NBER; Princeton: Princeton University Press.

——1973. *Postwar Productivity Trends in the United States*, 1948–1969. New York: NBER, Columbia University Press.

Kendrick, John W., and E. Grossman. 1980. *Productivity in the United States: Trends and Cycles*. Baltimore: Johns Hopkins Press.

Kennedy, Paul. 1987. *The Rise and Fall of the Great Powers*. New York: Random House.

Kindleberger, Charles. 1964. *Economic Growth in France and Britain*, 1851–1950. Cambridge, Mass.: Harvard University Press.

Kitch, Edward. 1977. "The Nature and Function of the Patent

System." *Journal of Law and Economics*, 20: 265 – 290.

Klein, Burton H. 1962. "The Decision Making Problem in Development." In *The Rate and Direction of Inventive Activity: Economic and Social Factors: A conference of the Universities-National Bureau Committee for Economic Research*. Princeton: Princeton University Press for the NBER, pp.477 – 497.

——1977. *Dynamic Economics*. Cambridge, Mass.: Harvard University Press.

Klemperer, Paul. 1990. "How Broad Should the Scope of Patent Protection Be?" *Rand Journal of Economics*, Spring, 21: 113 – 130.

Kocka, Jürgen. 1980. "The Rise of the Modern Industrial Enterprise in Germany." *Managerial Hierarchies*, ed. Alfred D. Chandler and Herman Daems. Cambridge. Mass.: Harvard University Press, pp.77 – 116.

Koenig, E. 1983. "A Bibliometric Analysis of Pharmaceutical Research." *Research Policy*, 12: 15 – 36.

Kogut, Bruce. 1987. "Country Patterns in International Competition: Appropriability and Oligopolistic Agreement." *Strategies in Global Competition*, ed. N. Hood and J. Vahlne. London: Croom-Helm, pp.315 – 340.

——1992. "National Organizing Principles of Work, and the Erstwhile Dominance of the American Multinational Corporation." *Industrial and Corporate Change*, 285 – 326.

Koopmans, Tjalling C. 1957. *Three Essays on the State of Economic Science.* New York: McGraw-Hill.

Kranzberg, M., ed. 1986. *Technological Education — Technological Style.* San Francisco: San Francisco Press.

Krugman, Paul, ed. 1987. *Strategic Trade Policy and the New International Economics.* Cambridge, Mass.: MIT Press.

Kuznets, Simon. 1966. *Modern Economic Growth: Rate, Structure, and Spread.* New Haven, Conn.: Yale University Press.

Landau, Ralph. 1990a. "Chemical Engineering: Key to the Growth of the Chemical Process Industries." In *Competitiveness of the U. S. Chemical Industry in International Markets,* ed. Jaromir J. Ulbrecht. American Institute of Chemical Engineers, Symposium Series No.274.

——1990b. "Capital Investment: Key to Competitiveness and Growth." *Brookings Review,* Summer, 8: 52 – 56.

Landau, Ralph, and Nathan Rosenberg. 1992. "Successful Commercialization in the Chemical Process Industries." In *Technology and the Wealth of Nations,* ed. Ralph Landau, David Mowery, and Nathan Rosenberg. Stanford: Stanford University Press.

Landes, D. 1970. *The Unbound Prometheus.* Cambridge: Cambridge University Press.

Langlois, Richard N. 1987. "Schumpeter and the Obsolescence of the Entrepreneur." Paper presented at the History of Economics Society

467

Meeting, Boston.

——1988. *Microeconomics: An Industry in Transition*. Boston: Unwin Hyman.

——1991. "Transaction Cost Economics in Real Time." *Industrial and Corporate Change*, June: 99 - 127.

Lazonick, William. 1990. *Competitive Advantage on the Shop Floor*. Cambridge, Mass.: Harvard University Press.

Lebergott, Stanley. 1976. *The American Economy: Income, Wealth, and Want*. Princeton: Princeton University Press.

Leder, P., and T. Stewart. 1988. U. S. Patent 4, 736, 866.

Leibenstein, Harvey. 1966. "Allocative Efficiency vs. X-Efficiency." *American Economic Review*, June, 56: 392 - 415.

——1976. *Beyond Economic Man: A New Foundation for Microeconomics*. Cambridge, Mass.: Harvard University Press.

——1979. "A Branch Of Economics Is Missing: Micro-Micro Theory?" *Journal of Economic Literature*, June, 17(2): 477 - 502.

Leslie, Stuart, and Bruce Hardy. 1985. "Steeple Building at Stanford: Electrical Engineering, Physics, and Microwave Research." *Proceedings of the IEEE*, July: 1168 - 1179.

Levin, Richard C. 1982. "The Semiconductor Industry." *Government and Technical Progress*, ed. R. R. Nelson. New York: Pergamon Press, pp.9 - 100.

Levin, Richard C., A. Klevorich, Richard Nelson, and Sidney Winter. 1987. "Appropriating the Returns to Industrial R&D." *Brookings Papers on Economic Activity*, No.3: 783 − 820.

Levine, David O. 1986. *The American College and the Culture of Aspiration*, 1915 − 1940. Ithaca, N. Y.: Cornell University Press, p.52.

Lindbeck, Assar. 1974. *Swedish Economic Policy*. Berkeley, Calif.: University of California Press.

Lipsey, Robert E., and Irving J. Kravis. 1987. "The Competitiveness and Compar ative Advantage of U. S. Multinationals, 1957 − 1984." *Banca Nazionale Lavoro Quarterly Rev.*, June, 161: 147 − 165.

Little, Arthur D. 1933. *Twenty-Five Years of Chemical Engineering Progress*, Silver Anniversary Volume. New York: American Institute of Chemical Engineers, D. Van Nostrand Company, pp.7 − 8.

Lundberg, Erik. 1968. *Instability and Economic Growth*. New Haven, Conn.: Yale University Press.

Lundvall, B. A. 1988. "Innovation as an Interactive Process: From User-Producer Interaction to the National System of Innovation." In *Technical Change and Economic Theory*, ed. G. Dosi et al. London: Pinter Publishers.

Lupton, T. 1963. *On the Shop Floor: Two Studies of Workshop Organization and Output*. New York: Macmillan.

MacAvoy, Paul W. 1979. *The Regulated Industries and the*

Economy. New York: W. W. Norton.

MacKenzie, Frederick A. 1976 [1901]. *The American Invaders*. New York: Arno Press.

Maddison, Angus. 1967. *Economic Growth in the West: Comparative Experience in Europe and North America*. New York: W. W. Norton.

——1979. "Long-Run Dynamics of Productivity Growth." *Banca Nazionale Lavoro Quarterly Review*, March: 3 – 44.

——1980. "Western Economic Performance in the 1970s: A Perspective." *Banca Naz. Lavoro Quart. Rev.*, September: 247 – 288.

——1987. "Growth and Slowdown in Advanced Capitalist Economies: Techniques of Quantitative Assessment." *Journal of Economic Literature*, June, 25(2): 649 – 698.

——1989. *The World Economy in the Twentieth Century*. Paris: OECD.

——1991. *Dynamic Forces in Capitalist Development*. New York: Oxford University Press.

Malerba, Franco. 1985. *The Semiconductor Business*. Madison, Wisc.: University of Wisconsin Press.

Mansfield, Edwin. 1962. "Entry, Gilbrat's Law, Innovation, and the Growth of Firms." *American Economic Review*, 53, December.

——1968. *Industrial Research and Technological Innovation: An Econometric Analysis*. New York: W. W. Norton.

——1972. "Contribution of R and D to Economic Growth in the United States." *Science*, 175, February.

——1980. "Basic Research and Productivity Increase in Manufacturing." *American Economic Review*, 70: 863 - 873.

——1991. "Academic Research and Industrial Innovation." *Research Policy*, 20: 1 - 12.

Mansfield, Edwin, J. Rapoport, J. Schnee, S, Wagner and M. Hamburger. 1971. *Research and Development in the Modern Corporation*. New York: W. W. Norton.

Mansfield, Edwin, J. Rapoport, A. Romeo, E. Villani, S. Wagner, and F. Husic. 1977. *The Production and Application of New Industrial Technology*. New York: W.W. Norton.

Mansfield, Edwin, Mark Schwartz, and Samuel Wagner. 1980. "Imitation Costs and patents: An Empirical Analysis." Mimeo.

March, James G., and Herbert A. Simon. 1958. *Organizations*. New York: John Wiley and Sons.

Marschak, Jakob, and Roy Radner. 1972. *Economic Theory of Teams*. New Haven, Conn.: Yale University Press.

Marschak, T., T. Glennan, and R. Summers. 1967. *Strategy for R&D*. New York: Springer Verlag.

Marshall, A. 1948[1920]. *Principles of Economics*, 8th ed. New York: Macmillan.

Marx, Karl. 1932. *Capital*. New York: Random House.

MCFetridge, D., and R. Rafiguizzaman. 1986. "The Scope of Duration of Patent Right and the Nature of Research Rivalry." *Research in Law and Economics*, 8: 91 – 120.

McMahon, A. M. 1984. *The Making of a profession: A Century of Electrical Engineering in America*. New York: Institute of Electrical and Electronic Engineers.

Mennell, Peter. 1987. "Tailoring Legal Protection to Computer Software." *Stanford Law Review*, July: 1329 – 1372.

Merges, Robert, and Richard Nelson. 1990. "The Complex Economies of Patent Scope." *Columbia Law Review*, 90: 839 – 916.

Miller, Ronald, and David Sawers. 1968. *The Technical Development of Modern Aviation*. London: Routledge and Kegan Paul.

Morison, Elting E. 1974. *From Know-How to Nowhere*. New York: Basic Books.

Mowery, David C. 1981. "The Emergence and Growth of Industrial Research in American Manufacturing, 1899 – 1945." ph. D. diss., Stanford University.

——1983. "The Relationship between Intrafirm and Contractual Forms of Industrial Research in American Manufacturing, 1900 – 1940." *Explorations in Economic History*, 20, no.4: 351 – 374.

——1988. *International Collaborative Ventures in U.S. Manufacturing*.

Cambridge, Mass.; Ballinger Press.

Mowery, David C., and Nathan Rosenberg. 1979. "The Influence of Market De mand upon Innovation; A Critical Survey of Several Recent Empirical Studies." *Research Policy*, 6; 102 – 153.

——1989. *Economic Growth*. New York; Cambridge University Press.

Mueller, Dennis, and John Tilton. 1970. "Research and Development as a Barrier to Entry." *Canadian Journal of Economics*, February, 2; 570 – 579.

Murrell, Peter. 1990. *The Nature of Socialist Economics; Lessons from Eastern European Foreign Trade*. Princeton; Princeton University Press.

Nadiri, M. Ishaq. 1970. "Some Approaches to the Theory and Measurement of Total Factor Productivity; A Survey." *Journal of Economic Literature*, December, 85(4); 1137 – 1177.

——1980. "Sectoral Productivity Slowdown." *American Economic Review*, May, 70; 349 – 352.

Narin, F., and F. Noma. 1985. "Is Technology Becoming Science?" *Scienceometrics*, 7; 369 – 381.

Narin, F., and R. Rozek. 1988. "Bibliometric Analysis of U. S. Pharmaceutical Industy Research Performance." *Research Policy*, 17; 139 – 154.

National Resources Committee. 1938. *Research: A National Resource.* Vol. 1. Washington, D.C.: Government Printing Office, p.178.

National Science Foundation. 1991. *Science and Engineering Indicators*, 1991. Washington, D.C.: Government Printing Office.

National Science Foundation, Science Resources Studies Division. 1991. "Academic Science/Engineering: R&D Expenditures, Fiscal Year 1989 NSF 90-321, Detailed Statistical Tables." National Science Foundation, Washington, D.C.

Nelson, Richard R. 1959. "The Simple Economics of Basic Scientific Research." *Journal of Political Economy*, 67(3): 297 – 306.

——1961. "Uncertainty, Learning, and the Economics of Parallel Research and Development Efforts." *Review of Economics and Statistics*, 43: 351 – 364.

——, ed. 1962. *The Rate and Direction of Inventive Activity.* Princeton: Princeton University Press.

——1973. "Recent Exercises in Growth Accounting: New Understanding or Dead-End?" *American Economic Review, June*, 63(3): 462 – 468.

——1980. "R&D, Knowledge, and Externalities." In *Economic Growth and Resources.* Vol. 3, *Natural Resources*, ed. C. Bliss and M. Boserup. London: Macmillan, pp.146 – 151.

——, ed. 1982. *Government and Technical Progress: A Cross-*

Industry Analysis. New York: Pergamon press.

———1984. *High Technology Policies: A Five Country Comparison.* Washington, D.C.: American Enterprise Institute.

———1988. "Institutions Supporting Technical Change in U. S. Industry." In *Technical Change and Economic Theory*, ed. Giovanni Dosi et al. London: Pinter publishers, pp.312 – 329.

———1990. "The U. S. Technological Lead: Where Did It Come From and Where Did It Go?" *Research Policy, August*, 19: 117 – 132.

———, ed. 1993. *National Innovation Systems: A Comparative Analysis.* New York: Oxford University Press.

Nelson, Richard R., and Edmund Phelps. 1966. "Investment in Humans, Technological Diffusion, and Economic Growth." *American Economic Review, May*, 56: 69 – 75.

Nelson, Richard R., Merton J. Peck, and Edward D. Kalachek. 1967. *Technology, Economic Growth, and Public policy.* Washington, D.C.: Brookings Institution.

Nelson, Richard R., T. Paul Schultz, and Robert L. Slighton. 1971. *Structural Change in a Developing Economy: Colombia's Problems and Prospects.* Princeton: Princeton University Press.

Nelson, Richard R., and Sidney Winter. 1977. "In Search of Useful Theory of Innovation." *Research Policy*, Summer, 6: 36 – 76.

———1982. *An Evolutionary Theory of Economic Change.* Cambridge,

Mass.: Harvard University Press.

New York Times. 1991. " AIDS Drug Patent Challenged in Suit." March 20, p.19, col. 1.

Noble, David. 1977. *America by Design.* New York: Alfred A. Knopf.

——1984. *Forces of Production.* New York: Alfred A. Knopf.

Nordhaus, William D. 1969. *Invention, Growth, and Welfare: A Theoretical Treatment of Technological Change.* Cambridge, Mass.: MIT Press.

Ordover, J., and G. Saloner. 1989. "Predation, Monopolization, and Antitrust." In *Handbook of Industrial Organization,* ed. R. Schmalensee and R. Willig. New York: North Holland, pp.537 - 596.

Ostry, Sylvia. 1990. *Governments and Corporations in a Shrinking World.* New York: Council on Foreign Relations Press.

Pavitt, Keith, ed. 1980. *Technical Innovation and British Economic Performance.* London: Macmillan.

——1984. "Sectoral Patterns of Technical Change. Towards a Taxonomy and a Theory." *Research Policy,* 13: 343 - 373.

——1987a. "On the Nature of Technology." Inaugural lecture delivered at the University of Sussex, 23 June.

——1987b. "The Objectives of Technology Policy." *Science and Public Policy,* 4: 182 - 188.

——1990. "The Nature and Determinants of Innovation: A Major Factor in Firms' (and Countries') Competitiveness." Paper prepared for the conference on "Fundamental Issues in Strategy: A Research Agenda for the 1990s."

Pavitt, Keith, and R. Patel. 1987. "Is Western Europe Losing the Technological Race?" *Research Policy*, 16: 59 – 85.

Peck, Merton J. 1986. "Joint R&D: The Case of Microelectronics and Computer Technology Corporation." *Research Policy*, 15: 219 – 231.

Penrose, Edith. 1959. *The Theory of the Growth of the Firm*. London: Basil Blackwell.

Perrow, Charles. 1979. *Complex Organization: A Critical Essay*. 2nd ed. Glenview, Ill.: Scott Foresman.

Peters, L., and H. Fusfeld. 1982. *Current U.S. University-Industry Research Connections in University-Industry Research Relationships*. Washington, D.C.: National Science Board.

Phelps-Brown, H. E. 1973. "Levels and Movements of Industrial Productivity and Real Wages Internationally Compared, 1860 – 1970." *Economic Journal*, March, 83(329): 58 – 71.

Phillips, Almarin. 1971. *Technology and Market Structure: A Study of the Aircraft Industry*. Lexington, Mass.: Heath Lexington.

Pigou, A. 1932. *Economics of Welfare*. London: Cambridge

University Press.

Piore, Michael J., and Charles F. Sabel. 1984. *The Second Industrial Divide*. New York: Basic Books.

Popper, Karl R. 1959. *The Logic of Scientific Discovery*. New York: Basic Books.

Porter, Michael E. 1990. *The Competitive Advantage of Nations*. New York: Free Press.

Prahalad, C. K., and G. Hamel. 1990. "The Core Competence of the Corporation." *Harvard Business Review*, 68(3): 79 - 91.

Pratten, Clifford F. 1976. *A Comparison of the Performance of Swedish and U.K. Companies*. Cambridge: Cambridge University Press.

——1976. *Labour Productivity Differentials within International Companies*. Cambridge: Cambridge University Press.

Price, Don K. 1962. *Government and Science: Their Dynamic Relation in American Democracy*. New York: Oxford University Press.

Ray, G. F. 1974. "Introduction" and "Summary of Interim Report." In *The Diffusion of New Industrial Processes: An International Study*, by L. Nasbeth and G. F. Ray. Cambridge: Cambridge University Press, pp.1 - 21.

Reich, Leonard S. 1985. *The Making of American Industrial Research: Science and Business at G. E. and Bell*. New York: Cambridge University Press.

Reich, Robert. 1991. *The Work of Nations*. New York: Knopf.

Reinganum, J. 1989. "The Timing of Innovation: Research, Development, and Diffusion." In *Handbook of Industrial Organization*, ed. R. Schmalensee and R. Willig. New York: North Holland.

Richter, M. 1966. "Invariance Axioms and Economic Indexes." *Econometrica*, October, 34: 739 – 755.

Roethlisberger, Fritz, and William Dickson. 1939. *Management and the Worker: An Account of a Research Project Conducted by the Western Electric Company*. Cambridge, Mass.: Harvard University Press.

Rogers, Everit. 1981. "Technological Information-Exchange in High-Technology Industry in the Silicon Valley." In *The Transfer and Utilization of Technological Knowledge*. Lexington, Mass.: D.C. Heath.

Rosenberg, Nathan. 1963. "Technological Change in the Machine Tool Industry. 1840 – 1910." *Journal of Economic History*, December, 23: 414 – 443.

——1969. "The Direction of Technological Change: Inducement Mechanisms and Focusing Devices." *Economic Development and Cultural Change*, part I, 18(1): 1 – 24.

——1974. "Science, Invention, and Economic Growth." *Economic Jounal*, 84: 90 – 108.

——1976. *Perspectives on Technology*. Cambridge: Cambridge

University Press.

——1982. *Inside the Black Box: Technology and Economics.* Cambridge: Cambridge University Press.

——1985. "The Commercial Exploitation of Science by American Industry." In *The Uneasy Alliance: Managing the Productivity-Technology Dilemma*, ed. K. Clark, R. Hayes, and C. Lorenz. Boston: Harvard Business School Press.

——1986. "Schumpeter and Marx: How Common a Vision." In *Technology and the Human Prospect*, ed. Roy MacLeod. London: Francis Pinter.

——1988. "Why Do Firms Do Basic Research (with Their Own Money)?" *Research Policy*, 19: 165 – 174.

Rosenberg, Nathan, and C. Frischtak. 1984. "Technological Innovation and Long Waves." In *Design, Innovation, and Long Cycles*, ed. C. Freeman. London: Thetford Press.

Rosenberg, Robert. 1984. "The Origins of Electrical Engineering Education: A Matter of Degree." IEEE Spectrum, July.

Rosenbloom, Richard, ed. 1993. "The Future of Industrial Research," papers presented at the Harvard Business School Conference, 10 – 12 February.

Ross, Stephen A. 1973. "The Economic Theory of Agency: The Principal's Problem." *American Economic Review*, May, 63(2):

134 - 139.

Rostas, László. 1948. *Comparative Productivity in British and American Industry*. Cambridge: Cambridge University Press.

Rumelt, R. P. 1984. "Towards a Strategic Theory of the Firm." In *Competitive Strategic Management*, ed. R. B. Lamb. Englewood Cliffs, N.J.: Prentice-Hall, pp.556 - 570.

Ryan, Bryce, and Neal Gross. 1943. "The Diffusion of Hybrid Seed Corn in Two Iowa Communities." *Rural Sociology*, March, 8(1): 15 - 24.

Sahal, Devendra. 1981. *Patterns of Technological Innovation*. Reading, Mass.: Addison-Wesley.

Salter, W.E.G. 1960[1966, 2nd ed.]. *Productivity and Technical Change*. Cambridge: Cambridge University Press.

Scherer, F.M., et al. 1959. *Patents and the Corporation*. Boston: Privately printed. Schmalensee, Richard, and Robert Willig, eds. 1989. *Handbook of Industrial Organization*. New York: North Holland.

Schmookler, Jacob. 1952. "The Changing Efficiency of the American Economy." *Review of Economics and Statistics*, August, 34: 214 - 231.

——1962. "Determinants of Industrial Invention." In *The Rate and Direction of Inventive Activities*, ed. Richard R. Nelson. Princeton: NBER.

——1966. *Invention and Economic Growth*. Cambridge, Mass.: Harvard University Press.

Schonfield, Andrew. 1965. *Modern Capitalism*. New York: Oxford University Press.

Schultz, Theodore William. 1953. *The Economic Organization of Agriculture*. New York: McGraw-Hill.

——1975. "The Value of the Ability to Deal with Disequilibria." *Journal of Economic Literature*, September, 13(3): 827 – 846.

Schumpeter, Joseph A. 1939. *Business Cycles*. New York: McGraw-Hill.

——1950[1942]. *Capitalism, Socialism, and Democracy*. New York: Harper and Row.

——1954. *History of Economic Analysis*. New York: Oxford University Press.

——1961 [1911]. *The Theory of Economic Development*. New York: Oxford University Press.

Schwartzman, David. 1975. *Innovation in the Pharmaceutical Industy*. Baltimore: Johns Hopkins University Press.

Scotchmer, Susan. 1991. "Standing on the Shoulders of Giants." *Journal of Economic Perspectives*, Winter: 29 – 42.

Scotchmer, Susan, and J. Green. 1990. "Novelty and Disclosure in Patent Law." *Rand Journal of Economics*, Spring: 131 – 146.

Servan-Schreiber, Jean Jacques. 1968. *The American Challenge*. New York. Atheneum Press.

Sevos, John W. 1980. " The Industrial Relations of Science: Chemical Engineering at MIT, 1900 – 1939." *Isis*, 71, December: 531 – 549.

Shapley, Deborah, and Rustum Roy. 1985. *Lost at the Frontier*. Philadelphia: ISI press.

Shockley, William, and John Bardeen. 1956. Nobel Prize (for Physics) Lectures.

Simon, Herbert A. 1957. *Administrative Behavior: A Study of Decision-Making Processes in Administrative Organization*. 3rd ed. New York: Free Press.

——1969. *The Sciences of the Artificial*. Cambridge, Mass.: MIT Press.

Smith, John Kenly, Jr. 1990. " The Scientific Tradition in American Industrial Research." *Technology and Culture*, January. 31.

Smyth, H. D. 1946. *Atomic Energy for Military Purposes*. Princeton: Princeton University Press.

Soete, Luc. 1981. "A General Test of Technological Gap Grade Theory." *Weltwirsch Arch.*, 117(4): 638 – 660.

Soete, Luc, et al. 1989. *Recent Comparative Trends in Technological Indicators in the OECD Area*. The Netherlands: Maastricht Economic

Research Institute on Innovation and Technology.

Solow, Robert M. 1956. "A Contribution to the Theory of Economic Growth." *Quarterly Journal of Economics*, February, 70: 65 - 94.

——1957. "Technical Change and the Aggregate Production Function." *Review of Economics and Statistics*, August, 39: 214 - 231.

——1970. *Growth Theory: An Exposition*. Oxford: Oxford University Press.

Solow, Robert M., et al. 1966. "Neoclassical Growth with Fixed Factor Propositions." *Review of Economic Studies*, April, 33: 79 - 115.

Spitz, Peter H. 1988. *Petrochemicals: The Rise of an Industry*. New York: John Wiley and Sons.

Stein, John P., and Allen Lee. 1977. *Productivity Growth in Industrial Countries at the Sectoral Level*, 1963 - 1974. Santa Monica, Calif.: RAND Corporation, R2203-CIEP, June.

Stern, Nancy. 1981. *From ENIAC to Univac*. Bedford, Mass.: Digital Press, chap. 2.

Stoneman, Paul. 1987. *The Economic Analysis of Technology Policy*. Oxford: Oxford University Press.

Swan, T.W. 1956. "Economic Growth and Capital Accumulation." *Economic Record*, November, 32: 334 - 361.

Swords-Isherwood, Nuala. 1980. "British Management Compared."

In *Technical Innovation and British Economic Performance*, ed. Keith Pavitt. London: Macmillan Press, pp.88 – 99.

Taylor, Frederick W. 1911. *The Principles of Scientific Management.* New York: Harper.

Teece, David J. 1976. *The Multinational Corporation and the Resource Cost of Technology Transfer.* Cambridge: Ballinger.

——1977. "Technology Transfer by Multinational Firms: The Resource Cost of Transferring Technological Know-How." *Economic Journal*, June, 87(346): 242 – 261.

——1980. "Economies of Scope and the Scope of the Enterprise." *Journal of Economic Behavior and Organization*, 1: 223 – 247.

——1982. "Towards an Economic Theory of the Multiproduct Firm." *Journal of Economic Behavior and Organization*, March: 39 – 63.

——1986. "Profiting from Technological Innovation." *Research Policy*, 15: 285 – 305.

Teece, David J., G. Pisano, and A. Shuen. 1990. "Firm Capabilities, Resources, and the Concept of Strategy." CCC Working Paper 90-8, Center for Research on Management, University of California at Berkeley.

Texas Instruments, Inc. V. United States International Trade Commission, 805 Federal Reports 2d 1558 (Federal Circuit 1986).

Thackray, Arnold. 1982. "University-Industry Connections and Chemical Research: An Historical Perspective." In *University-Industry Research Relationships*. Washington, D.C.: National Science Board.

The Incandescent Lamp Patent, 159 United States Reports 465 (1895).

Thomson, Ross. 1989. *The Path to Mechanized Shoe Production in the United States*. Chapel Hill: University of North Carolina Press.

Tobin, James. 1980. "Stabilization Policy Ten Years After." *Brookings Papers in Economic Activity, January*: 19 – 90.

Tocqueville, Alexis de. 1876. *Democracy in America*. Vol. 2. Boston: John Allyn Publisher, pp.48,52,53.

Tushman, Michael, and P. Anderson. 1986. "Technological Discontinuities and Organizational Environments." *Administrative Science Quarterly*, September: 439 – 465.

Tweedale, Geoffrey. 1986. "Metallurgy and Technological Change: A Case Study of Sheffield Specialty Steel and America, 1830 – 1930." *Technology and Culture*, April, 27.

U. S. National Science Board. 1987, 1989, 1991. *Science and Engineering Indicators*. Washington, D.C.

Veblen, Thorstein. 1921. *The Engineers and the Price System*. New York: Viking Press.

Vernon, Raymond. 1966. "International Investment and International

Trade in Product Cycles." *Quarterly Journal of Economics*, May, 80:
190 - 207.

Vincenti, Walter. 1990. *What Engineers Know and How They Know It*. Baltimore: Johns Hopkins Press, chaps. 4 and 5.

Vogel, Ezra F. 1979. *Japan as Number One: Lessons for America*. Cambridge, Mass.: Harvard University Press.

Von Hippel, Eric. 1976. "The Dominant Role of Users in the Scientific Instruments Innovation Process." *Research Policy*, 5: 212 - 239.

——1982. "Appropriability of Innovation Benefit as a Predictor of Source of Innovation." *Research Policy*, 11: 95.

——1988. *The Source of Innovation*. Oxford: Oxford University Press.

Vroom, Victor. 1976. "Leadership." In *Handbook of Industrial and Organizational Psychology*, ed. Marvin D. Dunnette. Chicago: Rand McNally, pp.1527 - 1552.

Weber, Max. 1947. *The Theory of Social and Economic Organization*. Trans. A. M. Henderson and Talcott Parsons. Glencoe, Ill.: Free Press.

Welch, Finis. 1970. "Education in Production." *Journal of Political Economy*, January/February, 78(1): 34 - 59.

Wildes, Karl L., and Nilo A. Lindgren. 1985. *A Century of*

Electrical Engineering and Computer Science at MIT, 1882 – 1982. Cambridge, Mass.: MIT Press.

Wilkins, Mira. 1970. *The Emergence of Multinational Enterprise: American Business Abroad from the Colonial Era to* 1914. Cambridge, Mass.: Harvard University Press.

Williamson, Oliver E. 1970. *Corporate Control and Business Behavior: An Inquiry into the Effects of Organization Form on Enterprise Behavior.* Englewood Cliffs, N.J.: Prentice – Hall.

——1975. *Markets and Hierarchies: Analysis and Antitrust Implications.* New York: Free Press.

——1981. " The Modern Corporation: Origins, Evolution, Attributes." *Journal of Economic Literature*, December, 19: 1537 – 1564.

——1985. *The Economic Institutions of Capitalism.* New York: Free Press.

Winter, Sidney G. 1964. "Economic ' Natural Selection ' and the Theory of the Firm." *Yale Economic Essays*, Spring, 4: 225 – 272.

Wohlin, Lars. 1970. "Structural Change on the Forest Industries." *Skandinavian Banken Quarterly Review*, May, 4(51): 110 – 115.

Womack, James, Daniel T. Jones, and Daniel Roos. 1991. *The Machine That Changed the World.* Cambridge, Mass.: MIT Press.

Woodward, Joan. 1965. *Industrial Organization: Theory and Practice.* London: Oxford University Press.

Wright, Gavin. 1990. "The Origins of American Industrial Success, 1879—1940." *American Economic Review*, September, 80(4): 651‑668.

Wyatt, S., G. Bertin, and K. Pavitt. 1985. "Patents and Multinational Corporations: Results from Questionnaires." *World Patent Information*, Fall.

译 者 后 记

经济增长是一个古老而又永远年轻的话题,围绕经济增长展开的理论探讨贯穿于整个经济学发展过程之中,呈现出多姿多彩的形态。各时期、各学派以及各学者都可能对经济增长的源泉从不同的角度、采用不同的方法加以认识,并得出不同的结论。这极大地丰富和提高了人们对这一重要问题的认识。

我们高兴地读到美国经济学家纳尔逊的这本著作,并深深地被作者的深邃思想所打动。作者提出,技术进步是经济增长的首要力量,并以此为中心展开广泛的研究,其研究范围涉及经济、社会、科教、法律等领域,向我们展现出一幅全景式的画面,而其主题又是那样地突出,论证又是那样地全面有力。它不仅为我们开展经济增长的研究提供了不可多得的素材,对我们思考制度变迁、企业管理、知识经济、科学技术等问题也同样提供了许多有益的启示。我们认为,不论是经济学者,还是政府管理者、企业经理,都会从中获益匪浅。

本译稿是集体合作的结晶。汤光华翻译导言以及第一到第五章,张建琦翻译第六到第八章,黄静波翻译第九到第十章。舒元校对导言和第四、五、九、十章,吴培冠校对第一到第三章,翁显雄校对第六到第八章。全部译稿由汤光华总纂。

由于译者受知识储备和时间上的限制,译稿中仍会有这样或那样的不当乃至错误之处。我们将诚恳地接受广大读者的批评指正。

译　者

2000 年 1 月 31 日

自主创新丛书
第一辑

《牛津创新手册》

作为学术界颇负盛名的牛津手册系列之一,《牛津创新手册》继承和发扬了这一手册系列的特点,为读者提供理解创新的综合性视角,是一部全面且权威的创新理论知识手册。创新是一个多层面的现象,在快速发展的创新研究中,必然是各学科观点并存的。本书集几十年创新研究之大成,各章的作者都是所在研究领域的学术带头人,同时也是当今创新学界的权威,包括了经济学家、地理学家、历史学家、心理学家和社会学家。他们从各个角度对创新进行分析和定义,概括而全面地介绍了创新的研究成果,起到了正本清源的作用。全书共 4 部分,包含 21 章经过精选的内容,每章聚焦于创新的某个特定方面,既有宏观的创新与经济增长、国家创新体系,又有中观的产业创新体系、区域创新体系,再到微观的创新网络、企业创新等,集中展示了创新领域多年来最优秀的学术成果。

《剑桥创造力手册》

本书共 22 章,深入浅出地呈现了关于人类创造力研究的高度复杂的思考和技术方法,包括个案分析、历史测量、心理测量、实验法等,涵盖了创造力研究领域广泛的要点和话题,研究面广、信息量大。创造力与智力有什么不同? 我们如何才能测量一个人的创造力? 在创造性思维中涉及哪些认知过程? 一个创造性产品是如何产生的? 什么样的经历会造就一个创造性的人? 创造性个体具有什么特征? 是什么在激励着具有创造性的人? 创造力的生物和进化基础是什么? 社会或文化情境是如何影响创造力的? 创造力是少数精英的特权? 还是每个人都可以有创造力? 创造力是如何发展的? 人们可以通过学习而变得更有创造性吗? 这些就是本书所涉及的问题。本书可以帮助读者很好地了解创造力研究的观点、方法和主要的研究成果。

《创新的先知:熊彼特传》

本书由哈佛大学商业史学者、普利策奖得主托马斯·麦克劳主笔。熊彼特是 20 世纪享有盛誉的世界著名经济学家,他对企业家精神和创新的强调,对资本主义、社会主义与民主的分析,以及他对经济思想史的梳理,无不影响深远。在中小企业大发展、技术不断创新的今天,重读熊彼特更具有十分重要的现实意义。本书以熊彼特一生的经历为线索,以熊彼特所处的时代背景为基础,以熊彼特的心路历程为依托,以熊彼特的感情生活为点缀,以熊彼特的学术贡献为旨归,以熊彼特的工作情况为补充,向读者讲述了熊彼特的主要思想是什么、他是如何提出这些思想的、他提出这些思想的依据是什么这三方面的问题,全面真实地展现了熊彼特波澜壮阔、别开生面的一生。

《研发组织管理：用好天才团队》(第三版)

随着人类的经济活动从生产商品转向生产信息,研发组织的作用变得越来越重要。本书探讨了改善研发组织生产力和促进业绩的各种途径,对如何制定研发组织战略、如何建立高效的研究开发机构、如何进行针对科学家的职业设计、如何领导研发组织、如何对待组织中的冲突、如何评价科学家的贡献、如何实现技术转移等问题作了分析。从跨文化的角度论述了美国、欧洲以及环太平洋国家和地区研发组织的不同形式和政策,并讨论了研发组织特有的战略规划要素。新版还增加了研发机构如何进行创新的内容。

《用户创新：提升公司的创新绩效》

在不断发展的计算机和通信技术的帮助下,用户越来越善于为自己开发新产品和新服务,并采取多种形式把这些成果向他人无偿公开。本书密切关注这种以用户为中心的创新系统,对这一现象进行了详尽阐述,解释了背后深层次的社会和经济因素。作者通过信息产品和物质产品领域的实例,提出制造商需要正视这一挑战,重新设计自身的创新流程,把握其中的机遇,通过各种可能的方式如提供设计工具箱,参与这一伟大的创新变革。作者还呼吁政府调整有关政策,以消除用户创新的障碍,发挥用户创新对社会福利的积极效应。

自主创新丛书
第二辑

《产业创新经济学》

本书对产业创新的动态和趋势作了深刻的分析,是创新经济学领域的一部名著,在经济学发展史上有其独特的地位。全书共 19 章,分成 4 篇。首先是对工业革命以来的重大产业创新历史的分析,然后是对创新微观经济学、宏观经济学和创新政策的分析,全面、系统和历史地分析了创新经济学中主要的现象和规律、动态和趋势。本书是作者在创新经济学领域几十年研究成果的结晶,也是当今创新经济学领域中内容极为丰富的高级教材。

《经济增长的源泉》

本书揭示了技术进步是经济增长的首要力量,实物投资及人力投资主要作为技术进步的伴随物对经济增长发挥作用。凭借对经济史和技术史的深刻理解,以及对经济分析工具的熟练掌握,纳尔逊揭示了政府政策、研究型大学与技术进步之间的内在联系。纳尔逊对比了各国的创新体系,研究了美国在 20 世纪迅速崛起,成为世界上最重要的技术强国,以及后来由于其他国家奋起直追而使得这一领导地位衰落的历程。《经济增长的源泉》对若干产业和技术领域的个案进行了详尽的分析,表述清晰,论述广泛,易于理解。

《创新的源泉:追循创新公司的足迹》

本书是一部挑战传统思维的杰作。传统观点认为,技术创新主要由制造商完成,制造商觉察到市场对新产品的需求,然后进行产品开发,并将产品推向市场。本书对这一传统观念发起了挑战,认为技术创新在不同的产业有着不同的主体,在许多产业,用户和供应商是技术创新者。这是管理界的一次思想革命! 全书的思想是突破性的。在国外,如何发挥用户在创新中的作用已经成为许多大公司提高创新效率的重要战略,包括美国 3M 在内的一些大公司,近些年应用本书的思想,着力从用户身上挖掘创新思维,使得公司的创新能力得到了大幅度提升。

《赢在创新:日本计算机与通信业成长之路》

20世纪90年代,日本信息和通信产业已明显崛起,如日中天。作为第一本对日本计算机和通信产业进行全面研究的扛鼎之作,本书全面分析了日本信息和通信产业崛起的过程、全球地位及其优势和不足,自出版以来备受各国众多知名学者的好评,也广受相关产业的关注和推崇。

作者马丁·弗朗斯曼是国际著名技术创新学者,也是英国爱丁堡大学日欧技术研究院院长,长期关注日本信息技术和产业。他的研究与著作多在此领域,本书在其诸多相关著作中,堪称集大

成之作,也是一部具有重大历史里程碑意义的著作。本书探讨了如下问题:

为什么日本信息和通信产业能够成功地追赶上西方竞争对手,甚至在某些领域还实现了赶超?日本政府在产业发展中起到怎样的作用?受控竞争系统起到了什么作用?日本信息和通信产业在发展过程中又存在哪些不足……

当前,信息通信技术依然是国际竞争的焦点,日本产业演化和企业发展以及政府参与引导等经验教训,对当今处于激烈的国际竞争形势下的中国无疑是具有高度的参考价值。